U0928203

教育强国

中国教育发展战略选择

JIAOYU QIANGGUO
ZHONGGUO JIAOYU FAZHAN ZHANLÜE XUANZE

高书国——著

广东高等教育出版社
Guangdong Higher Education Press
·广州·

图书在版编目（CIP）数据

教育强国：中国教育发展战略选择/高书国著. —广州：广东高等教育出版社，2018. 3
ISBN 978-7-5361-6131-3

Ⅰ. ①教… Ⅱ. ①高… Ⅲ. ①教育事业-研究-中国 Ⅳ. ①G52

中国版本图书馆 CIP 数据核字（2018）第 049953 号

出版发行	广东高等教育出版社 社址：广州市天河区林和西横路 邮编：510500 营销电话：(020) 87553335 http://www.gdgjs.com.cn
印　　刷	广东信源彩色印务有限公司
开　　本	787 毫米×1 092 毫米 1/16
印　　张	31.25
插　　页	1
字　　数	440 千
版　　次	2018 年 4 月第 1 版
印　　次	2018 年 4 月第 1 次印刷
定　　价	78.00 元

我们的目标是要赶上美国，并且要超过美国。……究竟要几十年，看大家努力，至少是五十年吧，也许七十五年，七十五年就是十五个五年计划。哪一天赶上美国，超过美国，我们才吐一口气。

毛泽东

担大任，
行大道。
世界给中国一点时间，
中国教育将给世界一个惊喜！

序：

从共同富裕到共同发展

毛泽东主席是世界上最伟大的人物之一。毛泽东的伟大不单是因为他率领中国共产党和全体中国人民打碎了一个旧中国，更在于他科学地预测了中国对发达国家特别是美国实现超越的未来发展前景，并开启了创造一个新中国的宏伟征程。1955 年，中华人民共和国成立之初，毛泽东主席就预测："我们的目标是要赶上美国，并且要超过美国。……究竟要几十年，看大家努力，至少是五十年吧，也许七十五年，七十五年就是十五个五年计划。哪一天赶上美国，超过美国，我们才吐一口气。"① 从 1955 年到 2030 年，正好是 75 年。2030 年赶上并超过美国，这是领袖梦，也是中国梦，更是每一个中国人的百姓梦。令人感到惊奇的是，在 60 年后的 2015 年 9 月 19 日，十分富有战略想象力的英国财政大臣乔治·奥斯本和财政部商业大臣吉姆·奥尼尔合作撰文描述道："不妨将时间往后拉，设想自己身处 2030 年。到那里，中国成为世界最大经济体，全球各地的学校都在教中文。一条国际贸易的新丝绸之路进入哈萨克斯坦、巴基斯坦和阿富汗，延伸至西欧，包括英国。"②

---

① 毛泽东文集：第六卷［M］. 北京：人民出版社，1999：500.

② 英大臣：不能错失与中国的黄金关系（《卫报》原文：现在与中国发展紧密关系符合英国利益）［N］. 环球时报，2015-09-21（6）.

常言道："聪者听于无声，明者见于未形。"战略预测有超前性、高风险的特点，常常是一件费力不讨好的事情。没有哪个人，即使是最赋天才的战略家，能够完全准确地预测未来。在本书写作过程中，一直有一个声音在不停地告诫我：预测未来是一种极冒风险甚至是极度愚蠢的行为，谁预测未来，谁就可能成为历史的笑柄。但是，人类生来有一种特有的偏执情绪——对于不确定性的执着探究，正是这种"偏执"预测了许多奇迹的诞生。美国著名未来学家阿尔文·托夫勒认为："在我们迈入不可知的未来之前，我们手中最好先握有一张虽不完整却有粗略雏形的地图，一路摸索，一路更正修改，总比完全摸不着方向来得好。"2012 年 2 月，世界银行在北京发布了该行与中国国务院发展研究中心联合完成的中国展望报告——《2030 年的中国：建设现代、和谐、有创造力的社会》，为我们预测中国教育的发展提供了经济和社会坐标系。何况 2030 年离我们并不太远，有许多经济社会发展的重大历史性事件和隐藏在其中的"蛛丝马迹"可以帮助人们观察分析未来，有许多研究成果可以用于拓宽透视未来的视角，更有许多杰出战略家的预测可使我们脑洞大开。

本书写作的主要目的是在全面考虑全球经济、社会、人口、科技、文化发展进程的基础上，对世界特别是中国 2030 年教育发展趋势进行研究，深入分析中国教育面临的问题、挑战、机遇和发展可能性，预测并形成未来十几年的全球教育特别是中国教育改革和发展的宏观图景。

中国明朝学者朱之瑜先生曾说："敬教劝学，建国之大本；兴贤育才，为政之先务。"中国具有久远的教育发展历史，中国宋朝时期曾是世界上教育最发达的国家。德国学者卡尔·皮尔尼（Karl Pilny）指出：11 世纪，中国出现了真正的知识爆炸。"中央之国作为世界历史上的第一个知识社会，站在进步的顶峰，在天文学、数学、物理、化学、气象学、地震学和许多其他领域中，远远地走在西方世界之前。国家的文化辐射力达到了整个远东地区。”① 从 14 世纪开始的 300 多年里，中国曾是世界上最大经济体，直到 1872 年美国成为世界最大的经济强国。从 19 世纪起，世界教育成为西方国家主导下的教育。半封建半殖民地的中国，在教育现代化的道路上逐步落后于世界潮流。

1949 年，中华人民共和国成立之时，中国仍是一个文盲人口占 80% 的国家。以毛泽东主席为首的中国共产党第一届领导人，从国家发展和民族振兴的高度出发，十分重视发展教育事业，为适应现代工业化进程需要，初步建立了社会主义教育体系。一场面向亿万工农大众的扫盲运动在全国全面展开，中国进入建立现代化教育体系的新阶段。古人主张：“先王之道，以和为贵。贵和重人，不尚战也。”② 中国在大国竞争中，推行贵和重人。早在中华人民共和国成立之初的 1955 年，毛泽东主席就选择了共同富裕的社会目标，并明确地指出：“我们的目标是要使我国比现在大为发展，大为富、大为强。现在，我国又不富，也不强，而是一个很穷的国家。……我们实行这么一种制度（指社会主义制度，引者注），这么一种计划（指第一个五年计划，引者注），是可以一年一年走向更富更强的，一年一年可以看到更富更强些。而这个富，是共同的富，这个强，是共同的强……这种共同富裕，是有把握的，不是什么今天不晓得明天的事。”③ 1956 年，毛泽东主席又一次指出：“我们这个国家建设起来，是一个伟大的社会主义国家……而且会赶上世界上最强大的资本主义国家，就是美国。美国只有一亿七千万人口，我国人口

① 皮尔尼. 印度中国如何改变世界［M］. 陈黎，译. 北京：国际文化出版公司，2008：93.

② 张文才. 太白阴经新说［M］. 北京：解放军出版社，2008：100.

③ 毛泽东. 在资本主义工商业社会主义改造问题座谈会上的讲话［M］//毛泽东文集：第六卷. 北京：人民出版社，1999：495－496.

比它多几倍，资源也丰富，气候条件跟它差不多，赶上是可能的。应不应该赶上呢？完全应该。……假如我们再有五十年（指 2006 年，引者注）、六十年（指 2016 年，引者注），就完全应该赶过它。”①

在中国，1964 年基本脱盲人口累计近 1 亿人，1965 年，小学学龄人口入学率为 84.7%。20 世纪 90 年代初期，中国小学毛入学率为 97.8%，中学毛入学率仅为 48%。② 1993 年，中国政府颁布了《中国教育改革和发展纲要》，正式启动和实施了人类历史上最庞大的教育发展战略。经过十几年的努力，中国实现了基本普及九年义务教育和基本扫除青壮年文盲的目标，逐步从一个人口大国转变为一个人力资源大国。值得注意的是 1999 年，在跨入 21 世纪的门槛之际，西方国家为“冷战”的胜利而陶醉。以世界银行毕和熙（Halsey Beemer）先生为首的专家组向世界银行提交了一份有关中国教育发展的报告，为一个发展中的社会主义国家发布《21 世纪中国教育战略目标》报告。这份报告在中国引发一波涟漪，但并没有引起西方发达国家的重视，因为在它们看来，当时的中国还只是一个拥有世界最大规模的文盲、教育发展落后的国家。转瞬之间，人类社会发展历史进入 21 世纪第二个十年。2016 年，中国全国学前三年毛入园率达到 77.4%，小学净入学率 99.9%，初中毛入学率几乎达到 104%，高中教育毛入学率达到 87.5%，高等教育毛入学率达到 40.0%，15 岁以上人口人均受教育年限大致为 9.70 年。据全国第六次人口普查统计，2014 年，全国具有大专以上学历的人口约为 1.45 亿，总数超过美国同等学力的人数；我国城市人口人均受教育年限

---

① 毛泽东. 增强党的团结，继承党的传统［M］//毛泽东文集：第七卷. 北京：人民出版社，1999：89.

② 陈秀英. 世界经济统计简编：1997［M］. 北京：中国物价出版社，1997.

达到 11.29 年，超过发达国家 15 岁以上人口平均受教育年限 11.03 年的水平，中国整体人力资源开发水平与发达国家之间的差距大大缩小了，并实现了对发达国家的局部赶超。中国正在向教育强国和人力资源强国扎实迈进。

教育是人类的共同财富。《中共中央关于制定国民经济和社会发展第十三个五年规划的建议》提出："实现'十三五'时期发展目标，破解发展难题，厚植发展优势，必须牢固树立创新、协调、绿色、开放、共享的发展理念。"①

如果说，共同富裕是 20 世纪末的中国经济发展主题，那么 21 世纪初的中国教育的主题则是共同发展。中国历史和现实的经验证明，只有实现共同发展，才能实现共同富裕；只有保障共同发展，才能保证共同富裕。共同发展是中国 21 世纪改革发展的重大战略主题。

如果说，从贫困到富裕、再到共同富裕是中国改革开放第一阶段的重要成果的话，从共同富裕到共同发展将是中国改革开放第二阶段的目标。共同富裕为共同发展创造条件，共同发展为共同富裕奠定基础；没有基于公民的共同发展，就难以保障民族的永续发展和国家的长治久安。

首先，共同发展是马克思关于全面发展思想的重要体现。共同发展体现以人民为中心的发展思想，努力实现发展的人民性、公平性、整体性和全面性是改革发展的核心目的。共同发展是一种共享发展机会、发展资源和发展成果的发展，是更高质量、更加公平、更有效率和更可持续的发展。中国梦归根到底是人民的梦，是每一个中国人的梦想。习近平总书记强调指出："我们的人民热爱生活，

---

① 党的十八届五中全会《建议》学习辅导百问［M］. 北京：党建读物出版社，2015：7.

期盼有更好的教育、更稳定的工作、更满意的收入、更可靠的社会保障、更高水平的医疗卫生服务、更舒适的居住条件、更优美的环境，期盼孩子们能成长得更好、工作得更好、生活得更好。人民对美好生活的向往，就是我们的奋斗目标。"① "在学有所教、劳有所得、病有所医、老有所养、住有所居上持续取得新发展，不断实现好、维护好、发展好最广大人民根本利益，使发展成果更多更公平惠及全体人民。"② 2013 年，习近平总书记针对教育重点强调："教育决定着人类的今天，也决定着人类的未来。人类社会需要通过教育不断培养社会需要的人才，需要通过教育传授已知、更新旧知、开掘新知、探索未知，从而使人们能够更好认识世界和改造世界、更好创造人类的美好未来。"③ 这是共同发展的精髓。人民梦化作每个人追求梦想的力量，每个人将自己的梦想融入民族梦和国家梦，就将汇聚成为实现中国梦的伟大力量。

其次，共同发展是中国建设更高水平小康社会的必然要求。从共同富裕到共同发展，是21世纪的中国发展的内在逻辑。中国梦的本质是国家富强、民族振兴和人民幸福。2012 年 11 月 29 日，中共中央总书记、中央军委主席习近平和中央政治局委员在参观《复兴之路》展览时强调指出："实现中华民族伟大复兴，就是中华民族近代以来最伟大的梦想。这个梦想，凝聚了几代中国人的夙愿，体现了中华民族和中国人民的整体利益，是每一个中华儿女的共同期盼。历史告诉我们，每个人的前途命运都与国家和民族的前途命运紧密相连。国家好，民族好，大家才会好。实现中华民族伟大复兴是一

---

① 习近平. 在十八届中央政治局常委同中外记者见面时的讲话（2012 年 11 月 15 日）[N]. 人民日报，2012-11-16.

② 习近平. 在第十二届全国人民代表大会第一次会议上的讲话（2013 年 3 月 17 日）[N]. 人民日报，2013-03-18.

③ 习近平. 致清华大学苏世民学者项目启动的贺信 [N]. 人民日报，2013-04-22.

项光荣而艰巨的事业，需要一代又一代中国人共同为之努力。”①

教育发展为共同富裕提供持续动力。美国学者最新的研究结果表明，教育回报率在不同层次的教育中表现出不同的特征，回报率较高的是第二级教育（10%）和第三级教育（17.9%）。平均而言，一个中学毕业生和一个小学毕业生之间的工资差异是77%左右，但是大学毕业生的工资大约是小学毕业生的工资的2.4倍。② 教育是增加知识、提高技能、改善生活和增加收入的重要手段。由联合国教育、科学及文化组织（简称“联合国教科文组织”）亚太地区办事处编辑的《基础教育促进扶贫》报告指出：“只有当教育通过基本书写、计数以及解决问题的有效工作手段，成为一种改善生产力量的时候，教育才能成为一种有效的社会变革工具。只有这样，教育才能真正在人们的生活发展（收入、农业生产率、人口出生率、儿童健康、营养、知识和人生观）中施加影响。对各国和地区文化的研究，充分表明社会和经济发展从基础教育中得到丰厚的回报。”

最后，共同发展是中国和平发展和可持续发展的重要保障。习近平总书记在第十二届全国人民代表大会第一次会议的闭幕会上的讲话中指出：“让生活在我们伟大祖国和伟大时代的中国人民，共同享有人生出彩的机会，共同享有梦想成真的机会，共同享有同祖国和时代一起成长与进步的机会。”2015年3月8日，习近平总书记在参加十二届全国人民代表大会第三次会议广西代表团审议时指出：“要帮助贫困地区群众提高身体素质、文化素质、就业能力，努力阻

① 习近平论“中国梦”[EB/OL].(2012-11-30).http://paper.people.com.cn/rmrbhwb/html/2012-11/30/content_1152944.htm.

② BARRO R J, LEE J W. A new data set of educational attainment in the world, 1950-2010 [EB/OL]. (2015-09-10). http://www.doc88.com/p-996242254945.html.

止因病致贫、因病返贫，打开孩子通过学习成长、青壮年通过多渠道就业改变命运的扎实通道，坚决阻止贫困现象的代际传递。”①

教育是民族振兴、国家进步和公民发展的奠基工程。全体人民的共同发展，保障人民的共同富裕；人民的共同发展，保障国家的长治久安和民族的永续发展。21 世纪，被视为“亚太世纪”，也是中国世纪。中国将实现伟大复兴的“中国梦”，并将成为世界级的教育强国和人力资源强国。习近平总书记指出：中国是一个发展中的大国。“块头大不等于强，体重大不等于壮，有时是虚胖。”这种“虚胖”，代表着只大不强，代表着发展质量不高；在教育上代表着有规模无质量、有速度而不可持续。《国家中长期教育改革和发展规划纲要（2010—2020 年）》明确指出：“我国实现了从人口大国向人力资源大国的转变。”“加快从教育大国向教育强国、从人力资源大国向人力资源强国迈进。”2020 年，中国将基本实现教育现代化，基本形成学习型社会，进入人力资源强国行列。建设与中国强国地位相适应的教育强国，是中国教育的伟大使命和责任。中国教育与人力资源开发要实现从大到强的战略转型，必须实施以质图强战略。整体而言，中国与发达国家特别是美国在教育与人力资源开发方面的差距有增量上的差距，更多地体现的是存量上的差距。中国与发达国家在教育与人力资源开发方面的差距是历史性的，这就允许而且必须经过一定时间的追赶，中国才能完成对发达国家教育与人力资源开发在真正意义上的赶超。

教育和人才竞争是一种战略性竞争，也是最具实力的竞争，是不需要战争便可以实现国际权力转移的最佳方式。世界教育强国是国际性教育强国的高端形态，是全球教育制度最为先进、教育体系

---

① 习近平论扶贫工作[EB/OL].(2015-12-01).http://www.dangjian.cn/sy/jjq/tt/201512/t20151201_2990221.shtml.

最为健全、教育实力最为强大、教育投入保障最为有力的国家。当然，中国建设成为世界级教育强国的道路并不平坦，中国教育面临来自发达国家的长期教育优势和激烈竞争压力。美国总统奥巴马在2011 年国情咨文中四提中国："中国和印度等国已意识到，它们在作出一些变革后将能够在新世界里与其他国家进行竞争。它们开始对它们的孩子进行更早和更长时间的教育，更加重视数学和科学。""你瞧，美国政府在过去几十年一直在等待，即使美国存在的问题日益恶化。与此同时，中国却没有等待，实施经济改革。德国、印度也没有等待。这些国家没有原地踏步，也不想成为次要国家。……我无法接受美国成为二等国家。"同样，我们从 2014 年 11 月加拿大总理斯蒂芬·哈珀访问中国前夕，加拿大多伦多学区终止与中国孔子学院的合作协议，发达国家对中国教育的封杀中便可略见一斑。

值得高兴的是，2014 年，英国教育部开启了一个 1 100 万英镑的新项目：引进 60 名中国数学教师来教英国人数学。这 60 位来自中国的数学教师必须具有较好的英文能力，在 2014 年秋季学期被分配到英国的 30 个数学中心。他们推广自己的教学方法，运用到班级里的尖子生身上，同时一对一地帮助那些在学习数学上有较大困难的学生。同时，该项目还包括让英国 30 个数学中心各派两位数学教师前往中国，接受至少一个月的培训，向中国的同行学习，再回到英国，将学到的经验运用到之后的数学教学当中。一个向中国学习的教育运动仿佛正在悄然兴起。从"学夷之长以制夷"，到发达国家的教师上门来中国学习，这是一种历史性的变迁，也是一个历史性挑战，中国做好当教师的准备了吗？没有，完全没有！中国尚没有做好当世界教师的能力和心理准备。

为了回答中国教育发展的前景、目标与对策问题，我从 2012 年5 月开始了本书的写作：首先，要研究分析未来十几年中国教育发展面临的宏观环境，特别是经济、社会和人口方面的优势条件和限制性因素；其次，要在分析1980—2010年的世界教育发展战略趋势的基础上，对世界教育和中国教育发展趋势与目标进行中长期战略预测；最后，要研究分析中国未来教育改革和发展的目标和战略对策。

“东方20年的增长以及西方20年的负债导致了世界再平衡。”①这种再平衡体现在教育领域，表现为发展中国家实现成功追赶，缩小了与发达国家的教育与人力资源开发的差距。更为深刻的影响是引发了全球未来教育改革和发展的新特点、新走向和新趋势：一是全球教育大融合趋势，二是发展中国家教育崛起趋势，三是新儒家教育思想影响世界教育趋势，四是世界教育中心演变趋势。面对共同的趋势和挑战，人类必须寻找共同价值观，促进经济、文化、教育的相互融合，方能应对世界未来发展的要求。本书围绕四大教育发展趋势进行深入研究、分析和预测，其内容主要包括：①从宏观上总体分析未来世界政治、经济、人口、科技和教育发展的重大变革和重大事件，客观回顾1950—2010年世界教育地图演变情况，从社会发展的视角观察未来教育面临的机遇和挑战，预示未来教育发展的主要走向和趋势。②全面分析中国的教育改革发展变化，分析中国教育对于世界教育的贡献和影响，重点研究新儒家教育思想的特点，提出新儒家教育思想影响世界教育的观点。③以事实为依据，以数据为支撑，对中国教育改革发展进行中长期预测：2020年的中国将进入人力资源强国行列，2030年的中国将重回世界教育中心地位。伴随于此，欧洲、北美和东亚将成为21世纪三大世界教育中心，北京将成为世界最重要的国际教育中心之一。④基于中国经济社会竞争力和影响力不断增强的现实，从全球教育发展视角，对中国教育改革和发展提出重要的战略对策和政策建议。

---

① 莫伊西．我们的世界必须找到共同的价值观［N］．参考消息，2014－11－09（10）．

《教育强国：中国教育发展战略选择》是一份战略趋势与政策研究报告，是研究和描述中国教育发展趋势、总体目标与战略对策的一部著作。本书从世界教育发展战略趋势的视角，分析了未来世界经济社会与人口发展总体趋势（第一章）；着眼于中国在世界教育地图中的地位变化，客观分析和评价了中国在世界教育发展中的战略影响（第二章）；在第四次教育革命和世界教育整体融合的背景下，描述了主要发达国家和发展中国家教育趋势，分析了中国教育面临的挑战与问题（第三章、第四章）；在以上分析的基础上，对中国教育发展趋势、战略目标和追赶程度，进行战略构想，提出“三步走”的总体战略（第五章）；在借鉴发达国家经验的基础上，提出中国实现教育强国的实践路径和历史进程（第六章、第七章）；进一步明确中国教育发展战略选择和重点任务，提出富有建设性和针对性的对策建议（第八章）。本书从历史视角、现实视角和未来视角，对中国教育发展战略问题进行深入的战略政策研究，以显示中国对于社会主义教育发展实践与模式的“道路自信、理论自信、制度自信和文化自信”，具有宏观性、战略性和可操作性的特点。

本书主要观点包括以下几方面：①发达国家仍然在全球教育和人力资源竞争过程中处于优势地位。资本主义发展的300多年历史，也是资本主义教育发展的历史。2012年的数据表明，发达国家人均预期受教育年限普遍为14~16年。发达国家依靠其先发优势、教育资本存量优势以及教育资源投入优势，在当今及未来一个时期仍然占据全球教育和人力资源竞争优势地位，这种优势将持续转化为发达国家政治、经济、文化和人才方面的竞争优势。②中国教育发展的“成长优势”巨大。持续的经济增长使中国综合国力和竞争力不断增强，世界政治、经济、文化、教育和军事格局因中国而改变，中国教育改变世界教育地图。中国要在未来领跑世界，需要培养具有中国情怀、世界眼光和国际竞争力的人才。③新儒家教育思想影响世界。中国是一个拥有悠久文明历史的国家，具有丰富的教育思想和教育文化。新儒家教育思想体系包含三个部分：一是传统儒家教育思想，二是中国成功教育实践，三是世界先进教育思想。它具有本土化、现代化和国际化三大特征。新儒家教育思想既为教育中心转移奠定思想基础，也是影响世界教育的一种重要力量。④未来中国教育发展坚持以时间换空间的总体战略。从发展阶段而言，中国像一个 15 岁的孩子，其成长性和潜在的巨大发展空间令人羡慕。在与发达国家的教育竞争过程中，中国必须坚持以时间换空间的总体战略，需要经历三个发展阶段：从望其项背到短兵相接；从战略追赶到局部跨越；2030 年实现对发达国家教育平均水平的超越，进入并行发展阶段。

在本书撰写过程中，国家教育发展研究中心给予了大力支持。感谢清华大学国情研究院的胡鞍钢教授及其团队，他们的研究成果富有创新思想，为我们打开了一扇透视中国教育的未来之窗。

高书国

2017 年 9 月 10 日于北京

目 录 | CONTENTS

第一章 世界社会经济发展战略趋势

21 世纪的世界，正处在一个不断更新与被更新、颠覆与被颠覆、超越与被超越的时代。为这样的世界预测未来，是一种极冒风险的事情，需要一种能力，更需要一种勇气，甚至有时还需要一点傻气。因为“傻”才可能不拘泥于微观和细节，因为“傻”才可能从一个独特而富有远见的战略视角理解未来。

1870—1970 年是现代世界政治经济体系和现代化生活方式的形成时期，时代进入 21 世纪第二个十年。美国学者詹姆斯·杜德斯达先生指出：“今天我们正快速——十年十年地，甚至一年一年地步入一个后工业的、知识驱动的社会，并经历着一场深刻的文化和技术变革，犹如一个世纪前美国从农业社会演变为工业社会一样。”① 在 21 世纪世界权力结构战略转型的背景下，伴随着世界政治、经济、文化和教育全球化，原本复杂的世界更加复杂，变幻诡谲。

预测未来世界，不可缺少的必要因素是科学方法和战略能力。本书采取一种称为坐标预测的方法：把握人口、经济、教育三要素，从人的发展需求、经济增长需要、教育服务能力及经济支持能力等

---

① 杜德斯达，沃马克. 美国公立大学的未来［M］. 刘济良，译. 北京：北京大学出版社，2006：170.

维度进行系统分析与预测，力求描述中国教育发展的宏观远景，以期为教育规划和战略决策提供咨询服务。其基本思路是：基于对2030年世界经济、社会、人口和教育发展的背景分析，进入到对未来教育发展特征与趋势研究，再到世界教育与中国教育发展目标预测，并提出未来一个时期中国教育发展的总体战略和重大措施。2035年和2050年将是两个伟大的历史重要节点，中国将从一个经济大国转变为一个经济强国，基本实现社会主义现代化，并将建成富强民主文明和谐美丽的社会主义现代化强国。为落实十九大报告提出的优先发展教育事业，建设教育强国的精神，中国在2035年，比国家目标提前15年，建成教育强国和人力资源强国。

未来十几年，特别是2030年中国的政治、经济、文化和教育走向，是世界关注的重大战略问题。国际组织、著名学者和中国学界都提供了重要的研究报告（见表1－1），为我们分析和研究2030年中国教育发展提供了重要视角和重要观点，也使我们可以更加专注地发挥自我优势，集中研究未来中国教育发展趋势、目标和重大战略对策。

表1－1　世界发展趋势相关报告

2000—2020年	2020—2030年
World Population Prospects：the 2006 Revision（United Nations，2007）	《2030中国——迈向共同富裕》
《全球趋势2025：转型的世界》	《2030年的中国：建设现代、和谐、有创造力的社会》
《2025年世界将发生什么……》	《2030年全球趋势：不一样的世界》
《大转变：2050年的世界》	《衡量全球化：OECD经济全球化指标体系》①
《世界发展报告（2013）》	《印度高等教育：2030年的愿景》
《2014—2015年全球竞争力报告》	《中国人口文化素质报告——从战略追赶到局部跨越》

① OECD是经济合作与发展组织的英文简称。

从可预测的未来分析，人类将继续走在从1945年第二次世界大战结束后出现的经济繁荣和科技发展的上升通道之中。复杂而矛盾交织的全球政治和文化冲突仍将持续，甚至不断加剧。美国国家情报委员会《全球趋势2025：转型的世界》报告预测："未来将继续是历史上前所未有的繁荣时代。"新的产业革命、科技革命和技术革命将深刻影响甚至颠覆传统的生产方式、生活方式和生存方式。新一轮教育革命呼之欲出，世界教育中心正在向东方扩展。

第一节　人类开启第四次工业革命

教育是人类生存、生活和生产的重要组成部分，人口生产、经济发展、社会需求和科技进步是人类教育发展的四大动力。把握经济社会发展总体趋势和重大需求，是进行教育和人力资源开发战略预测的首要前提。

一、全球化深度影响世界

全球化（globalization）一词，是一种社会发展概念。"'全球化'这一术语已被广泛用于描述金融、货物和服务贸易市场日益加深的国际化趋势。全球化尤其是一个动态、多元的经济一体化进程。在这一进程中，随着各国经济相互依赖程度的加深，其国内资源的国际流动性日益增强。"① 全球化起源于国家间贸易的国际化，并引发了经济、科技、产业、网络等方面的全球化。国际会计师事务所安永基于贸易开放程度、资本流动、科技和创意交流、劳动力流动和文化整合性五大因素，计算出涵盖全球60大经济体的全球化指数。2012年，该事务所发表年度全球

---

① OECD. 衡量全球化：OECD经济全球化指标体系［M］. 蔡春林，杜耀武，主译. 北京：中国财政经济出版社，2007：导论1.

化报告称，中国香港连续3年在全球60大经济体中的全球化指数排名最高，排名前10位的经济体分别为：中国香港（7.81）、新加坡（6.31）、爱尔兰（5.63）、比利时（5.49）、瑞士（5.3）、荷兰（5.19）、瑞典（4.96）、丹麦（4.94）、匈牙利（4.75）、英国（4.74）。

全球化是一场社会经济和人类生活方式的深刻革命，从根本上改变了人类的生存、生产和生活方式。地球村时代，整个世界前所未有地紧密联系在一起。信息流、资本流、物资流和知识流，让世界变得更加畅通、更加便利、更具效力。世界贸易组织（WTO）相关报告显示，2013年，中国超过美国成为全球最大的贸易体，进出口总额占世界贸易总量的11.0%；2014年，中国继续保持世界第一货物贸易大国地位，进出口总额同比增长3.4%。中国GDP占世界经济比重从2012年的11.4%上升到2016年的14.89%。发达国家特别是美国在国际贸易中的份额和地位正在减弱，反对全球化的声浪同时在发达国家和发展中国家兴起。

全球化是一把双刃剑，对人类生存与发展既带来正面影响，同时也带来许多负面效应。世界经济、管理、资源日益全球化的同时，冲突、危机和风险也变得全球化，金融风险全球发生，经济危机全球席卷，恐怖主义全球蔓延……人类一方面受益全球化的成果，另一方面品尝全球化的苦果。全球化背景下，人类日益增长的财富持续向少数人、少数国家和少数利益集团集中。2014年10月14日，瑞士信贷银行发布的《2014年全球财富报告》显示，全球1%的最富有阶层掌握着全球48.2%的财富。①

进入21世纪，经济全球化趋势日益明显，国际经济体系、教育体系联系日益紧密，人口全球化迁移带来的思想观念和文化传统冲突前所未有。OECD认为："三种力量主导着全球化进程：1）资本

① 1%的人拥有全球近50%财富［N］. 现代金报，2014-10-16（A18）.

流动自由化和放松管制，特别是金融业放松管制；2）贸易和投资市场的进一步放开，加剧了国际市场的竞争；3）信息和通信技术在经济发展中的变革性作用。"① 这三个方面的全球化与教育的国际化紧密相连，资本包括物力资本、金融资本和人力资本，全球管制放松，培养和开发人力资源的教育也必将更加开放；贸易包括教育服务贸易，成为世界贸易的重要组成部分，促进了世界教育资源的流动与分享；信息和通信技术，不仅为经济发展和产业发展提供动力，更成为教育发展和改革的新动力。

二、第四次工业革命再一次改变世界

全球现代化进程经历了一个"工业化—去工业化—再工业化"的螺旋上升过程，这种上升的本质是产业结构的调整与提升，"工业化"是发展钢铁、石油、化工、汽车等传统重工业，"去工业化"是去除附加值较低的简单加工产业和加工环节，而"再工业化"是构建附加值较高的高端产业体系和产业环节。经历了 2008 年世界金融危机的美国，意识到经济的可持续发展不能单纯依赖金融行业和金融产品，更不能依赖于被称为经济"鸦片"的金融衍生品和无序增长信贷消费。为应对金融危机，增加青年就业，必须坚持发展现代制造业，推进新型工业化。从 2008 年到 2014 年，美国成功地使实体工业再次回归，经济增长平稳，就业人口增加，成为第一个成功走出金融危机的国家。

杰里米·里夫金（Jeremy Rifkin）是享誉全球的未来预测大师、"第三次工业革命"概念的创立者、著名经济学家、美国华盛顿特区经济趋势基金会总裁。杰里米·里夫金认为："我们正处于第二次工

---

① OECD. 衡量全球化：OECD 经济全球化指标体系［M］. 蔡春林，杜耀武，主译. 北京：中国财政经济出版社，2007：5.

业革命和石油世纪的最后阶段。”过去 300 年中，整个人类文明都建立在石炭纪储存的炭资源上。人类开启第三次工业革命，将更加深刻而全面改变世界。

第一次工业革命以蒸汽技术为标志，使 19 世纪的世界发生了翻天覆地的变化；18 世纪，欧洲发生了“工业革命”和“民主革命”，工业革命起源于 1780 年前后的英国，民主革命发源于 1789 年的法国，两大革命将欧洲推入工业化和民主化时代。

第二次工业革命以电力技术为标志，开创了 20 世纪人类发展的新纪元，人类进入“电气时代”。第二次工业革命为人类经济的迅猛发展、社会面貌的巨大改观、人类生活质量的普遍提高，注入了前所未有的强劲动力。

以原子能技术、电子计算机技术、空间技术和生物工程的发明和应用为主要标志的第三次工业革命，从根本上改变着人类的生存、生产和生活方式，是人类文明史上又一次重大飞跃，使人类由工业社会进入信息社会。

20 世纪晚期迅猛发展的信息技术和互联网技术日益成为第三次工业革命的主角。2007 年，欧洲议会发布了一份正式声明，宣布把第三次工业革命作为长远的经济规划以及欧盟发展的路线图。21 世纪欧盟的发展目标，一是向可持续发展的低碳型社会转型，二是将欧洲建设成世界上经济最具活力的典范。杰里米·里夫金认为，第三次工业革命的思想起源于欧洲，并多次强调“美国应该向欧洲学习”①。同时，我们注意到，第三次工业革命与第三次科技革命并行。互联网技术与可再生能源将结合起来，为第三次工业革命创造强大的基础。一般而言，可再生能源包括太阳能、风能、水资源、

① 里夫金. 第三次工业革命：新经济模式如何改变世界［M］. 张体伟，孙豫宁，译. 北京：中信出版社，2012：前言 XXVII .

地热、生物能、海浪和潮汐能等。一般认为，可再生能源的转变，分散式生产、储存（以氢的形式）、通过能源互联网实现分配和零排放的交通方式构成了新经济模式的重要方面。杰里米·里夫金认为第三次工业革命有五大支柱：①向可再生能源转型；②将每一大洲的建筑转化为微型发电厂，以便就地收集可再生能源；③在每一栋建筑物以及基础设施中使用氢和其他存储技术，以存储间歇式能源；④利用互联网技术将每一大洲的电力网转化为能源共享网络，这一共享网络的工作原理类似于互联网（成千上万的建筑物能够就地生产少量的能源，这些能源多余的部分既可以被电网回收，也可以被各大洲通过联网而共享）；⑤将运输工具转向插电式以及燃料电池动力车，这种电动车所需要的电可以通过洲与洲之间共享的电网平台进行买卖。

与三次工业革命理论齐名的是新工业革命理论或四次工业革命理论。彼得·马什（Peter Marsh）的《新工业革命》揭示，在工业革命之前的1750年，全球制造业的领军者是中国，占全球产出的1/3，其次是印度，占全球产出的1/4。1850年，英国成为世界炼钢行业的领导者，产量占全球的70%。1890年，英国失去了全球制造业大国的领导地位，美国成为世界第一制造业大国。

彼得·马什认为，从1780年到20世纪末，人类共经历了四次重大的工业革命：蒸汽机革命、运输革命、科技革命和计算机革命。彼得·马什认为："前四次工业革命的影响仅局限于发达经济体，此次新工业革命的最大亮点是其影响将均匀地遍及全球。产品的制造地将更加分散，越来越多的制造商会将其制造业链条混合分布在发达国家和发展中国家。这一新时代将是一个真正意义上的'工业民主化时代'。"① 彼得·马什考察工业化历史发现，制造业发展经历

① 马什. 新工业革命［M］. 赛迪研究院专家组，译. 北京：中信出版社，2013.

了五个阶段：第一个阶段为少量定制（铁器时代—1500 年），第二个阶段为少量标准化阶段（1500—1900 年），第三个阶段为大批量标准化生产阶段（1900—1980 年），第四个阶段为大批量定制阶段（1980—2010 年），第五个阶段为个性化量产阶段（2010 年至今），即未来制造与差异化生产阶段。从制造业生产问题来看，1800—2010 年的 210 年中，制造业产品以年均 2.6% 的速度增长。2010 年，全球制造业产品是 1990 年的 1.5 倍，是 1900 年的 57 倍，更是 1800 年的 200 倍。彼得·马什特别提到制造业技能含量提升水平前所未有："个性化量产方式和 16 世纪前普遍采用的少量定制方式的工艺流程有许多相似之处，不同之处在于个性化量产采取了一些自动化流程以降低成本、保证精确度，这是 500 年前的制造业工人无法比拟的。"①

新工业革命以纳米技术、生物技术、新材料、高纤维和新能源等多种新兴产业为最显著特征。从交通视角分析，第一次工业革命以蒸汽火车、蒸汽轮船等为标志，第二次工业革命以内燃机火车、内燃机轮船、飞机、汽车等为标志，第三次工业革命时的交通工具是航天飞机、高速列车、新能源汽车等，人类围绕地球行走的速度越来越快。进入第四次工业革命时代，全球制造业区域与区域、国家与国家的联系更加紧密，分工更加细致。集群成为工业产品的主要生产组织模式，中国珠江三角洲成为世界最大的行业集群。新工业革命将催生新的生产方式，制定化生产、低碳生产、本土化生产将成为主要趋势。"新兴产业将会提供宽广的财富创造平台，机遇并不局限于几个国家，而是面向世界。"② 必须指出的是，彼得·马什

---

① 马什. 新工业革命 [M]. 赛迪研究院专家组，译. 北京：中信出版社，2013：73.

② 马什. 新工业革命 [M]. 赛迪研究院专家组，译. 北京：中信出版社，2013：229.

先生在肯定中国制造业巨大成就的同时，批评“中国赢得了制造，却失去了研发”。很多情况下，中国在整个生产活动中的增加值仅占产品总成本的很小一部分，例如在 iPhone 生产和销售过程中，大部分价值锁定在美国，2009 年，美国对中国 19 亿美元的贸易逆差一时间转为美国对中国 4 800 万美元的贸易顺差。

笔者比较赞同四次工业革命的说法。实际上，无论是第三次工业革命还是新工业革命，抑或是第四次工业革命，在趋势描述、内容方式和典型特征方面，都具有大体相同的特点，是学者从不同视角观察分析同一社会经济现象的结果。第一次工业革命中，工业化的重点是发展轻工业，主要任务是在以纺织工业为代表的轻工业部门中，蒸汽机的发明使机器代替手工生产，生产方式实现了手工工场向工厂制的过渡。第二次工业革命中，工业化已经发展到以重工业为重点的新阶段，其主要任务是改造、扩大和创新重工业的各个部门。第三次工业革命以能源为重点，实现了工业生产的高效化和农业生产现代化。第四次工业革命则实现了生产方式和生活模式的低碳化，实现能满足客户个性化要求的生产模式。它将重新诠释工业技术与产品竞争力的内涵，并从根本上改变工业竞争力所依赖的资源基础和要素结构，并对作为最重要生产要素的人的整体素质提出新的要求。特别值得关注的是：产业转型对于教育转型存在巨大的带动作用。2011 年 3 月 11 日，美国全国制造商协会（NAM）召开圆桌会议，研究探索美国制造业人才需要和人才培养，旨在培养 21 世纪的美国制造业人才，提升美国在全球竞争中的产业实力。该会议发布了面向现代制造业的“教育改革路线图”，主张将过去以学历为基础的教育转变为以学好本领、掌握技能为基础的个性化应用型教育。制造业企业在人才教育与培养过程中发挥的作用越来越重要。

三、世界正在进入互联网制造时代

21 世纪，人类将进入“一个物联网、合作共赢的新经济时代”。

2014 年，《第三次工业革命：新经济模式如何改变世界》的作者美国学者杰里米·里夫金发表新作《零边际成本社会：一个物联网、合作共赢的新经济时代》。在杰里米·里夫金看来，新经济时代是一个零边际成本的社会，通信互联网将与逐渐成熟的能源互联网和物流互联网融合。新科技正在以前所未有的速度提高生产率，降低商品和服务的价格。物联网大大提高了生产率，使得许多商品和服务的边际成本趋近于零，商品或服务也几乎免费。人类社会正面临着一个从市场资本主义到协同共享的伟大转变。他更加明确地强调提出："对物联网未来前景的兴奋在于极高的生产力会将万事万物连接到一个全球性的网络中，人类向商品和服务近乎免费的时代加速迈进，21 世纪下半叶，资本主义走向没落，协同共享将取而代之，成为主导经济生活的新模式。"①

中国是一个发展中国家，正在经历从农业社会转到工业社会、从计划经济转到市场经济的战略双重转型。为适应第四次工业革命和知识社会的发展需要，中国在工业化中期就开始了向后工业社会的变革。习近平总书记在 2016 年两院院士大会讲话中提到，"机器人革命"有望成为新工业革命的一个切入点和重要增长点，"我们不仅要把我国机器人水平提高上去，而且要尽可能多地占领市场"。党的十八大报告也提出："坚持走中国特色新型工业化、信息化、城镇化、农业现代化道路，推动信息化和工业化深度融合、工业化和城镇化良性互动、城镇化与农业现代化相互协调，促进工业化、信息化、城镇化、农业现代化同步发展。"② 新兴工业化道路是一条科技含量高、经济效益好、资源消耗低、环境污染少、人力资源优势得到充分发挥的工业化道路，其核心是以工业化带动信息化，以信息

---

① 里夫金. 零边际成本社会：一个物联网、合作共赢的新经济时代［M］. 赛迪研究院专家组，译. 北京：中信出版社，2014：16.

② 十八大报告辅导读本［M］. 北京：人民出版社，2012：20－22.

化促进工业化。

中国正进行新兴战略产业规划。2010 年 9 月 8 日，时任国务院总理的温家宝主持召开国务院常务会议，审议并原则通过《国务院关于加快培育和发展战略性新兴产业的决定》，计划用 20 年时间，使节能环保、新一代信息技术等七大战略性新兴产业整体创新能力和产业发展水平达到世界先进水平。会议指出，加快培育和发展以重大技术突破、重大发展需求为基础的战略性新兴产业，对于推进产业结构升级和经济发展方式转变，提升我国自主发展能力和国际竞争力，促进经济社会可持续发展，具有重要意义。必须坚持发挥市场基础性作用与政府引导推动相结合，科技创新与实现产业化相结合，深化体制改革，以企业为主体，推进产学研结合，把战略性新兴产业培育成为国民经济的先导产业和支柱产业。中国的企业家日益意识到，只有成功地从过度依靠劳动力的产业模式向自动化程度更高的制造业转型，才能在未来市场竞争中生存下去。

表 1－2 世界和主要国家全时研发的科学家和工程师数（1980—2030）

单位：万人

国家/世界	1980 年	1985 年	1990 年	1995 年	2000 年	2005 年	2007 年	2020 年	2030 年
中国	32	34	35	55	69	111	300	—	450
美国	65	80	92.4	99	126	136	143	180	220
欧盟	—	—	—	106	109	129	145	180	230
日本	63	76	91	99	105	101	105	120	150
俄罗斯	—	—	—	56	51	47	47	60	80
世界	—	—	—	538	688	823	921	1 000	1 500

资料来源：清华大学国情研究中心. 2030 中国：迈向共同富裕［M］. 胡鞍钢，鄢一龙，魏星，执笔. 北京：中国人民大学出版社，2012：39.

全球化和网络化进程推进教育国际化。在全球化背景下，国际教育迅速发展。国际组织特别是联合国教科文组织对于国际教育发挥着重要的领导和组织作用。先进教育理念、统一的教育标准、现代教育内容和教育方法不再只是发达国家的专利，而成为人类共同进步和共同发展的推动力。

联合国主导国际教育标准，全面推进教育国际化进程。20 世纪 70 年代，在联合国主导下多次研究制定的《国际教育分类标准》是指导世界各国学制与学科科学分类和管理的重要标准，对于世界教育发展发挥了重要指导作用，有力地推进了世界教育的标准化和国际化进程。国际教育标准的实施，在世界各国之间建立了通行的国际教育学制规则，提高了教育制度标准和质量标准，为世界范围内的教育交流奠定了制度基础。

现代信息和网络技术发展，加快全球教育国际化进程。现代世界是一个网络化的世界，现代信息和网络技术进步，降低了知识传播成本，加速了知识传授速度，提高了知识应用效率。一个印度农村的孩子只要依靠一部手机，就可以进入中国小学课堂学习数学；一名中国的研究人员，可以随时与美国同行进行在线交流。网络将世界联系在一起，在小小的地球村，教育资源更加丰富，教育交流更加便捷，教育机会更加公平。先进的教育理念、优质的教育资源借助网络瞬间传播。特别是伴随翻译技术的提升，国际性教育交流障碍逐渐消除，国际交往成为常态，国际理解成为易事，教育国际化成为教育的本色。

发展中国家得益于教育国际化，进入教育发展加速时期。发达国家也被称为原生现代化国家，在探索国家政治、经济、科学和教育现代化道路进程中，付出了巨大的经济资本、资源资本、人力资本和时间资本。而作为后来者的发展中国家，以其后发优势，学习和借鉴了发达国家的成功经验与失败教训，受益于现代国际秩序和全球化进程。有数据证明，20 世纪 90 年代到 2010 年间，发展中国家教育规模和人均受教育年限高于世界平均水平。根据教育与人力资源开发的“天花板”理论，发达国家教育的成长性明显减慢，2020—2030 年，发展中国家将成为国际教育与人力资源开发的最重要生长点，并将快速缩小与发达国家之间的教育普及水平差距。

第二节　大数据推动经济社会时代变革

大数据是以容量大、类型多、存取速度快、应用价值高为主要特征的数据集合。21 世纪，数据成为最重要的战略资源之一，人类开始拉开从小数据时代进入大数据时代的序幕。英国学者维克托·迈尔－舍恩伯格、肯尼思·库克耶在其著作中提出世界进入大数据时代：“大数据开启了一次重大的时代转型。”“这仅仅只是一个开始，大数据时代对我们的生活，以及与世界交流的方式都提出了挑战。最惊人的是，社会需要放弃它对因果关系的渴求，而仅需关注相关关系。也就是说只需要知道是什么，而不需要知道为什么。这就推翻了自古以来的惯例，而我们做决定和理解现实的最基本方式也将受到挑战。”①

人类在原始时代早期所创造的数的概念、数的方法和数的科学，为东西方文化的发展提供了共同的智慧财富。人类对于数据价值的认识可以粗略地分为三个阶段：一是以经验科学为基础判断数据价值的小数据时代，二是以计算机为基础追求数据精细化的时代——从小数据向大数据过渡的时期，三是以系统性数据资源为基础深入挖掘数据关系的大数据时代。

---

① 舍恩伯格，库克耶. 大数据时代：生活、工作与思维的大变革［M］. 盛杨燕，周涛，译. 杭州：浙江人民出版社，2013：9.

一、以经验科学为基础判断数据价值的小数据时代

早在数千年以前，人类就开始计量数据、运用数据和分析数据。人类有记载的、最早的计数发生在公元前8000年。中国《周易·系辞下》记载："上古结绳而治，后世圣人易之以书契"。古书《九家易》记载为："事大，大其绳，事小，小其绳。结之多少，随物众寡。"在西方，"自从圣经时代开始，政府就通过进行人口普查来建立大型的国民数据库"①。同样，在古代波斯也有结绳记事的记载。据说波斯王大流士给他的指挥官们一根打了60个结的绳子，并对他们说："爱奥尼亚的男子汉们，从你们看见我出征塞西亚人那天起，每天解开绳子上的一个结，到解完最后一个结那天，要是我不回来，就收拾你们的东西，自己开船回去。"从古代人结绳记事起，人类数十万年依靠数量概念和数量科学，推动着社会经济与人类自身的发展。人类的先知们凭借自身与观察到的经验，发现了数据对于自然界的物质生产、社会界的精神生产以及人类自身的自我生产、存在与发展的重要价值。

人口普查是一种国家层次的重要的"数据指标行动"。据有关资料记载，中国是世界上最早统计人口的国家之一，相传最早在夏禹时代就有过人口统计。中国古代封建王朝设立户部，户部主管户口、赋税等，是负责统计人口的机构。西周的人口统计不但有公开的人口调查，还有专司人口统计的官吏，称为"司民"。《周礼·秋官》载："司民，掌登万民之数，自生齿以上，皆书于版。辨其国中，与其都鄙，及其郊野，异其男女，岁登下其死生。"这里，我们不难看出，周朝时人口普查就已经初步设立了年龄、"国别"、城乡、男女、

---

① 舍恩伯格，库克耶．大数据时代：生活、工作与思维的大变革［M］．盛杨燕，周涛，译．杭州：浙江人民出版社，2013：19.

生死等人口的重要指标。东汉时期的户口调查进一步制度化，称为“案比”，即案验、比较，在每年的农历八月进行。中国魏晋时期皇甫谧著的《帝王世纪》有记载：“禹平水土，还为九州，今禹贡是也。是以其时九州之地，凡二千四百三十万八千二十四顷，定垦者九百三十万六千二十四顷，不定垦者千五百万二千顷。民口千三百五十五万三千九百二十三人。”南朝宋范晔的《后汉书》与宋元之际马端临的《文献通考》，都有同样记载。有的统计学者认为这是“我国最早的统计数字资料”。在数千年的农业社会中，人类不断探索新的科学技术，但是对于统计数据的收集、挖掘和使用始终处于较低水平。

二、以计算机为基础追求数据精细化的时代

计算机技术的发展与进步，成为20世纪影响经济社会和科技发展最为重要的事件之一。以计算机技术为引领的信息化、数字化时代，为数据收集、整理、分析和使用提供了前所未有的便利——数据收集更加便捷，数据整理更加科学，数据分析更加深入，数据使用更加广泛。但是，这一阶段计算机技术的主要应用范围局限在数值领域，追求数据的丰富性和精细化，成为这一阶段数据发展的典型特点。

在计算机出现之前，人类的经济和政治生活不是以数据为基础的，进一步说，“小数据时代是计算机背景下以数据为基础的时代”。小数据时代，由于数据的紧缺，研究者更加追求数据的精确性。中国学者张芳认为：“传统的统计数据质量仅仅指其准确性，通常用统计估计中的误差来衡量。但‘质量’的概念被拓宽以后，‘统计数据质量’的概念也有必要拓宽。从ISO关于质量的定义出发，把用户的需求作为衡量统计数据质量高低的首要因素，那么可以把统计数

据质量定义为‘影响统计数据满足用户需求的特征’。”①

自20世纪90年代起，网络技术、数码技术和电子信息系统的发展，推进计算机技术从数值领域发展到非数值领域。数据技术经历了一次革命性的变化，多媒体技术使得文字、图形、影像、音响和动画技术融为一体，数据的生产、复制和储存能力急骤增长。世界各国相继实施和推进数字化战略，数字城市、数字社区和数字家庭不断涌现。从磁盘、光盘到互联网，传统媒体数字化转型，以手机带动的新型传输方式的发展，极大地提升了大规模数据的传输速度。人类开始从小数据时代向大数据时代过渡。

三、以数据为战略资源深入挖掘数据关系的大数据时代

美国人迈克尔·考克斯（Michael Cox）和大卫·埃尔斯沃思（David Ellsworth）被认为是第一次提出“大数据”概念的工程师。1997年10月，迈克尔·考克斯和大卫·埃尔斯沃思在第八届美国电气和电子工程师协会（IEEE）关于可视化的会议论文集中发表了《为外存模型可视化而应用控制程序请求页面调度》的文章。文中说：“可视化对计算机系统提出了一个有趣的挑战：通常情况下数据集相当大，耗尽了主存储器、本地磁盘，甚至是远程磁盘的存储容量。我们将这个问题称为大数据。当主存储器（内核）无法容纳数据集，或者当本地磁盘都无法容纳数据集的时候，最常用的解决办法就是获取更多的资源。”② 这是在美国计算机协会的数字图书馆中第一篇使用“大数据”这一术语的文章。

2010年被视为“大数据时代”的奠基之年。互联网数据中心估计，2002年世界产生了5 EB（艾字节）新数据，2006年为161 EB

---

① 张芳. 统计数据质量涵义之我见［J］. 统计教育，2005（3）：17－18.

② 大数据发展简史［EB/OL］. 王丽华，译. http：//developer. 51cto. com/art/201303/ 383015. htm.

数据，并曾预测在2006—2010年间，数字宇宙每年所增加的信息将是以上数字的6倍多，达到988 EB，或者说每18个月就翻一番。而实际上，据2010年和2011年同项研究发布的信息，每年创造的数字化数据总量超过了这个预测，2010年达到了1 200 EB，2011年增长到了1 800 EB。IBM的研究称，整个人类文明所获得的全部数据中，有90%是过去两年内产生的。而到了2020年，全世界所产生的数据规模将达到今天的44倍。① 经过10年的发展，新的数据标准、规则更加成熟，无线通信新技术在企业生产、市场流通与大众消费领域日益扩大。在云计算普及化以及信息环境更加完善的前提下，越来越多的企业、社区和家庭使用更高级别的数据标准，各种层次和各种功能的数据中心如雨后春笋应运而生，数字城市、智能网络和数据系统不断涌现。

与传统的数据重视因果关系有所不同，英国学者维克托·迈尔-舍恩伯格和肯尼思·库克耶认为："大数据标志着人类在寻求量化和认识世界的道路上前进了一大步。过去不可计量、存储、分析和共享的很多东西都被数据化了。拥有大量的数据和更多不那么精确的数据为我们理解世界打开了一扇新的大门。社会因此放弃了寻找因果关系的传统偏好，开始挖掘相关关系的好处。"② 要建立以数据分析为基础的决策机制。决策将日益基于数据和分析而做出，而并非基于经验和直觉，不以牺牲事物的复杂性为代价而换取决策的速度。

综合参考网络上对于有关大数据时代的分析，我们认为大数据时代具有以下五个典型特征：第一个特征是数据量（volume）大。大数据的起始计量单位至少是PB（1 PB = 1 024 TB）、EB（1 EB≈

---

① 大数据有多大？［EB/OL］．（2015－04－30）．http://www.xinhuanet.com/fortune/2015－04/30/c－127753550.htm.

② 舍恩伯格，库克耶．大数据时代：生活、工作与思维的大变革［M］．盛杨燕，周涛，译．杭州：浙江人民出版社，2013：23.

105万TB）或ZB（1 ZB≈10.7亿TB）。第二个特征是数据类型多样化（variety）。大数据时代数据类型和表现形式种类繁多，包括调查数据、网络日志、音频、视频、图片和地理位置信息等，数据与数据之间的联系被数据的多样性冲淡，多种类型的数据对数据的处理能力提出了更高的要求。第三个特征是数据价值（value）密度相对较低。随着物联网的广泛应用，信息感知无处不在，信息海量，但价值密度较低，如何通过强大的机器算法更迅速地完成数据的价值"提纯"，是大数据时代亟待解决的难题。第四个特征是处理速度（velocity）快。在数据收集速度加快的同时，数据寿命明显缩短，对于数据挖掘的时效性要求日益提高。这是大数据区分于传统数据挖掘最显著的特征。第五个特征是关键数据仍是稀缺（incomplete）"资源"。由于网络、视频、扫描等数据采集工具不断丰富，应用范围日益扩大，流量数据十分庞大，并且占据了大量的人力、物力和财力，数据量的增加，并没有满足人们对于数据质量的要求，对质的研究有用的关键数据依然稀缺。

数字技术改变世界，改变生存、生产和生活方式，改变我们的大脑。据美国波士顿咨询公司最近的报告预测，机器人时代已经到来。到2025年，"可自动化"岗位所占比例将升至25%。英国大学也预测，在未来50年内，照顾老人甚至孩子的工作将被人工智能取代。2015年，中国国务院发布的《促进大数据发展行动纲要》提出，要"构建以人为本、惠及全民的民生服务新体系。围绕服务型政府建设，在公用事业、市政管理、城乡环境、农村生活、健康医疗、减灾救灾、社会救助、养老服务、劳动就业、社会保障、文化教育、交通旅游、质量安全、消费维权、社区服务等领域全面推广大数据应用，利用大数据洞察民生需求，优化资源配置，丰富服务内容，拓展服务渠道，扩大服务范围，提高服务质量，提升城市辐射能力，推动公共服务向基层延伸，缩小城乡、区域差距，促进形成公平普惠、便捷高效的民生服务体系，不断满足人民群众日益增长的个性化、多样化需求”①。

四、互联网时代的教育深刻变革

互联网是20世纪最伟大的发明之一。20世纪70年代以来，信息革命带来的变化是那么巨大，人类不得不努力适应新的生活空间——网络空间（赛博空间）。我们工作和生活的方方面面都经受着数字化网络的洗礼。知识社会也是一个网络社会和信息社会。互联网将世界日益紧密地联系在一起，成为一个不可分割的地球村，人类世界的政治、经济、军事、科技和教育越来越离不开互联网，人们的生存、生产和生活也因互联网而变得更加丰富多彩。

互联网时代带来新的教育革命和学习革命。教育信息化为学习者和教师提供了优质教学体验的共同机会。第三次工业革命理论的创始人认为，从发展趋势分析，未来将是零成本社会和物联网时代。近期分析认为，大流量是移动互联网发展的必然趋势。在流量时代，流量收入已经成为运营商主要的营利点。但是从中长期发展来看，资深互联网观察家方兴东认为：“5到10年，流量免费时代终将到来。”免费互联网时代将产生一场经济、产业和教育革命。教育信息化是教育多元化的重要推进器，有助于实现教育资源的多元化、教育手段的多元化、学习方式的多元化和教育体验的多元化。学习者基于信息化学习平台，发现问题、分析问题、解决问题，不断提升学习能力、协作意识和实践能力。同时，学习者可以根据自己不同的学习需求，不受时间和地点的限制，通过参与正规学习和非正规学习，即可以获得传统教育学位或各种资格证书，也可以不断提高

---

① 国务院关于印发促进大数据发展行动纲要的通知（国发〔2015〕50号）[EB/OL].（2015-09-05）. http://www.gov.cn/zhengce/content/2015-09/05/content_10137.htm.

自身修养和生活品质。正如美国杜克大学校长罗德海德所说："实际上，人类与生俱来就是社会网络中的生物。我们每个人都生活在各不相同的由种种联系组成的关系网中。我们所联系的人又与别人有着联系，联系之外还有联系，这种分支式的连接准确地呈现了当代社会网络。"① 互联网最大的贡献是在人类社会建立了一个可以互通互联的虚拟世界，人们掌握了共同分享的工具。

联合国教科文组织在组织和推行教育信息化战略进程中，强调教育信息化所面临的五大挑战：一是经费问题，二是能力问题，三是包容性问题，四是内容问题，五是质量保证问题。为此，2012 年，联合国教科文组织发布了《2012 年开放式教育资源巴黎宣言》，确定了内容开发、教师培训、免费开放软件和惠及残疾人的信息通信技术四大项目。联合国倡导各成员国及国际组织开放教育资源（Open Education Resources，OER），通过共同宣言、政策支持和能力建设，并提供互联网连接和低成本的数字化设备，创造有利的技术环境，促进各国教育资源向世界开放。开放教育资源有利于学习者开展电子学习、在线学习、远程学习，通过信息通信技术自由访问、重复利用、修改共享任何教育资源或材料，促进学习资源的丰富与创新。如果说，在线教育是一场革命的话，对于发展中国家来说则将是一场更为彻底和更加深刻的革命，发展中国家特别是贫困人口将从互联网教育中获得更多收益。

2012 年被视为慕课元年。大规模、在线和开放是慕课的三大突出特点。大规模网络公开课程（Massive Open Online Course，MOOC），简称"慕课"，是国际高等教育机构将大学课程与远程教育技术相结合的产物，旨在帮助世界各国学生自主选择课程、自主

---

① 杜克网络：杜克大学校长罗德海德 2013 年毕业演讲［J］．田小红，徐尹倩，编译．世界教育信息，2013（14）：34.

学习，并扩大各国高等教育的世界影响。慕课课程涵盖理、工、文等各个学科，由世界著名大学教授录制，各个不同的慕课平台向学习者提供极为丰富的资源。

据说，最遥远的慕课鼻祖可以追溯到1728年，美国波士顿地区一个名叫迦勒·菲利普斯的人在当地小报上刊登广告宣传自己的速记方法，报名的学生每周会通过邮件进行学习。① 清华大学程建钢教授指出：慕课“起源于加拿大。2008年加拿大阿萨巴萨卡大学的乔治·西门子和斯蒂芬·唐斯基于联通主义的学习理论模型，首次提出了cMOOC（c为联通主义一词connectivism的首字母）并创建了全球第一个cMOOC类型的课程（CCK08）。cMOOC强调人机交互的学习模式，把课程设计者、学习资源、教学者、学习者和自发组建学习共同体等作为一个整体，并基于已经大众化的社会性交互工具平台，促进不同思维类型和学习方式的学习者在人—机、人—人交互模式下切磋学习，引发知识迁移和知识创造，使面向信息类聚、整合理解、迁移运用、批判思维和知识构建等的‘深度学习’真正发生，从而对传统大学教学模式和组织形态提出了革命性挑战，所以学术界充分肯定了cMOOC的理论创新”②。清华大学校长陈吉宁教授认为：“大学与社会的边界、大学与大学的边界正在变得模糊，传承了几百年的校园概念需要重新定义，教育正在从为生活学习（learning for life）、终身学习（learning throughout life），走向终身随时学习（learning around life）。我相信，这不只是一场教育的革命，更是一场学习的革命，它所带来的不只是机会、收益，也有挑战和

---

① 吴剑平，赵可，等. 大学的革命：MOOC时代的高等教育［M］. 北京：清华大学出版社，2014：61.

② 汪瑞林. 访清华教授程建钢：MOOCs辨析与在线教育发展［N］. 中国教育报，2014-01-04（3）.

新的问题。”①

第一，慕课有利于实现人人终身学习。慕课十分有利于寻求个人持续发展的终身学习者。学习者可以根据自身的职业发展，持续选择与个人发展相关的学习内容和相关课程，扩大知识范围，提升生存、生产和生活技能。慕课是提升组织和个人知识技能竞争力的有力手段。

慕课鼓励以兴趣为导向的学习者。兴趣为创新的基础和幸福的源泉。学习者无论是不是某一领域的专家学者，都可以依据自身兴趣，从慕课中找到相关的学习内容和学习课程。职业科学家可以通过慕课将自己培养成优秀的摄影大师；著名的文学家可以在慕课中找到自己感兴趣的农艺课程，学习做一名优秀的园艺工人；退休的大妈可以从网络上下载理财大师的课程，成为一位好的家庭财务管理者；等等。只要高兴，什么都可以学习。

第二，慕课有利于扩大优质教育资源，有利于加快实现教育公平。大量网上优质学习资源的提供，增强了教师教学和学生学习的选择性，使得优质教育资源快速传播。低成本甚至零成本的学习，为贫困家庭提供了可支付的优质教育资源，高等教育公益性和公平性效果凸显。

第三，慕课有利于推进教育模式改革。以“短视频 + 交互式练习”为单元知识的基本教学组织模式和学习模式，改变着传统的课堂教学模式和学习方式。交互式的教学与学习模式，摆脱了传统远程教育的单向性和灌输式学习方式。中国有学者认为，慕课的优势是教学资源的精品化和精细化，是教学过程的个别化和个性化，是教学活动的交互性和学生的高度可参与性。②

---

① 吴剑平，赵可，等. 大学的革命：MOOC 时代的高等教育［M］. 北京：清华大学出版社，2014：序.

② 龚日军. “慕课”的优势究竟在哪里？［N］. 中国教育报，2015－03－19（4）.

第四，慕课有利于明显缩小知识鸿沟。知识传播速度和传播范围，决定着服务人群的多寡。大规模网上开放课程，以覆盖面广、受益面大为特点，可以迅速将低成本的网络课程传送给学习者，缩短了提供者与需求者之间的距离。这无形中提升了“贫困者”获取学习资源的能力，缩小了学习者之间的知识鸿沟和发展差距。

第五，慕课让人担心新文化殖民主义。殖民主义是一种以武力为手段、以文化为支撑的侵略主义。尽管殖民主义表面上日益削弱，但当今殖民主义却常常以非武力的文化形态继续生存甚至发展着。在慕课发展过程中，发达国家特别是发达国家大学成为主要的课程来源地。发达国家的思想观念和价值标准，借着传播科学知识、管理规则和文化的形象，再一次对发展中国家的青年人实施第二次文化殖民主义。

以“互联网 +”为代表的新一代信息网络技术正在开创人类生存、生产和生活的新时代，旨在利用以互联网为代表的现代信息技术，促进经济社会发展的转型升级。“互联网 + 教育”，就是将互联网基因与现代教育思想、教育资源和教育需求紧密结合、相互融通，形成新的教育观、课程观、学习观和发展观。“互联网 + 教育”构成了一种全新的、开放互联的学习环境，具有开放性、分布式和协作共享的特点，这为学校教育、学习方式的改革提供了技术路径和现实可能。“互联网 + 教育”背景下产生了“互联网 + 学校”“互联网 + 教师”“互联网 + 学生”等一系列的学习形态。学习时空从封闭走向开放，学习方式从集中走向分散，学习内容从系统化走向碎片化，学习评价从标准化走向个性化。实体空间与虚拟空间相结合的学习空间建设成为教育发展和学习建设的新主题。“互联网 +”教育思想、教育体系、教育制度的深刻变革，呼唤教育实践和教育理论的伟大创新。互联网教育可以引入文本、视频、动画、图片等多种元素，创立模拟课堂、在线互动、线上问答等立体多维的学习模式。如中国江苏温州市开展了“智慧校园建设工程”，启动建设100多所智慧校园、800多个智慧教室，推广使用集身份识别、成长记录、综合消费、社会服务和安全管理为一体的“智慧教育卡”，促进知识教育建设。

美国学者盖瑞·斯默尔（Gary Small）、吉吉·沃根（Gigi Vorgan）在其合著的《大脑革命：数字时代如何改变了人们的大脑和行为》一书开篇指出：“当今数字技术的蓬勃发展不仅改变着我们的生活和交流方式，也正迅速而深远地改变着我们的大脑。电脑、智能电话、电子游戏、谷歌和雅虎之类的搜索引擎，这些人们每天都大量接触的高科技时刻刺激着我们脑细胞的改变和神经递质的释放，强化我们大脑中新的神经通路，并使旧的神经通路退化。科技革命使我们的大脑正在以前所未有的速度‘进化’。”① 科学的振兴，预示着更广阔领域和更深厚层次的文化复兴。

中国是一个网络大国，而且正在成长为一个网络强国。有专家认为网络强国的标志是，国家关键基础设施具备完善的防御能力，互联网产业具备强大的全球竞争力，网络安全领域和军事领域具备足够的威慑力。网络的发展必然带来网络的政治安全、经济安全、军事安全和社会安全问题，必然带来新旧腐朽思想对于国民特别是青少年的思想侵蚀，必须科学应对互联网时代的教育新问题。值得提及的是，未来将进入数据技术时代。阿里巴巴移动事业群总裁俞永福在2015年第十四届中国互联网大会发表演讲时指出，未来十年，整个互联网将从IT时代（信息时代）向DT（数据技术）时代演进，企业需要研究如何让数据驱动业务，让数据变成业务。从信息推动到数据推动，成为未来经济、社会、企业发展的新动力。

---

① 斯默尔，沃根．大脑革命：数字时代如何改变了人们的大脑和行为［M］．梁桂宽，译．北京：中国人民大学出版社，2009：1.

2014年11月19—21日，世界互联网大会在中国乌镇召开。中国国家主席习近平在致辞中表示，中国愿意同世界各国携手努力，本着相互尊重、相互信任的原则，深化国际合作，尊重网络主权，维护网络安全，共同构建和平、安全、开放、合作的网络空间，建立多边、民主、透明的国际互联网治理体系。据《中国互联网报告(2016)》统计，截至2016年6月，中国网民规模达7.10亿人，互联网普及率为51.1%，较2015年提升了1.3个百分点，中国成为世界最大规模的移动互联网市场。美国知名会计师事务所普华永道(PWC)2012年曾预测，到2016年时，全球移动互联网用户总量将在当前基础上增长两倍多，即增至29亿，其中将近10亿来自中国市场，占总数的34%。中国政府对于发展互联网的政治承诺和中国互联网的成长性，促使世界互联网大会永久落户乌镇。

第三节　全球治理体制战略转型

19世纪的世界性大国是英国、法国、俄罗斯、意大利、日本和美国，20世纪的大国是美国、英国、日本、俄罗斯和中国，而今天的大国及重要地区是美国、中国、俄罗斯和欧洲。美国《外交》双月刊网站2014年5月6日刊登文章《美国主导的“世界新秩序”已死》，学者埃里克·波斯纳认为：“美国人认为，美国在其短暂的全球霸权期间——从1991年开始，在过去10年逐渐削弱——所推崇的法律准则仍在发挥作用。事实却并非如此。”① 第二次世界大战后，美国主导的世界贸易、人权制度、国际司法和自由贸易与投资四大支柱经历了一个由强盛到衰减的历史过程。

---

①　波斯纳. 美国主导的“世界新秩序”已死［N］. 参考消息，2014-05-12.

一、世界政治、经济正在走向多极化

1945 年，第二次世界大战结束后，以美国为主导的联合国建立了以西方价值观为指导的国际政治、经济秩序，成为发达国家管理世界、谋取自身战略利益的政治工具。世界银行和国际货币基金组织（IMF）成为美欧国家操控的经济机构。国际货币基金组织拥有 180 多个成员国，其决策权掌握在少数发达国家手中，其在国际金融危机中的作用十分微弱。发展中国家利益诉求长期不能体现，向一个国家提供援助是建立在另一个国家利益受到损失的基础之上。世界贸易组织（WTO）等国际组织虽然吸收全球 149 个国家参加，但是发展中国家只是作为一个被动的市场主体，缺少平等、民主的国际权力。欧洲联盟、东亚银行等地区性国际组织成为维护发达国家利益和管控世界的战略工具。

20 世纪 80 年代末 90 年代初，东欧剧变，苏联解体，美国政治学者弗朗西斯·福山的著作《历史的终结及最后的人》出版，称这是民主主义和资本主义的胜利。可是今天，世界并没有变得更加公平和美好。乐施会首席执行官温妮·拜厄尼马曾表示：“全球不平等的程度令人震惊，尽管这一问题正在成为全球主要议题，但是，最富有人群和其余人群之间的差距仍在迅速扩大。”①

（一）世界发展的火车头正在更换

人类社会长期漫步于农业文明时代，这一时期的经济中心是中国和印度，并不在西方。近 300 年来，由于资本主义的萌芽和发展，世界经济中心转移到西方，英国、美国先后成为世界经济中心国，其主导的时代亦被称为“英国世纪”和“美国世纪”。近 100 多年

---

① 乐施会报告称：1% 人口将拥有全球过半财富［N］. 参考消息，2015－01－20（14）.

才掀起东方向西方学习的热潮。21 世纪将是东方的世纪、中国的世纪。2014 年，中国 GDP（国内生产总值）达到 636 463 亿元，按照可比价格计算，比 2013 年增长 7.4%，并首次突破 10 万亿美元，成为第二个进入“10 亿美元俱乐部”的成员。2016 年，中国 GDP 是 74.4 万亿元，达到 11.199 1 万亿美元，人均 GDP 是8 123.18美元，达到中等收入国家水平。世界经济地理地图也将因此而发生根本性变化。

为应对第一次石油危机产生的严重后果，在法国的倡议下，1975 年 11 月，美国、日本、英国、法国、德国、意大利六大工业国成立了六国集团，此后，加拿大在第二年加入其中，七国集团（简称 G7）由此诞生。1997 年，俄罗斯的加入使得 G7 转变为 G8。据中央情报局统计，2011 年，八国集团国家人口约占世界总人口的 13%，GDP 约占世界生产总值的 53%。

时光荏苒，1997 年，发达国家把俄罗斯拉进 G8，给自己脸上抹了一层厚厚的粉；2014 年，开除俄罗斯后，发达国家组成的 G7 “可能露出本已衰老的容颜”。2014 年是 G7 成立 40 周年，昔日被称为富国俱乐部的 G7，成为外交学所称的“已经半老的徐娘”。2014 年 10 月，国际货币基金组织出版的《世界经济展望》提出“新 G7”的概念，即巴西、俄罗斯、印度和中国 4 个金砖国家加上墨西哥、印度尼西亚和土耳其 3 个“薄荷国家”（MINT）的经济总量，已经超过传统的 G7 国家。2013 年，新 G7 国家国内生产总值之和达到 37.8 万亿美元，而传统的 G7 国家仅为 34.5 万亿美元。

表 1－3　2025 年世界主要国家 GDP 及人均 GDP 预测

国家	2025 年 GDP/亿美元	2025 年人均 GDP/美元
中国	298 218	22 024
美国	245 301	78 075

续上表

国家	2025 年 GDP/亿美元	2025 年人均 GDP/美元
日本	97 935	76 747
德国	56 904	69 468
印度	52 917	4 326
巴西	49 076	24 741
俄罗斯	46 775	32 959
英国	40 635	64 252
法国	38 349	60 481
意大利	34 203	56 239

资料来源：2025 年，中国综合国力世界第二，经济总量第一。人均 2 万美元！[EB/OL].(2013－09－21). http://bbs. tianya. cn/post－worldlook－884400－1. shtml.

法国学者妮科尔·涅索托（Nicole Gnesotto）和意大利学者吉奥瓦尼·格雷维（Giovanni Grevi）在其合著的《2025 年世界将发生什么……》一书中指出："欧盟的未来充满了不确定性：到 2025 年将有多少个国家加入？欧洲各国的合作与一体化将达到何种程度，扩展到哪些领域？这些问题的答案至关重要，它们关系到欧洲如何面对未来政治、经济、人口、能源以及安全方面的挑战。而对世界事务的分析将改变人们的视角，并带来全新的想法和观点。这也完全符合我们的愿望——通过开放的国际角度来帮助欧洲找到真正的战略定位。"① 如果说，G7 国家是 30 年以前世界经济发展火车头的话，金砖国家将是 21 世纪世界经济发展最重要的引擎。

---

① 涅索托，格雷维. 2025 年世界将发生什么…… [M]. 范炜炜，译. 北京：东方出版社，2010：前言 4－5.

中国是一个统一的多民族国家，曾是世界第一经济大国。中国作为一个新兴国家再次崛起，成为改变21世纪中国和世界的重大事件。中国通过G20、中欧合作、中非合作、中国与拉美合作、金砖五国以及上海合作组织等政治、经济平台，增强中国在世界经济发展、政治发展中的战略影响力，并通过多边合作机制展示中国的领导力。杰里夫·里夫金认为："中国也将成为第三次工业革命的主要力量，推动整个亚洲实现向后碳社会的转型。"① 如果在21世纪上半叶实现对第三次工业革命基础设施的构建，中国还需要近40年的努力，而这将使中国成为下一次工业革命的领军人。2015年2月，日本的《世界经济评论》载文《世界经济结构性变化》，文中说："今天世界经济所发生的就是工业革命用了200年时间围着地球转了一个圈。所谓全球化，就是曾经在工业革命中掉队的中国、印度以及东南亚又站在了工业革命的前沿。在不到半个世纪的时间里，世界经济的平衡不过就是与200年前来了个反转。"② 2016年9月，中国成功地举办了二十国集团（G20）杭州峰会。联合国秘书长潘基文于9月4日表示，二十国集团在推进可持续发展议程问题上取得历史性突破，中国向世界展示了卓越的领导力。到2030年，世界将形成中国、美国和欧盟三驾马车主导世界经济的格局。中国和印度的份额将从25%上升至34%。

---

① 里夫金. 第三次工业革命：新经济模式如何改变世界［M］. 张体伟，孙豫宁，译. 北京：中信出版社，2011：中文版序XVI.

② GDP规模称雄世界　日刊：中国经济重拾200年前辉煌［N］. 参考消息，2015-02-28（4）.

表1－4 2010—2050年主要经济体GDP及人均GDP比较

比较项目（2005年：非购买力平价法）	美国	欧盟	中国	日本
2010年GDP/万亿美元	13.15	24.62	3.64	4.45
2025年GDP/万亿美元	19.48	19.10	16.12	5.56
2030年GDP/万亿美元	22.26	20.34	21.48	5.79
2050年GDP/万亿美元	38.65	26.62	46.27	6.22
2010年人均GDP/美元	42 372	29 649	2 699	35 815
2025年人均GDP/美元	54 503	38 320	11 096	47 163
2030年人均GDP/美元	59 592	40 901	14 696	50 965
2050年人均GDP/美元	88 029	55 763	32 486	66 361

资料来源：卡内基国际和平基金会．2050年的世界秩序［R］．2010.

中国影响世界，世界关注中国。习近平总书记在出访哈萨克斯坦和印度尼西亚时提出了“一带一路”倡议。“一带一路”是中国与周边国家打造“命运共同体”的重要途径，用以帮助周边国家成长、实现共同发展，成为其核心价值追求，受到世界各国特别是相关国家的理解、参与和支持，一个以中国为首的经济圈正在形成。世界银行副行长卡努托认为，在过去的十年里，中国从一个单纯的世贸组织成员成功地转变为一个负责任的世贸组织利益攸关方。

（二）世界金融体系更加多样化

金融体系的多样化是世界政治体制多元化、经济体系多样化的必然反映。亚洲国家普遍认为国际货币基金组织没有发挥好管理世界金融体系、支撑国家特别是发展中国家发展的作用，其僵硬地坚持市场化改革，压制贫穷国家而不是帮助它们摆脱贫困。英国《金融时报》指出：“亚洲国家认为IMF非常虚伪。”“在布雷顿森林体系下建立的机构反映出一个时代逐渐远去的现实。世界已经改变，基本上是越变越好，因为穷国与富国的差距越来越小。金砖银行体现了这一点。它是未来的一个缩影。”① 《2013年全球大学峰会致八国集团之宣言》指出：“世界财富已经不再仅仅集中在传统的西方经济强国。随着人口和经济的增长，政治影响正向东方转移并走向拉丁美洲。”② 在经历了数十年的“中等收入”陷阱后，拉丁美洲经济逐步恢复，政治民主相对成熟，人力资源开发水平明显提升，探索出一条适合自身社会特点的发展道路，并正在成为影响世界政治、经济不可忽视的一支重要力量。

中国要想在全球金融资源的竞争中占据一席之地，就必须在货币国际化的角逐中占据重要地位。世界大国之间的经济竞争，不可回避地会出现货币竞争。人民币国际化是中国经济实力增长的必然要求。20世纪90年代以来，中国国内生产总值年均增长9.3%，经济实力和综合国力又上了一个新的台阶，经济总量已居发展中国家首位，成为仅次于美国的世界第二大经济体。2014年年底，人民币在银行间外汇市场可直接兑换交易的币种已经增至11种。俄罗斯资本投资专家认为：“世界正在形成新的力量中心，这一进程也要求外汇领域发生变动。”③ 人民币在东南亚地区已经成了仅次于美元、欧元、日元的又一个“硬通货”。2020年，中国人民币可以实现资本项下可兑换，上海将成为人民币国际化中心。

2014年7月，中国国家主席习近平出席金砖国家领导人第六次会晤，并出访巴西、阿根廷和委内瑞拉等拉美国家。会议决定建立金砖国家开发银行和应急储备基金。金砖国家开发银行向金砖国家提供基础设施项目资金，并可以作为替代性金融机制向其他发展中

---

① 皮林. FT：金砖银行挑战世界经济旧秩序［N］. 参考消息，2014－08－05.

② 2013年全球大学峰会致八国集团之宣言［J］. 世界教育信息，2013（18）：13.

③ 俄媒：中俄货币联盟挑战美元地位　白宫不知如何行事［N］. 参考消息，2014－12－31（14）.

国家提供资金。该银行起始资金达到1 000亿美元，首批认购份额为500亿美元，每个国家分摊100亿美元。中国互换金额为410亿美元，巴西、印度和俄罗斯各为180亿美元，南非为50亿美元。彭博新闻社评论说：金砖国家开发银行成立，“这是世界银行和国际货币基金组织迄今为止面临的最大的竞争对手，也是美国1944年在布雷顿森林设计建立的世界经济架构迄今为止面临的最大挑战”①。巴西学者施廷克尔甚至认为，这是给世界银行和国际货币基金组织的一记“耳光”。

2013年10月2日，习近平主席在雅加达同印度尼西亚总统苏西洛举行会谈，倡仪筹建亚洲基础设施投资银行（Asian Infrastructure Investment Bank，AIIB，简称亚投行）。尽管美国政府从中阻挠，也没有能够说服英国、法国、德国和意大利不作为意向创始成员国申请加入亚投行。截至2017年12月19日，英国、法国、德国、意大利、韩国、俄罗斯、澳大利亚、埃及、瑞典等国先后同意加入亚投行，使亚投行范围扩大至88个成员国，涵盖了除美、日之外的主要西方国家。亚投行法定资本为1 000亿美元。美国前财务部部长伦斯·萨默斯发表题为《是在全球范围为美国敲响警钟吗?》的文章说，美国的施压与影响变得徒劳无益。新华社世界问题研究中心詹得雄研究员深刻地指出：“人类两千年来在国家治理和全球治理方面有过许多经验、方法和制度，但现在似乎都不大管用了，新的探索已到了重要时刻，必须认真思考，拿出良策来。”② 在亚投行建设过程中，中国与俄罗斯的合作进一步深化。2015年6月18日，俄罗斯第一副总理舒瓦洛夫表示，中国与俄罗斯共同携手，打造世界经济

---

① 米什拉. 中国拉动“金砖列车”隆隆前行［N］. 参考消息，2014-07-22（14）.

② 詹得雄. 资本主义在危机中求生存［N］. 参考消息，2015-03-27（11）.

发展中心。

二、美国“独霸地位”依然持续维系

进入21世纪，全球经济社会发展处于相对稳定时期。全球经济持续增长，人口不断增加，国际局势相对平稳，局部的军事冲突和文化冲突没有对世界发展造成整体影响，大国之间的竞争更多地表现为以经济竞争、外交方式为主的非军事竞争。当今世界的治理体系，是在第二次世界大战后形成的以西方特别是美国为主导的管理体系和国际规则。

（一）美国竞争力面临挑战

新兴工业化国家整体实力日益增长，对于美国构成长期的战略挑战。中国是世界第一人口大国、第一制造业大国，也是第一贸易大国。中国是唯一一个具备未来超越美国实力的国家。

发达国家以其经济、科技和教育优势，继续保持明显的竞争优势。美国竞争力依然保持优势。美国是当今世界最发达的资本主义国家，构建了有利美国国家利益的政治制度、金融体系和国际秩序。从总体实力分析，在2030年前，尚没有哪一个国家具备整体赶超美国的综合实力。《2014—2015年全球竞争力报告》显示，瑞士、新加坡、美国的综合竞争力分别排名前三甲，前十名均为发达国家。在144个经济体中，中国排名第28位（见表1-5）。

《2014—2015年全球竞争力报告》还显示：世界创新竞争力方面，芬兰名列第一，瑞士、以色列居第二和第三位，日本、美国紧随其后。在高等教育与培训方面，排名前十位的国家分别是：芬兰、新加坡、荷兰、瑞士、比利时、阿联酋、美国、挪威、新西兰和德国。发达国家特别是美国，依靠其巨大的人口优势，占据世界科技发展和教育发展的制高点。《2016—2017年全球竞争力报告》显示，中国在全球竞争力排行榜保持第28位，保持最具竞争力的新兴市场地位。

表1－5 2014—2015年全球竞争力排名（节选）

经济体	综合竞争力	创新竞争力	高等教育与培训
瑞士	1	2	4
新加坡	2	9	2
美国	3	5	7
芬兰	4	1	1
德国	5	6	16
日本	6	4	21
中国香港	7	26	22
荷兰	8	8	3
英国	9	12	19
瑞典	10	7	14
中国	28	32	65

在全球化背景下，世界更加趋向多样化和多极化。20世纪的世界，主要是由大国特别是美国等西方大国主导的世界。美国以其政治、经济、军事、文化影响力，导演着全球演变和发展。正如美国学者法里德·扎卡利亚所说："按照过去的模式，世界政治是由美国及其一些西方盟友进行导演的，第三世界要么自个儿演独角戏，要么待在舞台之外。"① 进入21世纪的美国，是一个充满自信而又不停自我怀疑的美国。美国是当今世界唯一的超级大国，作为唯一的经济、军事超级大国傲立于世界舞台，在过去200多年中指引了整个世界，并自信没有任何单独的国家可能在短期内超过它。

对于美国的发展阶段，我们必须做出科学的判断和决策。我们

① 涅索托，格雷维．2025年世界将发生什么……［M］．范炜炜，译．北京：东方出版社，2010：50.

认为，美国正处在中年期，而不是老年期。作为世界上唯一的超级大国，美国即使走向衰老，还需要一个相当长的时期。所以，我们千万不要盲目乐观，不要陷入美国衰退论之中。美国总统奥巴马在2010年国情咨文中承认："金融风暴造成的损失仍然存在。十分之一的美国人找不到工作，大批公司破产，房价下跌，小城镇和农村社区损失尤其惨重。对穷苦百姓而言，生活将变得更为艰难。"① 我们说，美国"一超独霸"难以为继，一方面是说，美国从发展的整体上正处于中年期，面临进入"老年期"的挑战；另一方面，21世纪的世界绝非20世纪的世界，发展中国家经济实力、政治地位不断提升，一个国家独裁世界的局面一去不复返。美国哥伦比亚大学地球研究所所长杰弗里·萨克斯认为："美国的政治制度被富豪精英们利用，他们追求的狭隘目标是削减公司和个人税率，让个人拥有的巨额财富最大化，削弱美国在全球经济发展中的建设性领导角色。他们蔑视美国的对外援助，以至给中国打开在发展援助融资方面获得全球领导角色的大门。"②

中国台湾大学政治系朱云汉教授认为："21世纪的特征就是多元现代性（multiple modernities）。不同的历史背景、文化背景的国家，可能会以不同的路径走向现代化，而且它们成熟稳定的现代化社会的模样、组织原则中，有现代性成分，也有共通的成分，还有特殊的成分。不是每一个国家最后都会演变成美国，或者演变成德国。"③ 德国专家预测，未来20年，世界上四个最大经济体中，中国、日本和印度均非西方国家。美国经济总量占世界的份额将变得

---

① 奥巴马. 2010年国情咨文（全文）［EB/OL］.（2010-01-20）. http://www.21ccom.net/articles/qqsw/qyyj/article_201001205923.html.

② 中国正在成为全球新领导者［N］. 参考消息，2014-12-01（14）.

③ 朱云汉. 中国大陆兴起与全球秩序重组［M］//赫德森，等. 中国未来30年Ⅲ：重塑梦想与现实之维. 北京：中央编译出版社，2013：44.

越来越小。德国学者卡尔·皮尔尼认为：“在21世纪，美国和欧洲面临着许多挑战。其中最大之一，可能就是中国的觉醒。”① 面临来自外部的经济、社会发展挑战，美国出现保守主义抬头的现象。美国的国家“性格”从向外逐步转为向内；在战略再平衡思想指导下，美国政治、经济和军事的战略重点正在从欧洲地区转向亚太地区。《创新美国：世界因竞争和挑战而繁荣——美国创新行动计划中期报告》提出：“我们相信美国在创新中的领导地位现在面临严重的竞争挑战——不仅来自这个日益增长的相互融合地球的新创新中心，而且还来自缭绕在我们自己心头的满足心理。”

全球化背景下中美两国开展战略竞争。大量迹象表明，中美两个大国之间的战略竞争日益广泛、频繁和激烈。“中国目前正在发生的情况，不只是中国的模式，而且已经开始在经济、社会以及政治方面改变整个国际发展格局。一方面，美国正在推行旨在美国利益的单边主义政策，另一方面，中国正在国际事务的许多领域调动削弱美国影响的资源，营造将使美国更难采取霸权行径的环境。”② 同时必须强调一点，普遍的观点是，中美两国之间的实力差距仍然较大，并难以在一个很短的时间内完全缩小。

（二）美国将中国视为最大威胁

2010年1月，美国总统奥巴马在发表国情咨文时指出：“我不接受美国成为世界第二的地位。”这是作为一个美国总统的真实表白。中美两国之间的竞争既来源于利益的竞争，又常常来源于对于对方战略意图的误解。美国有学者认为，“新型大国关系”是一张柔性牌，说明中国领导人希望缓和和美国的关系，而“中国梦”就是一

① 皮尔尼．印度中国如何改变世界［M］．陈黎，译．北京：国际文化出版公司，2009：154.

② 雷默．不可思议的年代：面对新世界必须具备的关键概念［M］．何帆，译．长沙：湖南科学技术出版社，2010：6.

张强硬的牌。在这些美国人看来，美国可以有“美国梦”，中国不能有“中国梦”。中国有梦，就是对美国的挑战，甚至是威胁。

中国著名学者阎学通教授认为：“一国崛起的性质是赶超世界最强国，最强国只能是崛起国的障碍而不可能成为其支持者，中美之间由此产生了结构性矛盾。……因此中国崛起战略的对美政策目标只有减少美国阻力的单一选项，而不可能争取美国的支持。中国对周边国家的外交目标，则有减少阻力和争取支持的两重性。”① 我们认为，中美两国关系是一种“软竞争”关系。所谓“软竞争”，是指中美两国之间既有竞争，又有合作。在某些领域，中美之间竞争多于合作；而在另外一些领域，中美之间合作多于竞争。特别是在环境问题、朝核问题、伊核问题和反恐问题方面，中国与美国之间的利益共同点更加趋于一致。中美之间的竞争是一种实力竞争、发展战略竞争和社会制度竞争，采取的是一种非武力、非战争的竞争方式。如果用体育项目来形容，中国与美国之间的竞争是摔跤，而不是拳击，只是为了摔倒对方，以证明自身的力量；而不是为了击伤对方，以证明自身的攻击力。

美国的再平衡战略，既有重视亚洲，重返亚洲，将战略重心转向亚太的意味，也有关注中国，掌控中国，甚至遏制中国的内在思维。2015 年 10 月 5 日，跨太平洋伙伴关系协定（TPP）12 个谈判国在美国佐治亚州亚特兰大举行的部长会议上达成基本协议，新的经济圈应运而生。美国总统奥巴马当天发表评论称，TPP 协议的达成，将有助于美国中产阶级家庭的未来。

美国前总统克林顿在 1992 年曾经宣称：21 世纪的地缘政治必然是“开明的利己主义和共同的价值观将驱使国家以更具建设性的方式界定自己的伟大，并将驱使我们以更具建设性的方式进行合作”。

---

① 阎学通. 中国外交，“周边”比美国更重要[EB/OL].(2015 - 01 - 13). http://www.guancha.cn/YanXueTong/2015_01_13_306107.shtml.

在中美关系问题上，美国对华政策具有明显的两面性特征：一方面美国担心中国的强大，努力抗衡中国日益强大的战略影响力，避免中国成为挑战现有国际秩序的新兴大国；另一方面又希望通过战略对话与合作，发挥中国对世界特别是对美国经济的正面影响。大部分美国学者认为，中国是一个正在崛起的新兴大国，中美有必要发展良好的新型大国关系。美国前国务卿希拉里 2011 年 5 月 9 日在第三轮美中战略与经济对话会议开幕词中强调："我们国家有些人将中国的发展视作对美国的威胁。中国有些人担心美国寻求遏制中国的发展。这两种观点我们都不接受。合作——而不是冲突——将为我们两国带来更多利益。事实是——一个繁荣的美国有利于中国，一个繁荣的中国也有利于美国。但要进行合作，我们就必须了解彼此的意图和利益。我们必须让我们的长期计划和追求的目标透明化。"

如何实现新型大国关系？这既是战略问题，也是技术路径问题。早在 2012 年，习近平同志就指出："宽广的太平洋两岸有足够空间容纳中美两个大国。我们欢迎美国为本地区和平、稳定、繁荣发挥建设性作用，同时希望美方充分尊重和照顾亚太各国的重大利益与合理关切。"随着发展中国家综合实力的增长，中国呼吁建立体现发展中国家利益的新的国际秩序和治理体系。

《后美国世界：大国崛起的经济新秩序时代》的作者法里德·扎卡利亚认为："中国握有世界上最大规模的欠条，因而掌握着山姆大叔的签字权。"① 美国高盛资产管理公司前主席吉姆·奥尼尔发表题为《所有人都需要接受中国全球地位的提升》的文章表示："我会很乐意表达我的观点，英国政府加入亚投行是明智之举，而美国政

① 扎卡利亚．后美国世界：大国崛起的经济新秩序时代［M］．赵广成，林民旺，译．北京：中信出版社，2009：9.

府表示反对是不明智的。"① 所以，对于战略竞争进行科学管理，是中美两国领导人和政府面临的重要挑战。

面对中国的快速发展，美国在对日益增强的竞争对手有"敌意"的同时，也渐渐滋生起对竞争对手的"醋意"。2014 年 8 月 9 日，《世界是平的》的作者托马斯·弗里德曼对美国总统奥巴马进行了专访。在谈到伊拉克问题时，弗里德曼称中国的角色是"搭便车"，奥巴马没有迟疑："是啊，中国是在搭便车，而且已经搭了 30 年，这种方式让他们很受用。"具有讽刺意味的是，2014 年 8 月 22 日，中国国家主席习近平在蒙古首都乌兰巴托最高立法机构大呼拉尔做了题为《守望相助，共创中蒙关系发展新时代》的演讲，其中有这样一段意味深长的话："中国愿意为包括蒙古国在内的周边国家提供共同发展的机遇和空间，欢迎大家搭乘中国发展的列车，搭快车也好，搭便车也好，我们都欢迎。"

（三）最终的决定因素是实力和模式

中国有一个成语叫"图穷匕首见"。在中国人看来，战争是解决政治、经济和外交纷争的最后选择；而在美国看来，政治、经济和外交冲突有可能导致军事冲突，战争是解决这些问题的常用手段。美国陆军军官学校历史学教授、美国陆军上校格雷戈里·A. 达迪斯甚至认为：美国嗜好战争，惧怕和平。"我们不仅是醉心于战争。我们已经到了担心离开战争无法生活的地步。战争变成了我们消除恐惧的手段，恐惧又成了参与更多战争的正当理由。战争不再成为历史的休止符。它变成了我们根深蒂固的一部分，决定着我们是谁，我们怎样定位自己。即便参加战争的只有一小部分美国人，但是我们的社会中许多群体认为，战争对于整体利益而言不可或缺。简言

① 奥尼尔. 中国地位提升　美应接受现实［N］. 参考消息，2015 - 03 - 19（14）.

之，我们对于和平的畏惧甚于对战争的畏惧。”① 战略机器已经成为美国国际战争的重要组成部分，美国的战争嗜好给美国带来巨大的难以计数的战略利益和经济利益，而最终美国的政治、经济和军事或因战争而衰落。

中国代表着一种新的发展模式。美国《华盛顿邮报》认为，“事实上，对华关系毫无进展是奥巴马总统整体上卓有成效的外交政策中的最大空白。”大国领袖对于新型大国关系，尚没有找到合理的实现方式。2015 年 1 月，香港《南华早报》发表文章认为，在缺乏全球影响力的情况下，中国尚无法成为全球第一大经济体。全球仍然在靠唯一的发动机——美国拉动。美国经济可能是全球最强的。只有当中国和美国最终难分伯仲时，世界将拥有两个拉动全球增长的发动机。未来某一时期，中国或许会结束非均衡发展方式，中美两国也将进入并行发展和对称发展时代。共治也许是中美推进世界经济发展、管理全球事务的一个选项和一种方式。中国建立了亚洲基础设施投资银行，这是美国第一次在即将震惊全球的主要金融机构的组织中没有扮演任何角色。“中国取得成功是因为进行自我改革，选取了东亚国家发展道路中的元素，并引为己用。事实上，中国模式正是针对西方新自由主义的解药。”“越来越多的亚非拉国家从中国吸取经济发展经验并不让人惊讶。”②

2015 年 4 月，美国著名战略学家、哈佛大学教授约瑟夫·奈在《美国世纪结束了吗?》一书中强调指出：“21 世纪既非中国世纪，也非美国世纪。‘美国世纪’或‘中国世纪’的概念简单明了，但它们会把原本复杂的世界强行标签化。世界如果围绕它们削足适履，那将是整个国际政治的悲剧。人类已经嗅到国家之间合作共赢的最

---

① 达迪斯．美国：嗜好战争　惧怕和平［N］．参考消息，2015－06－17（10）．

② 中国模式是新自由主义的解药［N］．环球时报，2015－07－20（6）．

初气息，那些旧概念有可能让我们粗暴地忽略这种气息，错误地走上回头路。简言之，以上各位专家的观点，代表了当前美国政府和学界对于中国崛起复杂而多面的态度：自信与自卑、坚定与彷徨、包容与竞争等等，个中感受、多重滋味和矛盾心理体现无遗。无论如何……忽视一个占世界人口约五分之一的国家将是愚蠢的。”① 美国财政部前部长拉里·萨默斯认为，亚投行是“新时代的一记警钟”。2015 年，美国皮尤公司的一项调查显示，54% 的受访者表示，美国正试图阻止中国成为与自己一样强大的国家。2012 年 12 月 10 日，美国国家情报委员会发表的《2030 全球趋势：不一样的世界》预测，200 多年来西方在全球的主导地位将被颠覆，美国和欧洲将不再享有霸权地位。

猴王竞争原理表明：年轻猴子所需要的唯一资源，就是时间。“老猴子”与“小猴子”之间不需要兵戎相见，不需要伤害对方，就可以在你我之间分出伯仲。新老权力交接过程可以实现和平对接。如果能够实现这一目标，就是人类历史上一次最伟大的制度创新。新生力量所需要的，只是耐心等待！

第四节　2030 年中国经济社会发展

21 世纪被誉为是东方的世纪和中国的世纪。这种提法，预示着世界经济社会发展的人趋势，我们必须客观认识和准确把握这 大趋势，从战略的高度认识教育的未来使命和国家责任。美国著名学者尚卡尔在其著作《中国世纪》一书中强调指出：“中国的崛起是一道分水岭。可以把它与美国在 19 世纪末的崛起相提并论。”1000—

---

① 全球经济力量天平由西向东倾斜：英媒称中国吸引力一目了然［N］. 参考消息，2015-04-14（15）.

1820年的800多年间，中国的经济发展规模与水平一直处于世界第一位，经济总量占世界20%～30%。1821—1949年的近130年间，中国的经济规模从第一、第二位衰落到第七位，占世界经济总量的比重也从30%下降到仅有4%。

一、中国成为世界最大经济体

现代经济增长驱动力主要来源于两个因素：一是市场扩张，二是人力资本积累。世界最大规模的市场和第一人力资源大国两大决定性优势，使中国成为具有竞争力的国家。美国学者丹尼尔·阿尔特曼对于全球经济发展趋势进行了客观预测后认为：中国经济将保持持续增长，“除非发生意想不到的灾难，中国经济将在未来20年中继续扩张，实现一个空前的、长达半世纪的繁荣”①。

历史资料记载，1880年，中美两国经济实力相当，此后两国的差距开始拉开。20世纪50年代到70年代，是中国经济增长最慢的时期。80年代以后，中国经济开始追赶美国，中国GDP在世界总量中所占的比重仅为3.6%；90年代为9.6%；到2015年，中国所占比例增至15.5%。到2030年，中国将极大可能超过美国，中美两国的经济总量将回到旗鼓相当的状态。

中国的崛起将改变世界，中国崛起的方式更将影响世界的未来和发展方向。大国崛起必然要对现实世界的利益格局、权力格局和国际体系产生冲击。“金砖四国”概念之父、高盛资产管理公司董事长奥尼尔预测，中国将在2027年超过美国，成为全球最大经济体。2011年，中国社会科学院《新兴经济体蓝皮书》预测：按照市场汇率估算，金砖四国（不含南非）的GDP总和将从2008年的占世界

① 阿尔特曼. 全球经济12大趋势［M］. 陈杰，王琦琦，译. 北京：中信出版社，2012：序.

份额15%上升到2015年的22%，这个数字意味着四国经济总量将超过美国，同时四国的GDP增量也将占世界增量的1/3。未来中国经济规模将是日本的2倍，比德国、法国和意大利的总和更大。并接近巴西、俄罗斯和印度总和的1.5倍。另外，中国金融资本规模持续扩大，对外投资能力不断提升。麦肯锡全球研究院称，到2030年，中国资本投资可占到全球总体新增投资需求的25%，美国、印度和日本则分别为17.5%、8%和约5%。届时，中国的投资将占到全球发达国家总投资的一半以上。

中国将维持长期发展和繁荣。据世界著名学者安格斯·麦迪森（Angus Maddison）估计，公元元年中国GDP占世界总量的26.2%，1000年占22.7%，1500年占25%，1600年占29.2%，1700年占22.3%，1820年占32.9%；按1990年美元不变价格计算，中国人均GDP在公元元年和1000年为450美元，1300—1820年为600美元。2009年，韩国公布G20国力评估报告，美国以69.15分保持第一，中国则以54.73分排名第二，日本、英国、德国、法国、加拿大、澳大利亚、意大利和西班牙分列第三到第十位。世界综合国力竞争基本形成美中两强的竞争格局。2014年，中国的人均GDP约为7 485美元（约合人民币46 531元），2016年为8 865美元，全球排名第69位。

众多国际战略研究机构对中国经济发展速度有三种预测结果：

（1）2016年，中国成为世界最大经济体。国际货币基金组织报告预测，根据购买力平价计算，中国经济GDP将在2016年从2010年的11.2万亿美元增长至19万亿美元，与此同时，美国GDP将从15.2万亿美元增加至18.8万亿美元，略低于中国。2014年，中国GDP增长为7.3%，2015年，中国经济增长增速或将进入“六”时代。2014年11月，国际投行瑞银发布2015—2016年经济展望报告，预计2015年中国GDP增速将放缓至6.8%，2016年降至6.5%。在进出口方面，中国人民大学专家预测，2015 年出口增速大约在 8.5%。进口增速与内需有关，2015 年进口增速大约在 5.5%。世界银行的预测相对乐观，其报告认为，作为世界第二大经济体的中国，由于其经济面临金融业的脆弱性及结构调整瓶颈的困难，经济增长将放缓，2014 年经济增长率从原来预计的 7.6% 下调为 7.4%，2015 年和 2016 年分别下调为 7.2% 和 7.1%。国际货币基金组织认为，中国将在 2016 年超过美国，成为世界第一大经济体。事实证明，以上预测对中国发展过于乐观，目标不可能实现。

（2）2025 年左右，中国成为世界最大经济体。美国国家情报委员会和中国现代国际关系研究院美国研究所发布的《全球趋势 2025：转型的世界》报告指出，随着中国、印度等国家的崛起，一个全球多极体系正在崭露头角。财富和经济的相对实力正从西方向东方转移，这一趋势前所未见，并将持续下去。美国仍是唯一的最强大国家以及未来中国财富增长的主要动力，但主宰地位下降。“就其规模、速度和流向而言，目前发生的全球性财富与经济实力的相对转移，大体上从西到东，为当代历史所仅见。”① 据世界银行预测，中国经济规模在 2025—2030 年期间将超过美国和欧盟，成为世界最大的经济市场，届时中国和美国、欧盟、印度、日本等将成为共同拉动世界经济增长的五大动力来源。2040—2050 年，预计巴西、俄罗斯、印度和中国加在一起，GDP 所占份额将可能增长到 G7 先前在全球 GDP 中的份额。据同一个预测，2025 年，世界八大经济体的排名次序将是美国、中国、印度、日本、德国、英国、法国和俄罗斯。②

（3）2030 年，中国成为世界最大经济体。世界银行发布《全球

---

① 美国国家情报委员会．全球趋势 2025：转型的世界［M］．中国现代国际关系研究院美国研究所，译．北京：时事出版社，2009：19.

② 美国国家情报委员会．全球趋势 2025：转型的世界［M］．中国现代国际关系研究院美国研究所，译．北京：时事出版社，2009：19－20.

化对中国的影响》报告，预测了中国在世界上的位置，中国的增长将超越所有国家，到 2025 年中国的财富将翻两番，在 2030 年以前进入高收入国家行列。2011 年，在中国加入世界贸易组织十周年会议上，世界银行副行长卡努托表示，中国有潜力继续保持强劲的增长，在 2030 年，人均收入将翻两番，达到16 000美元，并成为世界最大经济体。世界银行预计，到 2030 年，中国的服务部门占 GDP 的比率将从目前的 43% 增加到接近 60%。消费所占比率也将从目前的 50% 左右增加到 60%。中国的贸易一体化率超过了 50%，在世界主要经济体中位居第一。

美国国家情报委员会曾预测，到 2030 年，亚洲经济实力将超过北美和欧洲的总和，中国经济实力将分别超过北美和欧洲，成为全球最大的经济体。但是，从全球层面来说，中国将不会取代美国的地位。印度的经济增长速度加快，成为一个崛起的经济大国。该委员会还预测，到 2030 年，迅猛上升的印度和增速减缓的中国将主导世界经济，西方国家将逐渐衰落。同样，OECD 经济政策报告预测，到 2030 年，中国经济总量将占世界 28%，美国占 18%，欧洲地区占 12%，印度为 11%。2013 年，中国成为全球货物贸易第一大国，应当说是我国改革开放以来对外开放发展进程当中的一件大事，是一个标志性的历史事件。再过几年，世界即将进入 2020 年，而 2020 年世界发展的总体格局仿佛回到了 200 年前的 1820 年。无论是什么样的预测结果，有一点是明确的，中国和平崛起是当今世界最重大、最有影响力的事件。

21 世纪，世界权力中心由西向东转移的理论普遍为政治家和学术界所认同，但其转移的速度震惊世界——美国、中国和印度同时成为新世界的权力中心。《第三次工业革命：新经济模式如何改变世界》的作者杰里米·里夫金认为：“到 2030 年，中国的人均产出将达到美国的 70%。但不同的是，到 2030 年，中国的经济规模将是美国的3倍，比美国和西欧的总和还要大。”① 中国不但将成为世界最大经济体，而且还将实现科技、教育和文化复兴，“在丧失领先地位250年后，中国决心在2030年前重新成为科技领域的一支全球性力量，甚至有可能成为领导者”②。似乎世界上的战略家、政治家和军事家没有人怀疑中国的崛起，人们关心、争论甚至担心的是：中国如何崛起？美国沃顿商学院教授保罗－蒂法尼甚至认为：“21世纪不是金砖四国的时代，而是中国、中国、中国、中国的时代。”③ 从人才流向分析，美国国家情报研究中心认为世界人才开始出现从美国聚集，向东方特别是中国转移的迹象。

特别值得注意的是，2015年6月23日，美国副总统拜登在第七轮中美战略与经济对话开幕式上表示，中美两国有义务为所有重要的全球谈判制定规则。“在制定这些新规则时，中国需要参与其中。我认为，中国未来的成功和全球影响力直接与其在多大程度上成为负责任的利益攸关方有关。问题的关键是，在寻求管控未来的竞争时，我们仍要寻找新的合作方式。”拜登强调，中美关系就像“婚姻”，需要“艰苦努力”才能让两国关系繁荣。④ 2015年9月19日，英国财政大臣乔治·奥斯本和财政部商业大臣吉姆·奥尼尔在《卫报》撰文指出：“我们应拥抱中国的崛起。我们想要与中国发展黄金关系，它将有助于为英国带来黄金十年。这是一个英国错失不起的

---

① 里夫金．第三次工业革命：新经济模式如何改变世界［M］．张体伟，孙豫宁，译．北京：中信出版社，2012：11.

② 世界银行、国务院发展研究中心联合课题组．2030年的中国：建设现代、和谐、有创造力的社会［M］．北京：中国财政经济出版社，2013：182.

③ 21世纪不是金砖四国时代，而是中国时代：沃顿商学院教授保罗－蒂法尼谈全球化［N］．参考消息，2007－04－24.

④ 美国副总统拜登欢迎中国为全球谈判“制定规则”［EB/OL］. http://forum.miercn.com/201506/thread_475622_1.html.

机会。简言之，我们想要使英国成为中国在西方的最好伙伴。”①

二、从共同富裕走向共同发展

中国著名思想家、教育家孔子早就提出“庶、富、教”的思想，这是从共同富裕到共同发展的重要起源。党的十一届三中全会以后，我国经济建设的战略部署大体分三步走：第一步，实现国民生产总值比 1980 年翻一番，解决人民的温饱问题。第二步，到 20 世纪末，使国民生产总值再增长一倍，人民生活达到小康水平。第三步，到 21 世纪中叶，人均国民生产总值达到中等发达国家水平，人民生活比较富裕，基本实现现代化。邓小平多次强调，我国社会主义建设发展战略目标不是片面强调经济增长的单一发展目标，而是综合发展目标，是包含经济、政治、文化三位一体的共同发展、共同进步的模式。

中国对西方发达国家经历了从追赶到部分超越，从望其项背到短兵相接的历程，中国经济发展同样经历了从穷国到大国，再到强国的历程。同时，西方国家同中国的战略地位发生了深刻变化，交往方式发生了深刻变化，博弈方式发生了深刻改变。在近 300 年人类发展历史中，发达国家始终处于教育发展的战略优势地位，领跑全球人力资源开发。世界银行和国务院发展研究中心联合课题组研究发布的《2030 年的中国：建设现代化、和谐、有创造力的社会》报告指出：“中国的收入不平等问题在过去 20 年内一直在加剧，但已经有初步信号显示未来收入差距会持平或逐渐缩小。城市—农村收入比率到 2030 年有望从 2010 年的 3.2∶1，下降至 2.4∶1。”

共同富裕是党中央领导集体的共同主张。2011 年 9 月 4 日，时

---

① 英大臣：不能错失与中国的黄金关系［N］．环球时报，2015－09－21（6）．

任中共中央政治局常委、中央书记处书记、国家副主席习近平强调，中国将坚定不移地走共同富裕道路。“我们将继续牢牢扭住经济建设这个中心不动摇，坚持以科学发展为主题，以加快转变经济发展方式为主线，大力发展各项社会事业，积极推进基本公共服务均等化，加大收入分配调节力度，坚定不移地走共同富裕道路，努力使全体人民学有所教、劳有所得、病有所医、老有所养、住有所居，做到发展为了人民、发展依靠人民、发展成果由人民共享。”2012 年 11 月 15 日上午，中国共产党第十八届中央委员会召开第一次全体会议，选举产生了新一届中央政治局常委。新当选的习近平总书记再次强调：“人世间的一切幸福都是要靠辛勤的劳动来创造的。我们的责任，就是要团结带领全党全国各族人民，继续解放思想，坚持改革开放，不断解放和发展社会生产力，努力解决群众的生产生活困难，坚定不移走共同富裕的道路。”① 中国不仅谋求中华民族的整体发展和共同发展，而且倡导世界各国及各个民族的共同发展。2015 年 9 月 26 日，习近平总书记在纽约联合国总部出席联合国发展峰会并发表题为《谋共同永续发展　做合作共赢伙伴》的重要讲话，提出：“本次峰会通过的 2015 年后发展议程，为全球发展描绘了新愿景，为国际发展合作提供了新机遇。我们应该以此为新起点，共同走出一条公平、开放、全面、创新的发展之路，努力实现各国共同发展。”②

三、中国经济发展战略转型

中国是一个转型发展中国家，现阶段有两项基本任务：一是发

---

① 习近平. 人民对美好生活的向往就是我们的奋斗目标[EB/OL]. (2012 - 11 - 15). http://news. cntv. cn/18da/20121115/103841. shtml.

② 习近平. 谋共同永续发展　做合作共赢伙伴：在联合国发展峰会上的讲话[EB/OL]. (2015 - 09 - 27). http://news. sina. com. cn/c/2015 - 09 - 27/doc - ifxiehns3403518. shtml.

展，二是转型。这个时期被称为转型发展期。转型发展是指一个国家既要实现体制的转换，又要实现经济社会的发展。“社会转型”是指人类社会由一种存在类型向另一种存在类型转变，它意味着社会系统内在结构的变迁，意味着人们的生产方式、生活方式、心理结构、价值观念等各方面全面而深刻的革命性变革。社会转型是在从有序的计划经济向无序的市场经济，再到有序的市场经济的特殊历史时期进行的一种复杂的社会变革。目前中国正处在转向有序的市场经济变革之中。

社会转型从宏观到微观、从意识形态到经济基础、从形态到结构，是整体的、有序的和分层次的。自从物质世界产生以来，生物和人类社会就处在不断“进化”或“发展”的演变过程之中，不断由一种状态向另一种状态提升和发展。这种事物从一种运动形式向另一种运动形式转变的过渡过程就是“转型”。中国处于多重社会转型的交点之上，其转型的广度、深度、难度和影响度，无论是在中国历史，还是在世界历史上都前所未有。

未来中国要从一个制造业大国向创新型国家转变。从一个现代科学技术方面的学习型国家转型为一个创新型国家，是中国政府调整经济结构、增强综合国力和实现可持续发展的战略举措。2014 年 1 月 10 日，国务院总理李克强指出，中国正处于建设创新型国家的决定性阶段。中国经济增长已进入从高速到中高速的“换挡期”，已经到了必须更多依靠科技创新引领、支撑经济发展和社会进步的新阶段。2030 年，中国将是世界上科技人员数量最多的国家，达到 450 万人，占世界的比例达到 30%，相当于美国和欧盟的总和。① 科研人员的规模和数量，并不代表一个国家科学研究和发展水平，也不

---

① 清华大学国情研究中心. 2030 中国：迈向共同富裕［M］. 胡鞍钢，鄢一龙，魏星，执笔. 北京：中国人民大学出版社，2011：39.

代表创新型国家的形成。创新型国家需要一个漫长、艰辛和复杂的成长过程，要经过学习借鉴、模仿创新和自主创新等不同发展阶段。

在2012年申请数居前的20个知识产权局中，中国国家知识产权局的申请量增长最快（24%），其次是新西兰知识产权局（14.3%）、墨西哥知识产权局（9%）、美国专利权商标局（7.8%）和俄罗斯联邦知识产权局（6.8%）。此外，欧洲专利局增长4%，德国局增长3.2%，英国局增长4.4%。在一些中等收入国家的知识产权局中，巴西国家局的增长率为5.1%，印度国家局的增长率为3.9%，南非国家局的增长率为2.7%。值得注意的是，部分发达国家专利申请量出现下降，其中法国国家局2012年比2011年下降了0.7%，意大利国家局下降了4.2%。

实现社会转型的根本因素是人，人是社会转型的核心。以人为本现代化，是中国社会转型的应有之义。20世纪90年代以来，人力资本积累与技术进步取代物质资本成为经济增长基本推动力。OECD研究报告认为，教育始终影响社会活动的各个方面，并对一个人的生产、生活起着至关重要的作用。一般而言，一个人受教育的程度越高，便意味着今后社会地位更高，收入更多，从而享有更健康的身体，甚至更加长寿。教育质量影响人的生存质量、生活质量，甚至影响社会和谐、国家安全和国家发展质量。随着经济实力、政治影响力的持续增长，中国对于世界教育的战略影响力将不断增长。世界强国的发展路径证明，教育强国是经济强国、政治强国、科技强国和军事强国的重要支持及保障条件。

第五节　2030年中国人口结构变化

中国长期保持世界人口第一大国的地位。公元前3000年，全世界人口大约是3 000万，中国的人口大约是1 000万，所以中国人口在公元前3000年大约占了世界人口的1/3。公元元年在中国是西汉时期，当时全世界的人口达到了2亿，中国的人口是6 000万，所以中国人口占世界的比例大约是30%。那么长的时间，中国占世界的人口始终都是在30%多一点的水平，到1900年，也就是20世纪要开始的时候，世界人口达到了16.2亿，中国的人口当时是4.3亿，中国人口占世界人口的27%。①

第二次世界大战后，中国经济社会相对稳定，经济发展实现快速增长，人口高速增长。在“人口多、力量大”的思想指导下，1949—1979年，中国人口年平均出生率高达33.4‰。人口过快增长，成为中国经济社会发展的重要制约因素，人口与经济、社会、资源、环境之间的矛盾日益显露。中国政府从1966年1月28日开始研究制定计划生育政策。1971年7月，国务院批转《关于做好计划生育工作的报告》，把控制人口增长的指标首次纳入国民经济发展计划。1972年，全国第一次计划生育会议在北京召开，中国开始正式实施以人口控制为中心的计划生育政策，人口出生率不断上升的趋势得到明显遏制。1973年，人口出生率和自然增长率从1972年的29.77‰和22.16‰分别下降为27.93‰和20.89‰，1979年更是下降为17.82‰和11.61‰。自20世纪80年代起，中国人口出现恢复性增长。1989年，两项指标分别是21.58‰和15.04‰（陆学艺，李培林，1997）。

1989年，邓小平曾指出：“人口增长要控制，应该立法。”国家计生委从1989年3月起开始起草《中华人民共和国计划生育条例》。20世纪90年代初，中国总和生育率降到更替水平之下，2010年后稳定在1.5～1.6，达到发达国家的平均水平。40多年来，中国由于

---

① 蒋正华. 21世纪中国人口战略［EB/OL］. http：//www.xuezhi.cn/show/6090.html.

计划生育累计少生了4亿多人，在减轻人口过快增长对资源环境带来压力的同时，也削弱了后续人力资源补充能力，过快地进入老龄化阶段。我们必须看到，随着政策积累效应的产生，计划生育政策的负面效应越来越明显。一是老龄化速度过快，人口结构性矛盾突出。二是劳动人口规模下降，新生劳动力补充存在潜在风险。三是家庭基本功能削弱，人口生存风险增加。到2050年，我国80岁及以上高龄老年人将达到1.08亿，临终无子女的老年人将达到7 900万左右，失能老年人将达到1亿左右，全国城乡独居和空巢老年人将占54%以上。①

2030年是中国经济社会发展和人口发展的重要节点，将呈现不同的阶段性特点。

一、中国进入城市时代

2012年，李克强总理强调指出："联合国关于世界城市化展望的最新研究报告预计，中国城镇化从现在到2030年还会保持一个较快的速度，届时城镇化率将提高到65%～70%左右。国内外许多研究机构和专家学者也有类似的看法。目前我国每年从农村转移到城镇的人口有1 000多万，相当于欧洲一个中等国家的人口总量，未来较长一段时期我国城镇人口还将增加3亿左右，相当于美国的人口总量。中国城镇化的规模和潜力，在世界发展史上是空前的。要看到我国城镇化进程的长期性、战略性、时代性，持续开拓经济社会发展的新空间。"② 进入21世纪，中国人口城镇化进程加快，城市

---

① 李叶．中国到2050年独居和空巢老年人将占54%以上[EB/OL]．(2012－10－31)．http://www.chinanews.com/jk/2012/10－31/4289923.shtml.

② 李克强：协调推进城镇化是实现现代化的重大战略选择[EB/OL]．(2012－10－26)．http://theory.people.com.cn/n/2012/1026/c40531－19403044－1.html.

建设迅猛发展，产业集中程度全面提升，人口流动空前活跃，已经成为当今与未来中国最典型的社会现象。2000—2010 年，中国年均城镇化发展速度为 1.3%。预计到 2020 年将达到 60% 左右，2025 年以增速 1% 推算，中国城镇化水平将达到 65%，2030 年达到 70%。

2030 年，在中国 300 多个地级城市中，将有 60 个城镇化率达到或接近 80%。世界银行预计在未来的 20～25 年内，中国还会有另外 3 亿人移居城市。这也会使中国成为全世界首个拥有超过 10 亿城市人口的国家。大城市特别是特大城市发展，对于中国教育提出全新的挑战和需求。城市对国内生产总值的贡献将达到 75%。宏观经济分析和预测机构牛津经济学公司（Oxford Economics Ltd.）的《世界 750 座大城市未来的机遇与市场》报告指出，2030 年，中国在世界十大城市中占据七个席位（见表1－6），其市场发展前景十分广阔。

表 1－6　2030 年世界前十大城市中的七个中国城市

排名	城市	GDP/百万美元	中国排名
2	上海	7 340	1
3	天津	6 250	2
4	北京	5 940	3
6	广州	5 100	4
7	深圳	5 080	5
9	重庆	4 320	6
10	苏州	3 940	7

二、中国人口生产进入到“严重少子化”时代

人口学家认为，一般而言，一个社会 0～14 岁人口占比，15%～18% 为“严重少子化”，15% 以内为“超少子化”。根据全国第六次人口普查数据统计，目前中国 0～14 岁人口仅占 16.6%，比 2000 年人口普查下降 6.29 个百分点。中国 0～14 岁人口比例从

1950 年的 33.5% 开始下降，下降幅度快于全球水平，其中 1960—1970 年间，下降幅度达到或接近 40%，新生人口在生活、教育和就业方面形成巨大压力。2010 年，中国人口中位数为 34.56 岁，说明中国已经进入“中年社会”。预测 2030 年，全球 0～14 岁人口规模将从 1950 年的 8.66 亿增长到 23.44 亿，增长幅度为 170%，其占总人口比例从 34.2% 下降到 26.3%。人口出生规模和速度直接影响人口结构。中国在实施计划生育 30 多年后，现在已跻身劳动力逐年减少国家行列，并与老龄化叠加。2012 年劳动力减少 345 万，2013 年劳动力减少 244 万，2014 年减幅更创下纪录，2016 年比 2015 年减少 349 万。未来十年，中国 20～24 岁年轻劳动力规模将减少 30%。专家已认定中国是“超低生育率国家”。从世界角度分析，中国 0～14 岁人口占全球比重，从 1950 年的 21.5%，曾经上升到 1975 年的 24.4%，后又下降到 2010 年的 14.4%，到 2030 年将进一步下降为 13.9%，相比高峰期下降幅度超过 40%。

三、中国老龄化的速度严重超过预测

中国社会科学院发布的《2014 年中国社会形势分析与预测》蓝皮书显示，今后 20 年，中国将年均增加 1 000 万老年人口；到 21 世纪中叶将迎来老龄化高峰，老年人口预计达 4.87 亿。中国的老龄化水平在 2020 年将会是 12%，2021— 2050 年则会迅速增加到 23%。中国现有 60 岁以上的老年人 1.4 亿人，2020 年将增至 2.4 亿人，2050 年将增至 4.36 亿人。人口转变最直接的影响将是老年人抚养负担越来越重，崛起的经济总资源的份额将从工作年龄的成年人转移到非工作年龄的长者。2010 年，中国老年抚养比为 7.8：1，2030 年和 2050 年将分别降至 3.8：1 和 2.4：1。从 2015 年左右开始，中国劳动年龄人口将达到高峰并开始下滑，人口的生态将发生剧变，未来将面临重大的人口结构压力。迅速老龄化对于处在发展阶段的中国是一个前所未有的重大挑战。老年抚养比上升，将增加对劳动者和家庭的压力，同时必将出现公共预算扩大和税率提高，影响国家综合实力提升和人民生活水平提高。

四、劳动力结构发生根本变化

年龄是划分人口结构的重要指标之一，以年龄为界限，人口可以划分为 0～14 岁、15～64 岁和 64 岁以上三个年龄组。三个年龄组人口结构比例和规模的变化，直接引发教育结构、劳动力结构和人力资源供给与需要的变化。统计显示，到 2013 年年末，中国内地总人口（不包含中国香港、澳门特别行政区和台湾地区以及海外华侨人数）为 136 072 万人，人口自然增长率为 4.92‰。长期而言，中国劳动力结构比例仍将长期保持在 70% 左右。其人口结构变化的突出特征是 0～14 岁学龄人口逐渐减少，60 岁以上人口规模迅速扩大，非劳动力人口和老年抚养比增加。2013 年，中国劳动年龄人口总数相比 2012 年继续减少。中国 16 周岁以上至 60 周岁以下（不含 60 周岁）的劳动年龄人口为 91 954 万人，比 2012 年末减少了 244 万人，占总人口的比重为 67.6%，60 周岁及以上人口为 20 203 万人，占总人口的 14.9%，其中，65 周岁及以上人口占总人口的 9.7%。独生子女家庭占家庭总数的 37%，“4－2－1”家庭结构逐渐成为主流的结构。“十三五”期间，劳动年龄人口总量年均将减少 183.29 万人，2021—2030 年，年均减少 304.67 万人。

总之，从 2030 年人口趋势来看，因我国老龄人口迅速增长，人口老龄化程度加快，老年抚养比上升，养老负担加重。这种情况的出现，短期内可以减轻中国教育压力，有利于快速提升中国人均受教育年限和人力资源开发水平。幼儿抚养比下降，学前教育、义务教育入学压力相对减轻，有利于进一步提高学校发展水平，提升教育质量。社会幼儿负担相对降低，社会资本可以更多地用于儿童教育发展。而从长期分析，中国人力资源面临长期深度隐忧。人口老龄化和少子化将使得中国从一个人力资源“无限供给”的国家，转变为一个新生劳动力结构性短缺的国家，这将对中国新生人力资源供给产生长期负面效应，直接影响人力资源结构、资源供给和人力成本，必须科学地加以对待。

2013 年，在计划生育政策正式实施 40 年之际，中国实现了从人口过快增长到低生育率的战略转变。我国对人口出生政策做了大调整。鉴于人口总和生育率过低会影响社会经济发展，中国共产党第十届三中全会发布的《中共中央关于全面深化改革若干重大问题的决定》指出：“坚持计划生育的基本国策，启动实施一方是独生子女可生育两个孩子的政策，逐步调整完善生育政策，促进人口长期均衡发展。”① 各省市自治区《人口与计划生育条例》中的“夫妻双方均为独生子女，已生育一个子女”更改为“夫妻双方或一方为独生子女，已生育一个子女”的，可生二胎。生育政策的调整，有 1 500 万～2 000 万中国夫妻可以再生一个孩子。中国人口的超低生育率已延续 20 年之久，实行“单独二胎”政策将使中国人口结构更为健康、完善，并将有利于稳定适度低生育水平，促进人口长期均衡发展，促进人口与经济、社会、资源、环境的协调和可持续发展。但这一政策的扩大效应，将可能引发一次人口出生的小高峰，这直接影响学龄人口规模和教育规模。

2015 年 10 月 29 日通过的《中共中央关于制定国民经济和社会发展第十三个五年规划的建议》明确提出：“坚持计划生育的基本国策，完善人口发展战略。全面实施一对夫妇生育两个孩子政策。”《中华人民共和国国民经济和社会发展第十三个五年规划纲要》进一

① 中共中央关于全面深化改革若干重大问题的决定［M］. 北京：人民出版社，2013：49.

步明确："坚持计划生育的基本国策，全面实施一对夫妇可生育两个孩子政策。"实行"全面二孩"政策，将在一定程度上缓解中国新生人口下降过快趋势，促进人力资源结构良性改善、劳动力可持续增长和人口可持续发展。同时，"全面二孩"政策将对教育结构体系提出新的挑战和要求。

第二章

世界教育地图演化过程

1950—2015 年，世界没有发生全球性大规模战争，世界各国领土和疆域在一定时期内相对稳定，而经济、社会、文化、军事、外交和教育地图更加充满活力和不确定性——日益变化的教育地图将改变未来世界。通过对世界教育进行历史性分析，我们可以清晰地感受到发达国家引领世界教育发展，发展中国家和最不发达国家整体教育的进步，也能清晰地感受到新兴国家对于世界教育的特殊贡献。从教育层次分析，世界文盲人口特别是东亚地区文盲人口大幅减少；世界各国全民教育普及水平大幅提升；高中阶段教育参与人口规模及升学率明显变化；高等教育普及率从不到 5%，到有超过 50 个国家实现高等教育普及化。经过长期探索和不懈努力，中国教育与人力资源开发水平持续提升，从一个有 80% 文盲人口的国家转变成为一个人力资源大国，进而即将成为一个人力资源强国，为人类自我发展和发掘自身资源提供了新实践、新经验和新模式。

第一节　1950—1970 年的世界教育地图

20 世纪 50 年代，世界进入新的发展时期，发达国家教育率先恢复性增长。60—80 年代，世界发展中国家谋求独立。其中，亚洲地区有 23 个国家、非洲地区有 47 个国家、欧洲有 1 个国家（马耳他）相继宣布成为独立国家。世界政治、经济地图发生重大变化。民族独立、政治稳定、经济发展，世界人口出生率不断提高，发展中国家人口规模迅速扩大。

一、世界人口进入高增长时期

第二次世界大战后，虽然爆发了朝鲜战争，第三次世界大战的阴影偶有出现，但是从整体分析，世界进入一个相对稳定发展的时期。东西方国家都以恢复战争创伤、建设国家为重任，经济发展和人民生活得到了相当程度的恢复与提升。一批一批的新生儿呱呱落地，全球人口快速增长。有专家估计，1950—1955 年，世界人口年均增长率为 1.78%，1955—1960 年为 1.98%，1960—1965 年高达 2.04%。新生儿数量增长，既增强了人口活力，也带来了巨大的教育压力。1950—1975 年，全世界 0～14 岁人口增长率高达 22.27‰，15～24 岁人口增长率为 20.14‰。其中，发达国家分别增长 5.35‰和 9.8‰，发展中国家分别增长 26.55‰和 24.46‰；中国0～14 岁人口增长率高达 27.48‰，15～24 岁人口增长率为 22.68‰。1960 年，世界人口突破了 30 亿大关；1960—1974 年，世界人口花了 14 年突破 40 亿；再到 1987 年，花了 13 年突破 50 亿；进入 1999 年，仅花了 12 年人口规模突破 60 亿。

20 世纪 50 年代至 60 年代，一个年轻的世界诞生了。人口学家将人口年龄中位数作为判定一个国家或地区发展水平的重要指标，即年龄中位数在 20 岁以下为年轻型，年龄中位数在 20～30 岁之间为成年型，年龄中位数在 30 岁以上为老年型。1950—1965 年之间，15 岁以下人口占世界人口的比重从 35% 增加到 38%。① 第二次世界

① 孙常敏. 世纪转变中的全球人口与发展［M］. 上海：上海社会科学出版社，1999：35.

大战后，苏联和美国人口增长超过30%，为这些国家实现现代化提供了充足的人力资源和重要的人才支撑。

表2－1　1950—1979年世界主要国家人口变化

国别	人口（年中数字）/百万人				年平均增长率/%			
	1950年	1960年	1970年	1979年	1951—1960年	1961—1970年	1971—1979年	1951—1979年
苏联	180.08	214.33	242.77	264.11	1.8	1.3	8.0	1.3
美国	151.68	180.67	204.81	220.58	1.8	1.3	7.0	1.3
日本	82.90	93.22	103.40	115.87	1.2	1.0	1.3	1.2
联邦德国	47.85	53.22	58.59	59.43	1.1	1.0	2.0	8.0
英国	50.33	52.37	55.42	55.88	4.0	5.0	1.0	4.0
法国	41.74	45.68	50.77	53.48	9.0	1.1	6.0	9.0
意大利	46.77	49.64	53.66	56.91	6.0	8.0	7.0	7.0
加拿大	13.74	17.91	21.31	23.69	2.7	1.7	1.2	1.9
印度	354.93	425.50	534.96	644.48	1.8	2.3	2.1	2.1

注：联邦德国不包括西柏林。

资料来源：中国社会科学院世界经济与政治研究所，世界经济年鉴编辑部.世界经济年鉴（1981）［M］. 北京：中国社会科学出版社，1981：843.

20世纪60年代，以美国为首的发达国家相继进入人均GDP 1 000～3 000美元国家行列，随即日本等部分亚洲和拉美国家也进入这一行列。以美国为例，1960年，美国人均GDP为2 793.3美元，名列世界第一，这一时期人均GDP为1 000～3 000美元的国家和地区仅有17个（见表2－2）。发达国家充分利用了其先发优势，利用二战后相对稳定的和平发展时期，加快经济发展，改善人民生活，提升教育普及水平和人力资源开发水平，以“自然成长优势”成功地跨越了发展危机和发展陷阱。

表 2-2　1960 年人均 GDP 1 000 ~3 000 美元的国家或地区

排名	国家或地区	人均 GDP/美元	排名	国家或地区	人均 GDP/美元
1	美国	2 793.3	10	冰岛	1 420.5
2	新西兰	2 103.7	11	英国	1 401.9
3	瑞典	1 992.0	12	以色列	1 376.1
4	卢森堡	1 910.8	13	法国	1 372.5
5	百慕大	1 808.5	14	比利时	1 245.5
6	澳大利亚	1 810.0	15	芬兰	1 169.3
7	瑞士	1 762.4	16	委内瑞拉	1 174.3
8	巴哈马	1 545.5	17	荷兰	1 070.8
9	挪威	1 443.7			

“中等收入陷阱”是一种描述发展中国家实现经济跨越的理论学说，即当一个国家或地区人均 GDP 达到中等水平后，由于不能顺利实现发展方式转变而导致经济增长动力不足，并出现经济停滞的现象。但是从发达国家早期经济发展经历分析，它们似乎并没有受到“陷阱”的影响，比较平稳地渡过了 3 000 美元大关。同时，拉丁美洲国家的历史证明，“中等收入陷阱”阶段是中等收入国家能否完成产业升级、步入高收入国家的敏感阶段。值得提及的是，委内瑞拉在 1960 年就已经进入人均 GDP 1 000 ~3 000美元国家行列。该国处于拉丁美洲，曾经奉行自由市场经济，国家经济处于不稳定发展时期，长期陷入“中等收入陷阱”，人均 GDP 在 1965 年、1970 年、1975 年长期徘徊在 1 000 ~3 000 美元之间。此外，阿根廷、阿尔及利亚也是长期陷入“陷阱”的国家。

二、世界教育体系处于重构期

第二次世界大战之后，全球进入一个和平发展时期。最早从法律上确定现代教育制度的国家是英国。1944 年 8 月 3 日，英国政府颁布了《1944 年教育法》，建立了以中央教育咨询委员会和地方教育机构为主体的英国教育行政体制。该法提出，必须保证采取措施为未满 5 岁的儿童设置幼儿园，并对残疾儿童进行特殊教育。义务教育年龄为 5 ~ 16 岁，并明确父母保证其子女受教育的责任，对于未能履行规定的家长要下发就学令。同样，法国政府成立了由法兰西学院教授郎之万（1870—1946）领导的“教育改革委员会”，研究制定了著名的《郎之万—瓦隆教育改革方案》，其首要原则是正义性原则，主张“一切儿童不论他们的家庭出身、社会地位和种族是什么，都有最大限度地发展他们的人格的平等权利”。规定儿童从 6 岁到 18 岁都必须“强迫”接受教育。① 欧洲发达国家战后教育改革和发展，不仅推进本国教育体系建设、改革和发展，而且对国际教育改革和发展产生重要影响。

联合国在世界教育体系建设进程中作用突出。1945 年 11 月，盟国教育部长会议决定建立联合国教科文组织，旨在“通过教育、科学及文化来促进各国间之合作，对和平与安全作出贡献，以增进对正义、法治及联合国宪章所确认之世界人民不分种族、性别、语言或宗教，均享人权与基本自由之普遍尊重”。在联合国主导下，以公共教育特别是义务教育为主线，世界正规教育体系开始重新构建。1948 年 12 月 10 日，联合国大会通过《世界人权宣言》，这成为世界各国教育政策和教育体系构建的重要依据。《世界人权宣言》草案明确承认：人人享有受教育的权利。1951 年，联合国教科文组织发布的《义务教育及年限的延长》文件提出：全面实施义务教育计划。对于师资供应问题、校舍问题、义务教育延长问题和国际组织援助

---

① 《郎之万—瓦隆教育改革方案》是 1947 年法国政府以著名科学家郎之万和瓦隆的名字命名的教育改革方案。

问题阐述了观点，并建议将义务教育期限延长至 14 岁或 15 岁以上。1951 年 7 月 12 日，联合国教科文组织和国际教育局在日内瓦召开国际公共教育大学第 14 届会议，专门对义务教育学校用餐和校服问题提出建议案。该建议案提出：义务教育应尽可能不给家庭造成额外的开支；无论何时新建学校或学校群，应该建有一个学校餐厅。1952 年，联合国教科文组织召开国际公共教育大会第 15 届会议，专门对妇女教育提出建议，并提出促进妇女接受教育的研究计划，发展女性学校基本措施，就妇女参与职业教育和高等教育以及女校教师任命、培养与待遇等问题也给出了建议。随后，联合国教科文组织相继公布了《小学教师的培训》（1953 年）、《小学教师的地位》（1953 年）、《中学教师的培训》（1954 年）、《中学教师的地位》（1954 年）、《教育财政》（1955 年）和《学校督导》（1956 年）等系列配套文件，对世界教育体系进行构建，推进中小学教育发展。1960 年 7 月 15 日，《弱智儿童的特殊教育的组织》发布，对弱智儿童进行权威性界定，提出要建立特殊教育体系，提供各种形式的特殊教育班级和机构，使特殊教育多样化；在可能的情况下，一个教师负责照顾的弱智学生不应超过 15 人；推进特殊教育研究，关注特殊教育方法。1961 年 7 月 3 日国际公共教育大会第 24 届会议召开，7 月 14 日通过的《学前教育的组织》建议案明确提出："有必要从幼儿起就给儿童提供一种有利他的精神、道德、智力和体力健全发展的教育"。该建议案对引入扩充学前教育的可能性、学前教育管理监督和财政问题、结构和组织、教育活动和技术、教学人员、校舍和设备、国际合作等重要问题提出明确意见，成为指导世界各国学前教育发展的重要文献。《扫盲和成人教育》（1965 年）提出，所有国家，成人教育需要适应历史变化、技术进步的时代需求，为经济社会发展提供更多的合格工人和领导干部。推进成人扫盲教育行动，同时扫除识字性文盲和功能性文盲。成人教育既应该在正规教育体系内进行，也应该在非正规教育体系内推进，着力发展成人继续教育。①

20世纪70年代，在联合国教科文组织的倡导下，以《国际教育分类标准》为导向，世界教育体系重新构建数十年持续推进。1973年版的《国际教育分类标准》将教育分为初等教育、中等教育和中学后教育三级，又把学前教育到研究生教育（其中包括各类职业技术教育、成人教育、扫盲等）分为八个层次，各层次下又设若干细类，包括最后入学条件、专业课程、教学内容、学时安排、学制情况、证书与文凭、各级各类教育的衔接等内容。同时，该标准还将教育活动分为正规教育、非正规教育和非正规学习，将教育分为学术性教育（即A类教育）和非学术性教育（即职业性教育）。联合国的《国际教育分类标准》是全球公认的第一个教育分类标准，形成了“三级教育”、教育分类和教育分级的理论与方法，对于构建世界教育体系和推进各国国家教育体系建设做出了不可替代的重要贡献。在联合国主导下，世界教育体系日益健全和完善。

三、全球教育发展进入加速期

全球新生儿的增长，刺激了学校建设和教育发展。1950年，全球15岁以上人口人均受教育年限仅为3.17年，1960年为3.65年，1970年为4.45年，1980年达到5.29年。② 1950年，美国14~17岁学龄人口入学率为76.1%，1965年上升为92.0%。到1975年，美国各级教育入学率不断提高，其中5~6岁儿童入园率为94.3%，7~9岁儿童入学率达到99.3%，14~15岁少年入学率为98.2%，16~17岁学龄人

---

① 全球教育发展的历史轨迹：联合国教科文组织国际教育大会建设书专集［M］. 赵中建，主译，北京：教育科学出版社，1999.

② BARRO R J, LEE J W. A new data set of educational attainment in the world, 1950－2010[EB/OL]. http://www.nber.org/papers/w15902.pdf.

口入学率为89.0%，18～19岁学龄人口入学率达到46.9%。①

20世纪60年代，世界进入一个相对稳定的发展期。全球人均教育支出从38美元增长到1980年的183美元，增长了3.8倍。相比之下，发达国家人均教育开支从87美元增长到456美元，增长了4.2倍，其在教育支出方面的绝对优势日益明显。发展中国家人均教育开支从5美元增长到38美元，尽管增长了6.6倍，高于发达国家，但是其与发达国家的绝对值差距越来越大。

表2-3　1965—1980年世界、发达国家和发展中国家人均教育开支比较

单位：美元

地区	1965年	1970年	1975年	1980年
世界	38	57	109	183
发达国家	87	137	264	456
发展中国家	5	7	19	38

注：以上数据来源于联合国教科文组织1980年和1984年的统计年鉴。

20世纪60年代，资本主义和社会主义两现代化模式进入竞争、冲突和转型时期。西方发达国家开始向第二次现代化过渡，其间社会经济矛盾更趋尖锐，工人罢工、反战运动、黑人运动、妇女运动风起云涌。东欧社会主义国家特别是苏联正在进行第一次现代化，以中国为代表的发展中国家刚刚开启第一次现代化进程。“文化大革命”使中国陷入10年的动乱期，现代化建设在艰难中前行。与发达国家大力发展教育特别是高等教育的战略相比，中国高等教育陷入停滞期，普通高等学校招生与教学活动基本停止。中国教育发展和人才培养与发达国家差距进一步拉大，甚至险些再次与第一次现代化进程失之交臂。

① U.S. Department of Education，National Center of Education Statistics. Digest of education statistics 1998［Z］. 1998：16.

整体而言，世界教育发展在经历了10多年的恢复和发展之后，基础教育体系更加完备。20世纪60年代中期，以高等学校大规模新建为特征的世界高等教育体系建设进入高潮期（见表2-4）。有统计表明，各国在1200—1985年建立的1 854所大学中，有1 101所（占59%）是在1950—1985年间建立的。在此期间，高等院校的学生人数增长很快，1960年是1 300万，1970年增至2 800万，1980年增至4 600万，1991年又增至6 500万。①

表2-4　1964—1967年日本、美国、英国、法国和德国高等教育毛入学率

国别	高等教育学龄人口组	1964年	1965年	1966年	1967年
日本	18~21岁（4年）	13.4%	21.9%	22.5%	22.8%
美国	18~21岁（4年）	43.7%	45.6%	45.7%	46.6%
英国	18~20岁（3年）	8.7%	9.9%	10.7%	12.6%
法国	18~22岁（5年）	11.0%	10.9%	11.7%	13.0%
德国	19~23岁（5年）	7.1%	7.6%	8.0%	8.7%

资料来源：文部省大臣官房調査統計課. 教育指標の國際比較. 昭和45年：27.

20世纪70年代的世界教育面临四个方面的重大挑战：一是人口挑战，二是经济危机，三是战争创伤，四是南北差距。

第一，人口挑战。20世纪70年代，全球各国特别是发展中国家面临巨大的人口压力。埃及教育部前部长侯赛因·卡迈勒·巴哈丁在其名著《教育与未来》一书中描述了世界特别是发展中国家面临的教育危机："人口爆炸危机后遗症，学龄儿童的与日俱增，校舍不足，由于过度使用造成的校舍使用寿命缩短，班容量过大，校舍双班、三班甚至四班轮流使用等人口统计的变化导致了对儿童教育的负面影响。这样，有时学生在学校只呆两三个小时就算一个学日。

① 胡弼成. 20世纪世界高等教育发展回眸[EB/OL].(2004-08-18). http://d.wanfangdata.com.cn/Periodical_xddxjy200004009.aspx.

教育形势愈加恶化，以致对教师和教育课程等造成消极影响。更为严重的是，它扩大了教育体系与社会需求、新的经济现实之间的鸿沟。”① 石油危机的另一个间接影响是西方国家生育率持续走低，出生人口规模降低。与此相反，社会主义国家基本未受到石油危机的影响，东德地区人口出生率保持稳定，人口规模持续增长。1968 年，罗马尼亚人口出生率高达 3.6%，1970—1990 年一直保持在 2.5% 以上。20 世纪 80 年代末、90 年代初，东欧社会主义国家解体，转型国家人口出生率急剧下滑，最低降到 1% 左右。

第二，经济危机。1973 年爆发了第四次中东战争，阿拉伯国家运用石油武器来对支持以色列的国家实行石油禁运，削减石油产量。结果是石油价格暴涨，第一次石油危机爆发。1978 年，伊朗发生政治局势的变换，造成了石油生产的不稳定，生产一度从每天 600 多万桶降到了 70 万桶，由此产生了第二次石油危机。这次因石油而引发的经济危机，沉重地打击了世界特别是发达国家的实体经济，并使其日益上升的发展态势出现拐点，发达国家之间在政治、经济和未来发展上的不确定性、复杂性和差异性更加明显；发展中国家经济明显下降，部分国家再一次陷入政治斗争、军阀混战和贫困危机。

第三，战争创伤。埃及在 1952 年革命后，大力兴办教育，建设学校，为普通公民提供教育机会。1967 年第三次中东战争爆发，1973 年埃及爆发了著名的十月战争，其后埃及军队又卷入了第四次中东战争，这些都对这一地区经济社会发展和教育发展产生巨大的负面影响。战争给国家和人民带来巨额债务，直接损失达 2 000 亿美元，间接损失高达 10 000 亿美元。② 半数以上的学校破败不堪，不

① 巴哈丁. 教育与未来［M］. 王道余，等译. 北京：人民教育出版社，1999：12.

② 巴哈丁. 教育与未来［M］. 王道余，等译. 北京：人民教育出版社，1999：12.

能使用。许多学校没有盥洗室、实验室、图书馆、围墙、门窗和课外活动场所，甚至濒临倒塌。

第四，南北差距。从总的趋势分析，20 世纪 70 年代是世界普及小学教育的重要阶段。1970 年，全世界小学毛入学率为 88.5%，1975 年为 94.5%，普及程度到 1980 年达到 96.1%。发展中国家与发达国家在小学普及水平方面的差距日渐缩小。相形之下，在中学普及方面，世界整体水平不高，1970 年为 36.2%，1975 年为 42.7%，到 1980 年仅为 44.6%，全球有 55% 以上的中学学龄青少年不能享受初中或高中教育。发展中国家与发达国家存在相当大差距，全球人力资源开发尚处于初级阶段。

全球教育与人力资源开发水平大幅提升。世界统计表明，1950—2010 年，世界 15 岁以上人口总规模从 158 800 万发展到 475 900万，几乎增长了 2 倍。伴随人口增长，全球教育与人力资源开发能力和水平持续增强，人均受教育年限从 3.17 年提高到 7.76 年，年均提升 0.08 年。20 世纪 60 年代中，世界人口文化素质结构发生了重大变化，15 岁以上人口文盲比例从 47.2% 下降到 14.8%，小学文化水平人口比例从 38.1% 下降到 25.2%，中学文化水平人口比例从 12.5% 上升到 48.0%，大学文化程度人口比例从 2.2% 提高到 11.9%。人口文化素质的结构性变化，对于世界人力资源开发水平的提升具有根本性的意义。

四、教育经济学取得理论突破

早在 1954 年，著名管理学家彼得·德鲁克在《管理实践》一书中首次提出“人力资源”，其经典定义为：人力资源指的是存在于劳动人口中的从事经济及社会活动并能创造价值的能力。它是一定社会组织范围内人口总量中所蕴涵的劳动能力的总和，具有质和量的统一规定性。① “人力资源”在1970年以后开始流行，内涵不断丰富，并逐渐取代“人事”或“人力”等狭隘的概念。

19世纪末，英国经济学家马歇尔第一个认识到，人力资本是最重要的一种资本。他在《经济学原理》一书中说：“所有的投资中，最有价值的是对人本身的投资。”1935年，美国哈佛大学教授S. R. 沃尔什出版《人力资本观》一书，最早正式使用了“人力资本”一词，将个人教育经费和个人收益相比较计算教育的经济收益，建立了经典人力资源理论——以人的微观资本投入与收益研究为基础的理论和方法。

学术界一般认为：“所谓‘人力资本革命’始于60多年前，先驱者包括西奥多·舒尔茨、雅各布·明塞尔、米尔顿·弗里德曼、谢尔文·罗森和其他一些与芝加哥大学有联系的人物。”② 经典人力资本理论最初兴起于20世纪50年代，形成于60年代中期。舒尔茨（Schultz）和加里·贝克尔（Gray S. Becker）最早建立了比较全面的人力资源理论体系。1960年以后，舒尔茨连续发表了《论人力资本投资》（1960）、《教育的经济价值》（1963）、《人力资本投资：教育和研究的作用》（1971）和《人力投资：人口质量经济学》（1981）等重要论著，明确了人力资本的定义、地位和重要性，对人力资本进行了科学分类，建立了内涵丰富的理论框架。据统计，关于人力资本的论文和专著，在1940年以前只有14种，1950年增加到98种，1960年增加到283种，1970年进一步增加到1 358种。

与舒尔茨齐名的著名人力资本理论家加里·贝克尔，以其数据分析优势和具有说服力的实证研究为人力资本提供了坚实的微观经济分析基础，提供了计量人力资本收入效应和收益率的方法，对家

---

① 李建平. 中国人力资源结构大调整［M］. 北京：社会科学文献出版社，2006：33－34.

② 贝克尔. 人力资本理论：关于教育的理论和实证分析［M］. 北京：中信出版社，2007：1.

庭人力资本进行了理论和实证分析。① 加里·贝克尔的《人力资本投资：一种理论分析》和《人力资本理论：关于教育的理论和实证分析》两本著作，被视为“经济思想中人力资本投资革命”的起点。② 加里·贝克尔（1964）认为，人力的投资是多方面的，教育支出、保健支出、劳动力流动支出或用于移民入境的支出是人口投资的重要组成部分。人力资本因素和知识因素是新增长理论的核心。在以企业和个人为对象的基础上，加里·贝克尔测试“从总体的角度来论述人力资本投资的完整过程”，为人力资本理论“提供广泛的经验证明”③，并建立了相关公式与模型，极大地推进了人力资源的理论和实证研究。更具有实际意义的是，加里·贝克尔依据美国1939—1961 年相关年度的数据，分析了大学、中学教育的回报率。

1960—1970 年，主流经济学和主流社会学的大量实证性研究成果，证明了国民教育水平对于国民经济增长的影响作用，个人教育投资对于个体收入具有正相关关系。最具政策影响力的是联合国教科文组织的统计分析结果，当成人文盲率从 65% 以上下降到 10% 以下、高等教育入学率从 1% ~2% 提升到 25% 左右的时候，人均 GDP 相应地从 200 ~300 美元提高到 5 000 美元以上。

回顾世界教育历史，不可回避地需要关注日本教育发展。1961 年，日本国会通过了《学校教育法》修正案，将高等专科学校与大学、短期大学一起正式纳入日本高等教育中。日本政府于 1962 年创办了以培养支撑日本工业发展骨干技术人才为目标的五年一贯制高等专科学校。日本高等专科学校的办学机制与大学不同，不是集中

---

① 李玉红. 区域人力资本研究［M］. 北京：科学出版社，2005：16 –17.

② 仲崇盛. 人力资本理论对人力资源理论形成和发展的作用［J］. 辽东学院学报，2006（1）：78 –80.

③ 贝克尔. 人力资本理论：关于教育的理论和实证分析［M］. 北京：中信出版社，2007：13.

在大城市，而是大都设置在大中企业聚集的地区。日本作为二战的战败国，在将更多的经费投入教育和人力资源开发后，其教育发展水平迅速进入世界第一梯队。

常言道：活到老，学到老。中国古代哲学家荀子提出："学不可以已。"意指求学不可以停止，即学习是无止境的。1956 年，法国议会立法文件第一次提出"终身教育"的概念。1965 年，保罗·朗格朗向联合国教科文组织国际成人促进委员会提出了终身教育提案，终身教育的思想进一步扩大影响。1965 年，回归教育理念产生，影响了世界教育思想和教育体系。1970 年"国际教育年"，联合国教科文组织集中讨论了终身教育问题，与朗格朗《终身教育入门》共同为终身教育奠定了理论基础。1972 年，国际教育发展委员会的《学会生存》一书由联合国教科文组织正式出版。1973 年，经济合作发展组织发表《回归教育——终身学习的战略》，将回归教育定义为："回归教育是把义务教育或基础教育以后的一切教育都包括在内的教育战略。它的基本特征在于，以回归的方式，即教育和劳动（也包括业余的其他活动和老年生活等）交互进行的方式，把教育分散在个人一生。"① 学习贯穿于人的一生。终身学习将正规学习和非正规学习、非正式学习连通，打破了普通教育与专业教育以及持续学习相互孤立分割的局面。全球教育体系、教育制度和学习方法发生自正规学校建立以来最深刻的变革。

五、中国人口文化素质提升加速期

中国人口受教育水平长期滞后。1949 年中华人民共和国成立前，全国小学学龄人口入学率仅为 20%，总人口中文盲超过 80%，农村

---

① 夏之莲．外国教育发展史料选粹［M］．北京：北京师范大学出版社，1999：567.

文盲率高达95%。1949年的《中国人民政治协商会议共同纲领》提出："有计划有步骤地实行普及教育"，初等教育有了快速发展。1956年，最高国务会议提出分区分期普及小学义务教育。1964年，全国第二次人口普查结果表明，截至"1964年6月30日，28个省、市、自治区的人口中，具有大学文化程度的有2 875 401人，具有高中文化程度的有9 116 831人，具有初中文化程度的有32 346 788人，具有小学文化程度的有195 824 459人，13岁以上不识字的人口有233 267 947人"①。1964年全国范围内基本脱盲累计近1亿人。1965年，小学学龄人口入学率为84.7%。1982年，中国人均受教育年限仅为5.33年。

表2-5 1949—1983年中国每万人口在校学生变化情况

年份/年	各级学生数占全国人口比例/%	平均每万人口中/人			大、中、小学学生各占学生总数的比例/%		
		大学生	中学生	小学生	大学生	中学生	小学生
1949	4.76	2.2	23	450	0.5	4.9	94.6
1952	9.47	3.3	55	889	0.3	5.8	93.9
1957	11.11	6.8	110	994	0.6	9.9	89.5
1962	11.65	12.3	124	1 029	1.1	10.6	88.3
1965	18.00	9.3	197	1 602	0.5	10.9	88.6
1978	22.28	8.9	693	1 526	0.4	31.1	68.5
1979	21.41	10.5	621	1 510	0.5	29.0	70.5
1980	20.78	11.6	578	1 489	0.6	27.8	71.6
1981	19.55	12.8	503	1 439	0.7	25.7	73.6
1983	17.69	11.8	454	1 330	0.6	25.3	74.1

注：以上数据来源于国家统计局1984年的统计年鉴。

① 国家统计局. 1964年全国第二次人口普查主要数据公报[EB/OL]. http://wenku.baidu.com/view/c3206a76a417866fb84a8e15.html.

1949—1961 年，新中国高等教育发展大致可以分为三个时期。第一个时期，是从国民党和帝国主义手里，把全部高等学校接收过来，这个工作是做得好的。第二个时期，是进行院系调整和教学改革，这个工作总的说来也是做得不错的，教学的质量有所提高，但是存在一些教条主义的生搬硬套的缺点。1957 年经过反对资产阶级右派的斗争，我国政治战线、思想战线的社会主义革命取得了决定性的胜利。在这个胜利的基础上，从 1958 年起，中共中央和国务院进一步决定在教育工作中贯彻执行教育为无产阶级政治服务，教育与生产劳动相结合的方针，这个方针是正确的马克思列宁主义的方针，从此，我国高等教育的发展进入了一个新时期。① 而这一新时期，尚没有维持多久，中国高等教育发展再一次陷入停滞。

20 世纪 60 年代末至 70 年代初，世界教育界发生了两件重大事件：一是中国的“文化大革命”，二是美国在 1971 年实现了高等教育普及化。谈到 70 年代的中国，就无法回避“文化大革命”，中国的整体教育体系被全面打破。1958—1960 年，中国高等教育受“左”的错误思想影响。1961 年《中共中央关于讨论和试行教育部直属高等学校暂行工作条例（草案）的指示》（简称《高校 60 条》）发布，在“调整、巩固、充实、提高”的方针指导下，1961—1963 年高等教育经历了调整。在国民经济恢复性增长的情况下，1965 年全国高等学校达 434 所，在校生规模为 67.4 万人。

1970 年，中国高等教育毛入学率仅为 0.07%。相比之下，美国高等教育毛入学率达到 49.4%，1971 年超过 50%，在人类历史上第一次进入高等教育普及化阶段。排在其后的是加拿大（34.6%）、民

① 中共中央关于讨论和试行教育部直属高等学校暂行工作条例（草案）的指示［EB/OL］.（2005－01－22）. http：//news. xinhuanet com/ziliao/2005－01/22/content_2494713. htm.

主德国（32.8%）、苏联（25.4%）和日本（17.0%）。①1977年，在邓小平同志主持倡导下，中国恢复高等学校招生制度，中国高等教育进入恢复性增长新阶段。全国约有570万青年报考，其中27.3万人被录取。中国高等教育进入快速成长期。

表2-6 1950—1980年中国教育发展主要指标

主要指标	1950年	1960年	1970年	1980年
全国学校数/所	387 853	772 633	1 066 519	1 039 974
小学在校生数/万人	2 892.4	9 379.1	10 528.0	14 627.0
初中在校生数/万人	106.7	858.5	2 292.2	4 538.3
高中在校生数/万人	23.8	167.5	349.7	969.8
大学在校生数/万人	13.7	96.2	4.8	114.4
全国教职工数/万人	107.6	400.4	567.5	1 063.2

资料来源：国家统计局．新中国60年［M］．北京：中国统计出版社，2009：672-676.

从国家统计数据分析，我们可以看出：1950—1970年，与世界大多数国家相同，中国教育体系处于重新建设和快速发展时期。需要指出的是：一方面，“文化大革命”期间，由于高等学校和部分中等专业学校参与其中，教育发展和人才培养受到严重影响。另一方面，在“文化大革命”期间，初中教育和高中阶段教育规模持续扩大，成就不可否定。国家教育发展研究中心研究发现，按照高中阶段学龄人口统计，20世纪70年代后高中阶段教育毛入学率持续上升，1975年达到45%以上，这与当时世界高中阶段教育普及水平大体相当。1976年高中阶段毛入学率甚至达到78.49%②，确实有些增

① 国家统计局国际统计信息中心．世界主要国家和地区社会发展比较统计资料（1990）［M］．北京：中国统计出版社，1991：1 024.

② 高书国，杨晓明．中国人口文化素质报告：从战略追赶到部分跨越［M］．长春：东北师范大学出版社，2013：56.

长过快。

1977 年，中共中央政治局通过了关于恢复高考招生工作的文件，正式宣布当年立即恢复高等学校考试招生。1977 年 8 月 13 日至 9 月 25 日，全国高等学校招生工作会议在北京召开。1977 年，全国约 570 万青年参加考试，各大专院校从中录取了 27.3 万名学生。1978 年 4 月，针对“文化大革命”后人才短缺的局面，邓小平同志明确指出：“大学生人数要大量增加。”① 1978 年，610 万人报考，当年录取 40.2 万人。1979 年，全国在校大学规模增长到 102 万人。

一种尊重知识、新生人才的社会风尚正在兴起。需要指出的是，20 世纪 80 年代后，中国高中教育特别是普通高中教育的定位和发展出现了模糊认识，1980—2002 年的 20 多年期间，中国高中阶段教育发展长期处于徘徊阶段。全国第六次人口普查数据表明，高中文化程度者 50 岁年龄组出现高点后，一直处于下滑和徘徊阶段。2010 年，现年 23 ~48 岁各年龄组高中教育参与率均低于 20%，直到 20 岁年龄组才达到 23.49%。30 年，30 年一个轮回，子辈与父辈处于教育普及水平的同一个起点之上，这是任何一个国家教育发展历史上从没有发生过的事件，我们需要重新审视教育发展政策和教育规划。进一步分析产生这种现象的原因，可归结为两方面：一是教育部门的宏观教育政策出现了问题，使得中国教育进程出现曲折。二是原有的大规模工业和农业生产被小家小户的生产方式所替代，教育普及和人力资源结构提升失去了经济需求和经济动力。

---

① 中共中央文献研究室. 邓小平论教育［M］. 3 版. 北京：人民教育出版社，2004：63.

第二节　1980—1990 年的世界教育地图

一、20 世纪 80 年代世界教育发展特点

20 世纪 80 年代，伴随发达国家中等教育的普及，在大城市，许多公立学校出现了吸毒、暴力和其他威胁治安的社会现象。北美地区学校中普遍存在受到恫吓的教师和惊恐不安的学生，家长的忧虑持续增长。教育界谈论最多的一个新词语是“选择学校”，特指家长和学生在公立学校和私立学校之间进行选择。“原则上说，他们（家长）有选择的自由，但实际上，除非他们花得起钱送孩子读私立学校，或者搬家，否则只能被迫把孩子送到当地的国立学校而不问它是否能够对孩子提供像样的教育。”①

20 世纪 70 年代末到 80 年代初，多项研究成果表明，美国学生的数学、理科和其他学科领域的测验成绩令人遗憾。当时全美 17 岁青年中有 13% 是功能性文盲，大学入学测验（SAT）成绩持续下滑，大学里许多课程亟待改进。教育制度的问题严重，若不改革，不只美国下一代的竞争力大减，美国全民的未来都值得忧虑。许多课堂上的授课教师缺乏应有的专业知识、教学能力和训练，学校面临安全威胁，教育失信局面出现。1980—2010 年，是一个相当漫长而复杂多变的时期。1980 年，整个世界刚刚从 1974—1975 年这场最深刻的经济危机中醒来，尚没有完全恢复生机。

在时任总统罗纳德·里根的建议下，1983 年，美国高质量委员会发表《国家处于危机之中》报告：“我们向美国人民报告：我们

① 联合国教科文组织. 世界教育报告（1993）［M］. 北京：中国对外翻译出版社，1994：63.

有理由为我们在中小学历史上取得的成绩及对美国和美国人民的福利作出的贡献感到自豪，但另一方面，我国社会的教育基础目前正被一股平庸的浪潮所侵蚀，它威胁我们国家和民族的未来。上一代人当时所难以想象的事现在已开始发生——别的国家正赶上和超过我们国家的教育成就。”“危险不仅在于日本人比美国人生产汽车的工效更高，日本人在发展和出口方面得到政府补贴。危险不仅在于韩国人最近建起了世界上生产效率最高的钢厂，或是一度称雄世界的美国机床现在正被德货取代。危险还在于，这些发展趋势标志着训练有素的人才在全球的重新分配。正如早些时候的特效新药、化肥和牛仔裤，如今知识、学问、信息和技术情报同样蓬蓬勃勃地传遍世界。只要我们欲保持和发展在世界市场上尚存的微弱竞争优势，我们就应为改革我们的教育体制而奋斗，这是为了全体人民——年轻人和老年人，富人和穷人，多数人和少数人——的利益。在我们正在跨入的‘信息时代’中，知识是取得成功必不可少的投资。”

美国耶鲁大学校长雷文在《迈上未来漫长又精彩的旅途》一文中自豪地说：“一个多世纪以来，美国的初等和中等教育令世界艳羡，它培养了世界上接受过最好教育的劳动力，使美国在北美和欧洲工业化进程中拥有了巨大的竞争优势。”①20 世纪 80 年代是美国与苏联竞争最为激烈的时代，美国通过军备竞赛将苏联全面拖垮。以美国为首的北大西洋公约组织对抗以苏联为首的华沙条约组织。一方面，苏联经济实力仅相当于美国的 50% 多一点，而 1980 年苏联军费支出（131. 5 亿美元）与美国（143. 9 亿美元）相差不多；另一方面，北大西洋公约组织整体军费支出几乎是华沙条约组织的 2 倍。1983 年，美国军费支出相当于其 GDP 的 6. 16% ，苏联为 8. 38% 。

---

① 耶鲁大学校长雷文：迈上未来漫长又精彩的旅途［J］. 庄丽君，编译. 世界教育信息，2013（12）：28.

表2-7 20世纪80年代美国与苏联经济实力及军费支出比较

国别	国内生产总值/10亿美元				人均国内生产总值/美元			
	1980年	1981年	1982年	1983年	1980年	1981年	1982年	1983年
美国	2 369	2 431	2 926	3 028	10 404	10 576	12 609	12 957
苏联	1 263	1 303	1 587	1 636	4 756	4 867	5 877	6 014
苏联占美国的比例/%	53.3	53.6	54.2	54.0	45.7	46.0	46.6	46.4
国家或组织	军费支出/10亿美元				占世界军费比例/%			
	1980年	1981年	1982年	1983年	1980年	1981年	1982年	1983年
美国	143.9	153.9	167.7	186.5	25.5	26.6	27.3	29.3
北大西洋公约组织	256.3	267.1	283.8	307.2	45.5	46.2	46.3	48.2
苏联	131.5	133.7	135.5	137.6	23.3	23.1	22.1	21.6
华沙条约组织	143.9	146.3	148.6	151.1	25.5	25.3	24.2	23.7

注：经济数据来源于美国《总统经济报告》，1982年、1983年。军费支出数据来源于斯德哥尔摩国际和平研究所编的《军备竞赛和军备控制》，载于日本《世界周报》临时增刊，1984年9月20日出版。

20世纪80年代末期，全球有近10亿成年文盲，也就是说，占世界人口近1/5的人不会读和写，有近1亿儿童，其中包括6 000万女童没有机会接受初等教育。1990年，联合国大会宣布其为“国际扫盲年”。

按照教育发展规律，教育普及一般遵循从普及小学、普及初中、普及高中再到普及大学的顺序前行。中国与发达国家教育的差异是发展阶段的差异，体现在发展水平上就是普及层次和水平的差异。进一步说，1980年的中国，既是一个经济穷国，也是一个教育穷国。

从高等教育普及状况分析，我们可以看出知识经济发源于欧美国家和地区的内在因素。自1971年美国高等教育实现普及化之后，20世纪80年代美国高等教育又迎来一个新的发展高潮。继发表《国家处于危机之中》之后，1984年美国发表《投身学习：发挥美国高等教育潜力》报告，1986年发表《国家为培养21世纪的教师作准备》,《学院——美国本科生教育的经验》和《关于美国教育改革报告》分别于1987年和1988年陆续发表，共同成为指导美国21世纪前后高等教育发展的重要文献。90年代初，美国高等教育毛入学率接近60%，为美国21世纪的经济发展提供了稳定的人力资源支持。与之相比，东欧国家失去高等教育发展的战略机会。这是知识经济理论和思想发生在西欧而不是东欧的很重要的教育原因。

表2－8　1970—1990年世界主要国家高等教育毛入学率

国家	1970年	1975年	1980年	1985年	1990年
中国	0.07%%	0.6%	1.3%	1.7%	1.7%
美国	49.4%	57.3%	56.0%	57.7%	72.2%
日本	17.0%	24.6%	30.5%	28.7%	28.7%
联邦德国	13.4%	24.6%	26.2%	29.9%	38.1%
英国	14.1%	18.8%	20.1%	21.8%	—
法国	19.5%	24.5%	25.5%	29.8%	39.6%
意大利	16.7%	25.6%	27.7%	26.2%（1984年）	29.9%
加拿大	34.6%	39.3%	42.1%	55.5%	71.2%
澳大利亚	16.6%	24.0%	25.4%	27.6%	35.0%
苏联	25.4%	21.9%	21.3%	21.9%	25.1%
民主德国	32.8%	29.5%	30.3%	30.5%	34.8%
捷克斯洛伐克	10.4%	12.1%	17.1%	15.8%	17.0%
波兰	14.0%	16.8%	17.6%	16.5%	21.9%
匈牙利	10.1%	11.7%	12.9%	11.3%	14.5%
罗马尼亚	14.4%	19.2%	16.1%	18.5%	8.6%

续上表

国家	1970年	1975年	1980年	1985年	1990年
南斯拉夫	15.9%	20.0%	21.8%	18.5%	18.0%
印度	8.1%	8.6%	—	8.9%（1983年）	—
印度尼西亚	2.8%	2.4%	3.8%	6.5%（1984年）	9.2%
巴基斯坦	2.3%	1.9%	—	5.1%	—
泰国	2.7%	3.5%	—	5.1%	15.7%
韩国	7.9%	10.3%	13.1%	19.6%	37.7%
尼日利亚	0.5%	0.8%	2.2%	2.9%（1984年）	3.5%
埃及	8.0%	13.5%	17.6%	20.2%	18.4%
埃塞俄比亚	0.2%	0.2%	0.4%	0.9%	0.8%
坦桑尼亚	0.2%	0.2%	0.3%	0.3%	0.3%
肯尼亚	0.8%	0.8%	0 .9%	1.3%	1.5%
巴西	5.1%	10.7%	11.9%	10.5%（1986年）	11.3%
墨西哥	5.9%	10.5%	14.4%	15.6%	14.0%
阿根廷	14.2%	27.2%	21.6%	36.4%	39.9%
哥伦比亚	4.8%	8.0%	10.6%	13.0%	14.2%

资料来源：1. 国家统计局国际统计信息中心. 世界主要国家和地区社会发展比较统计资料（1990）［M］. 北京：中国统计出版社，1991.

2. 联合国教科文组织. 世界教育报告（1993）［M］. 北京：中国对外翻译出版社，1994：140－145.

通过表2－8，我们可以读到以下信息：一是1970—1980年，中国高等教育发展水平十分低下，几乎与全球最不发达国家处于同一水平。二是美国独占鳌头，率先进入高等教育普及化时代。三是以苏联为首的东欧国家高等教育水平与西欧国家大体处于同一水平，进入20世纪80年代，西欧高等教育加快发展，苏联及东欧国家20年长期徘徊不前。受计划经济的体制所限，苏联等东欧国家不升反降。从全球高等教育发展分析，1980 年，毛入学率小于 8% 的国家和地区有 71 个，小于 15% 的有 88 个，大于 15% 的有 41 个；1990 年，小于 8% 的国家和地区有 49 个，小于 15% 的有 71 个，大于 15% 的有 51 个。①

二、20 世纪 90 年代世界教育发展进程

20 世纪 90 年代中期，全球经济社会出现两大重要趋势：一是知识经济趋势，二是高等教育普及化趋势。为应对知识社会挑战，世界主要发达国家纷纷制定教育发展战略，培养适应知识时代的高层次、高素质人才。发展中国家教育迅速发展，快速提升了全球教育与人力资源开发水平。

从教育视角分析，1990 年的世界是一个“年轻的”世界。根据联合国教科文组织统计，1990 年 0 ~ 14 岁人口占世界总人口的比例为 52.2%（见表 2 - 9）。这一方面说明，总体上世界人口年龄结构处于低龄化阶段；另一方面，这样的年龄结构对于教育特别是幼儿教育和义务教育形成巨大的压力。1990 年的中国人口结构正处于“最佳时期”，即学龄人口增长得到控制，人口对于教育的压力逐步缓解；15 ~ 64 岁人口比例高达 50% 以上，拥有与发达国家相同的劳动力优势；65 岁以上人口比例仅为 8.3%，抚养比很低，人口红利优势明显。由于经济和教育发展水平以及文化风俗习惯的影响，许多发展中国家不得不一边大力发展教育、扫除文盲，一边又不断地产生新文盲，婴幼儿健康水平得不到应有的保障，失学和辍学现象十分严重。

---

① 陈学飞. 美国、德国、法国、日本当代高等教育思想研究［M］. 上海：上海教育出版社，1998：2 - 7.

表2-9 1990年世界及各地区人口结构

世界及各地区	各年龄组人口所占比例/%				5~64岁人口规模/百万人
	0~5岁	6~14岁	15~64岁	65岁及以上	
世界	22.8	29.4	37.8	10.0	3 231
发达国家	11.6	17.7	50.8	19.9	541
北美	13.9	19.2	48.3	18.6	186
亚洲/大洋洲	10.2	17.9	50.0	21.9	102
欧洲	10.5	16.5	51.1	21.9	253
转型国家	15.7	22.7	46.8	14.8	267
欠发达地区	26.0	32.8	33.9	7.3	2 423
撒哈拉国家	41.3	46.4	6.7	5.6	257
阿拉伯国家	34.4	42.7	16.9	6.0	123
拉美/加勒比地区	25.2	35.7	31.2	7.9	258
东亚/太平洋	19.8	26.3	46.0	7.9	1 086
其中：中国	18.2	23.3	50.2	8.3	771
南亚	29.5	37.1	26.4	7.0	684
其中：印度	27.0	34.5	31.2	7.3	504
最不发达国家	39.2	45.8	9.2	5.8	265

注：15~64岁人口比例为本书作者汇总而得。

资料来源：UNESCO. World education report 2000—The right to education：towards education for all throughout life [R]. 2001.

教育是一个塑造人的过程。1990年，世界银行的《世界发展报告》将获得知识作为人类生存发展的最基本领域："人类发展是一个拓宽人们选择的过程。它为人们提供三个基本领域：一是健康、长寿，二是获取知识，三是获得体面生活所需的资源。"这些思想，对于明确教育的地位、发挥教育的作用、加快发展教育起到了重要作用。

1990 年 3 月 5—9 日，世界全民教育大会在泰国宗滴恩举行，来自 155 个国家、33 个国际组织和 125 个非政府组织的1 500名代表出席了会议。中国国务委员兼教育委员会主任李铁映率团出席了大会，并当选为大会副主席。本次大会通过了《世界全民教育宣言》和《满足基本学习需要的行动纲领》两份重要文件。

扫盲是全民教育的核心。“识字是一项人权，也是全民教育的核心。识字是当今知识社会不可或缺的一种能力，有益于个人、社会和国家。”① 1990 年，中国、巴西、孟加拉、埃及、印度、印度尼西亚、墨西哥、尼日利亚和巴基斯坦九个人口大国，人口总和约为 27 亿，超过世界人口总数的一半，其文盲人口占世界的 72%。1993 年 10 月，联合国教科文组织大会通过了将九个文盲率最高、人口最多的国家（简称 E9）列为教科文组织特别优先对象的决议，提出九个人口最多的发展中国家交流争取实现全民教育的经验，并批准召开“九个人口大国全民教育高峰会议”（简称德里全民教育高峰会）计划。1993 年 12 月 12—16 日，九个人口大国全民教育高峰会议在印度首都新德里召开。印度总理拉奥、印度尼西亚总统苏哈托和中国国务院副总理李岚清出席了大会。大会通过了著名的《德里宣言》，提出“满足人民基本学习需要，开创全民教育新局面”的行动目标。

表 2－10　1990 年世界及各地区文盲人口规模

世界及各地区	文盲人口规模/百万人		女性所占比例/%
	合计	女性	
世界	894. 5	566. 4	63. 3
发达地区及转型国家	18. 7	13. 0	69. 5
欠发达地区	875. 8	553. 4	63. 2

① 联合国教育、科学及文化组织. 全民教育全球监测报告（2006）：扫盲至关重要［R］. 联合国教科文组织，2006：27.

续上表

世界及各地区	文盲人口规模/百万人		女性所占比例/%
	合计	女性	
撒哈拉国家	134.9	81.7	60.6
阿拉伯国家	63.4	40.0	63.1
拉美/加勒比地区	42.7	23.9	56.0
东亚及太平洋	240.3	167.1	69.5
其中：中国	192.2	134.1	69.8
南亚	383.5	232.3	60.6
其中：印度	274.1	167.6	61.1
最不发达国家	160.8	96.8	60.2

资料来源：UNESCO. World education report 2000—The right to education: towards education for all throughout life [R]. 2001.

据联合国估计，全球识字率1950年为56%，1980年提升到70%，1990年达到75%，2000—2004年进一步提升到82%，2015年达到86%左右。1990年，全球文盲人口总数为9.48亿，其中3/4的成人文盲集中在10个国家中，其中印度为2.81亿，中国为2.24亿，其他人口大国（巴基斯坦、孟加拉国、尼日利亚、印度尼西亚、巴西、埃及、伊朗、苏丹）为2.0亿。1990年，中国15岁以上文盲、半文盲人口为18 161.0万人，占全国总人口的21.1%。1995年，则为14 505万人，占12.01%。到2000年，全世界仍有2/3的6岁以下儿童没有机会接受幼儿教育；约1.13亿儿童上不了小学，其中60%是女童；至少有8.8亿成年文盲，其中多数是妇女。教育普及中存在的歧视现象、经费短缺现象和学额不足现象十分普遍。如果不加快实现全民教育的步伐，世界全民教育目标就有可能落空。

20世纪后半叶，世界大学生数量增长了5倍，从1960年的1 300万增长到1995年的8 200万，这一时期同时也是高等教育发展不平衡的时期。在美国首先于1971年普及了高等教育后，世界主要发达国家和地区相继在1980—2000年间进入高等教育普及化阶段（见表2-11）。1999年，美国高等教育毛入学率达到83%。在25岁及以上人口中，有6%获得硕士学位，1%获得博士学位，1%以上具有教授职务。

表2-11 1980年、2000年世界各层次学生估计数

教育层次		1980年/百万人	2000年/百万人	年增长率/%			
				1960—1970年	1970—1980年	1980—1990年	1990—2000年
全世界	初等	417.4	589.2	3.3	2.0	1.9	1.5
	中等	177.2	303.6	6.0	3.7	2.9	2.5
	高等	46.5	74.9	8.7	5.1	2.4	2.4
	合计	641.1	967.7	4.2	2.7	2.2	1.9
发达国家	初等	125.5	133.7	1.1	-0.9	0.4	0.2
	中等	80.6	86.7	4.3	1.3	0.1	6.3
	高等	29.7	34.9	8.2	3.4	0.5	1.1
	合计	235.8	255.3	2.5	0.3	0.3	0.5
发展中国家	初等	291.9	455.5	5.3	3.6	2.5	1.9
	中等	96.6	216.8	9.1	6.4	4.8	3.4
	高等	16.8	39.9	10.4	9.1	5.2	3.6
	合计	405.3	712.2	6.0	4.4	3.2	2.5

资料来源：联合国教育、科学及文化组织. 1960—2000年各教育层次和年龄组学生人数的趋势及问题（1982年统计）[R]. 1984.

第三节 2000年版世界教育地图

沿着和平与发展的时代主题，21世纪，人类教育与发展进入一

个新阶段。以联合国为主导，世界各国纷纷制定新的教育发展战略，以期通过教育与人力资源开发取得更加巨大而持续的战略竞争优势。

一、全民教育成为世界各国共同的教育行动

2000年4月，联合国教科文组织世界教育论坛在塞内加尔首都达喀尔召开，182个国家的代表团、100多位部长和150多个民间团体的代表1 500人出席了论坛，联合国秘书长安南出席会议并讲话。该论坛通过了《达喀尔纲领》，使得全民教育的目标更为具体化并确定了时间表。164个国家政府对于实施全民教育做出新的承诺。

2000年9月，世界各国首脑共同召开联合国千年峰会，189个国家签署了《千年宣言》，承诺要加强全球协作，为实现和平、人权、民主、有力的治理、环境的可持续发展及消除贫困而努力奋斗。与千年目标和可持续发展密切相关，普及初等教育、促进性别平等尤其是教育中的性别平等，被写入世界千年发展目标。中国政府是千年目标的重要承诺方，为实现千年目标做出了重要贡献。

中国是世界人口最多的国家，也是世界第一教育大国。2000年，在占全国总人口85%的地区普及了九年义务教育。初中阶段入学率达到85%，小学入学率达到99%以上；青壮年文盲率下降到5%以下，基本扫除了青壮年文盲。全国实现“两基”（基本实施九年义务教育、基本扫除青壮年文盲）的地区人口覆盖率达到91.8%，而低于85%的还有7个省（自治区）。到2003年底，全国实现“两基”验收的县（市、区）总数达到2 659个，占全国县（市、区）总数(3 040个)的87.47%。全国还有381个县（不含兵团团场）未实现“两基”，其中330个县（市、区）在西部地区，占未实现“两基”县的86.61%。小学五年保留率全国平均为98.8%，西部有4个省（自治区）低于80%；小学毕业生升学率全国平均为96.5%，西部有4个省（自治区）低于90%。

为进一步加快实现全民教育目标，2001 年 5 月的《国务院关于基础教育改革与发展的决定》提出："进一步完善农村义务教育管理体制。实行在国务院领导下，由地方负责、分级管理、以县为主的体制。"由以乡为主到以县为主，是中国农村教育管理体制的重大变革。世界银行《2003 年人类发展报告》指出："1990 年以来，以中国为代表的东亚和太平洋地区几乎将绝对贫困减少了一半，而且在其他'千年发展目标'上也取得了重大进步。"

2005 年，中国教育人口 33 512 万人，占总人口的 25.6%。根据联合国教科文组织的统计，2005 年中国人口占世界人口总数的 20.4%，学前教育、初等教育、中等教育和高等教育注册人数分别占世界总量的 16.5%、15.8%、19.8% 和 17.0%。中国教育在世界具有举足轻重的地位。中国教育发展速度大大快于世界平均水平。中国教育与人力资源开发的两大跨越，即 2000 年基本普及九年义务教育、基本扫除青壮年文盲；2002 年高等教育毛入学率达到 15%，进入国际通行的高等教育大众化阶段，2007 年高等教育毛入学率达到 23%，接近世界平均 24% 的水平。

中国是一个后发的发展中人口大国，实现以追赶为目标的发展战略。教育发展上，中国长期坚持低重心发展策略，九年义务教育普及率和人口覆盖率达到 95% 以上，青壮年文盲率下降到 5% 以下，有效地提升了全体人民的科学文化素质。从变化情况分析，1980—2000 年，世界 15 岁以上人口人均受教育年限提高 0.72 年，发达国家提高了 0.90 年，转型国家提高了 0.78 年，东亚及太平洋国家提高了 1.61 年，而中国提升了 2.99 年，年均增长 0.16 年。在赶超战略引导下，中国经济社会和教育发展表现出良好的成长性，初步实现了从一个人口大国到一个人力资源大国的战略转型。

纵观 1960—2000 年世界教育发展，伴随着教育的发展，人类对于自身资源开发的能力和水平不断提升。全球 109 个国家，人均受教育年限从1960年的4.61年，提高到2000年的6.66年。1980年，中国人均受教育年限仅为5.33年，低于世界109个国家的平均水平（5.92年）；2000年，中国15岁以上人口人均受教育年限为7.79年，大大高于世界平均水平的6.66年（见表2－12）。

表2－12 15岁以上人口人均受教育年限国际比较（1980—2000年）

单位：年

世界及各地区	1980年	1990年	2000年
世界（109个）	5.92	6.43	6.66
发达国家（23个）	8.86	9.19	9.76
转型国家（13个）	8.90	9.97	9.68
东亚、太平洋国家（10个）	5.10	5.84	6.71
发展中国家（73个）	3.57	4.42	5.13
中国	5.33(1982年)	6.40	7.79

资料来源：BAARRO R J，LEE J W. International data on educational attainment updates and implications [EB/OL]. http://citeseerx.ist.psu.edu/showciting?cid=11811646.

二、发达国家进入高等教育普及化阶段

20世纪60—90年代是世界高等教育规模扩大的长周期。据联合国教科文组织统计，世界大学生数量在1960年为1 300万，70年代为2 800万，80年代增至4 800万，1991年又增长到6 500万。在大学入学率方面，60年代为9.6%，80年代是18.8%，90年代略微下降，为18.6%，1991年又回升至18.8%。“第三世界高等教育扩充从比例上超过工业化国家，但是，第三世界国家也存在明显差别——一些国家仍然保持着规模较小的精英型大学系统，另外一些国家则扩充得快一些。”“目前，扩充的中心在第三世界和新兴工业

化国家。”① 与此同时，发达国家高等教育毛入学率持续快速增长，1969 年其平均入学率首次达到 15. 1%，标志着发达国家整体进入高等教育大众化时代。高等教育规模快速扩大，推升其入学率在 70 年代达到 27. 1%，1980 年上升为 30. 7%，1991 年再次突破，达到 40. 2%，其后随着美国、加拿大等国进入高等教育普及化阶段，发达国家整体进入普及化阶段。

发达国家实现高等教育普及化，不但引发了世界性的高等教育新浪潮，而且推进了高等教育发展的理论突破。早在 20 世纪 60 年代，对世界高等教育发展理论做出了重大贡献的美国著名教育社会学家马尔·特罗（M. Trow）提出“高等教育发展阶段理论”，将高等教育划分为“英才”（elite）、“大众”（mass）、“普及”（universal）三个发展阶段。这一理论对于国际高等教育产生重要影响，并成为分析研究国际高等教育发展的经典理论。高等教育大众化是当今世界高等教育发展的趋势。进入 80 年代以来，世界高等教育入学率超过 15%，进入大众化阶段的国家已有 47 个，其中美国、日本、加拿大、韩国的高等教育入学率已经超过 50%，进入普及化阶段。高等教育发展和普及速度甚至使得发达国家猝不及防，日本著名学者天野郁夫甚至认为：“高等教育大众化阶段的课题尚未解决，又迎来了向普及阶段过渡的时期。”②

“20 世纪 50 年代以来，世界高等教育的模式曾经出现两次迅速扩张：第一次扩张是 1960 年高等教育规模扩大与入学率上升，以美国为代表在 70 年代初实现了高等教育普及化；第二次扩张是 90 年代中期高等教育入学率两次急剧飙升，以加拿大、澳大利亚、日本

---

① 阿特巴赫. 比较高等教育：知识、大学与发展［M］. 北京：人民教育出版社，2011.

② 天野郁夫. 高等教育的结构变化［J］. 张晓鹏，译. 复印报刊资料：高等教育，2003（5）：116.

和韩国为代表，高等教育进入普及化阶段。”① 自二战到70年代，是美国高等教育发展的黄金期。1971年，美国高等教育毛入学率首次达到50%，成为全球第一个进入高等教育普及化的国家。1980年，美洲国家高等教育毛入学率为30.5%，到1999年达到69%。

美国高中毕业生进入大学的人数从1979年的49%，提高到1997年的69%。“欧洲的OECD成员国的入学率从1950年前后（大学教育）少于5%，到1970年前后（高等教育）超过20%，到1990年中期前后（高等教育）超过40%。”② 20世纪90年代中期，世界全民教育大会后，联合国教科文组织进一步确定将实现全民基础教育和增加终身学习机会作为教育领域的优先事项。在知识经济和第三次工业革命的推进下，世界高等教育依然保持强劲增长态势。据国家教育发展研究中心统计，2004年世界有36个国家实现了高等教育普及化，有25个国家高等教育毛入学率处在30%～49%之间。③

与发达国家高等教育普及化趋势相对照，世界高等教育发展不平衡问题更加凸显。大学生占人口比重是分析人口质量的重要指标。从世界范围分析，1995年，全球每10万人口中有1 434名大学生，每1 000人中有14名大学生。发达国家每10万人口中的大学生数从3 100人增加到4 100人，增长了34%；经济转型国家从3 000人减少到2 600人，下降了12%。欠发达国家从500人增加到800多人，增长了65%；最不发达国家从不到200人增加到大约300人，增长了77%（UNESCO，1998）。

与20世纪末高等教育普及化趋势相对应，高等教育的国际化发

① 高书国. 后普及教育时代：知识社会国家战略［M］. 北京：高等教育出版社，2007：1.

② OECD. OECD展望：高等教育至2030［M］. 杨天平，王宪平，译. 重庆：重庆大学出版社，2011：155.

③ 高书国. 后普及教育时代：知识社会国家战略［M］. 北京：高等教育出版社，2007：14.

展进入一个新的阶段。发达国家特别是美国统治着世界高等教育，甚至使教育国际化变为“美国化”。第二次世界大战刚刚结束，经美国前参议员、来自阿肯色州的 J. 威廉·富布赖特提出立法并由美国政府于 1946 年正式建立的“富布赖特计划”，向世界各国优秀学者特别是发展中国家学者开放申请。1950—1980 年，美国教育发展历史上出现了外国留学生大规模移民美国的第一个高潮期。移民从 1954 年的 3.42 万人增至 1964 年的 8.2 万人，1975 年增至 17.93 万人，随后继续攀升，到 1979 年跃至前所未有的 28.6 万人的规模。2010 年，该计划覆盖 155 个国家，包括 50 个建立“富布赖特项目管理委员会和基金会”的国家。60 多年以来，全世界有 31 万名“富布赖特人员”参加了该计划。① 这些项目的实施，既扩大了美国教育在世界的影响，又可以潜移默化地输出美国的价值观，培养亲美人士，以此谋取更长远的战略利益。

从整体而言，教育国际化对于发展中国家具有双重意义：一重是积极意义，另一重是消极意义。积极意义在于，发达国家对发展中国家实现教育开放，以先进的理念、内容和方法，加快发展中国家科技发展、产业进步和人才提升，有利于发展中国家实现跨越式发展。消极意义在于：①发展中国家最优秀的人才，被发达国家用教育国际化的“割草机”收获到发达国家，伤害了发展中国家的“成长之根”。②发展中国家高等教育体系建设受到伤害。除了中国、印度等这些大国以外，许多发展中国家被动地接受发达国家的教育思想、教育模式，过度依赖发达国家来培养本国的高层次人才，忽视了本国高等教育体系建设，缺少优秀人才，更难以建设一流的高等教育。③没有好的人才，发展中国家的政治、经济和科技更加

① 梁茂信. 1950 至 1980 年外国留学生移民美国的趋势分析［J］. 世界历史，2011（1）：69.

“发达国家化”，自身独特的优秀文化和国家发展模式被国际化，日渐消落。这些危机，从20世纪90年代开始一直延续到现在，而且有加剧、持续和蔓延的趋势。因此，联合国教科文组织明确指出：“教科文组织担心一些国家的教育与科研条件下降和高等教育机构水平的滑坡正在加大工业化国家和发展中国家之间在吸收现代技术与新知识的能力方面的差距。这种不平衡现象的存在将会削弱这些国家应对当前和未来的全球性挑战的能力。”①

三、转型国家高等教育发展

（一）中国高等教育发展尚处于低水平

改革开放以来，中国实行低重心的教育发展策略，将普及九年义务教育和扫除青壮年文盲作为教育发展的重中之重。1980—1990年，中国高等教育处于恢复发展时期。

20世纪80年代初期，中国高等教育进入补偿性增长时期。1980—1985年，中国普通高等教育在校生规模年均增长9.77%，及时为经济增长、社会发展提供了所必需的高层次人才。1980年、2000年中国普通高等教育在校生数分别为114.4万人和556.1万（见表2－13），累计增长率为176.82%，年平均增长率为8.42%。成人高等院校从1980—1989年具有补偿性教育的特点，在校生规模十分不稳定。90年代以来，成人高等教育发展已经进入适应性发展阶段，招生规模稳定增长。1980—2000年，中国成人高等教育在校生从49.74万人增至353.64万人，年平均增长率为29.09%。

① 关于高等教育变革与发展的政策性文件［G］//全球教育治理：国际教育改革文献汇编. 北京：教育科学出版社，2008：111.

表 2－13　1980—2000 年中国高等教育在校生规模及增长率

年份	在校生数/万人	增长率/%	年份	在校生数/万人	增长率/%
1980	114.4	—	1993	253.6	16.12
1985	170.3	9.77	1994	279.9	10.37
1986	188.3	10.56	1995	290.6	3.68
1987	195.9	4.04	1996	302.1	3.96
1988	206.6	5.46	1997	317.4	5.06
1989	208.2	0.77	1998	340.9	7.40
1990	206.3	－0.91	1999	407.7	19.59
1991	204.4	－0.93	2000	556.1	36.39
1992	218.4	6.41			

注：以上数据来源于《中国统计摘要（1999）》和《中国统计摘要（2000）》。

与世界平均发展水平相比，1980—1999 年的近 20 年，中国高等教育的毛入学率长期落后于世界平均水平（见表 2－14）。教育水平特别是接受高等教育的人口比例，是反映一个国家或地区人力资源状况的重要指标。从世界 109 个国家的数据来看，接受高等教育的人口比例从 1960 年的 3.3% 上升到 2000 年的 12.6%。与此相比，中国作为一个人口大国和教育弱国，同期接受高等教育的人口比例始终处于落后水平，2000 年的水平甚至仅为世界平均水平的 43.73%。全国第五次人口普查统计，2000 年，中国接受过高等教育的人口比例仅为 5.51%，低于世界平均水平（12.6%，见表 2－14）。

表 2－14　1960—2000 年接受高等教育人口比例的国际比较

国家和地区	1960 年	1970 年	1980 年	1990 年	2000 年
世界（109 个）	3.3%	5.0%	7.5%	10.3%	12.6%
发展中国家（73 个）	0.8%	1.7%	3.1%	4.6%	6.5%

续上表

国家和地区	1960 年	1970 年	1980 年	1990 年	2000 年
发达国家（23 个）	6.7%	9.9%	15.8%	22.4%	28.1%
转型国家（13 个）	3.8%	6.3%	7.7%	11.2%	13.9%
东亚/太平洋（10 个）	1.6%	2.7%	5.0%	7.4%	11.7%
中国	0.07%（1964 年）	—	0.93%（1982 年）	1.95%	5.51%

资料来源：BARRO R J，LEE J W. International data on educational attainment updates and implications[EB/OL]. http://citeseerx. ist. psu. edu/showciting? cid = 11811646.

（二）苏东剧变降低了生活水平和受教育水平

经济社会稳定是教育发展的重要前提之一。苏联是一个教育大国，甚至曾经是一个教育强国。苏联的经济、社会以及教育发展代表着社会主义制度的光辉成就。1960—1990 年，苏联教育特别是高等教育快速发展，其国民受教育水平在世界各国当中名列前茅，每万人中的大学生人数仅次于美国、加拿大和古巴，居第四位。美国学者罗伯特·巴罗（Robert J. Barro）和韩国学者李钟和（Jong-Wha Lee）研究表明，1960—2000 年，11 个转型国家经济体人均受教育年限几乎全部高于 23 个发达国家经济体（见表 2 - 15）。但是，这种优势在国际政治、经济中没有能够发挥决定性作用——一个国家或地区竞争胜败的基础在于教育与人力资源开发，但又不完全取决于这些，国家的政治、经济和军事选择往往成为决定命运的关键。必须注意到的是，这一时期发生了影响世界政治、经济和社会发展的重大事件——20 世纪 80 年代末、90 年代初，随着民主德国、联邦德国合并，东欧剧变，苏联解体，数十年建立的社会主义发展与建设成果几乎全部付之东流，苏东社会主义国家进入了“后社会主义转型”阶段。1992 年，俄罗斯消费价格上涨 25.1 倍，职工平均工资仅增长 9.2 倍，这意味着工人实际工资下降 60%。生活在贫困线下的居民占50%。①“教育系统的最低经费需求只能保证47%，这还不够支付教师的工资。学校的物质技术条件极度恶化，专用教室的演示设备只有65%～70%能够得到补充。”② 东欧国家在社会转型中付出了重大的代价。从检讨教育制度和模式的视角出发，我们也不难发现，在现代社会中，苏联以计划体制为核心的高等教育和科学研究体制存在巨大弊端，现代科学技术与发明很少出自其中，它在世界高等教育和科学研究领域中心的影响日渐衰微，甚至成为一种落后体制的象征。俄罗斯教育不改革，难有出路。

表2－15 1960—2000年转型国家与发达国家人均受教育年限比较

年份/年	人均受教育年限/年		指数
	转型国家（11个）	发达国家（23个）	
1960	7.17	6.97	102.87
1970	8.18	7.50	109.07
1980	8.65	8.67	99.77
1990	10.02	9.25	108.32
1995	9.72	9.57	101.57
2000	9.95	9.80	101.53

资料来源：BARRO R J，LEE J W. International data on educational attainment updates and implications [EB/OL]. http://citeseerx. ist. psu. edu/showciting? cid = 11811646.

① 张弛. 俄罗斯转轨绩效透视［M］. 北京：经济日报出版社，2003：59－60.

② 鲍利辛柯夫. 俄罗斯教育战略改革［M］//朱小蔓，等. 20—21世纪之交中俄教育改革比较. 北京：教育科学出版社，2006：21.

四、世界主要国家教育发展政策趋向

（一）各国政府制定新的教育发展战略

实现公平和提高质量是教育发展的重要任务。伴随着教育普及水平的提升，教育质量存在的问题日益凸显。2000 年后，发达国家教育发展的主要矛盾和关注重心从实现教育公平转为提高教育质量，纷纷研究制定以提高教育质量为核心、以教育卓越为目标的总体规划和政策文件。1997 年，以东南亚国家不良管理所引发的亚洲金融危机影响全球，世界带着金融危机的伤痛走进 21 世纪。进入 21 世纪，世界各国政府纷纷制定适应全球化竞争、体现本国发展阶段特点的教育战略规划。2000 年 3 月，欧盟里斯本首脑会议制定的欧盟战略目标是：使欧洲成为全球最具竞争力和最富活力的知识经济体。2001 年，欧盟教育委员会提出了促进全社会发展与进步的教育与培训总体目标：①个人发展，应当实现其全部潜能，并完全幸福地生活；②社会发展，尤其是要促进民主，减少个人及群体间的不平等，促进文化多样性；③经济发展，依赖于劳动力具备与经济技术发展相适应的技能。该委员会进一步提出，要提升欧盟国家培训的质量和效率，促进全民教育与培训，向更广泛的世界开放教育与培训体系。为谋求国家发展的长期竞争能力，美国教育部先后制定了《2001—2005 年战略规划》和《2002—2007 年战略规划》，俄罗斯政府提出《21 世纪教育：战略性的优先发展及俄罗斯 2010 年前的教育现代化构想》和《2000—2025 年俄罗斯联邦国民教育要义》，日本政府实施了世界一流大学的《21 世纪 COE 计划》（COE 是 Center of Excellence 的简称），韩国政府公布《21 世纪韩国教育改革计划》。1999 年初，澳大利亚联邦教育部部长和各州教育部部长共同签署了《关于 21 世纪国家学校教育目标的阿德莱德宣言（1999）》。2002 年，英国教育与技能部发布《2002—2006 年国家教育战略框架》。

2005年，德国政府正式开始实施以提高高等教育质量为核心的卓越计划，旨在提高德国大学的国际竞争力，培养大批世界一流的精英人才，改变德国大学在世界高等教育乃至科学研究中的二流地位，重新恢复德国高等教育的昔日辉煌。其目标包括四个方面：一是加强德国大学和研究部门；二是提高德国作为一个研究基地的吸引力；三是在所有的科学和人文学科中，增强德国的国际竞争力和知名度；四是建立卓越中心，提高德国大学的商品化水平。

2006年2月，美国布什总统签署《美国竞争力计划》，为保持“全世界人力资本积聚的强国和教育最发达国家”地位，全面调整高等教育、职业技术教育、职工在职岗位培训和移民签证政策。欧盟实施《2007—2013年建立终身教育整体行动计划》，希望通过教育促进欧盟成为世界上最具竞争力的知识型经济体。韩国早在2001年出台了《人力资源、知识、新起飞：国家人力资源开发战略》，提出在5年内韩国的人力资源竞争力要跻身于世界前十名。在全球化背景下，构建以能力建设为本、促进全民终身学习的教育体系与制度框架正在成为世界各国人力资源开发的重要趋势。

2007年12月，英国儿童、学校与家庭部也发布了针对18岁青少年的基础教育发展规划——《儿童计划：创造更美好的未来》，规划英国儿童的十年战略远景。英国儿童与教育大臣艾德·鲍尔斯在向议会提交该规划时表示，他希望把英国变成“世界上儿童成长的最佳乐土”。以儿童发展和教育质量为核心，这份文件在确立了五项基本原则的基础上，为2020年设立了十大目标，包括实现世界一流教育、缩小不同背景学生之间的差异、改善儿童的健康和生活、确保儿童安全、促进学生潜能发挥、确保儿童走向成功等。

（二）英美国家率先实现教育发展战略转型

20世纪90年代初期，苏东剧变，美苏两霸分治的世界变成了美国一超独霸。美国政府可以腾出更多的精力和时间解决国内政治、经济和教育问题。美国前总统乔治·布什 1991 年 4 月 18 日签署的《美国 2000 年教育战略》提出："面临的挑战：美国在技能和知识上的差距"。"我们的教育所有发展大势几乎平淡无奇。国家在白白耗费它的国力，对如何把国家建设得尽善尽美，所知甚少，做得也不多。"为此美国政府连续制定了面向 21 世纪教育发展的宏观战略，以期提升美国教育的长期竞争力。美国《不让孩子掉队法》（No Child Left Behind）的开篇句是："美国在怀着满腔热情和希望进入 21 世纪的时候，却有许许多多仍生活在贫困中的儿童正在落伍。"该报告进一步指出：富人与穷人、美国白人和少数种族之间的学业成绩差距不仅加大了，而且在一些情况下还越来越大。美国教育部的《2002—2007 年战略规划》将这种危机感上升为"两种国家公民"思想，达到了前所未有的程度："我们国家正逐渐地被分为两个'国家'：一个'国家'的公民具备阅读能力，而另一个'国家'的公民则不具备这种能力；一个'国家'的公民心怀理想，而另一个'国家'的公民则胸无大志。"该战略规划提出了 6 个发展目标，用以创造一种有创造感的文化，缩小美国不同人群之间的教育差距，提升教育竞争力。

20 世纪 90 年代中期，全球发生了影响人类经济发展和社会生活的两个重大事件：一是《知识经济》一书宣布世界知识经济的到来；二是发达国家高等教育发展全面加速，进入普及化发展阶段。1997 年，日本文部省预测，到 2009 年全日本可以进入 100% 上大学的时代。世界资源开发的核心由物力资源开发转向人力资源的开发，人才成为第一资源。自然资源优势、资本优势已不再是一种关键竞争要素，知识与技能正在成为优势，且已日益成为经济发展中的决定性因素。知识日益成为经济社会发展及个人发展的战略资源，成为长远的、可持续竞争优势的唯一来源。一个国家和地区在未来发展中的成败兴衰，取决于它今天能否成功地实现知识产业的转变，而不在于某一产业部门的规模大小。人力资本是知识经济社会中知识的主要载体，也是知识增长的核心因素。知识经济将对教育的地位作用、教育培养目标、教育的发展方式和教育改革等方面产生深刻而深远的影响。知识经济社会人力资本的特点是：高学历、高素质、高复合、高技能。知识社会特别是知识经济中，生产要素发生了本质性的变化，劳动者的素质成为提高经济水平和生产质量的主导因素。美国学者达尔·尼夫的《知识经济》一书提出：资本富足国家产生资本密集产品，劳动力富足国家产生劳动密集产品。同样，知识富足国家产生知识密集产品。自然资源优势和资本优势地位下降，知识与技能的比较优势正日益成为经济发展中的决定性因素。与此相适应，21 世纪教育目标呈现早期性、基础性、高标准和终身性的特点，在科学精神培养中更突出创造能力、人文精神和敬业精神。

在知识经济的大背景下，国际区域高等教育一体化趋势日益明显。1999 年，欧洲 29 个国家的教育部部长在意大利博洛尼亚提出了欧洲高等教育改革计划，发表著名的《博洛尼亚宣言》，宣布建立欧洲高等教育区，开启了欧洲高等教育一体化的序幕，旨在建立一种更容易识别和比较的学位体系，以欧洲学分转换体系为纽带，促进欧洲各国学生的相互流动，促进欧洲范围内高等教育合作，特别是课程、学习、培训和研究项目的合作，形成高等教育资源共享机制，建立区域高等教育质量保障体系，整体提高高等教育质量和欧洲高等教育竞争力。2005 年，世界银行发表的《全球知识经济中的终身学习——发展中国家的挑战》报告强调："以知识为基础的经济主要依靠想象力，而不是体力，主要依靠运用技术，而不是简单地改造原材料或者榨取廉价劳动力。"① 21 世纪，世界资源开发的核心正在

① 世界银行. 全球知识经济中的终身学习：发展中国家的挑战［M］. 国家教育发展研究中心组，译. 北京：高等教育出版社，2005：1.

由物力资源开发转为人力资源开发，人力资本、智力资本和知识资本成为最重要的战略资源。

与知识经济发展的背景相适应，国际21世纪教育委员会向联合国提交的报告《教育——财富蕴藏其中》开宗明义指出：面对未来的种种挑战，教育看来是使人类朝着和平、自由和社会正义迈进的一张必不可少的王牌。《教育——财富蕴藏其中》一书将学会认知、学会故事、学会共同生活和学会生存誉为“教育的四个支柱”，并进一步指出：“这四种‘知识支柱’中的每一种应得到同等重视，使教育成为受教育者个人和社会成员在认识和实践方面的一种全面的终生持续不断的经历”。这是国际教育发展追求的四项主要目标，也应成为素质教育的目标。

世界银行认为，仅仅在教育和健康方面达到联合国千年教育目标，而没有一个完善的高等教育体系，发展中国家难以获得新的发展机会。进入21世纪以来，依赖于全球社会经济稳步增长，高等教育入学和毕业人数持续增长。1999—2004年，全球高等教育在学人数猛增41%。据联合国教科文组织的《全球教育摘要2006——全球教育统计数据比较》（*Global Education Digest* 2006：*Comparing Education Statistics Across the World*）统计（见表2-16），2004年，世界高等教育在校学生已经达到13 199多万人，占世界总人口63.96亿的2.03%，也就是说全世界有2%以上的人口正在大学学习。2004年，全球高等教育毛入学率从1999年的18%提高到24%（见表2-16），其中有36个国家和地区超过50%，美国与西欧地区达到70%，韩国最高，达到87%。2004年，中国有1 900万在校大学生，占全球在校大学生的14.4%。2006年，中国有2 500万在校大学生，毛入学率达到22%。

表 2-16　2004 年世界高等教育在校生人数与入学率

世界及各地区	2004 年在校生人数/人	2004 年各地区在校生数所占比例/%	1999 年入学率/%	2004 年入学率/%
世界	131 999 450	—	18	24
阿拉伯国家	6 517 436	4.94	19	21
中东欧国家	18 509 355	14.02	39	54
中亚	1 883 736	1.43	19	25
东亚和太平洋	38 852 387	29.43	13	23
拉丁美洲	14 601 908	11.06	21	28
北美和西欧	32 868 944	24.90	61	70
南亚和西亚	15 465 266	11.72	—	11
撒哈拉以南非洲	3 300 418	2.50	4	5

为迎接 21 世纪，韩国教育改革委员会提出了《21 世纪教育改革——保证信息化和全球化时代的领导地位》的报告，提出要将最先进的技术应用于教育发展的各个领域，确保韩国教育保持世界领先地位。报告提出韩国教育发展的前景是要建立新的教育体系，即教育理想国。一个教育的理想国意味着一个教育福利国家——一个开放的、终身教育的社会，一个可以让每一个人平等、容易地在任何时间和地点接受教育的社会。

（三）世界各国一流大学建设竞争激烈

人才培养、知识服务和科学研究是大学最重要的使命。为迎接知识经济社会的到来，世界主要国家政府大力推进大学改革和世界一流大学建设。美国依靠其先发优势、市场机制、治理模式和学术水平在世界大学竞争力排名中独占鳌头。依靠一流大学的学术水平与创新能力，美国在全球高等教育体系与制度竞争过程中处于领导地位，吸引了世界各国大量的最优秀人才，为美国经济增长、科技发展和社会进步谋取巨大的战略利益。世界大学竞争是教育质量的竞争、学术水平的竞争，更是高层次人才的竞争和国家战略利益的竞争。

新一轮世界一流大学建设项目最早起源于中国。1998 年 5 月 4 日，中国国家主席江泽民在庆祝北京大学建校一百周年大会上向全世界宣告："为了实现现代化，中国要有若干所具有世界先进水平的一流大学。"教育部在《面向 21 世纪教育振兴行动计划》中提出，政府要连续 3 年每年拿出中央财政收入的 1%，重点支持北京大学、清华大学等部分高等学校创建世界一流大学和高水平大学，并以"985 工程"命名。目前该项目包括 39 所高等学校。

在 2000 年前后，影响世界教育的一个重要事件就是世界各国政府推行的一流大学建设项目。2002 年，日本政府启动了"21 世纪 COE 计划"，即要将约占日本全部大学 5%、排名前 30 位的大学建设成为世界一流大学，简称为"全球 30"项目。其具体目标是 5 年内企业委托大学的研究经费增长 10 倍，10 年后，大学所取得的专利从当时的 100 项增加到 1 500 项，全国建成 10 个以上"日本的硅谷"。经过 21 世纪 COE 计划委员会审定，日本已选择 50 所大学，确定了 113 个基地项目。① 日本大阪大学校长平野俊夫提出，希望大阪大学成为世界前 10 名的大学，在 2020 年前留学生比例从现在的 8% 提升到 15%。

第四节　2010 年版世界教育地图

就发展战略重点而言，从公平到优质，再从优质到卓越，成为

---

① 日本"21 世纪 COE 计划"本年度评选结果［J］. 世界教育信息，2004（9）：72.

世界教育发展的主轴。2006 年，英国高等教育委员会发布《2006—2011 年战略规划》，以追求卓越为核心，确定了未来一个时期英国高等教育发展的六大战略目标：①追求教与学的卓越；②扩大参与和机会公平；③提升研究卓越水平；④扩大高等教育对于社会经济的贡献；⑤举办高质量的高等教育；⑥保证卓越。以英国高等教育《2006—2011 年战略规划》为重要标志，追求卓越成为世界教育发展的时代主题。

一、联合国国际教育局 2008—2013 年发展战略

2009 年，世界高等教育大会发布的《高等教育与研究的新动力：社会变革与发展》公报指出："日益扩大的入学机会对高等教育质量提出了挑战。在当代高等教育中，质量保障无疑起着重要的作用，而且必须包括所有利益相关者。质量的实现既要求建立各种质量保障体系，形成多种评价模式，同时更需要在机构内部形成一种质量文化。"①

在"通过教育，为建立世界和平、消除贫困、实现可持续发展和跨文化交流而努力"的宗旨指导下，2008 年联合国国际教育局（UNESCO-IBE）颁布了《2008—2013 年中期发展战略》，提出到 2015 年将实现八项千年发展目标和六项全民教育目标。为此，联合国国际教育局计划从能力发展与技术支持、知识生产与知识管理、政策对话三个方面，提高教育质量，促进高质量课程发展。2008—2013 年，能力发展和技术支持的战略目标为高质量课程编制和全民课程中的能力建设做出贡献。不断充实和丰富知识数据库以及各种课程资源，为研究人员、教育实践者、培训者和决策者服务。通过

---

① 社会变革与高等教育发展新动力：2009 年世界高等教育大会公报［J］. 赵叶珠，游鑫，译. 中国高等教育，2009（17）：58－61.

战略对话，促进地区、国家以及全球在推进课程开发方面的政策对话。通过推动全球性政策对话，共享信息资源，扩大伙伴关系，为实现高质量教育而努力。

二、中国教育对发达国家实现局部跨越

经过50多年的“战略追赶”，特别是近十年全国教育事业快速发展，中国不仅大大缩小了在教育与人力资源开发水平方面与发达国家之间的整体差距，而且形成新的比较优势，并开始步入“局部跨越”的战略新阶段，其主要特征表现在以下四个方面：

第一，中国是世界教育与人力资源开发水平提升最快的国家。在1980—2010年间，中国教育与人力资源开发成长速度持续快于发达国家一倍。坚持发展是硬道理，以速度换时间的战略战术，仍将是中国教育与人力资源开发全面超越发达国家的总体战略。第二，中国教育与人力开发出现“局部跨越”之势。全国6.60亿城市人口人均受教育年限（11.29年）高于24个发达国家（8.80亿人口）人均受教育年限（11.03年），中国20～24岁新生劳动力人均受教育年限已高达12.8年，未来中国经济增长潜力巨大。第三，中国高层次人才培养规模接近发达国家总数的50%。2010年中国具有大专文化水平的劳动者超过1.18亿人，为OECD 29个国家大学以上文化人口（2.5亿）的47.2%。第四，中国已经具备了成为全球教育强国和人力资源强国的制度优势、成长优势、规模优势和相对质量优势。中国教育与人力资源开发前景可期，未来中国将成为世界重要的文化中心和教育中心，教育改革和发展将为中国实现和平发展、为中华民族复兴和中国现代化实现提供有力支撑，为世界教育与人力资源开发作出更大贡献。总之，从战略追赶到局部跨越，对于中国教育与人力资源开发是一次具有战略意义的历史性转变。通过研究，我们更加坚定了对于中国特色社会主义教育的“道路自信、理论自

信、制度自信和文化自信”。

城市是世界教育发展的火车头。从全国第六次人口普查数据来看，中国城市就业人口人均受教育年限全面超越发达国家平均水平。2010 年，中国城市就业人口人均受教育年限为 11.29 年，其中男性和女性就业人口人均受教育年限分别为 11.44 年和 11.13 年，高于发达国家 人口人均受教育水平（11.03 年）。从表 2 – 17 中可以看出，中国城市 15 岁以上人口中，未上过学者和小学文化程度者比例均低于发达国家平均水平，中学和大学文化程度者比例均高于发达国家平均水平。其中，中学文化程度比例为 64.69%，高于发达国家的 57.90%。与发达国家相比，中国城市人口教育与人力资源开发已经初步显示结构优势和质量优势。

表 2 – 17　2010 年中国城市与发达国家人均受教育年限比较

地区	城市人口/百万人	各种文化程度人口所占比例/%				人均受教育年限/年
		未上过学	小学	中学	大学	
发达国家	805	2.30	14.2	57.90	25.60	11.03
中国城市	661	0.74	8.45	64.69	26.12	11.29

注：我国的数据来源于全国第六次人口普查。

资料来源：BARRO R J, LEE J W. A new data set of educational attainment in the world, 1950 – 2010 [EB/OL]. (2015 – 09 – 10). http://www.doc88.com/p – 9965242254945.html.

具体分析，在全国 31 个省（市、自治区）中有 25 个的城市人口人均受教育年限在 11.29 年以上，超过表 2 – 17 中发达国家 11.03 年的平均水平；除西藏以外，其他 5 个地区城市人均受教育年限达到 10 年以上，进一步接近发达国家平均水平。

中国人口文化素质整体提升。2002— 2011 年，中国每 10 万人口中高中阶段在校生增长了 1 212 人，年均增长 5.30%。同期，每 10

万人口中高等教育在校生增长了896人，年均增长9.66%，大大高于经济总体规模的增长速度。近年来，中国每年毕业大学生规模超过700万，接近一个小型国家的人口总数，这种趋势将在未来数十年长期持续。到2030年，中国大学以上学历水平的人口规模将接近3亿，大大高于欧美地区同层次文化水平的总人口。

表2－18 2002—2011年中国每10万人口各级学校平均在校生数

单位：人

年份/年	高等教育	高中阶段	初中阶段	小学	学前教育
2002	1 146	2 283	5 240	9 525	1 595
2003	1 298	2 523	5 209	9 100	1 560
2004	1 420	2 824	5 058	8 725	1 617
2005	1 612	3 070	4 781	8 358	1 676
2006	1 816	3 321	4 557	8 192	1 731
2007	1 924	3 409	4 364	8 037	1 787
2008	2 042	3 440	4 227	7 819	1 873
2009	2 128	3 482	4 097	7 584	2 001
2010	2 189	3 504	3 955	7 448	2 230
2011	2 253	3 495	3 779	7 403	2 554

资料来源：教育部发展规划司．2012：全国教育事业发展简明统计分析［Z］．［未公开出版］，2012：7.

三、俄罗斯国家教育重新振兴

俄罗斯是世界面积第一大国，也是世界级的教育大国。苏联教育曾有过十分辉煌而令人炫目的历史，20世纪80年代，苏联及东欧国家教育发展水平高于西方国家。苏联解体之后，俄罗斯科技、教育和军事人才出现大量外流现象。1990—1992年，科技人员总数减少了一半。年轻学者和研究人员比例急剧下降，2005年，俄罗斯研究人员平均年龄为 49 岁，副博士平均年龄为 53 岁，博士平均年龄为 61 岁。也正是在这个时期，大批俄罗斯顶尖教授离开祖国，前往美国。谈到这一现象，现任俄罗斯科学院副院长的阿尔费罗夫教授半开玩笑地说："20 世纪 90 年代的美国大学是什么？是俄罗斯教授为中国学生上课的地方。"①

俄罗斯国家政治体系、经济体系和社会管理体系创伤产生的体系失血现象，需求更多的自然资源、财力成本和管理成本，教育、卫生、就业等民生领域的发展成为第二位的问题，也被耽误和延迟下来。教育入学率、人均受教育年限等原来与西方国家差距不大甚至超出的领域，变得落后。2005 年，教师平均工资为3 235卢布，仅相当于工业领域职工工资的 50. 2%。中央对于教育的拨款也逐渐下降，导致中小学特别是农村中小学关闭。更为严重的是经济长期徘徊导致人口下降。在 1995—2004 年的十年间，俄罗斯儿童数量从4 430万下降为 3 000 万，缩减幅度高达 32. 3%。同时有数据表明，1990—2005 年，俄罗斯中学毕业生数量下降了 40%。直到 2008 年后，苏东地区人均受教育年限才恢复到 1990 年的水平。

为扭转科技教育颓势，防止人才流失，俄罗斯政府采取了一系列战略措施。早在 1992 年，俄政府颁布实施《俄罗斯联邦教育法》，明确提出要提高教育领域的经费使用效率，保证经费专款专用。建立与经济发展相适应的新的、更有效的教育经费拨款模式。2001 年，俄罗斯联邦政府批准了《2010 年前俄罗斯教育现代化构想》，确定了其国家教育发展整个目标。《2000—2025 年俄罗斯联邦国民教育要义》宣称："教育决定着国家在现今世界上和个人在所处社会中的地位。……教育要超前发展，教育负有把俄罗斯从危机中拯救出来

---

① 世界教育信息编辑部. 创新人才培养、科学研究与现实应用：访俄罗斯科学院副院长阿尔费罗夫院士［J］. 世界教育信息，2013（9）：3.

的使命，保证全民族有美好的未来，保证每个家庭和每个俄罗斯公民过上应有水平的生活。”俄罗斯整体经济形态正在从后工业社会向知识社会过渡。2003 年，俄罗斯加入了欧洲博洛尼亚进程，开始了在欧洲一体化背景下的新一轮教育改革。2008 年，俄罗斯总统梅德韦杰夫在上任后的第一个国情咨文中认为，俄罗斯已经从教育优势地位“跌落”，而且这已构成影响国家整体竞争力提高的最大威胁。俄罗斯教育科学部公布的《2020 年前的俄罗斯教育——服务于知识经济的教育模式》报告提出：“俄罗斯的教育模式应当以俄罗斯的现实和资源为基础。”新教育模式旨在服务知识经济和俄罗斯社会的创新性发展，培养高质量的人才。

据俄罗斯专家预测，俄罗斯人口将从 2013 年的 1.435 亿减少到 2030 年的 1.418 亿。俄罗斯人口逐渐老龄化，劳动人口将减少 800 万，只剩 7 740 万。2030 年俄罗斯将达到 21 世纪经济强国的发展水平。俄罗斯的技术能力将十分接近世界水平，人民生活已超过 OECD 国家的平均水平。俄罗斯专家研究了两个发展方案：保守的方案是经济年均增长 3.2%，到 2030 年保持世界主要经济强国 2.5% 的增长率。乐观的方案是经济年均增长 5.4%，一直延续到 2030 年，头 4 年的增长速度接近于中国的增速，即在 2016 年前保持 6.9% 的年增长率。

四、被撕裂的欧洲教育地图

在即将进入 21 世纪之时，世界以欧盟为主导推进国际区域教育一体化。早在 1999 年 6 月，欧洲 29 国教育部部长就在意大利博洛尼亚共同签署了《博洛尼亚宣言》，目标是到 2010 年建立一个统一的“欧洲高等教育区”，实现全欧洲高等教育一体化。实施统一的学士—硕士—博士三级学位制度，为学历和资格互认、人员流动和毕业生就业创造条件。《2009 年博洛尼亚进程评估报告》表明，欧洲统一的学历制度初步建立，46 个成员中有 42 个成员之间的一、二级学位衔接已经消除了障碍，三分之一国家间博士学位项目实现无障碍衔接。

20 世纪 90 年代初，主要发达国家只有美国、日本、澳大利亚、芬兰和比利时高等教育毛入学率超过 50%，实现了高等教育普及化。到了 2005 年，除少数几个国家外，大部分国家均实现了高等教育普及化，并进入高普及率时代。但是与此同时，发展的不平衡性依然突出。欧洲各国大都是民主国家，由于文化历史和发展水平的差异，形成了西欧国家和东欧国家两大教育板块，一个欧洲呈现明显的“二元现象”。2012 年国际统计表明，波兰、保加利亚、罗马尼亚等中东欧国家人力资源能力与 23 个发达国家差距明显拉大，甚至落后于智利、中国等发展中国家——我们看到了一张被撕裂的欧洲教育地图。

全球女性受教育水平快速增长。1999—2010 年的 11 年间，世界女性人均预期受教育年限整体接近男性（见表 2－19）。2010 年，世界女性预期受教育年限为 11.40 年，中东欧国家女性人均预期受教育年限（14.20 年）高于男性（13.80 年），北美和西欧国家女性人均预期受教育年限（17.00 年）也高于男性（16.00 年）。

表 2－19　1999 年和 2010 年世界主要地区预期受教育年限情况

世界及各地区	1999 年				2010 年			
	平均/年	男性/年	女性/年	GPI	平均/年	男性/年	女性/年	GPI
世界	9.66	10.09	9.22	0.91	11.50	11.60	11.40	0.98
阿拉伯国家	9.27	10.01	8.53	0.85	11.00	11.40	10.60	0.93
中东欧国家	12.11	12.22	11.99	0.98	14.00	13.80	14.20	1.03
中亚	10.87	10.94	10.80	0.99	12.50	12.50	12.40	0.99
东亚及太平洋	10.24	10.42	10.07	0.97	12.20	12.00	12.30	1.03

续上表

世界及各地区	1999 年				2010 年			
	平均/年	男性/年	女性/年	GPI	平均/年	男性/年	女性/年	GPI
拉丁美洲及加勒比	12.51	12.38	12.67	1.02	13.70	13.40	14.10	1.05
北美和西欧国家	15.70	15.36	16.22	1.06	16.50	16.00	17.00	1.06
西亚与南亚	7.86	8.83	6.89	0.78	10.30	10.70	9.90	0.93
撒哈拉以南非洲地区	6.64	7.31	5.97	0.82	9.10	9.70	8.50	0.88
中国	—	—	—	—	11.70	11.50	12.00	1.04

注：预期受教育年限的计算方法为：各阶级毛入学率与受教育年限相乘，再累加，即人均预期受教育年限 = 小学入学率 ×6 + 初中入学率 × 3 + 高中入学率 ×3 + 大学入学率 ×4。GPI（gender parity index）是指性别平等指数，$GPI = \frac{\text{女性的指标数值}}{\text{男性的指标数值}}$。

资料来源：UNSECO. Global education eigest 2011：comparing education statistics across the world[EB/OL]. http://www.doc88.com/p-6971595308933.html.

全球特别是女性受教育状况的改变，是世界教育发展的突出特点和总体趋势。在 1999—2010 年期间，全球整体教育能力持续提升，人均预期受教育年限从 9.66 年提高到 11.50 年，增长 1.84 年；而女性受教育年限的增幅（2.18 年）高于男性（1.51 年），高出 44.3%，性别差距系数进一步缩小。从地区分析，撒哈拉以南非洲地区人均预期受教育年限提升速度最快（2.46 年），其次是西亚与南亚地区（2.44 年），东亚及太平洋地区为 1.96 年，这主要得益于中国教育发展水平的提高。女性受教育水平提升十分明显，西亚与南亚地区提高了 3.01 年，撒哈拉以南非洲地区提高了 2.53 年，东亚及太平洋地区提高了 2.23 年。

表 2－20 1999—2010 年世界及各地区人均预期受教育年限变化值

世界及各地区	平均变化值/年	男性变化值/年	女性变化值/年	△GPI
世界	1.84	1.51	2.18	0.07
阿拉伯国家	1.56	1.30	2.07	0.08
中东欧国家	1.89	1.58	2.21	0.05
中亚	1.63	1.56	1.60	0.00
东亚及太平洋	1.96	1.58	2.23	0.06
拉丁美洲及加勒比	1.19	1.02	1.43	0.03
北美和西欧国家	0.80	0.64	0.78	0.01
西亚与南亚	2.44	1.87	3.01	0.15
撒哈拉以南非洲地区	2.46	2.39	2.53	0.06

注：本表根据表 2－19 计算而得。

据联合国教科文组织统计，2011 年全球 15 岁及以上的人口成人识字率为 84%。中东欧国家和中亚地区成人识字率分别为 99% 和 100%，北美和西欧国家成人文盲几乎扫除。东亚及太平洋地区成人识字率为 95%，低于全球成人识字率平均水平的西亚与南亚地区成人识字率为 63%，撒哈拉以南非洲地区为 59%，该地区超过 1/3 的成年人不会读和写。与成人识字率（84%）相比，2011 年全球青年识字率为 90%，其中中亚地区青年识字率最高，为 100%，中东欧国家为 99%，东亚及太平洋地区为 99%，美国为 97%，拉丁美洲和加勒比地区仅为 82%。

发达国家人力资本持续增长。发达国家人均受教育年限共同经历了两次快速增长时期：第一次是 20 世纪 70—80 年代。70 年代初期的经济危机、80 年代的债务危机，迫使发达国家进一步调整产业结构，不断提升教育与人力资源开发水平。在此期间，发达国家发展教育，提升人力资源开发能力和水平，实现了高中阶段教育普及。

第二次是1990—2000年，以知识经济为代表的新型经济开始萌芽。为应对知识经济的挑战，发达国家相继实现了高等教育普及化。美国学者罗伯特·巴罗和韩国学者李钟和的统计表明，24个发达国家教育和人力资源开发水平长期领先世界。50年间，发达国家人均受教育年限从6.22年提高到11.03年，提升幅度为4.81年，年均增长0.096年，与世界平均水平相当。从变化过程分析，发达国家人均受教育年限增长呈现一个不规则的“倒U字”形，即1950—1960年增长了0.59年，1960—1970年增长了0.93年，1970—1980年增长了1.08年，1980—1990年增长了0.74年，1990—2000年增长了1.09年，2000—2010年仅增长了0.38年。特别是2000—2010年，发达国家人均受教育年限增长速度明显放缓，是否说明在人均受教育年限方面存在一个“天花板”？这或许为发展中国家追赶发达国家提供了一个重要的指标和参考依据。

先发优势是发达国家对于发展中国家的长期制度优势。在经历了第一次现代化教育快速增长后，发达国家教育与人力资源开发水平依然持续慢速增长。2012年和2013年，美国两次在世界高等教育体系质量排名中夺得冠军。2001—2012年，美国获得副学士学位的人数增加了71%，获得学士学位的人数增加了39%，获得硕士学位的人数增加了55%，获得博士学位的人数增加了42%。其中男性获得学士学位的人数增加了39%，女性则增加了38%。2011—2012年，全美高校授予了1 018 000个副学士学位、1 791 000个学士学位、754 000个硕士学位和170 000个博士学位。必须指出，发达国家特别是美国对于中国人力资源开发在存量方面的优势正在缩小。2012年，中国大学毕业生在全球大学毕业生总人数中所占比例（17%）已经超过美国（14%），到2030年，27%（超过1/4）拥有学位的25~34岁年轻人将来自中国，而另外23%来自印度，只有

8% 来自美国。① 尽管中国和印度等发展中大国赶上美国还是一个比较遥远的目标，但是其现实差距将日益缩小。

发展中国家的教育存在巨大差距。1998—2001 年，成人识字率低于 90% 的 43 个发展中国家中，只有 3 个国家在 2015 年之前达到减少 50% 文盲率的目标。值得关注的是，在向联合国提供数据的国家中，12 个国家的失学儿童人数几乎占全球失学儿童总数的一半。尼日利亚位列前茅，占全球失学儿童的 1/6，共计 1 050 万人。数据同时显示，2015 年，全世界发育迟缓的儿童数量依然高达 1.57 亿，占 5 岁以下儿童的 1/4，其中在尼泊尔，最富裕地区儿童的发育迟缓率为 26%，最贫困地区儿童则为 56%，城市地区为 27%，农村地区为 42%。

尽管部分国家全民教育进程顺利，但是全球整体上“前景暗淡”，全民教育六大目标没有一项能够实现。联合国《全民教育全球监测报告 2013/4》指出，全球受教育机会依然不够充足，学习质量形势仍然十分严峻。报告认为，学生没有受到足够的教育是对受教育权利的一种侵犯。低教育水平对于经济发展具有不可忽视的遏制作用，全球一些国家陷于低增长率、有限的就业机会和较弱的社会凝聚力的循环之中。尽管国际教育专家呼吁重视教育质量，但是对于大多数发展中国家来说，教育普及依然是当前和今后一个时期最紧迫的战略任务。

---

① 未来 15 年半数大学生将来自中印：美媒忧全球人才库“东涨西落”[N]. 参考消息，2015-04-29（8）.

背景资料

2010 年全民教育六大教育目标执行情况

• 幼儿保育和教育的进展太慢。2010 年，大约 28% 的 5 岁以下儿童发育迟缓，全世界接受学前教育的儿童不到一半。

• 普及初等教育的进程趋于停滞。2010 年，全球失学儿童数量停留在 6 100 万。每 100 名失学儿童中，有 47 人上学无望。

• 许多年轻人缺乏基本技能。在 123 个低收入国家和中低收入国家中，大约 2 亿的 15 ~24 岁年轻人甚至没有完成小学教育，即 1/5 的年轻人小学没有毕业。

• 成人识字率依然是一个难以达到的目标。成人文盲的数量在 1990—2010 年间增加了 27%。2010 年，大约 7. 75 亿成人不识字，其中 2/3 是妇女。

• 两性不均等的形式各种各样。2010 年，17 个国家的情况依然是，若有 10 个男童上小学，则女童人数不足 9 个。在尚未实现中学性别平等的 96 个国家中，有一半以上国家的女童处于不利境地。

• 全球学习成果不平等现象依然显而易见。多达 2. 5 亿儿童到了应上四年级时仍不会读写。

五、世界高等教育国际化趋势明显

全球化是 20 世纪 80 年代最典型的时代特征。发达国家依靠其经济发展优势和全球政治治理优势，在全球化理论指导下，不断向发展中国家输出现代化思想和以民主为基础的资本主义发展模式。全球化背景下的教育国际化首先从高等教育开始，欧洲大学的学术规模与质量标准成为追捧的对象。真正意义上的教育国际化应该启于 20 世纪 80 年代之后。一方面，这提升了发展中国家高等教育的发展理念；另一方面，以美国为首的发达国家又向发展中国家输出了价值理念，培养了亲美人士。与此同时，由于留学生来自多国，文化背景纷繁复杂，为美国经济、教育和科技发展与创新提供了独特的文化环境和人才条件。

20 世纪末，世界留学生规模超过 160 万，留学生成为世界教育交流和国际教育贸易的重要力量。1990—2000 年，全球教育市场服务贸易额为 1.5 亿美元。1999 年，英国实施了《首相关于国际教育的行动计划》，旨在提升英国教育的国际化水平，扩大英国教育的影响力。2006 年，英国推出《首相行动计划Ⅱ》，进一步增加国际学生赴英国学习的人数，巩固英国在国际教育中的优势地位。

2000 年，全球国际学生总数为 210 万，2010 年增长到 410 万人的规模，上升幅度高达 95.2%。2011 年，美国的国际留学生占世界总数的 18%，英国占 12%，中国、法国和澳大利亚均为 7%，德国、加拿大均占 6%，日本占 3%，其他国家占 34%（见图 2-1）。

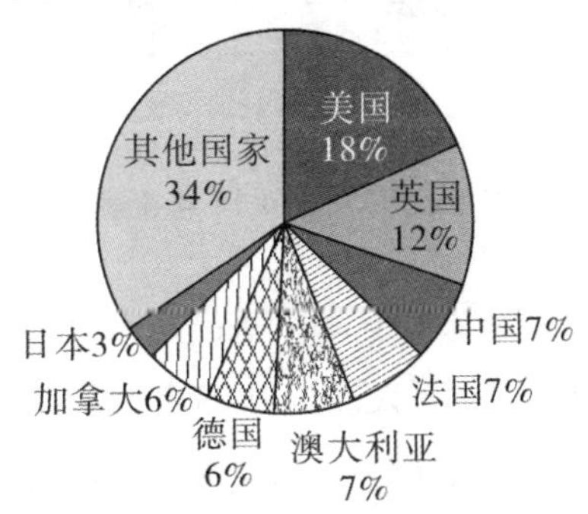

图 2-1　2011 年世界主要留学生目的国家

美国是国际留学生大国。1950—2000 年，进入美国的国际留学生数量持续上升，并达到一个高峰。2003 年出现小幅波动后，持续上升。2009 年，美国总统奥巴马提出“十万强计划”（The 100 000 Strong Initiative），目标是通过 4 年时间向中国派遣 10 万留学生。2013 年 1 月，时任美国国务卿的希拉里·克林顿宣布“十万强”基金会成立。从 2010 年起，美国的国际留学生数累计增长 25.7 个百分点，2013—2014 年度，总规模达到 88.6 万人（见图 2-2），占美国全国大学规模的 4.2%，创历史新高。

美国高等教育国际留学生规模持续增长。仅在 2002—2014 年，增幅高达 43.35%，特别是 2006 年后，国际留学生数量持续快速增加。这既表明美国教育体系和国家利益具有竞争力，又实现了其教育为美国经济和社会发展争夺人才的战略目标。

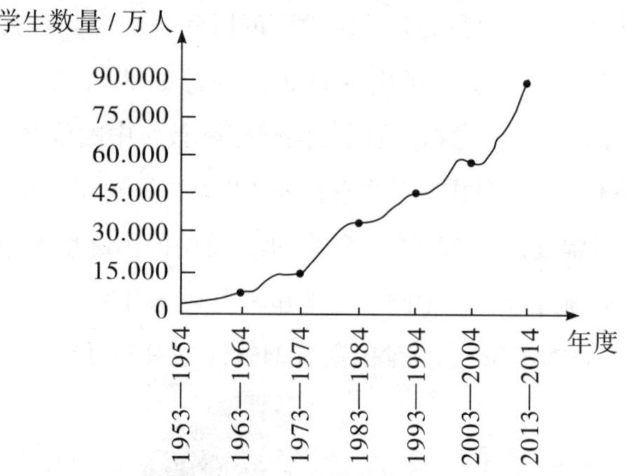

图 2-2 1953—1954 年度至 2013—2014 年度美国国际留学生数量增长图

中国是世界最大的留学生输出国。据教育部统计，2013 年中国出国留学生总数为 41.39 万人。从 1978 年至 2013 年底，中国各类出国留学人员累计达 306 万人。中国是美国、英国、澳大利亚、加拿大、日本、韩国、新加坡、德国、瑞典和新西兰等国家的最大的留学生来源国。从全世界看，国际留学生总量占全球高等教育在校生总人数的近 2%，而在许多国家，这一比重甚至更高。澳大利亚的国际留学生人数占其高等教育在校生总数的 18%，英国为 17%，OECD 国家的平均值已达到 8%。① 美国国际教育协会《2013 年门户

① 中国稳居世界留学第一大国 [EB/OL]. (2014-12-19). http://www.chineendirect.com/china/news/13804.html.

开放报告》的统计显示，2013 年，中国在美留学生人数为 235 597 人次，在全美国际留学生中所占比重为 28.7%。加拿大的中国留学生人数也有显著增加，从 2011 年的 6.7 万人次增加到 2013 年的 8.8 万人次，从占该国留学生的 22% 迅速增长到 33%。中国已连续 5 年成为加拿大的最大留学生来源国。① 2015—2016 学年，赴美留学人数首次突破百万，达到 104.38 人。

中国在第三世界国家大量招收免费留学生，外派技术专家，都在一定程度上促进了国际教育交流与合作。2016 年，我国 829 所高校接收了来自 205 个国家和地区的442 773名各类外国留学人员。中国政府启动“留学中国计划”，提出到 2020 年，接受外国留学生的规模达到 50 万人次。据英国《泰晤士报》预测，2025 年国际流动学生数量将比现在翻一番，达到 800 万。由于主要生源输出国——中国、新加坡、马来西亚、约旦等国家正在成为留学目的地国，国际学生流动模式将可能发生变化。2013 年，俄罗斯大学共有国际留学生 25 万人，其中研究生 2 万人。俄罗斯政府决定吸收包括研究生在内的更多的外国学生留学俄罗斯，并将大学中的留学生比例由 2% 提高到 7%。

第五节　中国改变世界教育地图

中国教育是世界教育的重要组成部分，世界教育影响中国，中国教育改变世界。面对中国日新月异的变化，任何研究与评论都显得平淡和过时。

---

① 陈郁. 中国留学发展报告发布：我国仍是世界第一大留学生来源国［EB/OL］.（2014－12－18）. http：//finance. ifeng. com/a/20141218/13366328_0. shtml.

一、建立了世界最大规模的现代教育体系

现代化的教育体系是现代化国家的组成部分和重要支撑。中国建立了世界最大规模的教育体系，无论是学前教育规模、初等教育规模，还是中等教育规模均为世界第一。

表 2－21　2010 年中国入学规模占世界各级教育比例

教育层次	世界规模/万人	中国规模/万人	中国占世界的比例/%
幼儿教育	16 376. 30	2 657. 80	16. 23
初等教育	13 468. 20	1 667. 70	12. 38
中等教育	54 348. 70	9 921. 80	18. 26
高等教育	17 768. 40	3 104. 70	17. 47

注：幼儿教育和初等教育为入学人口规模，中等教育和高等教育为在学人口规模。

资料来源：UNESCO. Global education digest 2012—opportunities lost：the impact of grade repetition and early school leaving［EB/OL］. http://unesdoc. unesco. org/images/0021/002184/21844ge. pdf.

（一）率先在发展中人口大国普及九年义务教育

1949 年，全国学龄人口入学率仅为 20%，人口中文盲、半文盲达 80% 以上。1982 年，人均受教育年限达到 5. 20 年以上。到 1984 年，中国义务教育发展水平明显提高，农村义务教育也发生根本性变化，全国文盲率下降到 25% 左右。1985 年，《中共中央关于教育体制改革的决定》提出：“有步骤地实行九年义务教育。”1986 年，第六届全国人民代表大会第四次会议通过了《中华人民共和国义务教育法》，以法律形式规定“国家实行九年义务教育”制度，规定“凡年满六周岁的儿童，不分性别、民族、种族应当入学接受规定年限的义务教育”，要求“国家、社会、学校和家庭依法保障适龄儿童、少年接受义务教育的权利”。1992 年，中国共产党第十四次全

国代表大会将20世纪末基本普及九年义务教育、基本扫除青壮年文盲确定为中国教育发展的核心目标。

《中华人民共和国义务教育法（草案）》的说明中进一步明确了实施义务教育的步骤与年限。全国大致可以分为三类地区：第一类地区是经济、文化比较发达的地区，要求在1990年左右基本实现九年义务教育。第二类地区是经济、文化中等发展程度的地区，要求1990年左右基本普及初等义务教育，同时积极创造条件，在1995年左右实现九年制义务教育。第三类地区是经济、文化不发达的地区。要随着经济的发展，争取在21世纪末大体上普及初等义务教育。实际的执行情况是，到2000年，全国实现了基本普及九年义务教育和基本扫除青壮年文盲的目标，占全国总人口85%的地区普及了九年义务教育，初中阶段入学率达到85%，小学入学率达到99%以上。

2001年5月，《国务院关于基础教育改革与发展的决定》提出：要在“占全国人口35%左右的大中城市和经济发达地区，高水平、高质量普及九年义务教育，基本满足社会对高中阶段教育和学前三年教育的需求，重视发展儿童早期教育。到2010年，基础教育总体水平接近或达到世界中等发达国家水平”。也就是说，对全国基础教育发展，特别是对35%的城市地区基础教育发展来说，需要以2010年的世界中等收入国家教育发展水平为目标。

由于政治因素和经济因素的影响，中国高中阶段教育经历了曲折的发展道路。改革开放初期，中国高中阶段教育从“文化大革命”末期的“全民普及”，一度出现高中教育低普及的现象。20世纪90年代初，初中毕业生升学率仅为27.3%，高中阶段教育普及率仅为42.8%，并且不断下滑。1995年，初中毕业生升学率接近50%（49.9%），高中阶段毛入学率达到33.6%，2000年超过40%，达到42.8%。经过21世纪初期的恢复发展，高中阶段教育规模持续扩大。2016年，高中阶段教育规模达到3 970.1万人，毛入学率达到87.5%。

（二）中国为世界扫除文盲目标做出重要贡献

早在1945年，抗日战争刚刚结束，毛泽东就以一个政治家的视野在《论联合政府》一文中高瞻远瞩地指出："从百分之八十的人口中扫除文盲，是新中国的一项重要工作。"① 1949年，全国有5.4亿人，学龄儿童入学率仅为20%，有80%的人口是文盲，农村的文盲率更高达95%以上，有的地方甚至十里八村也找不出一个识文断字的人来。1952年11月5日，中央人民政府委员会第十九次会议通过决议，成立中央扫除文盲工作委员会，任命楚图南为主任委员，李昌（兼党组书记）、林汉达、祁建华为副主任委员。② 1952年12月8日，中共中央发布《关于扫除文盲运动的补充指示》，规定识字教育的标准是："农民业余初级班（组）吸收文盲与半文盲入学，使其在3年内认识常用字1 000字以上，并具有初步读、写、算能力。"一场"政府领导、依靠群众组织"的识字扫盲运动在全国各地迅速展开。

20世纪50年代，中国曾出现三次扫盲高潮，其成果为社会主义建设的开展打下了良好的人力资源基础。第一次扫盲高潮出现于1951—1953年，仅1953年，全国参加扫盲学习的工人、农民就达3 190万人，1949—1953年共扫除文盲701万人。第二次扫盲高潮出现于1955—1956年，两年内共扫除文盲1 100万人。第三次高潮出现于1958年。据统计，1958年，全国共扫除文盲4 000万人，出现了几千个基本上扫除了青壮年文盲的单位。③ 1964年，我国开始第二次人口

① 中华人民共和国教育部，中共中央文献研究室．毛泽东邓小平江泽民论教育［M］．北京：中央文献出版社，2002：16．

② 郝和国．新中国扫除文盲运动[EB/OL]．(2009－08－22)．http://www.china.com.cn/aboutchina/txt/2009－08/22/content_ 18381497.htm．

③ 李江源．论周恩来的扫盲教育思想［J］．山西成人教育，1989（1）．

普查，同时也对国民的文化素质进行了一次全面的调查。结果显示：15 岁以上人口的文盲率已经由 80% 下降到了 52%。据统计，1949—1981 年，全国扫除文盲共计14 144.8万人。中国扫除文盲工作取得巨大成就，初见成效。

1993 年 2 月，中共中央、国务院正式发布的《中国教育改革和发展纲要》确定："全国基本扫除青壮年文盲，使青壮年中的文盲率降到 5% 以下。"《国务院关于〈中国教育改革和发展纲要〉的实施意见》确定，到 2000 年，我国扫盲工作的目标和任务是：全国基本扫除青壮年文盲，使青壮年非文盲率达到 95% 以上。据 2000 年第五次全国人口普查结果显示，同 1990 年第四次人口普查相比，10 年间成人文盲数量减少了近 1 亿，全国成人文盲率降至 9.08%，青壮年文盲率下降到 5% 以下，基本扫除了青壮年文盲，全国如期实现了基本扫除青壮年文盲的目标。2010 年，全国第六次人口普查数据表明：2000—2010 年的 10 年中，全国共扫除成人文盲4 545万多人。2010 年，全国 15 岁以上人口中文盲率从 2000 年的 9.08% 下降到 4.88%，首次降到 5% 之下。另外，依照世界全民教育目标分析，1990—2010 年，我国全面实现了文盲减少 50% 的目标，实现了联合国教科文组织提出的全民教育目标。全国 15 岁以上文盲人口从 1990 年的 18 000.30万人，减为 5 419.08 万人，共扫除12 581.22万人，扫除率为 69.89%，接近 70%。2015 年，全国成人文盲率下降到 4.08%，达到历史最低水平。

综上所述，1949—2010 年 60 多年来，中国文盲减少了 28 080.3 万人①（见表 2 - 22），为降低世界文盲的比例做出了贡献。中国扫除文盲的道路是一条发展中人口大国扫除文盲的成功道路。这是一

---

① 按照国家统计局的统计，1949—1990 年扫除文盲 16 945 万人。［国家统计局社会与科技统计司国家教育委员会成人教育司．我国 80 年代扫盲情况研究［J］．教育研究．1995（11）：24．］

条将过重的人口负担转变为人力资源的发展道路，是一条党和政府领导全体人民消除文化愚昧和知识文盲的发展道路。中国党和政府在扫除文盲的领导体制、制度优势、管理方式、社会动员、合作机制等方面做出了成功探索和伟大实践，形成了一套扫除文盲行之有效的思路、模式和方法。

表2－22 1949—2010年中国扫除文盲情况统计

年份/年	全国人口总数/万人	15岁以上人口文盲总数/万人	普查文盲总数变化/万人	文盲率/%
1949	54 167	—	701.0（1953年）	80.00
1964	72 307	23 327①	9 571.3(1965年)	38.10
1982	103 188	23 582②	+255	22.81
1990	114 333	18 003	5 579	15.88
2000	126 743	9 396	8 507	9.89
2010	137 053	5 419	3 977	4.88
从1949年文盲减少：			28 080.3	下降76.05个百分点

（三）中国超过世界教育发展平均水平

2000年的数据表明，中等收入国家在学前教育入园率、小学入学率、中学入学率和义务教育年限四项指标的平均值分别为42%、93%、67%和8年。中国除学前教育入园率为28%，低于平均水平以外，其他指标均高于中等收入国家平均水平。

2005年，中国高中阶段教育规模首度超过4 000万，达到了4 030万，高中阶段毛入学率也首次突破50%。随后，高中阶段教育规模持续扩大，高中阶段招生规模始终保持在1 600万～1 700万之间，2010年甚至达到1 707万。2011年，高中教育规模达到4 686.6万，毛入学率达到84%，已经达到部分发达国家的高中阶段教育的同期普及水平。2015年，高中阶段毛入率达到87%。中国成为高中教育第一大国，高中阶段教育进入正常的发展轨道，为提升人力资源开发层次、实现从人力资源大国向人力资源强国转变做出实质性的贡献。

表 2 -23　1990—2015 年高中阶段毛入学率变化情况

年份/年	毛入学率/%	年份/年	毛入学率/%
1990	26.0	2004	48.1
1991	26.0	2005	52.7
1992	28.4	2006	59.8
1993	28.4	2007	66.0
1994	30.7	2008	74.0
1995	33.6	2009	79.2
1996	38.0	2010	82.5
1999	41.5	2011	84.0
2000	42.8	2012	85.0
2001	42.8	2013	86.0
2002	42.8	2014	86.5
2003	43.8	2015	87.0

注：2000—2002 年数据均为 42.8%，实际情况是高中阶段教育出现停滞，甚至下滑。

如果 20 世纪 80 年代中国普及高中教育政策调整但不出现颠覆性的政策，高中教育普及进程不至于中断的话，也许中国教育与人力资源开发水平不会与发达国家产生过大的差距，至少在劳动力人口中，高中文化程度比例不至于过低。

高中阶段教育始终是中国教育发展的薄弱环节，或被称为中国教育体系的“蜂腰”。2010 年，中国高中阶段的毛入学率仅相当于美国等发达国家 20 世纪 60 年代的水平。这既有教育发展阶段和水平的限制，也是长期低重心发展战略的结果，整体上限制着义务教育普及成果的巩固，限制着中国高等教育大众化进程。

从1977年到1997年，普通高等学校招生规模从27.3万上升到100.4万，增加了2.7倍，平均年增长率为6.7%；在校生规模由原来的62.5万增加到317.4万人，增加了4.1倍，平均年增长率为8.6%。2001年，普通高等学校在校生规模扩大到719万人，增长率高达29.3%，中国高等教育进入快速增长时期。2001—2004年，高等学校在校生规模增长速度连续超过20%，2005年（1 562万）是2001年的2.17倍。2014年，普通高等学校数为2 529所，是2001年（1 225所）的2倍，在校生规模（3 559万）是2001年（719万）的3.9倍。2016年，高等教育在学总规模为3 699万人，占世界高等教育总规模的比例达到20%。

与2000年的第五次全国人口普查数据相比，2010年，我国每10万人中具有大学文化程度的由3 611人上升为8 930人，具有高中文化程度的由11 146人上升为14 032人，具有初中文化程度的由33 961人上升为38 788人，具有小学文化程度的由35 701人下降为26 779人。从历次人口普查数据分析，中国人力资源开发正在发生结构性的变化。由于我国教育与人力资源开发长期采取低重心战略，教育普及水平起点较低。1964年，每10万人口中具有大专以上学历者仅为416人，到2010年变为8 930人，增长了20多倍。每10万人口中的高中及中专受教育者从1964年的1 319人，增长到2010年的14 032人，增长了10.63倍。进入2010年，我国每10万人口中的小学人口下降，一方面表明我国人力资源开发层次不断提升，另一方面也是小学学龄人口下降的结果——这无疑对我国未来人力资源开发带来潜在的长期影响。

以《国家中长期教育改革和发展规划纲要（2010—2020年）》为标志，科学发展的目标、思路和政策措施更加清晰。中国教育体系日臻完善，教育制度更加健全，教育能力不断增强，综合实力日益强大，发展模式更具影响力和吸引力。

表 2－24　2006—2016 年中国各类教育毛入学率变化情况

教育层次	毛入学率/%										
	2006年	2007年	2008年	2009年	2010年	2011年	2012年	2013年	2014年	2015年	2016年
学前	42.5	44.6	47.6	50.9	56.6	62.3	64.5	67.5	70.5	75.0	77.4
小学	—	106.1	105.7	104.8	104.6	104.2	104.3	104.4	103.8	99.88*	99.9*
初中	97.0	98.0	98.5	99.0	100.1	100.1	102.1	104.1	103.5	104.0	104.0
高中	59.8	66.0	74.0	79.2	82.5	84.0	85.0	86.0	86.5	87.0	87.5
大学	22.0	23.0	23.3	24.2	26.5	26.9	30.0	34.5	37.5	40.0	42.7

注：带＊的数据为净入学率。

由于中国社会主义教育的制度和教育发展的后发优势，从 1964 年有人口文化素质统计以来，人均受教育年限快速提高，15 岁以上人口人均受教育年限从 1964 年的 3.43 年提高到 2010 年的 9.10 年，年均提高 0.12 年，比世界平均速度快 50%，近 50 年保持快速提高，创造了人类历史教育发展和人力资源开发的伟大奇迹。

中国的教育规划体制、规划制度和规划模式为发展中国家树立了成功范例，也为世界教育规划提供了一种成功模式。改革开放以来，中国学位与研究生教育事业发展迅速，已经进入了一个新的历史阶段。29 年来，中国累计授予博士学位 24 万人、硕士学位 180 万人。其中从 1999 年至 2009 年，我国共授予硕士学位约 230 万人。高层次人才培养特别是研究生培养规模和质量，是中国与美国教育的重要差距。

二、中国人力资源开发取得巨大成就

中国教育性别差异指数与发达国家接近，呈现女性高于男性的特点和趋势。中国与发达国家和其他中等收入国家在人均受教育年限上的差距，主要表现在高等教育普及水平上的差距。从性别差异分析，1982 年，全国 6 岁以上女性人口人均受教育年限仅相当于男性的 68.84%，1990 年，缩小了近 10 个百分点，2000 年，差异略为缩小。到 2010 年，女性受教育年限达到 8.43 年，性别差异大幅缩小 13 个百分点，女性与男性受教育水平差距首次缩小到 10% 以下，仅为 7.77%。详见表 2－25。

表 2－25　1982—2010 年全国 6 岁以上人口人均受教育年限比较

年份/年	总体水平/年	男性/年	女性/年	GPI（以男性为 100）
1982	5.20	6.13	4.22	68.84
1990	6.26	7.03	5.44	77.38
2000	7.56	8.83	6.99	79.16
2010	8.80	9.14	8.43	92.23

注：本表为国家教育发展研究中心“2000—2020 年中国人口文化素质分析”课题组根据全国第五和第六次人口普查数据测算的结果。

中国人均预期受教育年限超过世界平均水平，良好的成长性是中国教育与人力资源开发的巨大优势。“每千居民中各级教育教师数较准确地反映一国教育中人力资源投入水平。1992 年，每千居民中各级教育教师数中国为 13 人，与发展中国家平均值 13 人相当，低于世界平均值 16 人，远低于发达国家平均值 24 人。”① 据联合国教科文组织统计，2002 年，世界平均预期受教育年限为 10.5 年，其中初等和中等教育为 9.4 年，中等后教育为 1.1 年。其中发展中国家为 9.9 年，发达国家为 16.1 年，转型国家为 12.6 年。据国家教育发展研究中心和国家统计局测算，2005 年中国人均预期受教育年限达到 11.3 年，比 1990 年的 8.9 年提高了 2.4 年，比 2000 年提高了 0.9

① 杨明. 中国教育实力在世界的位置［J］. 比较教育研究，2000（1）：1.

年，超过世界平均预期受教育年限的水平，接近转型国家水平，落后于拉丁美洲国家平均水平，大大落后于发达国家水平。

表2－26显示，在1964—2010年近50年的发展中，中国教育水平持续提升。15岁及以上人口文盲率从1964年的56.8%下降为2010年的5.3%，教育的重心逐步上移，人均受教育年限提高6.18年，是世界上提升最快的国家。

表2－26　1964—2010年中国15岁及以上人口平均受教育程度构成、受教育年限

教育指标		1964年	1982年	1987年	1990年	1995年	2000年	2005年	2010年	1964—2010年
受教育程度构成/%	文盲	56.8	34.5	28.6	22.2	18.3	11.0	11.7	5.3	－51.5
	小学	35.3	30.8	32.9	34.6	34.1	30.4	27.0	23.7	－11.6
	初中	5.8	23.8	27.6	30.3	33.5	39.7	40.5	43.6	37.8
	高中	1.6	10.0	9.7	11.0	11.2	14.4	14.4	16.7	15.1
	大专及以上	0.5	0.9	1.2	1.9	2.8	4.6	6.5	10.6	10.1
平均受教育年限/年		2.92	5.33	5.81	6.43	6.86	7.85	8.02	9.10	6.18

注：1964年为6岁及以上人口。

资料来源：国务院人口普查办公室，国家统计局人口和就业统计司．发展中的中国人口：2010年全国人口普查研究课题论文集［M］．北京：中国统计出版社，2014：1 239.

三、中国正在跨入人力资源强国门槛

经过50多年的“战略追赶”，特别是近10年全国教育事业快速发展，中国不仅大大缩小了在教育与人力资源开发水平方面与发达国家之间的整体差距，而且形成新的比较优势，并开始步入“局部跨越”的战略新阶段。由国家教育发展研究中心承担的“人力资源

强国指标体系与实证研究”结果表明，2012 年，在 52 个有完整数据的国家中，美国人力资源竞争力指标排名第一，韩国第二，日本第三，澳大利亚第四，德国第五。中国由 2000 年的第 31 位上升到 2012 年的第 14 位，成为教育与人力资源强国竞争力指数上升最快的国家。数据还表明，中国已经超过了意大利、西班牙等西方国家，进一步迈向人力资源强国行列。

表 2 -27　2000—2012 年世界人力资源竞争力综合排名变化情况

国家	2000 年		2005 年		2010 年		2012 年	
	指数	排名	指数	排名	指数	排名	指数	排名
美国	0. 807	1	0. 796	1	0. 801	1	0. 898	1
日本	0. 773	2	0. 72	3	0. 695	6	0. 856	2
德国	0. 732	3	0. 702	6	0. 70	5	0. 851	3
英国	0. 712	7	0. 712	4	0. 703	4	0. 837	4
韩国	0. 717	5	0. 725	2	0. 739	2	0. 835	5
法国	0. 715	6	0. 689	7	0. 684	7	0. 832	6
澳大利亚	0. 722	4	0. 703	5	0. 717	3	0. 829	7
丹麦	0. 677	10	0. 668	9	0. 665	10	0. 825	8
荷兰	0. 673	12	0. 655	11	0. 663	11	0. 814	9
挪威	0. 688	9	0. 675	8	0. 673	8	0. 813	10
新西兰	0. 659	15	0. 655	12	0. 667	9	0. 799	11
瑞典	0. 71	8	0. 661	10	0. 645	12	0. 799	12
俄罗斯	0. 617	22	0. 62	19	0. 637	15	0. 787	13
中国	0. 542	31	0. 56	26	0. 605	23	0. 785	14
西班牙	0. 655	16	0. 637	15	0. 642	14	0. 784	15
芬兰	0. 66	14	0. 644	13	0. 63	16	0. 783	16
奥地利	0. 652	17	0. 615	20	0. 624	18	0. 782	17
瑞士	0. 66	13	0. 634	16	0. 626	17	0. 781	18
比利时	0. 65	18	0. 603	22	0. 611	21	0. 78	19

续上表

国家	2000 年		2005 年		2010 年		2012 年	
	指数	排名	指数	排名	指数	排名	指数	排名
意大利	0.647	19	0.629	17	0.62	20	0.78	20
以色列	0.674	11	0.627	18	0.622	19	0.779	21
爱尔兰	0.635	20	0.639	14	0.643	13	0.767	22
波兰	0.621	21	0.606	21	0.61	22	0.752	23
捷克	0.58	26	0.583	24	0.589	24	0.749	24
阿根廷	0.58	25	0.507	32	0.552	28	0.741	25
葡萄牙	0.564	27	0.525	29	0.55	29	0.738	26
巴西	0.547	29	0.525	30	0.561	27	0.736	27
斯洛文尼亚	0.594	24	0.573	25	0.573	26	0.735	28
冰岛	0.601	23	0.587	23	0.574	25	0.723	29
乌克兰	0.532	32	0.528	28	0.529	31	0.723	30
匈牙利	0.556	28	0.55	27	0.527	32	0.713	31
土耳其	0.47	43	0.466	38	0.521	34	0.709	32
马来西亚	0.487	39	0.475	36	0.515	35	0.709	33
斯洛伐克	0.545	30	0.524	31	0.549	30	0.706	34
立陶宛	0.531	33	0.5	33	0.526	33	0.700	35
墨西哥	0.503	35	0.48	35	0.479	38	0.691	36
罗马尼亚	0.498	36	0.49	34	0.5	36	0.678	37
克罗地亚	0.505	34	0.46	39	0.471	40	0.677	38
智利	0.489	38	0.467	37	0.493	37	0.672	39
南非	0.471	41	0.419	46	0.418	47	0.671	40
哈萨克斯坦	0.461	44	0.455	42	0.473	39	0.669	41
拉脱维亚	0.479	40	0.456	40	0.459	41	0.665	42
哥斯达黎加	0.409	50	0.345	49	0.447	43	0.66	43
保加利亚	0.47	42	0.439	45	0.434	46	0.658	44

续上表

国家	2000 年		2005 年		2010 年		2012 年	
	指数	排名	指数	排名	指数	排名	指数	排名
泰国	0. 49	37	0. 442	44	0. 442	45	0. 658	45
突尼斯	0. 459	45	0. 449	43	0. 454	42	0. 652	46
哥伦比亚	0. 429	48	0. 388	48	0. 41	48	0. 641	47
埃及	0. 454	46	0. 391	47	0. 39	49	0. 636	48
塞浦路斯	0. 437	47	0. 456	41	0. 446	44	0. 636	49
印度	0. 389	51	0. 342	51	0. 364	50	0. 635	50
印度尼西亚	0. 415	49	0. 344	50	0. 35	51	0. 615	51
斯里兰卡	0. 386	52	0. 326	52	0. 313	52	0. 569	52

注：本表数据由国家教育发展研究中心“人力资源强国评价指标体系”课题组提供。

第一，中国高层次人才培养增量居于世界第一。高等教育进入大众化阶段，实现了跨越发展。从以促进教育机会公平为重点，向教育机会公平、教育条件公平和教育结果公平并重转变。高层次人才培养的绝对数量处于世界第一位。2016 年，中国高等教育规模达到 3 699 万人，高等教育毛入学率达到 42. 7%，超过世界平均 30% 的水平。过去几年，中国高等教育规模先后超过俄罗斯、印度和美国，成为世界第一高等教育大国。中国高层次人才培养在增量上处于世界第一，已经成为一个名副其实的教育大国和人力资源大国。

第二，中国是世界最大的工程师培养基地。中国实施的卓越工程师教育培养计划是《国家中长期教育改革和发展规划纲要（2010— 2020 年）》规划实施的一个重大项目，旨在全面提高我国工程人才教育和培养质量，培养造就一大批创新能力强、适应经济社会发展需要的高素质各类型工程技术人才，实现从工程教育大国到工程教育强国的战略转变。卓越工程师教育培养计划从 2010 年起预期实施10年。到2015年，预计参与高校将达到设有工科专业的普通本科院校的20%左右，约有200所，参与学生占工科专业本科生的约10%（约10万人/年），占全日制工科硕士生的约50%（约7万人/年）。“十二五”期间，中国研究生教育规模稳步增长，截至2014年，在校研究生规模已经超过180万人。2011—2012年，中国在校研究生对国际高水平论文的贡献率达到36.8%。

第三，中国已经成了世界第一大留学生输出国。进入21世纪以后，中国留学生的人数除了在2004年有小幅度下滑外，一直呈上升趋势，每年的出国留学人数不断增长。截至2013年，中国出国留学总人数达到了305.86万人。教育部的统计数据显示，2016年，中国出国留学总人数为54.45万人，留学回国人数达到43.25万人，增长率达5.72%。从中国留学生分布情况分析，中国在外留学生遍布全球100多个国家，但其中90%以上集中在美国、澳大利亚、日本、英国、韩国、加拿大、新加坡、法国、德国和俄罗斯10个国家。在新兴国家，特别是发展中国家，中国留学生偏少，不利于中国的长远利益和战略影响力。以中国赴美国留学人数为例，2015—2016年度，中国赴美读研的人数为328 547人，同比增长8.1%。

世界各国特别是发达国家十分青睐中国留学生，并为此展开公开的竞争。一位法国高等教育国际署的负责人明确表示：“我们感兴趣的是培养最棒的工程师，因为我们有责任满足法国企业的需要。如果法国企业希望在中国谋求发展，我们就应该接受更多、更好的中国留学生。要吸引他们就得为他们提供奖学金，否则我们只能招收二流的学生，因为法国不给，别的国家也会给。”①

① 教育部国际合作与交流司. 国外教育调研选编：第四辑[Z]. 内部资料，2004：221.

四、中国成为发展中国家的楷模

中国曾是一个经济、文化和教育十分落后的国家。中国政府选择了一条正确的发展道路，带领亿万人民经过数十年的艰苦努力，从一个落后的人口大国变为一个教育大国和人力资源大国。中国台湾大学教授朱云汉指出："中国大陆的社会主义市场经济有可能在全世界的意识形态版图上占有一席之地，在东亚我们可能感受不到这个趋势，但是在非洲、拉丁美洲、南亚你完全可以感受得到，在美国式资本主义和西欧式民主社会主义（福利国家）体制以外，开创第三条道路。"① 中国教育改革和发展道路与模式，是发展中国家人口大国的成功实践，具有重要的理论价值与实践价值。中国教育发展基本经验如下。

第一，坚持"低重心"发展战略。

中国政府选择了"低重心"的教育发展战略，确定了义务教育"重中之重"的战略地位，实施了科教兴国战略和人才强国战略。从中国的实际出发，从扫除一个一个文盲开始了新中国义务教育发展的历程，将普及九年义务教育作为人力资源开发和消除农村贫困现象的一项长期战略。这是中国教育特别是农村义务教育成功的重要经验。党中央的重大战略方针引导中国教育实现快速发展。1993 年，中共中央、国务院发布了《中国教育改革和发展纲要》，确定了到 20 世纪末我国教育改革与发展的基本目标和任务，其中普及九年教育和扫除文盲为核心战略目标：一是全国基本普及九年义务教育（包括初中阶段的职业技术教育），大城市市区和沿海经济发达地区积极普及高中阶段教育。大中城市基本满足幼儿接受教育的要求，

① 朱云汉．中国大陆兴起与全球秩序重组［M］//赫德森，等．中国未来 30 年Ⅲ：重塑梦想与现实之维．北京：中央编译出版社，2013：45.

广大农村积极发展学前一年教育。二是全国基本扫除青壮年文盲，使青壮年中的文盲率降到5%以下。通过岗位培训、继续教育和在职学历教育，提高广大从业人员的思想文化素质和职业技能。

第二，坚持整体规划分类指导方针。

中国人口多，地域广，国情复杂，区域差距和发展水平十分不均衡。没有也不可能有解决所有中国教育发展问题的灵丹妙药，任何毕其功于一役的思维、做法和政策都是错误的。中国政府从实际国情出发，坚持实事求是、统筹规划、因地制宜、分步实施的总体策略。《中国教育改革和发展纲要》成为指导20世纪90年代中国教育改革和发展的纲领性文献。坚持因地制宜，赋予地方政府教育管理权，分地区、分阶段普及九年义务教育，扫除文盲，提升人力资源开发水平。

根据经济社会发展情况和教育发展水平，中国政府将全国划分为东部、中部和西部三大区域，依据区域之间、城乡之间和民族之间的教育发展水平，在普及九年义务教育进程中提出“三步走”思路。《国务院关于〈中国教育改革和发展纲要〉的实施意见》提出：根据分区规划、分类指导、分步实施的原则，全国不同地区的发展目标和速度因发展水平和能力而确定。

中国政府将教育思想智慧转变为教育管理智慧。根据统一性和多样性原则，正确处理不同地位、不同发展水平与全国整体目标、方向的一致性，与实现目标的时间、手段、资源和方法的多样性之间的辩证关系。由于总体思路正确，中国顺利完成了预定的规划目标。同时，我们可以看到这种模式的优点是以区域为单位，发挥区域优势，迅速加快教育发展；其不足是拉大了区域之间的教育与人力资源开发差距。

第三，实施教育追赶战略，推进教育现代化。

后发国家对于先发国家的战略追赶，体现在集中国家力量，以点上的突破带动全局和整体突破。2010 年，《国家中长期教育改革和发展规划纲要（2010—2020 年）》颁布，确定了“基本实现教育现代化，基本形成学习型社会，进入人力资源强国”三大战略目标，引领和推进中国教育现代化进程。

中国是世界人口最多的国家，也是世界第一教育大国，在世界具有举足轻重的地位。据国家部教育发展研究中心和国家统计局预测，到 2020 年，中国人均预期受教育年限有望提升到 13.5 年以上，相当于发达国家 2000 年的平均水平；到 2030 年，中国人均预期受教育年限将接近美国等发达国家人均预期受教育年限平均水平。

第四，坚持学习借鉴与自主创新相结合。

中国在教育与人力资源开发理论和策略上，从学习借鉴、实践创新向发展模式和发展理论的自主创新转变。改革开放以来，我国借鉴、吸收了国际教育发展的先进经验，结合中国传统教育思想和中国国情，实施科教兴国和人才强国国家战略，不断改革教育思想、教育体制、办学模式和培养模式，培养了大批急需人才，形成了中国特色社会主义教育发展模式，成为发展中国家教育发展和人力资源开发的典范。中国教育发展模式影响了世界，中国的教育规划体制、规划制度和规划模式为发展中国家树立了成功范例，也为世界教育规划提供了一种成功模式。2010 年 4 月 10 日，在博鳌（海南）论坛上，世界银行副行长胡安·何塞·达布说：“我们把中国的先进做法、先进经验复制到其他地方，也就是说中国曾经是学生，但现在在很多方面已经成为老师。”① 中国特色社会主义教育与人力资源开发的实践更加丰富，中国特色社会主义教育与人力资源开发的思想和理论体系更加完善。

中国教育经费采取了“双轨投入”机制：一是政府投入，二是

---

① 世界银行副行长：中国已经由“学生”成长为“老师”[EB/OL].(2010-04-10). http://news.xinhuanet.com/fortune/2010-04/10/c_ 1226287.htm.

民间投入。1952 年，中国全国教育经费仅为 11.62 亿元；2013 年，国家财政性教育经费为 24 488.22 亿元，占 GDP 的比例为 4.30%。2013 年，教育经费总额比 1952 年增长 2 612 倍。同期，中国 GDP 从 1952 年的 679 亿元增长到 2013 年的 550 548 亿元，增长了近 810 倍。教育经费增长速度快于经济规模增长速度。2013 年，全国教育经费总投入为 30 364.72 亿元。据此计算，1952 年，中国全口径教育经费占 GDP 的 1.71%；2013 年，中国全口径教育经费相当于 GDP 的 5.52%。中国家庭教育支出对于政府教育支出呈现明显的“替代效应”，因此也削弱了家庭的其他经济支出能力。2012—2016 年间，全国财政性教育经费投入 13.5 万亿元，超过 1952—2011 年累计投入总和。

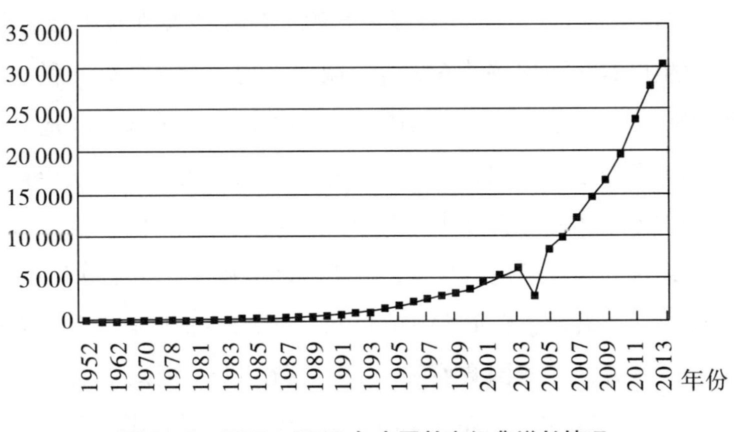

图 2-3 1952—2013 年中国教育经费增长情况

五、中国教育给了世界一个惊喜

（一）中国学生在 2009 年、2012 年国际学生评估项目（PISA）中的成绩引人瞩目

国际学生评估项目（Programme for International Student Assessment，PISA）是OECD主导的一项国际教育质量评估项目，是15岁学生的阅读、数学、科学能力评价研究项目，主要考查义务教育末期学生是否掌握参与今后社会生活需要的问题解决能力和终身学习能力。PISA测试具有权威性和全球性影响。参与PISA测试是中国教育发展进程中的一个重要事件，也将是世界教育发展的一个重要事件。

2009年，在OECD举行的第四次PISA测试中，上海作为中国内地第一个正式参加该项目测试的地区，152所学校的5 115名学生的平均成绩为556分，在阅读、数学和科学素养三方面的成绩均排名全球第一。其次为韩国（539分）、芬兰（536分）和中国香港（533分），美国学生排名第26位。2012年，中国上海参加了第五次PISA测试，根据OECD对测试抽样的技术标准要求，上海155所学校的6 374名学生代表全市各类中学约9万名15岁在校生参加测试。上海学生以数学平均成绩613分、阅读平均成绩570分和科学平均成绩580分，且总分第一名的成绩，再次在有65个国家（地区）参加的测试中夺冠。对此，我们必须指出，某一次参赛成就毕竟不能和一个国家整体的教育水平相提并论。所以，“我们不能因为上海PISA成绩优异而过于沾沾自喜，还是应该正视自身教育的不足”①。

美国在上海学生在PISA测试中获得第一名的问题上，表现得十分纠结。一方面，美国政府和学者为其在PISA测试中的失败而懊恼。PISA测试成绩才公布几小时，美国著名的《时代周刊》杂志就立即跳出来造谣，称中国在世界学生排名体系中作弊。布鲁金斯学院（Brookings Institution）的汤姆·洛夫莱斯教授（Tom Loveless）认为：上海学生的水平不能代表中国的水平。许多主流媒体也纷纷

---

① 教育部 国家统计局 财政部关于2013年全国教育经费执行情况统计公告[EB/OL].(2014-11-06). http://www.moe.edu.cn/publicfiles/business/htmlfiles/moe/s3040/201411/xxgk_178035.html.

跟进，认为中国在作弊，甚至大声疾呼：我们要制止中国在国际教育排名中造假。① 当中国读者看到 PISA 数学题简单到难以置信后，美国主流媒体仍然不依不饶，为美国的“智商”辩护。② 另一方面，美国教育部副部长安东尼给予了比较正面的肯定：“中国教育方面比较侧重于理科，如数学、科学这些科目的学习，他们取得了非常显著的成功，这是我们可以学习、借鉴的地方。”冷静的美国学者正面反击了《时代周刊》刊登的洛夫莱斯的观点：“20 世纪 70—80 年代，美国的小学毕业生还要求能背出 12×12 的乘法表，但现在即使 9×9 乘法表对众多高中毕业生来说都已经成了天书。1/4 的美国人分不清加减乘除的优先级，一半以上的美国公立大学计算机系的新生不会四则运算。美国的基础教育甚至大部分公立大学本科教育基本上就是垃圾的代名词。”③ 国际货币基金组织前首席经济学家西蒙·约翰逊认为，全球领导权的可能性仍旧还在美国手中。2014 年 5 月 28 日，美国总统奥巴马对西点军校的学生宣誓，美国还能再当“世界领袖” 100 年。面对信誓旦旦的奥巴马总统，我们只能说，100 年太久，一切都需要拭目以待。

（二）中国在教育等诸多领域成绩喜人

美国《纽约时报》资深记者及专栏作家尼古拉斯·克里斯托夫（Nicholas Kristof）考察了中国教育，感受颇深。克里斯托夫先生说，在他到过的中国南方一个非常贫穷的小村庄，那里农家子弟的数学水平都比纽约最好的公立学校的孩子要高出好几个等级，可见中国的数学教育达到了一个多么高的水平。克里斯托夫撰文称：“对美国

---

① We need to stop Letting China cheat on international education rankings [EB/OL]. (2013-12-03). http://www.slate.com/blogs/the_world_2013/12/03wpioriginal=burger_bar.

②③ PISA 测试：为中国教育正名[EB/OL].(2014-06-10).http://bbs.tianya.cn/post-worldlook-1148892-1.shtml.

的战略挑战并非中国的隐形战机，而是中国公众改进教育体系的决心，以及向外部世界学习的激情。儒学思想对教育的重视已深深地浸润于中华文化，由此才衍生了中国学校体系的最伟大的力量。”

中国为世界全民教育做出了积极贡献。联合国教科文组织的《全民教育全球监测报告 2013/4》显示，目前全球共有约 5 700 万名失学儿童，其中 1/2 生活在战乱国家。与此同时，中国是唯一一个基本完成联合国全民教育目标的发展中人口大国，促进了中国和世界全民教育的发展。同时，在中国教育快速发展的影响和带动下，世界教育包括学前教育、基础教育、职业教育、高等教育以及终身教育的整体格局正在发生深刻的变化。

近年来，中国在科技发展方面同样取得令人瞩目的成就。2013 年，汤森·路透（Thomson Reuters）公司发表的《建设金砖国家：巴西、俄罗斯、印度、中国和韩国之全球研究和创新的全球影响力研究》报告表明，40 年前编入汤森·路透索引的研究出版物中，有 2/3 的出版物的作者来自于 G7 国家，而现在这一比例下降到 1/2。包括中国在内的金砖国家学术迅速发展，这些国家的刊物引用影响力在 1981—2011 年的 30 年间从落后迅速达到世界平均水平。2004 年—2014 年 9 月，中国共发表国际论文 136. 98 万篇，排在世界第二位，比 2013 年统计时增加了 19. 8%，位次保持不变；论文共被引用 1 037. 01 万次，排在世界第四位。另据统计，2006—2016 年 10 年间，中国处于世界前 1% 的高被引论文为 1. 69 万篇，占世界份额的 12. 8%，世界排名超过德国，上升为第三位。

2015 年，北京、上海、广东、江苏四省（市）代表中国第三次参与第六次 PISA 测试。此次 PISA 测试中，四省（市）共上报 9 178 所学校约 145 万名符合要求的 15 岁学生，其中来自四省（市）268 所学校的 1 万多名学生顺利完成了 PISA 2015 正式测试，他们取得了总分第十的好成绩。对于世界教育而言，这是中国发射的一次“教育原子弹”，中国学生再一次展示了一个教育大国的形象。

2015 年 9 月 14 日，QS 世界大学排名（QS World University Rankings）发布了 2015— 2016 年世界大学排名，英美院校独占前十的局面被打破，麻省理工学院依然一枝独秀，居世界大学第一名，英国 4 所院校跻身 QS 世界大学排名前十名，瑞士联邦理工学院意外入围世界大学前十名榜单，排行第九。清华大学和北京大学分别位列 2015—2016 年 QS 世界大学排行榜第 25 和第 41 名。这是中国大学在此排名中的最好成绩，也说明中国在建设一流大学的努力和进步。

第三章 21世纪教育融合大趋势

进入21世纪，全球化正在由西方国家向东方国家、发达国家向发展中国家的“单向全球化”，演变成为东西方国家之间的“双向全球化”。中国哲学讲求“和而不同”。早在1999年，中国学者宋书伟在其著作《协调与持续发展理论和中国发展道路》一书中就明确地指出：“东西方文化各自内涵的潜在活力因素，必须借助于21世纪的科技文明时代的契机，各自打破其守旧的外壳，在开放中进行交流与比较，相互借鉴，取长补短，才能更新为一种东西方文化融合的全球文化新态，构成未来社会发展的新的动力与支撑。”① 同样，法国学者妮科尔·涅索托和意大利学者吉奥瓦尼·格雷维在描述2025年世界将发生什么的时候也一致认为：“本土的、现代的东西正在与全球的、西方的并肩发展。”“实际上，全球化的真正结果是本土性和现代性的融合之花。”② 在人类进入21世纪第二个十年，学者们的观点给了我们很好的启迪和很多的灵感。

---

① 宋书伟. 协调与持续发展理论和中国发展道路［M］. 北京：经济科学出版社，1999：46－47.

② 涅索托，格雷维. 2025年世界将发生什么……［M］. 范炜炜，译. 北京：东方出版社，2010：91.

第一节 人类教育发展面临共同挑战

在数十亿年的发展进程中，人类经历了三个发展阶段，社会形态呈现三种不同结构：一是以农业为中心、统式结构为特点的古代社会，二是以工业大城市为中心、分工结构为特点的现代社会，三是以新型科技城市为中心、统分结构为特点的未来社会——这是一个城乡共同发展的时代。在全球经济社会全面转型的时刻，无论是东方国家，还是西方国家，都面临着共同的挑战，同样，世界教育也面临着与以往不同的新的变革。

一、知识生产的四大挑战

（一）挑战之一：知识创新速度变化

知识始终是推动世界经济和社会发展的主要动力，将知识传授给下一代人，对于增强全人类的生存、生产和发展能力具有不可替代的战略意义。美国学者詹姆斯·杜德斯达认为："今天我们正快速——十年十年地，甚至一年一年地步入一个后工业的、知识驱动的社会，并经历着一场深刻的文化和技术变革，犹如一个世纪前美国从农业社会演变为工业社会一样。"① 未来的教育是建立在完备的学习数据记录与分析上的，这是互联网教育真正革新我们教育的方向所在，要融入到我们的传统教育中去，成为我们改造传统教育的基因，只有这样互联网教育才能成功，在社会上也才能产生积极的社会效应。②

1880—1950年，人类的知识总量长期缓慢增长，而1950—1980

---

① 沃马克．美国公立大学的未来［M］．刘济良，译．北京：北京大学出版社，2006：170.

② 余胜泉．技术何以革新教育［N］．中国教育报，2015-02-08（3）.

年的30年间，世界专利申请总量增长了一倍。1980—2000年仅仅20年间，专利申请量则从100万件增长为超过700万件。《世界知识产权指数2016》报告显示，全球专利年申请量2015年继续强劲增长，中国则保持两位数增长势头。而在2015年，全世界一年共提交了约290万件专利申请，其中中国有110多万件，占全球总量的37.9%；美国有52万多件，占17.9%；日本约有45.4万件，占15.7%。知识生产规模的增长，对教育与学习带来直接而深刻的影响：一方面增加了人类知识学习的丰富性，另一方面也增加了人类选择知识的复杂性。

（二）挑战之二：知识生产组织转变

传统的观点认为，学校是世界最重要的知识组织。进入知识社会，企业参与知识使用、创新和生产的机会更多，地位更加重要。“比设备、网络等物质投资更重要的是在人力资源方面的投资——培训、职业发展、教育、学校、班级的重组，只有这些方面的投资和改变才能有效地实现信息与通信技术的潜力，实现学习的真正转变。这些转变意味着要关注个体拥有的技能，关注教师群体，并鼓励教师在日常教学中开发新的教学方法以提升教学能力。因此信息与通信技术并不会削弱教师角色的重要性，相反，它需要更广泛的课程知识结构和教师组织能力的提高。”①

信息技术首先改变的是知识生产方式和生产参与者结构，特别是对于结构发展中的任务分工。中国科学院（现中国科学院大学）院士戴汝为著有《社会智能科学》一书，他认为：人与电脑的结合可以使得人能够驾驭人类认知极限的复杂性，驾驭人类认知极限海量的信息，人跟电脑的结合可以超越认知能力的极限。合作创新是

---

① 经济合作与发展组织．面向未来的学校［M］．李昕，曹娟，译．北京：教育科学出版社，2009：51．

现代知识生产的突出特点。英国大学与科研事务大臣威利茨给出了高等教育国际化的确凿证据——英国最好的科研论文中，有 45% 都是与其他国家的学者合著的。

企业在知识创新、应用与传播中有重要作用。据《中国企业自主创新评价报告（2014）》研究分析，我国全年研究与试验发展（R & D）经费支出达到 11 906 亿元，占 GDP 的 2.09%；研发人员全时当量达到 324.7 万人/年，居世界第一，占全球总量的 29.2%；国际科学论文数量居世界第二，被引论文数量居世界第四；发明专利申请量和授权量分别居世界第一和第二，占到全球总量的 37.9% 和 22.3%。

知识生产组织的转变呈现四个特点，即“四个并存”：一是知识生产组织的规模化与小型化的并存，以知识生产为使命的大学和研究机构的规模日益扩大的同时，小型的知识生产公司和团队更加活跃。二是规范化与定制化的并存，以服务大众为目标的知识生产更加规范、更加标准，以服务小众为目标的知识定制需求日益增长。三是专业化和非专业化的并存，专业化知识生产机构持续增多，非专业知识生产人员涌入其中。四是知识生产的宏观创新与微观创新并存。值得注意的是，原来以传承、传播知识为主要任务的中小学，目前也加入知识创造和生产的行列。与此同时，知识生产、制造和传播一体化趋势也更加明显。2014 年 3 月 14 日，《参考消息》登载《美秘密研究改造人类胚胎 DNA：人类或迎来“定制婴儿时代”》一文，哈佛大学研究人员正在实验室对卵巢组织采取基因编辑技术，以避免遗传性乳腺癌和卵巢癌的发生。英国《自然》周刊发表文章指出：“利用现有技术对人类胚胎进行基因编辑可能对未来的人口产生不可预测的影响。因此，这是危险的，在道德上也不可接受。”①

（三）挑战之三：知识传输方式转变

新技术革命打破了时间和空间的障碍，改变着人类的生存、生产和生活方式，新的生活方式成为时尚。人们的生存观、发展观和价值观发生着前所未有的变化，人类的价值观、幸福观、审美观和安全观在转眼之间发生根本演变。

进入21世纪第二个十年，数字技术和互联网手段成为全球解决教育问题的重要手段，全世界特别是发展中国家的人们，快速地享受到发达国家的教育成果，并规避了发达国家教育成本不断上升和发展中国家教育资料不足的问题，使得越来越多希望步入高等学校的学生实现了自己的“大学梦”。与之相伴的客观收益是，发展中国家新一代学生快速缩小了与发达国家学生之间的差距，为缩小知识鸿沟和促进人类的整体发展，提供了更为有利的条件。正如俄罗斯的《莫斯科时报》所说：“与所有的大变革一样，这场革命的真正意义还难以预测。但是这对于全世界人类的发展与进步来说都是积极的，因为目前来说，人类的发展与进步对于确保社会凝聚力以及可持续增长来说都是迫切需要的。”②

第三次浪潮提升第三级教育战略地位。“第三次浪潮中的需求乃是第三级教育，这导致高等教育毕业生的收入和较低层次教育毕业生之间差距日益拉大。”③ 互联网降低高等教育门槛和成本，将为世界高等教育发展增加动力，并改变世界教育模式。2000年，美国麻

---

① 美秘密研究改造人类胚胎DNA：人类或迎来“定制婴儿时代”［N］. 参考消息，2015-03-16（7）.

② 米尔德. 互联网正在改变世界教育方式［N］. 涂颀，译. 莫斯科时报，2013-01-16.

③ 巴哈丁. 教育与未来［M］. 王道余，等译. 北京：人民教育出版社，1999：29.

省理工学院将所有的教学材料都免费在网上公开，其后有约 300 家教育机构随之效仿。这些教育机构以联合会的形式对外开放课程，目前已有 21 000 门课程开放，每门课程都能吸引近 10 万学生，访问量每年达到 3.6 亿人次。这是传统教育教学方式难以做到的。在美国，公开学习组织和开放式教育课程联合会建立了以网上学习材料为主题的虚拟学生社区。最大的社区提供数学课，共有 83 000 名学生。网络学习全面推进教育深度改革。

（四）挑战之四：知识接受对象变化

知识接受对象——学习者的变化是 21 世纪教育改革发展最大的变化因素。正规学习与非正规学习、正式学习与非正式学习的学习者人数不断增加，规模空间扩大。联合国教科文组织预计，2025 年，希望接受高等教育的人数至少要比 2010 年增长8 000万人。人人学习、时时学习和处处学习的终身学习理念与学习习惯，使得教育者与学习者之间、学习者与学习者之间、教育者与教育者之间的关系发生了深刻的本质变化。

从学生的视角分析，现代教育面对的是网络化时代的“原住民”：自出生以来便生活在网络时代。现代学生不仅受到学校特别是教师的知识影响，更多地还受到家庭、社会和网络带来的知识影响。伴随着网络时代的到来，教师作为唯一的知识传播者的角色将一去不复返。与 20 世纪的学生相比，当今的学生更加自我、更加多样，也许还更加复杂。

最新的消息表明，不仅知识的接受对象正在发生深刻变化，作为知识“传授者”的教师也在发生深刻的变化。2015 年 3 月，有报道称，美国俄亥俄州哥伦布的一个机器人教师可以在美国千里之外的其他地区为学生上课、检查作业，并与学生对话。配置这种机器人教师的学校，在全美已有 7 所。在校教师与远程教师混合教学方式正在探索之中。

背景资料

联合国：手机用户数量2014年将超世界人口总数

英国广播公司（BBC）2013年5月20日报道称，联合国有关机构调查显示，在2014年年底，世界上移动通信设备用户总数将会超过世界总人口数。

国际电信联盟预测，在2014年年初，手机用户将超过70亿。目前世界71亿人口中有68亿手机用户。国际电信联盟2013年世界报告还发现，超过1/3的全球人口使用网络。

苏联成员国的手机普及率最高，平均每个人拥有1.7部手机。非洲手机普及率最低，每100名居民中有63个手机用户。国际电信联盟电信发展局主任布拉希马—萨努（Brahima Sanou）说："世界手机用户总数正在一天天接近世界人口总数。'移动革命'通过将信息通信技术应用于教育、医疗、政府、银行、环境和业务方面为发展中国家助力。"

但在一些国家，如印度，移动通信事业增长正在放缓。该报告还发现，约有27亿人，近40%的世界人口使用网络。其中，欧洲最高（约占75%），其次是美国（约占61%），亚洲则占到32%，非洲为16%。

国际电信联盟秘书长哈玛德·图尔（Hamadoun Toure）称这一进步是"非凡的"，但还需要做更多的工作。他说："世界上三分之二的人口，大约45亿人仍然未使用过网络，这意味着世界上三分之二的人仍然被排除在全球最大的市场之外。"

资料来源：http://www.c114.net/news/51/a765889.html,有改动.

二、世界教育竞争四大支柱

全球竞争日益激烈，特别是高水平的知识型、技能型人才竞争日趋白热化。中国改革开放的总设计师邓小平强调指出："我们国家，国力的强弱，经济发展后劲的大小，越来越取决于劳动者的素质，取决于知识分子的数量和质量。”① 伴随中国经济实力、政治影响力和教育竞争力的提升，美国已经将中国列为新的竞争对手。美国学者罗伯特·萨莫尔森指出：“美国人正在经历另一个与苏联发射第一颗人造地球卫星对美国构成的威胁相似的时刻。20 世纪 50 年代和 60 年代是苏联人，20 世纪 70 年代和 80 年代是德国人和日本人，而现在是中国人和印度人。”教育实力、教育质量、教育制度和教育模式是 21 世纪世界教育竞争的四大支柱。

（一）教育实力

教育是国家综合实力的重要组成部分，是支撑国家发展、产业进步和科技活动的重要力量。教育实力是教育整体资源、发展水平和效力的集中反映。教育实力包括教育硬实力和软实力，硬实力是指一个国家或地区的教育资源、财政投入和硬件建设，软实力包括教育制度、教育文化和教育服务能力。现代社会的竞争是一种实力的较量与竞争，谁拥有一流的教育，谁就拥有一流的国家实力。中国前总理温家宝提出：“一流国家需要一流教育。”2008 年 1 月，奥巴马在其总统大选演讲中多次强调：“我们正处在一个严峻挑战和重大机遇并存的时刻。”“我们必须为美国未来的繁荣进行投资——制定果敢的新能源战略，修缮学校，提供人们负担得起的高质量的医疗保健，兴建 21 世纪的基础设施。要建设世界一流的学校，并招聘新一代的教师，确保每个孩子都可得到世界一流的教育。”②

教育普及水平是衡量教育实力的重要指标，普及义务教育、普及高中阶段教育和普及高等教育是国家教育发展及教育实力增长的三大步骤。在全球普及九年义务教育之后，高等教育成为度量教育

---

① 邓小平文选：第三卷［M］. 北京：人民出版社，1993：120.

② 奥巴马. 我们相信变革：巴拉克·奥巴马重塑美国未来希望之路［M］. 孟宪波，译. 北京：中信出版社，2009.

发展水平和教育实力的重要尺码。高等教育的普及化，直接影响国家的整体教育发展趋势和政策方向。高等教育普及化进程始于美国。20 世纪 70 年代，仅有美国一国进入高等教育普及化阶段；20 世纪 80 年代和 90 年代，有美国和加拿大两个国家进入高等教育普及化阶段；伴随知识经济日益发展，高素质劳动者的重要性日渐凸显，进入 21 世纪，欧美发达国家相继进入高等教育普及化阶段。2000 年，全世界高等教育毛入学率均达到 50% 以上的国家已经达到 27 个，2003 年达到 33 个国家和地区，2004 年达到 36 个国家和地区。依据发展趋势分析，按世界 200 个国家和地区统计，2007 年有 40 个国家和地区实现了高等教育普及化，2015 年有超过 50 个国家和地区实现了高等教育普及化。也就是说，世界近 1/4 的国家或地区实现了高等教育普及化。美国拥有世界最强大的教育体系和培养能力，由此铸就的教育竞争力使美国从中受益无穷。根据美国教育统计研究中心的数据，2011 年，美国共有 18 岁以上人口 23 934. 1 万人。美国 18 岁以上人口中具有高中以上文化程度者为 71. 59%，而中国 15 岁以上人口该比例仅为 27. 49%①，仅相当于美国的 38. 40% 左右（中国与美国在人均受教育年限的计算口径上存在一定差别。如果按照 18 岁以上人口人均受教育年限估算，大体在 40% 左右）。

教育投入回报率高于产业投资回报率。美国学者罗伯特·巴罗和韩国学者李钟和研究表明，全球正规学校教育每提高一年，回报率为 12%，发达国家的回报率最高超过 13%，拉丁美洲和撒哈拉以南非洲地区最低，仅为 6. 4%（见图 3 - 1）。发达国家包括发达国家的居民，具有较强的经济背景、社会背景和较强的教育支付能力，获得较高的教育回报——教育投资与教育消费形成正循环，良性推动

---

① 高书国，杨晓明. 中国人口文化素质报告：从战略追赶到局部跨越［M］. 长春：东北师范大学出版社，2013：236.

教育与经济社会协调发展；贫穷国家和贫困居民的经济社会地位低下，教育支付能力较弱，教育支出与社会发展处于恶性循环的怪圈之中。

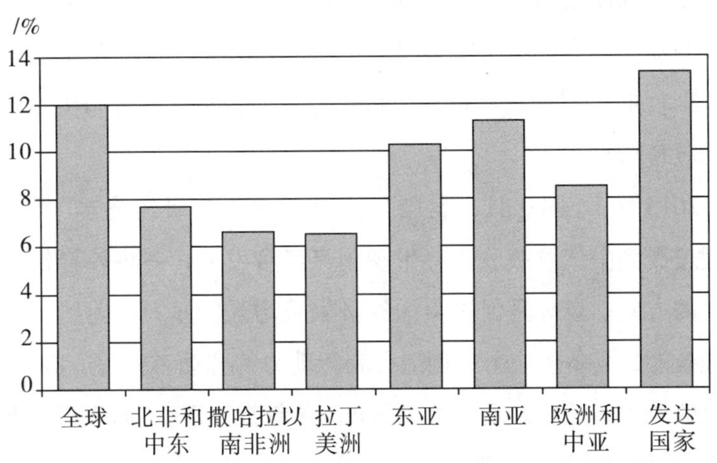

图 3－1 世界及各地区人力资本回报率

资料来源：BARRO R J，LEE J W. A new data set of educational attainment in the world，1950－2010[EB/OL]. http://www.doc88.com/p－9965242254945.html.

（二）教育质量

教育质量是教育竞争的核心。2009 年 7 月 5 日，世界高等教育大会在法国巴黎联合国教科文组织总部召开，有来自 155 个国家的 1 450多名代表出席了会议。会议坚定地呼吁高等教育面临全球挑战，“在当今全球化社会，各国必须分享具有高等教育道德和战略责任的共同愿景”。大会审议了各项战略，以促进获得教育、实现平等和提高质量。大会强调在扩大入学机会的同时，高等教育必须同时追求公平、适切性及质量三大目标。

进入 21 世纪，世界教育竞争的突出特点是教育质量竞争前移至学前教育。首先，美国提出全民学前教育计划（Preschool for All Initiative)，努力提高中低收入家庭 4 岁儿童的学前教育入学率。其次，美国教育部、卫生和公共服务部设立“竞争最优——学前教育挑战项目”，调整现有学前教育体系，建立早期学习标准及综合评价体系，制定高质量学前教育规划。最后，优先保障弱势儿童的受教育权利与质量，促进学前教育公平优质发展。针对低收入家庭设立“开端计划”，对于高质量的项目进行资助，改善甚至淘汰不合格的学前教育项目。

2015 年 1 月 20 日，奥巴马提出“中产阶级经济学”的概念，要通过提高中产阶级收入，带动国家经济发展，并将教育作为优先发展的方向。教育是促进美国经济繁荣增长的基石，美国经济需要掌握技能，具备适应力、创造力和行动力的劳动者。为适应 21 世纪竞争的要求，美国必须全面加强和改革教育体系。“如果我们希望美国在 21 世纪保持领先地位，没有什么比为每一个人提供高质量的教育更加重要。”① 美国教育部的《2007—2012 年战略规划》提出的教育使命是：通过加强优质教育和保证教育公平，提升学生学业成就，为全球竞争做好准备。美国的经济竞争力和“美国梦”的路径取决于每一个儿童受到的教育水平，要为每个儿童提供从摇篮到职业生涯的、完整的和有竞争力的教育。美国的 24 ~ 34 岁人口高等教育入学率曾经是世界最高的，而 2010 年则排名第 16 位。

奥巴马执政后，反复强调“教育对美国的未来至关重要”，并将教育作为推动美国发展的重要因素。2009 年 7 月 24 日，美国总统奥巴马宣布“力争上游（Race to the Top Program）”教育改革计划，旨在采用国际学业评价标准，招募和维持高质量的教师队伍，建立跟踪学生学业情况的数据库系统，改造表现不佳的学校，推进教育改革，不断提升美国教育质量和竞争力。这是美国历史上最大规模的

---

① 奥巴马 2015 年 1 月 20 日国情咨文演讲（英汉双语全文）[EB/OL]. http://www.1717518.com/article/article_9439.html.

联邦教育改革投入，总额达 43.5 亿美元。奥巴马总统多次强调要创造世界一流的美国教育，并在 2020 年使美国大学生毕业率重回世界第一。美国政府正在实施“世界第一”计划。计划投资 5 500 万美元，鼓励大学生在提高中低收入家庭学生入学率、维持合理学费水平的同时，提升学生毕业率，特别是科学、技术、工程和数学专业的学生毕业率。为此，2012 年 2 月 13 日，美国总统奥巴马正式向国会提交了 2013 年 3.8 万亿美元的预算案，其中教育预算总额达 698 亿美元，比 2012 年增长了 17 亿美元。奥巴马信心满满地强调：“如果我们提高对每个儿童的期望，并且从他们出生到他们一生中最后一个工作岗位都给予最好的教育机会，我们将能够达到我在两年前设定的目标：在 2020 年前，美国将再一次成为世界上大学毕业生比例最高的国家。”①

中国政府在推进教育公平的同时，明确将教育质量作为教育发展的战略主题，提出办世界水平的优质教育，以应对国家发展需求和全球化挑战。

（三）教育制度

任何制度都是一定价值体系的具体化、实体化和行动化。马克思认为，“人的根本就是人本身”，“人本身是人的最高价值”，任何教育制度都要为人的生存、生活和发展服务。有利于保障和促进人的全面发展的教育制度，就是好的教育制度。1840 年以后，由于战争与经济的失败，中国否定了自我文化。中国近代被半殖民化，落后于西方国家的发展，原因被归结为旧中国制度的落后和文化的落后。

世界教育的竞争本质上是制度竞争。制度优势包括教育规则的

① Obama State of the Union Speech 2011 [EB/OL]. http://www.ngbbs.com/read.php? tid-10042.html.

公平程度、教育资源的分配方式、教育成果的平等认定等方面，并由此形成一个国家或地区在制度上的控制力、竞争力和吸引力。好的制度，可以创造优质的制度环境；坏的制度，则只会污染制度环境。世界各国通过制度竞争，谋求长期的国家战略利益。美国教育有自身的优势，美国的大学系统被认为是世界上最好的，美国的大学教师是非常优秀的。一方面，美国政府认为，美国的公立教育可以为美国学生提供的教育要比中国教师为中国学生提供的教育要好得多。美国学生不乏创意和热情。假如有足够的时间学习，在起跑线上不落后于中国学生，肯定还是要战胜中国学生的。另一方面，美国的学者，甚至政府部门又强烈批判美国的教育，甚至进行教育制度的反思。

中国是一个社会主义国家。在21世纪，世界社会主义走入低潮的时候，中国依然坚持社会主义制度，并用自身成功的经济、社会、科技和教育发展的实践向世界证明社会主义的生产力、创新力和生命力。中国在教育制度上的优势体现在以下三个方面：爱国主义是中国教育制度的思想动力，公民参与是中国教育制度的群众基础，国家动员是中国教育制度的动力机制。从可以预见的未来分析，世界大国之间发生大规模战争的可能基本不存在，国家与国家，特别是大国与大国之间的竞争更多地表现为经济、政治、外交和教育制度的竞争。在国际环境相对安全和稳定的前提下，新型世界大国关系及未来竞争，要求中国必须成为教育强国。

（四）教育模式

教育模式影响教育行动、教育方式和教育结果，国家与国家之间的竞争正是教育制度和发展模式竞争的体现。

全球化时代是一个合作竞争的时代，合作创造机会，竞争提升效率。全球化使一切都扁平化，伴随着发展中国家跨越式发展，发达国家的先发优势也日益扁平化。在发达国家原发式现代化模式之后，发展中国家后发式现代化模式逐步在实践上、模式上和理论上更加成熟，中国、印度等文化悠久的人口大国，走出了一条独立自主的发展道路。

哈佛大学校长德鲁·吉尔平·福斯特曾说："同这些中国大学校长接触之后，让我更加确定美国的高等教育模式是领先的，通识教育模式是令人羡慕的，成就是显著的。它创造了知识，并培养出优秀的学生。我们教育要保持领先地位，需要得到政府及整个社会的支持，这样才可以为我们的下一代提供更好的教育。"① 但西方国家也开始承认东方国家教育的价值和影响力。美国教育部副部长安东尼指出："中国教育方面比较侧重于理科，如数学、科学这些科目的学习，他们取得了非常显著的成功，这是我们可以学习、借鉴的地方。""中国在学习外语教育框架方面是非常可借鉴的，很多中国年纪小的学生就已经开始学习英文了，这是我们可以学习的，我们要让美国的学生除了学习本国语言以外，还要学习世界上其他地方的语言。"因此，美国教育部副部长爱德华多·奥乔亚指出："教育模式或许有别，但殊途同归。中美两国有各自的教育传统，应该在尊重传统的基础上加强交流、相互学习，通过人文交流促进中美关系的健康发展。"

奥巴马总统在 2011 年国情咨文中强调指出："像中国、印度这样的国家已经认识到，只要自身做一些改变，就可以在这个新世界与任何人竞争。于是他们开始给他们的儿童更早、更多的教育，更重视数学和科学教育。他们对科学研究和新技术开发进行投资。就在不久以前，中国拥有了世界上最大的太阳能研究私有企业和世界上最快的计算机。"奥巴马进一步强调："我们需要比全世界其他地

---

① 福斯特. 变革世界中的大学：在哈佛大学 2011 年毕业典礼上的演讲［J］. 杨勇，译. 世界教育信息，2012（4）：15.

方更优越的创新、教育和建设。我们必须让美国成为地球上做事业的最佳场所。”“当然，教育的竞赛不会止于一张高中毕业证书。为了提升竞争力，必须要让每个美国人都有机会得到高等教育。”① 进入21世纪第二个十年，中美两国在广泛合作的同时，彼此之间的经济、政治、军事、外交和教育竞争日益激烈。

三、发达国家教育仍然处于优势地位

发达国家依靠其先发优势，在教育发展中长期处于优势地位。例如美国，正如耶鲁大学校长理查德·雷文（Richard C. Levin）所说的：“一个多世纪以来，美国的初等和中等教育令世界艳羡，它培养了世界上接受过最好教育的劳动力，使美国在北美和欧洲工业化进程上拥有了巨大的竞争优势。”② 2015年1月20日，奥巴马总统在新一次国情咨文中也信心满满地说道：“我坚信更有智慧的美国领导方式。当我们把军事力量和有力的外交结合起来时，当我们利用我们的力量建立同盟时，当我们不被恐惧蒙蔽而能看到新世纪带来的机遇时，我们能发挥最好的领导作用。我们现在正是这样做的，而且是在全世界：我们正在改变世界。”奥巴马强调：“我们要向前看，而不是往后看；要结合运用实力与外交，明智地使用武力；要建立联盟来迎接新的挑战和机遇，永远以自己的价值观作为样板，发挥领导作用。我们因此而与众不同，我们因此而强大。因此，我们必须努力坚持最高的标准——我们自己的标准。”③ 以美国为首的发达国家依靠其特有的先发优势，在世界教育发展中占据领跑地位，

---

① Obama State of the Union Speech 2011 [EB/OL]. http://www.ngbbs.com/read.php?tid-10042.html.

② 耶鲁大学校长雷文：迈上未来漫长又精彩的旅途 [J]. 庄丽君，编译. 世界教育信息，2013（12）：28.

③ 奥巴马2015年1月20日国情咨文演讲（英汉双语全文）[EB/OL]. http://www.1717518.com/article/article_9439.html.

并在教育发展中不断提升入学水平和教育质量，以期扩大和保持教育竞争优势。

发达国家教育长期保持成长性。以美国为例，数据统计表明，1990—2012年，美国3~4岁儿童入园率从44%提高到54%。5~6岁儿童入园率从1990年的96%下降为2012年的93%。7~13岁学龄儿童小学、中学入学率为98%。2012年，18~19岁和20~24岁青年高等教育毛入学率分别为40%和47%，5~6岁儿童的入园率比2011年下降2个百分点，7~13岁和14~15岁学龄儿童入学率，分别略低于1990年的数据。1990—2000年，16~17岁学龄人口入学率在93%~94%的范围内波动；2000—2012年，16~17岁学生入学率从93%提高到96%。从青年群体分析，美国18~19岁人口总入学率（中学水平和大学水平）从1990年的57%提高到2012年的69%。

美国高等教育具有成长性。进入21世纪以来，发达国家特别是美国的高等教育人数持续增长（见表3－1），2002—2014年，总计增长了4 604万人，增长率为27.7%，高等教育入学机会进一步增加。但是与发展中国家特别是中国和印度相比，由于成长性限制，其增长较为缓慢。

表3－1 2002—2003年度至2013—2014年度美国高等教育规模及增长率

年度	规模/万人	增长率/%
2002—2003	1 661.2	1.8
2003—2004	1 691.1	2.1
2004—2005	1 727.2	1.2
2005 —2006	1 748.7	1.0
2006—2007	1 767.2	1.6
2007—2008	1 795.8	1.7
2008—2009	1 826.4	10.6
2009—2010	2 042.8	0.6

续上表

年度	规模/万人	增长率/%
2010—2011	2 055.0	0.4
2011—2012	2 062.5	3.0
2012—2013	2 125.3	-0.2
2013—2014	2 121.6	1.8

注：以上数据由美国国家教育统计中心（the National Center for Education Statistics）提供。

从高等教育来看，2014 年，英国《泰晤士报》全球高等学校排名前 20 所中，美国有 14 所；前 30 所中，美国有 21 所，英国有 4 所，加拿大有 3 所，日本有 1 所，瑞士有 1 所。奥巴马由此说："我们相信，我们能够使我们的孩子们为面对一个更具有竞争性的世界做好准备。现在，我国年轻学生们的数学和阅读分数都达到了前所未有的水平。我国的高中生毕业率也达到历史新高。完成大学学业的人数超过了以往任何一个时期。"①

与发展中国家包括中国相比，发达国家教育具有三大优势。

一是发展历史优势。与发展中国家相比，发达国家具有特别的先发优势。18 世纪 80 年代，英国率先建立了义务教育制度；18—19 世纪，英国、法国和德国建立了现代教育体系；19 世纪初期，美国建立了现代教育体系；明治维新时期，日本建立了现代教育体系，而中国依然在半殖民地半封建的传统教育体系中徘徊不前。第一次世界大战之前，发达国家先后普及了九年义务教育，20 世纪 50 年代前后普及了高中阶段教育，1971 年，美国普及了高等教育，20 世纪 90 年代，中期发达国家实现了高等教育普及化。教育发展起步早、

① 奥巴马 2015 年 1 月 20 日国情咨文演讲（英汉双语全文）[EB/OL]. http://www.1717518.com/article/article_9439.html.

历史长、思想经验和存量积累丰厚，是发达国家具有的教育历史优势。

二是发展水平优势。发展水平优势是先发国家对于后发国家的最大优势，也是一种从历史中走来而又延续下去的优势。无论是从各级教育普及时间，还是人均受教育年限上分析，发达国家都具有“天然”的优势。在许多发展中国家还文盲充斥、义务教育尚未实现普及的时候，2010 年，OECD 国家 25 ~ 34 岁人口中接受过高中学历教育的比例超过 80%。2013 年，发达国家高等教育毛入学率普遍达到 60% 左右。就 OECD 国家平均水平而言，38% 的 25 ~ 34 岁人口完成了高等教育，23% 的 55 ~ 64 岁人口完成了高等教育。相比之下，在 25 ~ 34 岁中国人口中，完成高等教育的人口比例刚刚超过 20%，55 ~ 64 岁人口的相应比例更低。

三是发展文化优势。文化是一种共同的理念，文化是一种相近的价值认同。现代教育思想、教育制度和教育文化，基本上是基于西方国家思想观念和价值体系而建立起来的。世界各国中西方发达国家的追随者有很多，认同中国教育发展模式者尚少，这需要一个过程，或是几年，甚至是十几年、几十年。后发国家，在已经形成体系的国际文化框架内，要想施加影响甚至改变规则，必须具有强大的文化影响力和持久的战斗精神。

人们对一个国家的赞同，除了对其实力的肯定之外，更多的是对其文化的认同。一个国家教育与文化的被接受程度，常常滞后于其经济地位或经济成就。实力的影响是从外向内——强制接受，文化的影响是从内向外——感同身受。中国经济实力增长、军事实力上升、国际影响力不断增强的时候，由于传统文化差异、制度文化迥异，形成具有自然影响力的教育文化还需要一个过程。

进入 21 世纪以来，中国的教育普及水平和人力资源开发增量接近发达国家，但在存量和水平上存在巨大差距。2010 年，中国 15 岁以上人均受教育年限为9.10年，仅相当于美国20世纪60年代的平均水平。现代化发展历史造成的人力资源开发水平与阶段上的问题，只能依靠时间来加以追赶和弥补。2011年OECD国家高中阶段教育毛入学率为91.10%，高于中国18个百分点，OECD国家2001年的高中阶段教育毛入学率就已经达到90.88%。2011年OECD国家高等教育毛入学率为66.59%，高于中国近40个百分点，OECD国家2001年的高等教育毛入学率就已经达到52.20%，远超过中国目前的水平。

进入21世纪以来，面对发展中国家特别是中国的教育发展成就和快速追赶，发达国家甚至感到仿佛“优势不在”。美国大学校长警告美国政府：“如果我们未能对教育、基础设施和创新进行投资，我们将失去未来。”① 美国政府进一步明确未来发展的战略方向：美国人在全球经济中的未来角色并不是在低成本、低工资、日用品的生产与服务层面上发挥领导作用，而是在高附加值、以创新促进发展的层面上发挥领导作用。②

必须指出的是：“十三五”教育规划，中国政府确定的高等教育普及目标是50%，达到普及化水平。中国教育正在实现对发达国家的快速追赶。在中国中央电视台9台——纪录频道上，曾经上演了一幕年轻猴子与占有传统统治地位的老猴子争夺猴群统治权和交配权的过程。年轻猴子多次挑战老猴子的统治地区，而又屡遭挫折、屡次失败。在新老猴子斗争得不可开交之际，某一早晨，在与老公猴展开撕咬的一瞬间，年轻猴子便十分轻松地取得了胜利。优势的

① 耶鲁大学校长雷文：迈上未来漫长又精彩的旅途［J］. 庄丽君，编译. 世界教育信息，2013（12）：29.

② 创新美国：世界因竞争和挑战而繁荣：美国创新行动计划中期报告［Z］//国家教育行政商学院. 世界高等教育改革与发展趋势. 内部资料，2006：56.

取得过程是一个持久、漫长而艰苦的过程，而优势的转换只是“一瞬间”就能完成的事情。

第二节　人类共同开启第四次教育革命

革命是一个宽泛的概念，既反映政治、经济和社会变革，又反映思想、制度和文化变迁。教育革命是经济社会发展的产物，教育革命的产生、演变和发展，受到经济阶段和水平的影响与限制。学术界对于教育改革阶段的研究，大体可以分为“四阶段论”和“三阶段论”两种。20 世纪末，中国学者蒋笃运和赵桂英提出过“四次教育革命”的观点，即第一次教育革命是学校和专职教师的出现，第二次教育革命是文字的出现，第三次教育革命是由造纸和印刷术的发明而引发的，第四次教育革命是由微电子技术的发展应用而引发的。① 周洪宇和鲍成中认为，人类经历了三次教育革命：第一次教育革命是从原始的个别教育走向个性化的农耕教育，第二次教育革命是从个性化的农耕教育走向班级授课式的规模化教育，第三次教育革命是从规模化教育走向生态化、分散化、网络化、生命化的个性化教育。以上两种观点，各有其特点和可供参考之处。但是，核心的问题是划分标准不一致，导致教育改革阶段划分结果存在问题。我们认为，技术推进变革，教育技术推进教育变革。人类交流与交往技术的不断革新，促进人类教育产生过四次伟大的革命。从教育技术革命的视角研究世界教育的革命性变革与发展，我们认为可以将教育革命划分为四个阶段，即四次革命。

---

① 盘点人类的三次重大教育革命[EB/OL].(2014 - 05 - 03). http://edu.people.com.cn/n/2014/0503/c1053 - 24967472.html.

一、人类历史上的四次教育革命

（一）语言诞生催生第一次教育革命

语言是社会性的重要体现。语言是人类最重要的交流工具，是人与动物的本质区别。在人类生存、生活和生产过程中，为了满足交际和交流思想的需要，语言产生了。语言的产生，是直立行走以后人类实现从动物到人的又一次伟大的飞跃。由于有语言，人类的社会活动尤其是教育活动，与动物的教育活动严格地区别开来，具有了超越所有动物教育的特殊品质。语言是思维的重要工具之一。非语言的交流，无论思想深度还是表达的清晰度，都无法与语言交流相媲美。语言诞生，是人类教育的真正开始。有研究认为，人类语言已有400万年的进化历程，语言能力是自然选择的结果。菲利浦・列伯曼（Phillip Liberman）在《人类说话的进化》一书中推断："人类的远祖大约在9万年前的某个时候开始'说话'，大约在3.5万年前的某个时候开始使用语言。"① 人类逐渐在世界不同地区"同时"诞生多种语言。

第一，语言教育是人类学习与动物学习的最大区别，在教育本质上产生了第一次革命。语言是一种社会现象，是人类最重要的交流工具和思维工具。语言不仅是人与动物的最大区别，也是人类教育与动物教育的最大区别。从严格意义上讲，动物之间可以学习，但是不存在"教育"。从更为严格的意义上讲，只有人才有"教育"。语言，将人与动物区别开的同时，也自然将教育与学习区分开来。

第二，语言改变了人类教育的时间与空间，在教育内容上产生

---

① 徐吴，马斌. 时代的变换：互联网构建新世界［M］. 北京：机械工业出版社，2015：70.

了第一次革命。语言的产生，可以留下“过去的知识”。没有语言之前，动物与动物、人与人之间的交流是“即时性”的，具有现实性、较短性和不可追溯性的特点。没有语言之前，人们难以表达“前天”“前年秋天”等过去的概念，而有了语言，这一切就变得轻而易举了。语言的产生，不仅改变了人类教育和学习的手段与方式，更多的是改变了人类学习的内容。语言促进了人类语言文化的诞生发展，除了与劳动和生存有关的技能知识外，文学、艺术成为人类教育的重要内容。

第三，语言改变了人类教育的手段和工具，在教育方式上产生了第一次革命。从“心授”到“口传”，语言为人类教育增添了翅膀。有了语言，人类创造了口头文学、演唱艺术，同时语言成为人类文化的重要载体。依靠语言，长者将自己的生活、生产和生存知识与经验传达给下一代；依靠语言，人类的教育行为可以得到更多参与、更多分享和广泛传播。人类在整个教育过程中，语言表达与交流更加准确、更加科学和更加细腻。依靠语言，人类的思维与表达更具逻辑性。语言表达具有“线性”特征，先说什么，后说什么，如何表达得更为生动，需要一定的逻辑。这种逻辑性，对于人类教育活动有十分重要的影响和促进。逻辑与思维相辅相成，相得益彰。

第四，语言促进了人类教育技术的改变与升级，在教育效率上产生了第一次革命。语言是一种力量，一种思想的力量、交流的力量和分享的力量。语言产生之前，人类的教育活动依靠单纯的“行为语言”，存在很大的模糊性和复杂性。有了语言，人类的经验、感受和知识的分享变得更加直接、更加普遍和更加准确，传播的速度和效率大大提高，教育的效力也大大提升。据考察，全球有6 000～7 000种语言。人类语言的多样性，产生了不同民族、不同国家的教育传统。这种差异性，正是人类文化地域性、丰富性和多样性的反映。依靠语言的教育，才是区别于其他动物的人类教育。依靠语言，人类有了思想的直接表达、情感的直接传递、经验和知识的直接传承。

人与动物教育之间最大的区别，在于人可以集中持续学习，这就导致了学校的诞生。据说，最早的学校诞生于公元前3500年左右的两河流域名城马里的苏美尔，这就是“泥版书屋”。中国最早的学校出现在公元前2700年的五帝时代，名为“成均”。

（二）文字发明实现第二次教育革命

一切技术进步都是人类自身能力的延伸，文字是人类知识革命的重要成果。最早和最出名的文字，是古埃及的圣书字和两河流域的楔形文字。早在公元前3000年左右，古埃及文字和楔形文字已经很发达了。中国的汉文字也是世界上最古老的文字之一。文字对于人类知识与文明发展的作用十分明显。

第一，第一次实现了人类知识符号化。文字是一种表文达意的抽象符号。文字的发明，产生了书页语言，将人类的思想、智慧和知识用文字的形式加以记录。用文字形式做记录的作用如下：一是更加准确地记录、表达和传播，二是便于知识积累、传播和保留，三是加快实现知识创新。

第二，第一次实现了教师与学生的分离。文字产生之前，教师与教师拥有的知识、经验等教育资源是一体的、不可分离的，这就极大地限制了知识的分享和学习的自由。文字的产生，促进了第一次“教师”与“教育资源”、“教师”与“学生”的双重分离，使人类学习的空间进一步扩大。人类告别了口口相传的教育和学习模式，将知识学习者与知识拥有者相分离，实现了知识传播方式的飞跃。

第三，知识的传播进一步拓展，突破时间和空间限制。作为知识最重要的载体，文字以其表物达意无限的精度、深度和延展性，记录着人类的知识发展和文明程度。人们依靠文字可以进行超时空的学习和研究，知识“行走”的时间无限、空间无限。

第四，不同文字之间的交流与互译促进了知识增长。由于文字的规则性和系统性，不同民族和国家之间的文字可以相互翻译，这极大地促进了人类经验、知识与科技的交流与融合，知识在交流中持续增长和不断创新。

（三）印刷技术带动第三次教育革命

知识传播的速度与效率，与知识复制能力紧密相关。印刷术的发明，将知识生产、复制和传播推向一个新的高潮。印刷技术是中国古代四大发明之一，在人类的知识学习、知识传承和知识进步等方面发挥了重要的作用。历史考察证明，唐朝之前没有印刷术。印刷术起源于200 年中国的拓印术，约在600 年左右，中国出现了雕版印刷术。北宋庆历年间（1041—1048），毕昇发明了活字印刷术。宋人朱翌的《猗觉寮杂记》（卷下）中说："雕印文字，唐以前无之，唐末益州始有墨版。"唐代末年，雕版印刷术已趋于成熟。后唐宰相冯道、李愚等重视儒学教育，上奏说："尝见吴蜀之人，鬻印板文字，色类绝多，终不及经典，如经典校定雕摹流行，深益于文教矣！"（《册府元龟》卷六二八）他们请求雕版印刷儒经，得到皇帝批准。

一般来说，印刷术开始于隋朝的雕版印刷，经宋仁宗时的毕昇发展、完善，产生了活字印刷，并由蒙古人西征传至欧洲。在印刷术发明之前，人们用手工抄写的方式记录和传播知识。最早的印刷术为雕版印刷术，是用雕刻的方式将文字刻在木板上进行印刷。雕版印刷比起手工抄写已方便得多，但是雕版仍有缺点，雕刻一部大书，需要不少人力、物力，很不经济，同时书版还占据大量空间，后来人们发明了活字印刷术。活字印刷术的发明，是印刷史上的一次伟大技术革命。活字印刷术大大提升了人类知识的复制、传播与学习速度，结合纸的发明，现代意义上的图书初步产生。纸与印刷技术相结合，将知识、学习和教学更加紧密地联系在一起。从产生活字印刷术以来，印刷技术的发展引领着世界知识的复制、传播和创新，推进着教育的普及和人类文明的发展。德国学者卡尔·皮尔尼指出：11 世纪，中国出现了真正的知识爆炸。“中央之国作为世界历史上的第一个知识社会，站在进步的顶峰，在天文学、数学、物理、化学、气象学、地震学和许多其他领域中，远远地走在西方世界之前。国家的文化辐射力达到了整个远东地区。”

印刷技术对于教育的直接影响如下：第一，印刷术拓展了知识传播的渠道。中央政府和地方政府采用这种方法印刷，一次可印几百乃至几千本书，速度快，质量好，既省时间，又省力，知识传播速度迅速加快。传说宋代宋敏求家有藏书三万卷，置复本，供人阅读。印刷术得到广泛应用，书籍的复制、传输变得便捷，印书、读书的成本大大降低。印刷术的发明，创造了第一个“知识大众化时代”。这种知识的大众化，又极大地推进了知识的传播与创新，这是中国宋朝文化和教育发达的重要技术基础。第二，印刷术催生教育和考试制度改革。王伦信教授认为：“书籍的广泛流通也引导了士人读书习惯的改变，泛观博览读书风气普遍流行，鉴于纠正其偏差，强调专精成为宋人论读书方法的一项要旨。通过印制试题等方式，印刷术也直接应用于科举考试，有利于科举考试规模的扩张。大量的科场时文甚至习作被印制出版，成为考生模仿和科场剽窃的对象，在教育成为科举附庸的发展过程中也产生了微妙的影响。”① 第三，印刷术成为普及教育的推动力量。印刷术的发明，实现了教育内容的专业化、科学化和课程化，这也极大地促进了教育的普及。北宋政府重视教育，教育水平明显提高，北宋的教育普及水平达到 30% 以上。学校教育是印刷技术最早进入的领域之一。王应麟在其《国学

① 王伦新. 从印刷术的应用看媒介演进对教育的影响：技术向度的中国教育史考察之二［EB/OL］. http：//blog. sina. com. cn/s/blog_56b12d6b0100k54j. html.

纪闻·经说篇》中引《国史艺文志》说："唐末益州始有墨版，多术数书、小学。"南宋学者陈傅良曾有诗有些夸张地称道："人人尊孔孟，家家诵诗书。未省有宇宙，孰与今多儒!"（《止斋集》卷三）

宋代产生了丰富的文学艺术，"唐宋八大家"中有六位出自宋朝。宋代儒学大为复兴，尊师重道之风盛行，科技发展突飞猛进。英国现代著名史学家汤因比说："如果让我选择，我愿意活在中国的宋朝。"悲哀的是知识传播和教育普及并没有把宋朝变得更加富裕、更加强大。由于王朝衰败，国家分裂，宋朝成为中央帝国发展的一个重要节点。《大国的兴衰》的作者保罗·肯尼迪尖锐地指出："印刷术仅限于学术著作，没有用于广泛的传播知识，更少用于社会批评。纸币的使用被中止。"① 但是，无论如何，宋朝的科学、技术、文化和教育发达，是一个不争的事实，并成为当时世界科学技术、文化和教育的一个高峰。但是，宋朝之后，印刷技术在知识传播中没有发挥应有的作用。

美国学者肖恩·杜布拉瓦茨（Shawn DuBravac）在《数字命运：新数据时代如何颠覆我们的工作、生活和沟通方式》一书中有这样的描述：从古典时代一直到中世纪，阅读、书写和学习都只限于神职人员或精英阶层。直到 15 世纪中期为止，书本都是与等重的黄金同等价值的珍宝。1450 年，德国铁匠约翰内斯·古登堡发明了世界上第一台印刷机，使用活字和油墨。值得注意的是，中国毕昇以泥土制作的活字易坏，韩国人发明的铜字昂贵，只有德国人发明的铅活字印刷术经济实用，风靡全世界，促进了欧洲出版业的发展和整体欧洲的现代化。印刷机改变了欧洲和世界，几千年来，人类面临的复制难题突然消失了。千百年来，只有少数富人拥有的东西，一

---

① 肯尼迪. 大国的兴衰［M］. 陈景彪，等译. 北京：北京大学出版社，2011：33.

下子遍地开花了。

（四）互联网技术引领第四次教育革命

《2015 年度互联网趋势报告》认为：“一场基于互联网而生的社会变革正在发生。”强大的复制功能产生强大的传播效应和知识革命，“唯一能与印刷机的发明比肩的就是互联网的发明”①。从毕昇的活字印刷术，到古登堡的印刷机，再到驿马快信、电报、电话、卫星及至互联网，每一次知识与数据传递方式的创新都加速了信息的流动与交换。

2014 年，互联网渗透率大于 45% 的国家，前 5 名依次为中国、美国、日本、巴西和俄罗斯，前 15 名国家的网民总数已达 16.53 亿（全球网民数量为 27.93 亿），总人口渗透率为 59%。其中美国网民数量为 2.69 亿，互联网在总人口中的普及率达 84%。

2015 年，全球 39% 的人是网民。“互联网用户数从 1995 年的 3 500万发展到 2014 年的 28 亿，智能手机用户也从 1995 年的 8 000 万人增长到 2014 年的 52 亿人，换而言之，互联网渗透率从 20 年前的不足 1% 已增长至如今的 73%。”② 美国智能手机渗透率已经达到 65%。中国的互联网用户规模占世界总数的 23%，已经是美国（10%）的 2 倍多，同时中国的应用下载量仅次于美国，位居第二。美国用户日均上网时间为 5.6 小时。中国是移动互联网接入量增长最快的国家，2015 年达到 2.47 亿，同比增长 86%。在全球十大公共互联网公司中，美国占 7 个，中国有 3 个，形成了中美两分天下的格局——未来真正的移动学习革命很有可能产生于此。

---

① 杜布拉瓦茨. 数字命运：新数据时代如何颠覆我们的工作、生活和沟通方式［M］. 姜昊骞，李德坤，徐琳琪，译. 北京：电子工业出版社，2015：12.

② 2015 互联网趋势报告 26 点干货内容都在这里了［EB/OL］.（2015 - 05 - 28）. http：//it. sohu. com/20150528/ n413981257. shtml.

在互联网的带动下，世界进入“迷你”传播的微时代，产生了许多前所未有的生活形态和教育形态，“微电影”“微访谈”“微小说”“微生活”和“微课堂”使人耳目一新，应接不暇。“人类进入微时代之后，各种小巧便携的移动终端大行其道，人们随身携带一个电子阅读器或一部手机，就等于在自己的口袋里装进了一个图书馆，就可以随时随地了解全球资讯，即使是一门课程，只要能满足碎片化学习的需要，也可以走到哪里学到哪里。”① 1980 年，容量为 26 MB 的硬盘售价为 5 000 美元，即 1 GB 要售 193 000 美元。2015 年，1 GB 存储空间成本低于 0. 05 美元。互联网时代，知识的复制与传播几乎接近零成本。1986 年，全世界的信息技术能力为 2. 6 艾字节，即 2. 6 万兆字节。2005 年，数据储存量是其 15 倍。

虚拟学习成为新潮流。21 世纪的第二个十年，第三次科技革命、第三次工业革命以及互联网共同催生第四次学习革命，对人类的生产方式、生活方法和学习方式产生全面而深刻的战略性影响。互联网特别是移动互联网引发的教育革命，表现为五个方面。

一是学习环境的生态革命。“互联网 +”战略就是利用互联网的平台，利用通信技术，把互联网和包括传统行业在内的各行各业结合起来，在新的领域创造一种新的生态。“‘移动互联网 +’绝不是简单连接，还带来了转化与再造。”这种再造，首先是人类生存、生产和生活环境的历史性再造，互联网改革世界的一切。以苹果公司的 App Store 为标志，颠覆了传统的信息传播工具与模式，创造了一个新的移动互联网生态系统。“互联网 + 教育”是利用互联网平台，创新教育教学新模式和新生态。从教育文化生产到消费，从教育社会组织运行到教育行动追踪与管理，都将在互联网时代发生变革。

---

① 李平. 微时代：满足碎片化学习需要的微课程设计与创作——以“李平现代文学欣赏”系列微课为例［J］. 天津电大学报，2014，18（2）：13.

二是学习理论的“去中心化”革命。以学校或教师为中心的学习理论和学习方式迅速改变，自主性学习成为主流。《2013—2014中国手机/智能手机市场研究年度总报告》曾预测，按国家划分，2014年，中国智能手机用户首次超过5亿人，中国成为智能手机用户最多的国家；2015年，俄罗斯将超过日本，成为第四大智能手机用户市场；2016年，印度智能手机用户将超过2亿人，印度将首次超过美国成为第二大智能手机市场；2017年，美国智能手机用户将超过2亿人，占全国人口的近65%；2018年，印度尼西亚智能手机用户将超过1亿人，成为第四大智能手机市场。

三是学习资源的传递革命。互联网的优势是传输容量大、速度快和覆盖广。人类已经从电话阶段的1对1传递，发展到互联网时代的1对N、N对N的传递。“由于互联网全球化的特征，互联网信息传递的N足够大，能够达到几十亿，这也就让信息传递的效率达到史无前例的高度。信息的传递正从1到N的传递效率延伸到N^2传递效率。”① 伴随着个人计算机（PC）被智能手机和iPad取代，不仅信息互联，人类进入“万物互联”的时代。有专家曾预测，到2016年，全球智能手机用户数量将超过20亿。2015年，全球智能手机用户将达到19.1亿，2016年，该指数将增长12.6%，达到21.6亿。这是一个庞大的信息用户和信息创造者。

四是学习主体的自主革命。一场革命的最伟大力量，往往来自人本身，来自每一个活生生的个体，个体的革命将带来难以预测而又潜力无穷的深刻变革。在移动互联网时代，人类从媒体时代进入自媒体时代。传统媒体开始全面社会化进程，媒体的门槛进一步降低。特别是在微博和微信产生后，这个世界逐渐分化成为两个世界：

---

① 徐昊，马斌. 时代的变换：互联网构建新世界［M］. 北京：机械工业出版社，2015：79.

有形的物质世界与无形的虚拟世界。为满足学习者的个性需求，个性化定制、公民制作等方式成为主流，手拿着智能机的人们，游走于现实世界和数字世界之间，不停地在现实世界与虚拟世界之间转换。每一个人都可以成为媒体中人，人们用文字、图片和视频展示着自我世界及外我世界。

五是学习体系的交互革命。自互联网时代起，虚拟学习体系成为与实体学习体系并行、交互及融合的一种重要的教育模式。线上学习与线下学习、虚拟资源与实体资源、正规学习与非正规学习相互交织、相互作用。教育商业机会的扩大，增加了更多的学习机会，并使正规学习与非正规学习相互融合。人类生活在一个非正规学习超越了正规学习的时代。2013 年，奥巴马总统宣布实施“教育互联”计划，投入 40 亿 ~ 60 亿美元，将在 2018 年实现为全美的 K－12年级中小学生提供宽带上网，充分利用现代网络技术促进教育资源和信息资源共享。互联网学习与线下学习紧密结合，网络信息技术应用于教育结果的改善，将有助于促进教育公平，提高教育质量，真正有效地提升人们的学习能力。

二、教育质量成为国际教育竞争的核心领域

教育能够改善个人的生活质量，促进社会经济繁荣，对于社区与社会发挥着重要的纽带凝聚作用。公平与质量是教育发展的两大战略重点。无论是发达国家，还是发展中国家，都需要经历从实现教育公平到追求教育质量的过程。一般而言，教育质量的核心是提高人的培养质量。具体而言，教育质量可以分为两个维度：一是指教育教学过程满足受教育主体——广义上的学生发展需要的程度，二是受教育者的知识、素质和能力满足经济社会发展需要的程度。

进入 21 世纪以来，世界教育进入以提高质量为主题的时代，制定教育质量国家战略成为世界各国提升人力资源开发质量、维持经

济可持续增长的重要举措。早在2004年，英国教育部发布名为《置英国于世界一流教育之中》的国家教育发展战略报告，全面系统地阐述了英国未来10年的国际教育战略目标与基本政策，并提出针对基础教育的措施：为在全球社会中生活并在全球经济中工作而培养我们的儿童、青少年；在全体儿童和青少年的学习经验中注入国际内容，提升青少年的外语能力。2005年，英国教育与技能部发布了《英国教育改革》白皮书，提出了英国教育改革的总目标是“让每个孩子都能享受优质教育”。具体目标包括：建立免费、独立的公共学校体系，组建自主管理的信托基金学校，提供更多的择校机会，鼓励家长参与提高学校教育质量，因材施教，给予优质学校更多自主权，加强学校纪律管理等。2005年2月，德国教育科学学会和德国联邦政府教育部门联合举办了主题为“未来教育”的大型研讨会。会议提出了2010年前德国教育的九大目标，其核心理念是“教育面向所有人”和“能力教育”，其目的是促进现行社会向“知识型”社会转变。默克尔总理领导下的德国政府明确提出，到2020年将使德国成为世界上“最适于研究的国家”，确保德国科研水平和经济竞争力在世界上处于领先地位。2005年，联合国教科文组织以“提高质量势在必行”为主题，发布《2005全民教育全球监测报告》，并进一步提出“质量是教育的核心所在。它决定了学生学习收获的多少和好坏，决定了他们所受的教育能给他们带来多大益处”。面对日益激烈的全球国际经济、政治和军事竞争，各国政府纷纷制定国家教育发展战略规划，将教育与人力资源开发作为增强国家综合实力、实现人的全面发展的重要手段。

2006年4月，美国大学协会公布了《国防教育和创新动力——迎接21世纪美国经济和安全挑战》报告。该报告提出美国创新力的目标是：增强美国研究能力，以保证科学技术持续地创新；培养美国天才，以增加美国国家在数学、科学、工程、外语方面的专家；

持续地吸引和培训最好和最聪明的国际学生、科学家、工程师和学者。2006年9月，美国出台了一份旨在引领未来10年至20年美国高等教育走向的报告——《美国高等教育行动计划》。2007年5月，美国教育部正式发布了《2007—2012年战略规划》。此后，美国又实施了“21世纪技能合作计划”，该计划将教育界、商界、各社会组织团体和政府联系在一起，努力将21世纪技能发展作为核心主题部分，其目的是提高技能，提升企业竞争能力。

重视提升国家整体教育质量，重新占领教育改革和发展领导地位，成为21世纪英国教育政策的核心目标。2007年10月26日，英国前首相布朗在格林威治大学（the University of Greenwich）发布了新政府的教育施政纲领，提出：英国的抱负是建立“世界级”的教育体系，成为全球教育联盟的领头羊。世界级教育体系的最终目标是使英国每位青少年成功地向大学过渡，或者在18~19岁时能完成学校教育、在职培训，获得资格证书，向技能型工作过渡；通过受益培训计划使成人提高其职业技能水平。① 2007年12月，英国儿童、学校与家庭部也发布了针对18岁青少年的基础教育发展规划，即《儿童计划：创造更美好的未来》，规划英国儿童10年战略远景。以儿童发展和教育质量为核心，这份文件在确立了五项基本原则的基础上，为2020年设立了十大目标：实现世界一流教育，缩小不同背景学生之间的差异，改善儿童的健康和生活，确保儿童安全，促进学生潜能发挥，确保儿童走向成功等。其中包括引入新的儿童福利评估系统，增强儿童在小学和中学入学之初掌握的技能，减少儿童肥胖症患者，消除儿童贫困，大幅度减少青少年犯罪。到2020年，力争实现90%的小学入学新生在所有方面都发展良好，90%的初中毕业生在GCSE考试中5科成绩在C以上，超过2007年

---

① 刘熙. 英国布朗政府教育政策新思维［J］. 世界教育信息，2008（8）：7.

的60%。

2008年，英国高等教育委员会发布《2008—2011年战略规划》，以追求卓越为核心，确定了未来一个时期英国高等教育发展的六大战略目标：一是追求教与学的卓越，二是扩大参与和机会公平，三是提升研究卓越水平，四是扩大高等教育对于社会经济的贡献，五是举办高质量的高等教育，六是保证卓越。以英国高等教育的《2008—2011年战略规划》为重要标志，追求卓越成为世界教育发展的时代主题。《2008年教育与技能议案》被认为是英国50年来最为重要的教育立法，它致力于在5年后将国民的义务教育年龄提高到18岁。围绕这个目标，布朗政府系统地进行教育政策改革。2008年5月14日，布朗向议会提交了《2009年教育与技能议案》，目的是保证英国每个儿童都能上优秀的学校。

2008年，联合国国际教育局推出《2008—2013年中期发展战略》。在“通过教育，为建立世界和平、消除贫困、实现可持续发展和跨文化交流而努力”的宗旨指导下，联合国国际教育局（UNESCO-IBE）提出到2015年将实现八项千年发展目标和六项全民教育目标。为此，联合国国际教育局计划从能力发展与技术支持、知识生产与知识管理、政策对话三个方面，提高教育质量，促进高质量课程发展。2008—2013年，能力发展、技术支持的战略目标是为高质量课程编制过程和全民课程中的能力建设做出贡献。不断充实和丰富知识数据库以及各种课程资源，为研究人员、教育实践者、培训者和决策者服务。通过战略对话，促进地区、国家以及全球在推进课程开发方面的政策对话。通过推动全球性政策对话，共享信息资源，扩大伙伴关系，为实现高质量教育而努力。

2009年2月，奥巴马签署了《2009年美国恢复和重新投资法案》，在教育改革方面确立了五个重要内容：一是加强幼儿教育；二是采纳世界水平的统一学术测验标准；三是采取措施，招聘优秀教师，加强教师的职业发展，为优秀的教师提供更多的奖励；四是促进学术，创新和追求卓越；五是为每个公民提供接受高质量高等教育的机会。2009年11月，欧盟发布了《教育和培训2010计划》。确定了提高教育质量和效益、扩大全民受教育机会和向世界开放欧盟教育三大战略目标及13个具体目标，提出了到2010年要使欧洲的教育和培训系统成为“世界教育质量参照系”的宏伟目标。欧盟的2010年教育与培训具体目标包括5项：辍学率低于5%；学习数学、科学、技术门类的毕业生比例不低于15%，同时减少这些科目学生的性别比例不平衡现象；22岁以下年轻人完成高中学习的比例达到85%；15岁以下群体在阅读、数学、科学方面有困难的比例减半；有劳动能力的成年人参与终身学习的比例不低于12.5%。可以说，欧盟的《教育和培训2010计划》是一个提高教育质量和劳动者素质的计划。

三、国际教育技能发展趋势

技能是一种与生存、生活和生产直接相关的技巧、技术与能力。与学术相比，技能有悠远的过去、更宏大的现实和灿烂的未来。2012年，OECD发布的《更好的技能更好的工作更好的生活：技能政策的战略路径》报告前言开篇提出：“技能被誉为21世纪全球全流通货币。”① 技能对于改变生活、提升产业和推进发展具有不可替代的地位和作用。在知识经济社会再工业化浪潮中，需要重新定义技能，重新确立技能的地位。2012年5月14—16日，联合国教科文组织在上海召开有117个联合国教科文组织成员国及72个国际组织的800多名代表参与的第三届国际职业技术教育与培训大会，大会

① OECD. Better skills better jobs better lives：a strategic approach to skills policies［EB/OL］. http：//www. amazcon. cn/dp/9264177299.

主题是“职业技术教育与培训的转型：培养工作与生活技能”。

当今社会，缺乏技能的人将成为社会边缘人，缺乏技能的国家将成为全球化时代的边缘国家。低技能的人面临更大的体验经济不利的风险，并更容易失业和依赖社会效益。相反，较高技能的人会有更好的收益，他们被录用的机会更多。一般而言，高技能的人具有高工资、高水平的政治效能感、高层次的信任、广泛的工作机会和良好的健康，财富增长和积累的速度更快；低技能的人，财富增长和积累的速度较慢；无技能的人将生活在贫困之中。世界各国政府、企业、学校、家长和学生都应重新认识技能的价值，充分发挥技能在改善生活质量、提升就业能力和减少贫困代际传播中的积极作用。

20 世纪 50 年代，美国制造业增加值占世界的 40%，2002 年下降到 30%，2012 年跌至 17.4%。全球金融危机后，美国反思实体经济被削弱的后果，提出“再工业计划”。奥巴马认为，制造业是美国经济复苏的重要动力。2010 年，奥巴马政府提出《美国制造业促进法》，美国联邦政府投入 170 亿美元左右，通过暂时取消或削减美国制造业在进口原材料过程中需付的关税，重振制造业并恢复在过去 10 年中失去的 560 万个就业岗位。恢复制造业竞争力的核心是劳动者素质。2015 年新年伊始，奥巴马总统公布了“美国社区学院承诺建议”，提出为两年制社区学院学生免除学费，即凡在社区学院修读副学士学位的学生，只要平均分（GPA）在 2.5 以上且按时毕业，可以获得学费减免。目前，美国有 40% 的学生在收费低廉的社区学院就读。这一项目预计将会使美国 900 万学生受益，并使每个社区学院的全日制学生每年可节省 3 800 美元学费。

英国学徒制度走向现代化。英国现代学徒制的培养目标在传统学徒制的基础上有了进一步的发展，即从单纯培养熟练技术工人，发展到培养理论联系实际的新型劳动者。2008 年 1 月，一个代表英国国家性的学徒制管理机构——英国国家学徒制服务中心（NAS）酝酿成立并于 2009 年 4 月正式开始对外运作，这是英国传统学徒制度现代化的重要标志。英国现代学徒制具有统一的学习框架，每个框架包含三个核心内容：第一，对理论知识的学习，包含对职业领域与主题的理解；第二，工作能力的评估，包含对学徒生是否能胜任核心工作内容的评估鉴定；第三，基础技能的学习，包含语言、数学以及 IT 知识等基础领域的技能学习。① 并同时规定每年不低于 280 小时的学习内容。

2014 年 6 月，中国教育部、国家发展改革委员会、财政部、人力资源和社会保障部、农业部和国务院扶贫办联合印发《现代职业教育体系建设规划（2014—2020 年）》，提出中国职业教育体系建设的总目标是：到 2020 年，形成适应发展需求、产教深度融合、中职高职衔接、职业教育与普通教育相互沟通，体现终身教育理念，具有中国特色、世界水平的现代职业教育体系，建立人才培养立交桥，形成合理教育结构，推动现代教育体系基本建立，教育现代化基本实现。为此，需要完成 12 项重要任务：优化职业教育服务产业布局，统筹职业教育区域发展布局，加快民办职业教育发展步伐，推动职业教育集团化发展，加强中等职业教育地位，优化高等职业教育结构，完善职业人才衔接培养体系，建立职业教育质量保障体系，改革职业教育专业课程体系，完善“双师型”教育培养培训体系，加速数字化、信息化进程，建设开放型职业教育体系。2020 年，中等及高等职业学校在校生规模达到 3 830 万人，继续教育参与人次达到 35 000 万人次。

与中国城镇化、工业化进程相适应，建立中国特色社会现代职

---

① 英国现代学徒制度[EB/OL].(2014－11－17).http://www.cssn.cn/zt/zt_xkzt/zt_jyxzt/24484/xuetujiejian/201411/t20141117_1402001.shtml.

业教育体系具体分两步走。

第一步，2015 年初步形成现代职业教育体系框架。现代职业教育的理念得到广泛宣传，职业教育体系建设的重大政策更加完备，人才培养层次更加完善，专业结构更加符合市场需求，中高等职业教育全面衔接，产教融合、校企合作的体制基本建立，现代职业院校制度基本形成，职业教育服务国家发展战略的能力进一步提升。职业教育吸引力进一步增强。

第二步，2020 年基本建成中国特色现代职业教育体系。现代职业教育理念深入人心，行业企业和职业院校共同推进的技术技能积累创新机制基本形成，职业教育体系的层次、结构更加科学，院校布局和专业设置适应经济社会需求，现代职业教育的基本制度、运行机制、重大政策更加完善，社会力量广泛参与，建成一批高水平职业院校，各类职业人才培养水平大幅提升。

第三节 世界教育在竞争中走向融合

21 世纪，世界教育从两端走向融合，世界各国寻求共同或相近的教育目标。全球每个国家都意识到，要让他们的学生都准备好 21 世纪需要的技能，包括在数学方面、科学方面以及语言和艺术方面的技能。从意识形态上分析，有东方教育思想与西方教育思想的相互融合；从世界教育体系分析，有区域与区域、国家与国家之间的教育体系融合；从教育体系内部分析，有普通教育与职业教育之间的相互融合；从教育发展模式上分析，有中国式教育与美国式教育之间的相互融合。

一、世界教育融合的思想和现实基础

世界教育融合是一种需要、一种趋势，更是一种理性的选择。

融合的核心是东西方教育发展思想、发展模式、发展制度的相互学习、借鉴及交融。世界教育融合具有共同思想和现实基础。

第一，东方国家的和谐思想：和而不同，不同而和。中国是最大的发展中国家，也是发展中国家的核心，又是发展中国家与发达国家之间沟通与融合的纽带和桥梁。中国主张“结伴而不结盟”，能很好地发挥中国的大国政治优势和东方文化优势，凝聚世界各国之间的利益与共识，建立有利于共同发展、共同分享的合作机制。2015 年，中国顺应全球和地区经济社会发展需求，以包容、开放、团结、合作和发展为共同价值观，倡导成立亚投行，发达国家与发展中国家云集，有力地证明了中国和谐主张的思想魅力。

东西方教育思想在源头上就有许多共通之处。6 000 年前的希伯来人认为，“敬师如敬神”“教师先于父亲，贤者先于国王”，甚至主张，在双亲与教师同处危难之中的时候，应该先救教师。苏格拉底被誉为“众师之表”。与西方观点不同，中国儒家更加强调师道尊严，主张“子不教，父之过；教不严，师之惰”。无论是北宋欧阳修的“古之学者必严其师，师严然后道尊”，还是明代文学家王守仁的“师严道尊，教乃可施”，都十分重视和强调严师的地位和作用。中国近代政治家、思想家、社会改革家康有为更主张：“师道既尊，学风自善；片言之赐，皆事师也。”从这一点来讲，儒家的教师观具有广泛的开放性。

中国儒家主张“天、地、君、亲、师”，师具有特殊的社会地位。战国末期的思想家荀子认为：“礼，所以正身也；师，所以正礼也。”古希腊哲学家、科学家亚里士多德认为：“我爱我的老师，但我更爱真理。”孔子强调“当仁不让于师”（《论语·卫灵公》），更早于亚里士多德。古希腊时代的教学“问答法”与孔子的启发式教学，有异曲同工之妙。同样，美国著名哲学家、教育家杜威也强调：“教师总是真正上帝的代言者，真正天国的引路人。”这与中国北宋政治家、文学家、史学家司马光“经师易遇，人师难遇”的观点有许多相同之处。

第二，融合与离散并存的全球化3.0理论。2000年，全球化进入了一个全新的时代：全球化3.0版本。如果说全球化1.0版本的主要动力是国家，2.0版本的主要动力是公司，那么3.0版本则是新发现的合作完成全球化的个人的能力。诺贝尔经济学奖获得者迈克尔·斯宾塞提出“包容性革命”的思想，不仅影响到世界经济理论和发展，也影响到世界教育、科技与文化理论和发展。他强调：“今天我们所看到的是‘两个并驾齐驱和相互作用的革命：发达国家工业革命的延续与发展中国家令人瞩目的发展模式。”当今世界，现代信息网络将人们更加紧密地联系在一起。

表3－2 经济全球化与教育国际化

版本	经济全球化	教育国际化
1.0	哥伦布发现新大陆	19世纪末期20世纪初推广统一学制
2.0	经济全球化，工业化推进全球化	1945年成立国际教育组织
3.0	信息传播全球化	网络时代的教育国际化

第三，以中美为核心“建立一个利益共同体”。中美之间的关系是当今世界最为复杂的国家关系，既相互依赖，又相互竞争。推动中美关系发展有两个车轮，一个是合作，另一个是竞争。竞争与合作处于同一个轴心，合作中有竞争，竞争中有合作。如果竞争偏离了轴心，合作机制将发挥作用。从长远来讲，中国的崛起是历史的必然，也是美国不得不面对的未来。只要美国不想与中国发生战争，唯一正确的选择是与中国建立一个利益共同体，这个共同体包括经济、政治、军事、文化、科技和教育等各个方面。中美两国之间的竞争与合作关系，也成为世界教育融合的重要基石。

美国投资者兼慈善家尼古拉斯·伯格伦（Nicolas Berggruen）和美国《新观察季刊》的编辑内森·加德尔斯（Nathan Gardels）2014年出版《21世纪的治国之道：东西方之间的中间道路》一书，他们认为就美国而言，“消费文化”政治是美国最大的弱点：选民总是要求立刻得到满足，对长期的结构改革以及会给他们带来阵痛的政客缺乏耐心。对中美两国来说，唯一的解决方法就是引入对方与自己相反的特征，取长补短。美国应该打破禁忌，学习中国的治国之道。中国应摒弃西方新蒙昧主义，构建后西方话语时代的中国话语体系。

第四，智能治理模式：放权、参与和分散决策形成。第二次世界大战之后，以美国为轴心的全球治理体系，为最大限度地维护和谋取美国的国家利益发挥了重要作用。与此同时，也最大限度地损害了发展中国家利益。随着世界经济格局的改变，国际政治、经济治理体系正在发生第二次世界大战后最大的变化。以共同参与、合作治理、多方共赢为目标的现代化智能治理模式，要求传统的发达国家更多地放弃固有权力，给予新兴国家和发展中国家更多的参与权、改革权和利益分享权，共同推进世界经济发展、政治进步和持续发展。

“美国的竞争能力来自于日益积累的教育成就，美国要在21世纪立于不败之地，必须全面加强教育和进行教育系统改革，必须确保每个学生都能顺利从高中毕业，并做好升入大学或开始职业生涯的准备。”① 美国堪萨斯州的2013年年度教师戴安·斯莫克罗维斯基女士指出：“21世纪的学生应该有哪些技能？首先是创造性，然后是交流技能、合作技能以及辩证思考能力，对于新事物的渴望认识，还有就是对于新科技的掌握。”②

---

① 教育部国际合作与交流司. 教育十三五发展规划国外教育调研专辑［Z］. 未正式出版.

② 为“改变”而教［N］. 中国教师报，2014-10-08（10）.

二、教育发展理念相互融合

进入 21 世纪，东西方政治家和教育家蓦然发现：东方教育的优势正是西方教育的缺陷，西方教育的长处正是东方教育的不足。最为典型的是美国“虎妈”和中国“猫爸”的故事——反映了中美教育的冲突、交织与融合大趋势。与此同时，美国教育开始转为向中国学习。美国加州州立大学北岭分校教育学院院长斯巴格纳指出：“我认为，未来中国的教育将对世界产生深远的影响。例如，美国和其他一些国家正在学习中国和其他拥有高质量基础教育的国家的经验，向标准化考试的方向转变。当然，我们也注意到许多中国教育工作者希望减轻统一标准和考试对学生的压力。因此，比较我们的过去的经验和教训，互相学习是很有必要的。”

蔡美儿（Amy Chua）是美国耶鲁法学院终身教授、华裔学者，1987 年毕业于哈佛大学法学院，获博士学位，曾任《哈佛法律评论》执行编辑。毕业后她供职于华尔街律师事务所，并曾在杜克大学、哥伦比亚大学、纽约大学及斯坦福大学任教，曾获得耶鲁大学法学院颁发的“最佳教学奖”。2010 年，蔡美儿发表的《虎妈战歌》一书介绍了一个美国籍的“中国母亲”如何以中国式教育方法管教两个女儿。她骂女儿是垃圾，要求女儿每科成绩都拿 A，不准女儿看电视，女儿的琴练不好就不准吃饭。她坚持“中国式教育”，严厉管教两个女儿，不许在外过夜，不许参加玩伴聚会，不可以经常看电视或玩电脑游戏，不能选择自己喜欢的课外活动，不许不学钢琴和小提琴……“虎妈”自称，正是通过这样严厉的方式，她把女儿送进了耶鲁大学。“虎妈”的教育方法轰动了美国教育界。

“虎妈式教育”是一个新出现的名词，主要指美国一个华裔教授妈妈教育孩子严格和严酷的方法，引爆了全世界对东西方教育模式的大讨论。德国的《世界报》的书评写道：“《虎妈战歌》在美国之所以如此成功，原因在于，在大西洋彼岸，对于世界历史衰落的恐惧在蔓延：中国似乎是地平线上的新强国，向中国人学习，就意味着学习胜利，至少有些美国人这样相信。”①

与此同时，上海常智韬先生提出：“教育也可以很温柔，踩着轻松的步子和孩子跳一场圆舞曲，就像猫一样。”“今天的‘圈养’是为了最终的‘放养’，今天的扶持是为了将来的放手，让孩子独立快乐地生活是父母教育的最终目的。”因此他被称为“猫爸”。

未来世界将以美国和中国为核心，从原有的美国教育和中国教育衍生出教育的新形态，即美国式中国教育和中国式美国教育（见图 3 -2）。这两种新的教育模式，在保持各自独特性的同时，汲取了东西方教育的双重优势，规避了东西方教育的劣势，是未来教育中最具活力和竞争力的新模式。美国教育部副部长爱德华多·奥乔亚认为：“教育模式或许有别，但殊途同归。中美两国有各自的教育传统，应该在尊重传统的基础上加强交流、相互学习，通过人文交流促进中美关系的健康发展。”新模式的产生既是 21 世纪教育时代特点的反映，又是中美两国教育界特别是家长对于本土教育国际化的思考，他们力图打破传统教育的藩篱，在不能完全改变大教育的条件下改变家庭教育环境，形成了一种内在的融合趋势。

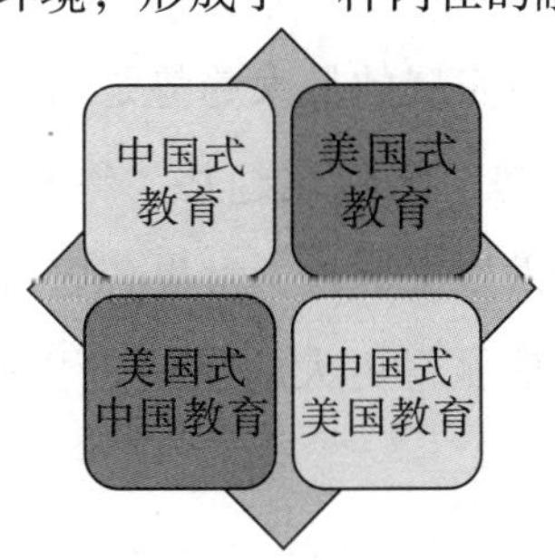

图 3 -2 中美教育模式变化

① 德国人担忧“虎妈战歌”在德国获得成功［EB/OL］. http://blog. sina. com. cn/s/blog 48670cb201017hks. html.

美国教育部主管高等教育的副部长奥乔亚表示，中美两国有各自的教育传统，应该在尊重传统的基础上加强交流、相互学习，并表示要促进更多美国学生来中国留学。2010 年 12 月 23 日，美国教育部副部长安东尼谈中美教育合作时指出：无论是中方还是美方，父母都希望给孩子最好的教育，以确保他们有途径接触到高质量的教育，而且将来也会有途径上到更好的学校，比如成为硕士，或者有一个更好的工作前程、职业规划，以使他们成为一个全球性的公民。此次他的中国之行的目的就是分享经验，互相学习彼此的经验。

2012 年，在英国《泰晤士报》公布的征求全球 1.7 万名学者参与评选的 2012 年全球大学声誉排行榜中，排在前 10 位的大学分别为：哈佛大学、麻省理工学院、剑桥大学、斯坦福大学、加州大学伯克利分校、牛津大学、普林斯顿大学、东京大学、加州大学洛杉矶分校和耶鲁大学。美国大学在前百名声誉最佳的大学中占有多达 44 个席位，英国占 10 席，日本占 5 席。亚洲大学的声誉排名呈上升趋势，清华大学升至第 30 名。不过，与发达国家特别是美国相比，中国的高等教育发展水平尚有一定差距。

三、世界教育体系相互融合

21 世纪，世界教育发展的最大趋势是从竞争走向融合。当代世界教育呈现信息化趋势、国际化趋势、终身化趋势和追求卓越趋势。① 为争夺 21 世纪发展主导权，世界各国纷纷制定国家和地方教育发展战略规划，以期赢得更大的发展机会和竞争主动权。但是，

---

① 据美国国家教育统计中心调查，1994 年美国公立学校有 35% 拥有互联网，到 2000 年达到 98%，2005 年达到 100%。2000 年，80% 的学校已经可以用宽带方式上网，2005 年，97% 的学校已经在使用宽带上网，15% 的学校在教学区拥有无线网络连接设施。1998 年，学生与拥有网络连接的计算机比例约为 12.1∶1，2001 年达到 5.4∶1，2005 年达到 3.8∶1。

在一个更高层次上分析，大融合趋势是全球化时代世界教育改革发展的最典型标志和整体趋势。

在全球教育竞争日益激烈的背景下，新兴经济体成为教育改革发展重要的参与和推动力量。韩国提出人力资源开发和英才战略。2006 年，韩国政府发布《人力资源开发第二个基本计划（2006—2010)》，强调要“建立一个具有强有力人力资源保障的学习型社会”，将韩国建设成一个以人力资源和知识为增长驱动的名列世界前十名的国家。为保证人力资源开发有效性，要为人力资源开发建立一个高质量的资格认证体系；转向以“使用者”为中心的财政支持体系；建立教育与劳动力市场相关信息发布体系。2006 年 6 月 12 日，韩国又以总统令第 19513 号颁布了修订的《英才教育振兴法实施令》，为此韩国教育开发院提出建议：国家竞争力和学生个人发展需求决定了英才教育的本质；英才教育是有创意的启发性教育；需要行政与财政支持；英才教育需要规范；需要开发英才教育基本课程、深化课程、选择课程、急需课程；需要建立英才教育体系和基地，大学建立英才教育院，高中建立英才年级或班级；系统开展对英才教育的研究；培养英才教育教师，设计英才教育项目；建立英才教育的选拔、评价机制；制订中长期英才教育发展计划。

俄罗斯提出转变教育发展模式的新战略，融入世界教育体系。苏联解体后，1992 年，俄罗斯开始了以市场化经济和所有制私有化为特征的经济转轨过程，随之整个社会经济体制、社会环境和教育发展发生了剧烈的变化。《2000—2025 年俄罗斯联邦国民教育要义》强调指出：“教育决定着国家在现今世界上和个人在所处社会中的地位。……教育要超前发展，教育负有把俄罗斯从危机中拯救出来的使命，保证全民族有美好的未来，保证每个家庭和每个俄罗斯公民过上应有水平的生活。”2008 年 3 月，俄罗斯教育科学部公布的《2020 年前的俄罗斯教育——服务于知识经济的教育模式》报告提出："俄罗斯的教育模式应当以俄罗斯的现实和资源为基础。"新教育模式旨在服务知识经济和俄罗斯社会的创新性发展，培养高质量的人才。此报告标志着俄罗斯政府决心从工业社会转向知识经济社会，是俄罗斯工业化教育模式向知识经济背景下的全球教育模式转型的产物。因此，培养创造性和终身学习能力将是新教育模式的根本诉求。2008 年 3 月，俄罗斯发布的《2020 年前的俄罗斯教育——服务于知识经济的教育模式》报告提出，实施中等层次职业教育的职业技术学院将被纳入大学组成部分，落实工学学士的培养计划，培养出的应用型学士和大学的学术型学士拥有同样的地位，并实现不同教育计划之间的学分转换。

当今世界，谁拥有高质量的教育，便会拥有世界教育的话语权，从而拥有教育质量标准制定权，进而拥有世界教育领导权。2008 年 7 月，日本政府出台《教育振兴基本计划》，该计划提出日本教育未来 10 年的发展目标是："争取在义务教育阶段培养所有学生在社会独立生存的基本能力，提高公共教育质量，树立社会信任感，以全社会力量共同培养教育下一代。在高等教育阶段要实现培养杰出人才的目标，培养主持社会活动、推动社会发展、领导国际潮流的领袖人才。"培养领导国际潮流的领袖人才，是日本教育的目标追求，也充分体现了日本政府和国民对于世界领导权的渴望。

各国教育体系进一步融合。《2013 年全球大学峰会致八国集团之宣言》强调指出："随着'金砖四国'的诞生，西方大学与那些新兴经济强国之间已经建立起富有成效的合作关系，树立了'基于互相尊重和求知欲上的合作才能实现重要互惠'的榜样。"① 进入 21 世纪，世界高等教育国际化趋势日益明显，西方国家特别是少数发

---

① 2013 年全球大学峰会致八国集团之宣言［J］. 世界教育信息，2013（18）：13.

达国家主导着国际教育发展的总体趋势。以G8 国家为例，在各国高等教育体系中，国际留学生占大学生比例分别是，英国占 20%，加拿大占 13%，法国占 11%，德国占 11%，美国占 3%。俄罗斯外国学生占高等教育招生比例为 1%，低于 G8 集团的其他国家。同样，在学术高等教育方面，国际留学生规模日益扩大。其中外国博士生招生比例最大的是英国，占 21%。在 G8 国家中，普通高等教育博士学位的留学生数，平均占比达到 25%，其中排在前四位的国家分别是：英国为 48%，法国为 40%，加拿大为 39%，美国为 28%。

要充分发挥政府部门与非政府部门、政府的力量和市场的力量在东西方教育交流与融合中的作用。中国教育体系与美国教育体系相互衔接。清华大学赛尔教育集团与美国马萨诸塞州州立大学——麻省大学一直保持良好的合作关系，双方在麻省波士顿地区共同开设的大学双录取学院——麻省国际学院，已成为众多优秀国际学生入读美国著名大学的桥梁。

表 3－3　1996—1997 年度至 2013—2014 年度中美两国留学生情况

年度	中国学生数/人	增长率/%	美国赴中国的留学生数/人
2013—2014	274 439	16. 5	—
2012—2013	235 597	21. 4	14 143（下降 3. 2%）
2011—2012	194 029	23. 1	14 887（上升 2. 0%）
2010—2011	157 558	23. 5	14 596
2009—2010	127 628	29. 9	13 910
2008—2009	98 235	21. 1	13 674
2007—2008	81 127	19. 8	13 188
2006—2007	67 273	8. 2	11 064
2005—2006	62 582	0. 1	8 830
2004—2005	62 523	1. 2	6 391

续上表

年度	中国学生数/人	增长率/%	美国赴中国的留学生数/人
2003—2004	61 765	-4.6	4 737
2002—2003	64 757	2.4	2 493
2001—2002	63 211	5.5	3 911
2000—2001	59 939	10.0	2 942
1999—2000	54 466	6.8	2 949
1998—1999	51 001	8.6	2 278
1997—1998	46 958	10.5	2 116
1996—1997	42 503	7.3	1 627

注：以上数据来源于《2013—2014 年美国门户开放报告》。

四、教育系统内部组织结构融合

教育系统是社会系统的重要组成部分，具有相对的独立性和完整性。这里所说的教育系统融合是指国际层面国家间教育体系的构成与融合，这既是全球化背景下世界经济体系融合的必然结果，也是教育服务于国际经济社会发展的重要体现。当今世界，职业教育普通化、普通教育职业化趋势明显。美国政府提出：职业与技术教育是影响国家未来的一项关键性投资。《投资美国未来——改变职业与技术的蓝图》报告提出："有效的、高质量的职业与技术教育项目不仅要符合大学和就业预备的标准，还要迎合雇佣者、企业和劳动力市场的需求，要能够为学生提供基于完整学术和技术内容和强大就业的技能课程；以及以就业为导向的学习机会，从而使学生能够把所学知识与现实工作情景和抉择结合起来。"①

① 美国生涯与技术教育变革新动向：基于《投资美国的未来——生涯与技术教育变革蓝图》[J]. 吉林省教育学院学报旬刊，2013（12）：88-89.

教育外交和国际融合是发达国家维护战略利益的重要手段。发达国家教育改革和发展经历了从促进公平到提高质量，再到追求卓越的发展进程。《美国 2000 年教育战略》提出的总体目标为实现“教育公平，优质教育”。美国教育部《2001—2005 年战略规划》进而提出：“确保教育公平，推进优质教育。”《2002—2007 年战略规划》进一步提出：“确保教育机会均等，推进教育卓越。”《2007—2012 年战略规划》更加明确地提出：“加强优质教育，保证教育公平，为全球竞争做准备。”为此，美国政府高度重视加强国际教育，将国际教育纳入美国教育战略，不断提升美国教育的国际竞争力。美国教育部《2012— 2016 年国际战略》报告中第一次提出了美国国际教育的四个目标：一是面向全体学生的世界一流教育，二是全体学生具备全球化需要的素质，三是国际标准规范和吸取其他国家的经验、教训，四是教育外交和扩大国际接触。①

为保持教育竞争优势和谋求经济社会的可持续发展，发达国家率先实施终身教育战略。为加快教育一体化进程，欧洲委员会提出了 2007—2013 年教育行动计划（称之为《终身教育行动计划》）和欧盟教育中长期发展计划。总体目标是通过终身教育促进欧盟成为发达的知识社会，促进经济的可持续发展，通过促进欧盟国家的教育和培训系统的交流、合作与流动，使其教育和培训的质量成为世界的典范。主要具体目标有：为高质量终身教育的发展做出贡献，促进欧洲教育革新；改进成员国终身教育质量，增强吸引力，增加入学机会；让终身教育为充实公民、增强社会凝聚力、促进性别平等和满足人们的特殊需求多做贡献；促进创造力、竞争力、就业能力和创业精神的发展；为各个年龄阶段的群体能更多地参与终身教

① U. S. Department of Education international strategy 2012 – 2016：succeeding globally through international education and engagement [EB/OL]. http://www2. ed. gov/about/inits/ed/internationaled/international-strategy-2012 – 16. html.

育做出贡献；促进语言学习和语言多样化。

加强欧洲区域内教育体系一体化建设。2009 年 5 月 12 日，欧盟教育部长理事会又批准了“欧盟教育和培训合作战略框架”，提出到 2020 年要达到的 5 个新的“欧盟基准”：成人参加终身学习的比例应至少达到 15%，15 岁学生在阅读、数学和科学科目低成就者的比例应低于 15%，30～34 岁拥有高等教育学历的人数比例应至少达到 40%，教育和培训早期离校学生的比例应低于 10%，4 岁到开始接受义务初等教育年龄之间参与早期教育的儿童比例应至少达到 95%。①

五、建立健全全球教育质量标准

2003 年，欧盟教育部长理事会批准了《欧盟理事会关于教育与培训的平均参考基准》文件，提出了到 2010 年监测教育质量的 5 个基准：一是 18～24 岁年龄组中仅具备初中学历且没有接受教育和培训的人口中，早期离校生控制在 1.0% 以下；二是 15 岁以下学生中，阅读素质低成就学生至少减少 20%；三是 20～24 岁人口中，高中阶段教育完成率至少达到 85%；四是数学和理工科（MST）毕业生人数（含本科生、硕士生和博士生）至少增加 15%，同时降低性别比例失衡；五是 25～64 岁年龄组中，成人参加终身学习的比率达到 12.5%。2008 年 6 月召开的全球第四次教育部长会议提出，21 世纪能力和技能对职业教育尤为重要，特别是价值观和职业道德教育，已经上升为各经济体的就业首要要求。

提高教育质量特别是一流大学教育质量是世界各国政府采取的重要举措。为提高高等教育质量和竞争能力，2005 年 6 月，德国政

---

① Council conclusions on a strategic framework for european cooperation in education and training (“ET” 2020) [EB/OL]. (2009－05－12). http://www.consilium.europa.eu/uedocs/cma_data.docs/pressdata/educ/107622.pdf.

府启动实施精英大学计划。该计划旨在建设 10 所世界一流大学、40 个博士研究院和 30 个优秀研究中心。2006 年 2 月 22 日，以萨科齐为主席的法国人民运动联盟公布了《教育协定》，明确了法国教育的两大目标：优质与机会均等。它反映了法国政府重视研究当前及未来社会的发展态势，培养高素质公民，为法国更好地融入 21 世纪欧洲政治和经济空间提供了基础。经过评选，2007 年 1 月 12 日，8 所大学、44 个博士研究生院和 40 个研究中心获得提名。精英大学将在其后 5 年内各自获得每年 2 100 万欧元的资助，博士研究院每年将获得 100 万欧元的资助，优秀研究中心每年将获得 650 万欧元的资助。新一届德国政府提出，到 2020 年将德国建设成为世界上“最适于研究的国家”，以确保德国科学研究水平和经济发展竞争能力在世界处于领先地位。到 2010 年，德国科研经费占国内生产总值的比例达到 3% 。

法国是重要的欧洲国家，也是教育发展水平和教育质量最高的国家之一。针对法国在教育发展和教育质量方面面临的挑战，法国 2005 年制定了《学校未来导向与纲要法》，强调教育标准化建设，确立了 10 ~ 15 年教育发展新体制，提出建立一个更公正、更有效、更开放的学校。《学校未来的导向与纲要法》的附加报告全面阐述了该法的基本精神。

首先，为了一个更公正的学校：可信任的学校。一个更公正的学校，即可信任的学校，要为全体学生提供个人成功和职业成功需要的信心。这一学校既要帮助最弱势的学生，又要鼓励最优秀的学生努力争先；既要贡献于全民教育水平的提高，又要扩大精英人才的选拔。机会平等不应停留在抽象的原则，而要调动所有手段来推动其落实，不能允许青年在离开教育系统时无任何职业资格。要在 10 年之后使 50% 的青年能够进入高等教育。

其次，为了一个更有效率的学校：高质量的学校。一个更有效率的学校，即高质量的学校，要强调致力于提高学生、家庭和国家的教育公共服务的质量。高质量的学校首先依赖于高质量的教师。中小学教师的培训将完全由大学承担，教师培训大学学院将在未来3年逐步融入大学。

最后，为了一个更开放的学校：倾听全国的学校。一个更开放的学校，即倾听全国的学校，一方面体现在与家长建立密切关系，与经济界建立密切关系；另一方面要求掌握外语和计算机与互联网通信技术，保持与社会环境和外部世界的联系。经议会通过，法国政府颁布了《为了全体学生成功》报告。该报告提出一个核心概念——“必不可少的共同基础”，指的是知识、能力和行为准则的整体，是21世纪的生活必要的基本素养。基本素养能帮助国民适应未来变化所需，具有基本素养的国民应该表现出自主、公民身份和专业工作职能的特征。学校应重视的两大支柱学科是语文和数学。对于语文的学习，要能正确表达、阅读和书写法语，掌握社会中应用的不同讲话方式，以及要有良好的阅读习惯。数学有助于思维，其学习中心是提出问题和解决问题，计算、几何和数据管理是数学教学的三大领域。学生应该同时兼顾语言及专门词汇的掌握，并且通过阅读、写作与推理的学习与训练不断地提升能力（王晓辉，2006）。

从2009年1月到11月，美国已有49个州和区域签署正式文件，加入由全国州长协会（NCA）和各州教育长官委员会联合设立的全国统一的数学和英语课程标准行动，意味着全美统一的课程标准正式启动。美国全国州长协会副主席吉姆·道格拉斯强调指出：“为了确保美国的竞争力，我们需要为我们的所有学生做好与全世界的学生竞争的准备。”“统一标准能够让我们的学生与世界上排名靠前的国家的学生进行比较，有可能实现美国教育真正、有意义的转变，造福所有美国人。”①

美国高等教育在发展历史、学校文化和教育质量等方面具有明显优势：2013 年，美国《教育现状 2014》报告显示，在 25 ~ 29 岁年龄组人口中，大约 90% 的人具有高中毕业及以上文凭，其中 34% 的人具有学士或更高学位。2012 年，在美国有 2/3 的 3 ~ 5 岁的孩子进入学前教育机构，有超过 60% 的 3 ~ 5 岁孩子在全日制幼儿园。2010 年，美国公立小学和中学学校学生首次突破 5 000 万人，到 2023 年，这一数字有望增长至 5 200 万人。该报告显示，2012 年，中学后入学人数为 2 100 万人，其中包括 1 800 万名本科生和 300 万名研究生。

进入 21 世纪第二个十年，美国已经从高等教育第一大国退居第三名，排在中国和印度之后。美国芝加哥大学教授霍普金斯预测：“21 世纪的中国，有能力利用自身传统文化的积极因素帮助世界各国建造更加良好的关系，可能会成为世界的领导者。因为除了经济以外，这个国家还可以给世界贡献四个核心的价值，这就是家庭、和谐、创造性地吸收和工作效率。如果世界能推崇这四个美德，那 21 世纪的世界可能会享受更多的和平、繁荣和保持持续的发展。”②

东西方教育融合的重要突破点，首先出现于高等学校的交流与融合。欧洲学术合作协会秘书长兼主任贝恩·维德（Bernd Wächter）认为：“我们可以看到西方和中国的顶尖大学之间建立了越来越多的伙伴关系，这一个迹象反映了中国大学正逐渐成为世界大学体系的重要成员。”③ 在 2015 年全球顶尖 500 所大学排名榜中，中国高等学

---

① 史无前例的美国“共同核心标准”［N/OL］. 中国教育报，2010 - 06 - 10. http://www.360doc.com/content/16/1211/04/451431_ 613690780.shtml.

② 美国芝加哥大学教授：世界将受惠于中国文化［N］. 人民日报，2009 - 11 - 06.

③ 维德. 中国高等教育发展速度令人惊叹［J］. 世界教育信息，2013 (7)：5.

校的综合实力持续增长，进入全球前200所大学的中国高校有7所，其中清华大学排名第25位，北京大学上升16位排名第41位，复旦大学上升20位排名第51位，上海交通大学上升34位排名第70位。

六、美国式中国教育成为世界主流

所谓美国式中国教育，是指中美两国教育思想和教育模式融合而成的一种新模式，是以美国宽松民主教育为载体，以中国严谨教育为核心的教育模式及其教育文化。

苏珊·斯克拉芬妮（Susan Sclafani）博士曾说："如果把全世界的人口缩减到100个人的话，其中61个人来自于亚洲，13位是非洲人，只有5个是美国人。100个人当中有22个人会说汉语，9个人能说英语，印度语和西班牙语也是两大语种，两种语言各有8个人会说。"中国教育的优秀传统、中国教育的覆盖人群和中国教育的辉煌成就，使得中国教育在世界上拥有十分重要的地位和作用。世界上最优秀的教育文化，常常是一种"嫁接"文化，是吸收各国优秀教育文化而形成的能规避自身缺陷、发挥优势的教育文化。在教育文化大融合的21世纪，任何固守传统、故步自封的教育文化都将迟早被淘汰，任何开放包容、主动融合的教育文化都将再胜一筹。

"自由"与"自律"是东西方教育文化的两个核心，西方教育文化更加强调学习者的自主性，东方教育文化则更加强调学习者的自律性。从更加宏观的视角分析，"自由"与"自律"是人类心灵的两种境界、生活的两种境界和学习的两种境界。心之自由，需要自律之翅膀，就好像车的油门和刹车、鸟的翅膀与飞翔。美国缺少"自律"的教育文化——美国的阿甘因其坚强、自律而不放弃自我，而行走如飞，心走如飞，获得了心的自由。但是，与中国教育文化中的"头悬梁、锥刺股""少壮不努力，老大徒伤悲""衣带渐宽终不悔，为伊消得人憔悴"——这种学习自律文化相比，美国教育更加追求学习的自主性、个人学习的自由性。中国缺少“自由”的学习文化——“吾十有五而志于学，三十而立，四十而不惑，五十而知天命，六十而耳顺，七十而从心所欲，不逾矩”。孔子强调立志—立身—从心所欲，不逾矩。从严谨到自由，是中国教育文化的基本逻辑。

谈到美国教育，我们必须纠正一种偏见，即美国孩子不用很努力，就能够取得很好的学习成绩。安德鲁·史密斯（Andrew Smith）是亚利桑那州安提洛普联合高中学区教育委员。他指出：中国学生对美国教育普遍存在一种误解，认为美国学生可以不用刻苦学习、不用努力准备考试就能取得很好的结果。“其实不然，”史密斯说，“中美教育最大的区别就是美国学生可以选择不同的人生。但那些希望成为优秀人才的学生，如果今后想当医生、建筑师、注册会计师等，他们依然要认真学习、努力考试。这点美中两国是一致的。”① 从严谨到自由，还是从自由到严谨，这是中美教育文化的不同起点和归宿。其实，各种文化形态都具有“两面性”特征：美国教育文化认为，学习是每个人自己的事情——学习是一种自我生活方式和价值观念的自由选择，它的动力来自于自我的内心需要；中国教育文化认为，学习不仅是或者更多的不是“自己的事情”，而是家族的事情、国家的事情。每个人都生活在一定的社会群体之中，作为社会成员和国家成员，人必须通过自己的努力为集体的现在和未来发展做出贡献，非正式的社会成员——孩子就必须为家庭而学习、为国家而学习。

---

① 美国教委联合会考察中国教育 期待跨文化合作［EB/OL］.（2014-07-06）. http://news.china.com.cn/txt/2014-07/06/content_32869904.htm.

表3-4 中国“猫爸”与美国“虎妈”的竞争

教育类型	中国“猫爸”	美国“虎妈”
本质	“猫爸”实施的美国式中国教育。宽松是为了在中国的教育环境下寻求“教育平衡”	“虎妈”实施中国式美国教育。严苛是为了在美国的教育环境下寻求“教育平衡”
基础	美国式中国教育——在严苛基础上的宽松与民主，其基础是严苛	中国式的美国教育——在民主环境中的严苛与专制，其基础是宽松
特点	家长不要替孩子做选择。教育孩子时，要在遵守“游戏规则”的前提下，多给他们一些自由权	传统的美式教育方法给予孩子过多自主选择权。“虎妈”在教育过程之中，增加了更多的“规定”性动作，以求克服美国教育的自由性

联合国特别是联合国教科文组织是国际教育的最重要的领导、国际协调机构，在全球教育改革和发展中发挥着不可替代的重要作用。在共同的价值观和教育观的指导下，联合国在世界教育趋同中采取了许多重要的战略行动：一是成立教育国际组织——联合国教科文组织、国际教育规划研究所；二是制定统一的战略规划——全民教育目标；三是确定统一的教育标准（国际教育标准），联合国教科文组织与世界银行合作，提出《高等教育质量保障体系框架》和《跨境高等教育质量指南》；四是制定教育指标体系（通常放在《全球教育摘要》中）；五是发布国际教育报告——《全民教育全球监测报告》）；六是组织国家间的交流与合作。

如果将世界各国比作雁阵的话，发达国家就像是飞在前面的“头雁”。发达国家依靠其先发优势，在经济、社会、文化、教育和科技等方面对于人类的发展进行了先行探索和实践，为人类的整体发展探索道路，积累经验，提供范式。

美国学者认为："美国的大学是世界一流的，但是，很少有人会相信美国的中小学也是如此。众所周知，美国的中小学教育体系正面临着深刻的危机，美国学生历年来在理科和数学方面的国际排名尤其糟糕。"① 因此，美国教育考试服务中心（ETS）常务董事大卫·佩尼对美国高等教育的未来表示出担忧：其他国家正在提高高等教育的水平，将来留学生还有更多的选择机会。过去，像哈佛大学、耶鲁大学这样的世界名校可"守株待兔"，最好的学生会自己找上门来。但现在美国在国际教育行业占统治地位的时代已经一去不复返了。

进一步说，全球化时代的教育不是西方化，更不是美国化的。全球化时代的教育是东方教育与西方教育的大融合，其特点是在统一标准下追求和实现人的全面发展和个性发展（见图3－3）。没有最好的教育，只有最适合的教育，最适合的教育才是最好的教育。

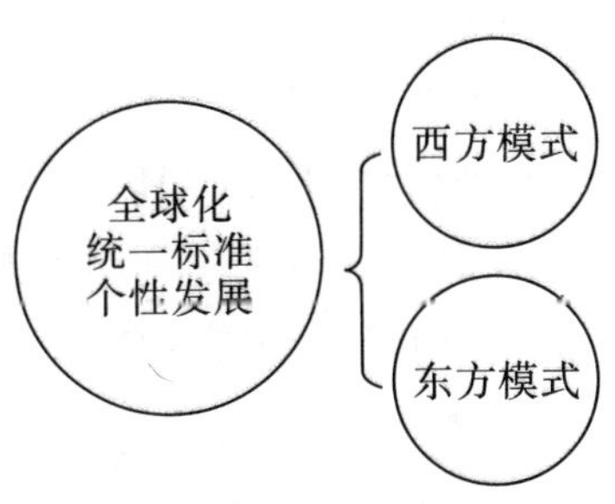

图3－3 教育全球化

有一位中国学者所著的一本书，名字叫《孩子是脚，教育是鞋》，书名很有启发性。人类自来如此，各个国家的人拥有不同的教育——穿不同的鞋。鞋穿久了，就不满意了，对再好的教育也是如此。人总是觉得自己的脚痛，自己的鞋不好；别人的"鞋"美观好

---

① 涅索托，格雷维.2025年世界将发生什么……［M］. 范炜炜，译. 北京：东方出版社，2010：186.

看，想找别人的鞋穿一穿。美国华裔学者赵勇成长在中国，在美国上的大学，并进入美国大学做教师，他在其著作中写道："我意识到，中国想要得到的，恰恰是美国一直迫切想要丢掉的——一个能够尊重个性、支持不同的思考方式、包容与众不同的行为、鼓励创新的教育系统。"①

东西方国家找到了共同推进教育改革的"最大公约数"——信息时代的原住民：学生。美国学者指出："今天，被称为'数字土著'的十几或二十几岁的年轻人，从未体验过这样的世界——一个没有电脑，没有全天候的电视新闻，没有因特网，没有带视频、音乐、相机及带短信功能的手机世界。这些土著中的大部分很少去图书馆，更不用说阅读传统的百科全书了，他们往往只使用谷歌、雅虎及其他搜索引擎。""年轻人和年长者出现深度的大脑鸿沟，即脑沟。"②

严苛与民主是教育的两种模式，即使是在所谓民主国家的美国，在教学模式上的争论也是无定论的。早在1960年，美国教育就开始探索全国性标准考试制度——全国教育进展评价（National Assessment of Educational Progress，NAEP）。NAEP高度强调监测内容与课程标准的一致性，监测与课程标准要达到四个方面的一致性——内容一致性、深度一致性、广度一致性、知识样本平衡一致性，强调学生对课程内容理解、概念掌握、运用知识解决问题以及批判性思考能力的培养。③ 统一的教学模式在美国有着广泛的地位和市场。

2008年1月，奥巴马在其总统大选演讲中多次强调："我们正处在一个严峻挑战和重大机遇并存的时刻。""我们必须为美国未来的

---

① 赵勇．迎头赶上，还是领跑全球：全球化时代的美国教育［M］．上海：华东师范大学出版社，2009：英文版序言．

② 斯默尔，沃根．大脑革命：数字时代如何改变了人们的大脑和行为［M］．梁桂宽，译．北京：中国人民大学出版社，2009：1．

③ 黄志红．美国基础教育质量监测考察报告［EB/OL］．http：//blog.sina.com.cn/s/blog_75f9c7160101h951.html．

繁荣进行投资——制定果敢的新能源战略，修缮学校，提供人们负担得起的高质量的医疗保健，兴建21世纪的基础设施。要建设世界一流的学校，并招聘新一代的教师，确保每个孩子都可得到世界一流的教育。”2009年5月，美国联邦教育部部长阿恩·邓肯在与工商界和教育界人士座谈时强调指出：“美国在教育上走了一条弯路和错路。美国在数学和科学方面仍然严重落后于亚洲国家，也落后于欧洲先进工业国家。美国大学毕业生的数量，本来是全球最高的，一直在下降，而美国培养的工程师的数量，更一直在危险的边缘。”“美国的公立教育在50个州和地区有自己的标准，可是不像中国那样有全国统一的标准和教材，结果一个学生在一个州达到标准，到了另外一个州可能会评为不及格。美国需要根据国际水平设定统一的标准，按照这个标准进行全国统一的大学入学考试，就像中国的高考那样，才可以让美国学生在未来有资格跟中国学生竞争。”“美国公立学校的学生上课的时间，每年比中国学生少25%到45%，却长期比中国学生多浪费起码25%的时间在所谓‘探索性’‘建构性’活动里面。很多教师让学生花大量时间进行所谓的‘探究’，试图让学生发现最基本的公理、定律，如‘等腰三角形的两个底角是相等的’，或者‘作用力等于反作用力’这样用5分钟就能讲清楚的问题。久而久之，美国学生在数学和科学方面，其实每年少学了50%的时间，有可能少学的知识和技能比50%要多。12年积累下来，是个非常恐怖的事实。意味着美国学生将来会远远落后于中国学生。”①

美国联邦教育部部长阿恩·邓肯宣布，将对美国的公立学校实施一次前所未有的改造行动，使地方教育部门采取措施，关闭长年

① 与美国联邦教育部长的一段闲谈［EB/OL］. http：//sq.k12.com.cn/discuz/thread-407178-1-1.html.

不能达标的“失败学校”（failing school），并对其进行彻底改造。美国政府、学者的教育危机感，是自觉、深刻而持久的，这种危机意识或许是美国教育改革和发展的重要动力。

简·奈特（Jane Knight）认为：“国际化是把国际的、跨文化的或者全球性的维度融入教育的目的、功能及实施中去的一个过程。”从本质上说，世界教育的融合动力来自于世界政治、经济和文化的融合，同时教育的融合又促进世界政治、经济和文化的交流与融合。

第四节　从学习型社会到学习型世界

21 世纪的世界是一个学习型世界。早在 1999 年，联合国促进发展委员会发表的《知识社会——信息技术促进可持续发展》报告就强调指出：“知识社会是一个学习型社会。”2013 年 3 月，联合国儿童基金会和联合国教科文组织共同在塞内加尔首都组织集会，探讨如何实现千年目标。会议代表一致同意把高质量的终身学习作为今后发展的中心议题，并建议将 2015 年后的发展目标确定为更加关注教育公平和质量。进入网络时代的世界，学习需求日益增长，满足学习需求的技术日益成熟，全民学习、终身学习不仅成为一种时尚，更成为一种可能。21 世纪是知识经济的时代，是人类共同学习和共同发展的时代。我们将学习型世界的口号定为：一个世界，共同学习（One world，All learning）。这是一个人人学习、时时学习、处处学习的新世界。

一、学习型世界将为人类展示一幅全新的教育蓝图

建设 21 世纪“学习型世界”的思想基础是共同发展。生存权和发展权是人类最根本的权利，共同发展是学习型社会和学习型世界的核心价值追求。学习型社会是工业化后期、知识经济背景下的一

种新的社会形态，是人类社会发展中的一种高级形态的社会存在。① 学习型社会是更加体现以人为本的社会，以人的需求、生存和发展为本。建设学习型社会是整体提升人力资源水平的重要支撑，是促进人的全面发展的根本保障。从本质上讲，学习型社会是一种未来的社会形态，是人类的理念追求。正如著名学者哈钦斯所说："我们的第一个愿望就是所有的人都应该受到充分的教育，获得充分的人性；不是某一个人，也不是少数几个人，甚至也不是一部分人，而是所有人——不论年龄，不论贫富，不论贵贱，不论男女——总之只要生来是人。这样，最终不论年龄、状况、性别与国家，一切人类都将成为受过教育的人。"或许，学习型世界正是哈钦斯的学习型社会的理想状态。当今世界教育特别是高等教育面临三大挑战：知识需求增长、教育学科的多样化和教育费用提高。建设学习型世界将为解决人类面临的学习挑战提供最佳途径。

全球发展是不平衡的。这种不平衡性既限制了人类整体发展，又对发展的失衡提出警示——资源、财富和知识过于集中和分配不公，将对人类的整体发展造成伤害，这种伤害可以体现为经济形态、文化形态，甚至军事形态。我们是一个村子，没人能走出这个村子。人类需要而且必须为发展不平衡买单。整体而言，全球经济正处在工业化进程之中，发达国家包括部分新兴经济体正在从工业时代向知识时代过渡。在这一进程之中，我们不难看到未来教育的新趋势和新特点。

这种新现代教育的特点包括以下十个方面：第一，学习观念：一次性学校教育向终身学习转变。第二，教育功能：由教学、研究向教学、研究、社会服务三位一体转变，教育能力成为国家竞争力

---

① 韩国《终身教育法》明确规定："建构教育法中的基本体制，建立 21 世纪知识社会的新教育体制——开放教育社会、终身学习社会。"

的重要组成部分。第三，教育模式：封闭的校园教育向开放的网络化教育转变。第四，教学形式：从以教师口授为主的单向教学向以计算机、网络和多媒体技术为载体的交互式教学转变。第五，办学形式：由单一的全日制学习向多层次、多形式、多规格教学方式转变。第六，学制制度：由学年制向学分制转变，由单一全日制向多种时制转变，逐步实行完全的学分制和弹性学制。第七，教育内容：由统一内容、统一大纲向保证基础内容、追求前沿科学的方向发展。第八，教育管理：由以数字指标为主要内容的计划管理向宏观战略规划和政策规制转变。第九，高等教育：由精英教育向大众化和普及化方向发展。第十，教育决策：由中央决策为主向地方决策为主转变。知识时代的教育与工业时代的教育相比（见表3-5），最大的区别在于，知识时代的教育是以终身教育思想为理论支撑、以现代信息通信技术为技术支撑的。终身教育思想和现代信息通信技术的结合，便产生了新的教育革命和学习革命。“对于学校来说，这意味着从工业时代有效的但是被动的课堂教学方式转向为一种更能吸引各个年龄段孩子的注意力的教学法。”① 由于这两种支撑，就总体而言，中国教育正处于工业时代后期，并开始进入从工业时代转向知识时代的转换期。

表3-5 工业时代与知识时代的教育特点比较②

比较内容	工业时代	知识时代
教育地位	教育处于社会边缘地位	教育处于社会核心地位③
教育特点	一次性、非均衡性	终身性、均衡性

① 经济合作与发展组织. 面向未来的学校［M］. 李昕，曹娟. 译. 北京：教育科学出版社，2009：153.

② 联合国科技促进发展委员会. 知识社会：信息技术促进可持续发展［M］. 北京：机械工业出版社，1999.

③ 联合国教科文组织. 教育：财富蕴藏其中［M］. 北京：教育科学出版社，2001.

续上表

比较内容	工业时代	知识时代
教育功能	社会功能为主	人的发展功能为主
发展模式	低投入—高产出—高效益—低质量	高投入—高产出—高效益—高质量
发展动力	以供给为驱动力	以需求为驱动力
系统构成	单一的教育系统	教育与学习双重系统
结构特点	自我封闭系统	社会开放系统
学习场所	学校是唯一的学习场所	学习场所多样化
学习方式	大规模、集中式、专业化、标准化	分散化、网络化、个性化、终身化
教育技术	初级化、实体性	智能化、数字化、可视化
普及水平	普及高中阶段教育	普及高等教育
管理方式	集中化	非集中化

二、学习型社会建设已经成为世界各国的共同行为

联合国将终身学习纳入人类发展千年目标。联合国教科文组织终身学习研究所所长阿达玛·旺安在《终身学习的演变和视角》报告中指出：终身学习关注的重心正在从强调教育的供应方向强调学习者本身转变，终身学习是学习者自学的学习过程。“当今教育已多样化，但彼此之间存在着一些清晰的壁垒和疆界，联合国教科文组织正在致力于打破这些疆界。”① 学习型世界中，终身学习的理念得到落实、拓展和创新。2013年10月21—23日，联合国教科文组织与中国教育部和北京市政府合作，在北京共同召开“国际学习型城市大会”，围绕“全民终身学习：城市的包容、繁荣及可持续发展”

① 中国教育发展战略学会学术部. 终身学习的进展、发展趋势和制度建设［J］. 教育研究，2010（10）：107.

主题，探讨全民终身学习在城市发展繁荣与社会和谐中的重要作用、学习型城市的特点和推进学习型城市建设的重大战略。

终身职业教育成为学习型世界的新潮流。“知识经济需要知识型工人。”① 2006 年 8 月 21—24 日，由国际职业教育与培训协会（International Vocational Education and Training Association，简称 IVETA）、联合国教科文组织职业技术教育和培训国际中心（UNESCO－UNEVOC）、俄罗斯联邦职业教育与培训研究中心、俄罗斯联邦教育与科学部、俄罗斯联邦职业教育与培训校长联盟等机构共同组织，在俄罗斯首都莫斯科召开了国际职业教育与培训协会第 15 届大会“终身学习背景下的职业教育与培训”。来自 30 多个国家的 140 多名职业教育与培训领域专家参加了会议。大会提出，职业教育与培训是终身学习的重要部分，要对劳动力教育的资格框架、质量保障、科学技术、成人学习等问题给予特别关注。在此基础上，会议讨论了国际职业教育与培训近来的发展、相关理论及出现的问题。2010 年，韩国教育部提出终身职业教育的理念，提出要使每个人生命的每一个阶段都可以进行职业教育和生涯教育。② 美国学者安迪·哈格里夫斯（Andy Hargreaves）在《知识社会中的教学》一书中指出：“知识社会属于每一个人。所有儿童都应当有机会进入最高水平、最具创造力的知识社会。我们的学校、教师和学生需要被大量注入社会独创性和勇气，以重新激发他们的教育独创性。”③ 为提高教育质量和竞争力，美国实施了“为美国而教”（Teach for American）、“新教师计划”（New Teacher Project）和“新时代教师计划”

---

① 哈格里夫斯·知识社会中的教学［M］. 熊建晖，陈德云，赵立芹，译. 上海：华东师范大学出版社，2007：9.

② 雷丽平. 韩国职业技术教育的发展与改革对我国的启示［J］. 东北亚论坛，2008（3）.

③ 哈格里夫斯. 知识社会中的教学［M］. 熊建晖，陈德云，赵立芹，译. 上海：华东师范大学出版社，2007：187.

(Teacher for a New Era）等一系列教育计划。

终身学习和全员培训是面向未来的桥梁，经济的日益全球化给发展提出了新的国际议程。第二届国际职业技术教育大会的主题定为：终身学习和全员培训是通向未来的桥梁。技术和职业教育与培训（TVET）同劳动世界（包括正规的和非正规的、城镇的和农村的）需要获取的知识和技能有着最直接的联系。为了使新的一代能够迎接实现社会经济的可持续发展的挑战，TVET 可以发挥应有作用。因此有必要在 TVET 的教授与学习内容中增加新的科目（题材）或者对之进一步加以强调，这对于我们所有想终身奋力学习的人是必要的。受到良好训练、掌握技术的劳动力对于任何一个想实现可持续发展的国家都是必不可少的。

学习型欧洲成为欧盟国家终身学习的共同行动。2000 年以来，欧盟先后发表了《终身学习备忘录》《欧盟终身学习行动计划》等一系列重要文件，指导欧盟国家学习型社会建设。欧盟终身教育整体计划包括四项支柱计划，分别是夸美纽斯计划、伊拉斯谟斯计划、达·芬奇计划、格龙维计划，以及两项辅助计划：横向计划、让·莫内计划。为此，欧盟委员会预算投入约 136.2 亿欧元支持这项计划。

中国正在建设全民学习、终身学习的学习型社会。教育形态是社会经济发展的产物，一定的社会发展阶段需要相应的教育形态。1993 年，《中国教育改革和发展纲要》第一次正式在党中央和国务院文件中使用了“终身教育”概念。1995 年，《教育法》规定“建立和完善终身教育体系”，奠定了终身教育的法律地位，明确了终身教育法制建设任务。《面向 21 世纪教育振兴行动计划》进一步明确了到 2010 年发展现代远程教育网络，构建社会化的终身教育体系的目标和时间界限。党的十六大报告则把“形成全民学习、终身学习的学习型社会，促进人的全面发展”作为全面建设小康社会的教育奋斗目标的重要内容。党的十七大报告明确要求："终身教育体系基本形成"，"建设全民学习、终身学习的学习型社会"。《国家中长期教育改革和发展规划纲要（2010—2020年）》确立了三大战略目标："到2020年，基本实现教育现代化，基本形成学习型社会，进入人力资源强国行列。"党的十八大报告进一步要求："完善终身教育体系，建设学习型社会。"建设学习型社会是国家目标和人民意愿。伴随着中国全面建成小康社会、教育普及水平提高、科技进步和知识更新加快以及老龄化社会的到来，建设和形成全民学习、终身学习的学习型社会势在必行。

三、信息网络技术发展使学习型世界建设成为可能

现代信息技术与学习型社会有着天然的联系。早在2000年，美国教育部颁布了《数字化学习——美国国家教育技术计划》，提出：让所有的孩子随时都能得到世界一流教育。"国家、州、地方和私营部门共同行动起来，使我们全国所有的教师和学生都能有机会利用新的及正在出现的技术力量，全面提高他们今天、明天和长远未来的教与学。"① 该计划提出的美国国家教育技术大项目标如下：

> 目标1：所有的学生和教师都能在教室、学校、社区以及家中使用信息技术；
>
> 目标2：所有的教师都将有效地运用技术帮助学生达到较高的学业标准；
>
> 目标3：所有的学生都要具备信息技术方面的知识与技能；
>
> 目标4：通过研究与评估，促进下一代技术在教与学中的应用；
>
> 目标5：通过数字化的内容和网络的应用改革教与学。

---

① 美国政府．数字化学习：美国国家教育技术计划［J］．教育参考资料，2001（21－22）：2.

现在看来，这些目标不仅在美国这样的发达国家的学校得以实施，而且在发展中国家，包括中国的绝大部分学校变为现实。但是，由于教育部门制定的数字化学习规划的目标仅仅局限在学校和学生层面，计划存在“历史的局限性”。

互联网时代，教育信息、教育资源的数字化，改变甚至颠覆传统的学习方式，为知识传播、学习和创造提供了更加广泛的空间与可能。技术在终身学习领域的运用，对于世界每一个人至关重要，一是可以使人们随时随地学习，二是可以在教育资源、学习时间和学习方式方面极大地增加选择性。学习型世界建设主要包括理论建设、制度建设、机制建设和能力建设四个方面，其标志是终身学习体系和学习制度框架比较完备；全球教育资源极为丰富，实现共享；全体成员享有丰富、公平的参与学习机会；全球成员参与学习的能力明显提高。目前，无论是联合国，还是各个成员国家在政策空间、制度空间、资源空间和能力空间方面，都有许多工作需要完成。2015 年，中国将成为全球最大的 4G 市场用户，将突破 4 亿。

人类正在面临着有史以来最深刻、最伟大的颠覆。“我们正在构筑新的数字世界，冲击着现实的物理世界。”① 科技是教育改变的战略工具。大数据不仅带来智慧学习，而且出现了泛在学习。在高度发达的计算机和互联网时代，以大数据为技术和理论支持，人人享受不受时间、地点和空间局限的学习资源。网络化学习、数字化学习、移动化学习、个性化学习和参与式学习应运而生。网络成为推进学习型社会建设的现实技术工具，对于学习型社会建设发挥着至关重要的作用。学习型社会具有以下主要基本特征。

第一，终身化学习。现代社会已经改变了过去人们“教育期—

① 徐吴，马斌. 时代的变换：互联网构建新世界［M］. 北京：机械工业出版社，2015：64.

劳动期—退休期”这种固定的生活周期，而形成新的自由循环的生活周期。终身教育与终身学习是互有联系的两个概念。终身教育是指教育制度应提供个人终身参与有组织学习活动的机会，而终身学习则是指个人应该培养终身继续学习的能力和习惯。终身学习将由可望而不可即变成现实。

第二，网络化学习。这是学习型社会在方法、手段和技术上的特征。21世纪将是网络的时代，社会信息化、全球信息化将由信息网使人们与全社会的信息资源联系在一起，教育将跨越任何时间、空间和国界，随时为人们提供可靠的服务。人们通过局域网、广域网获取信息，学习知识，培养能力。人们还可以建立网上学校、虚拟教室。这种远程学习的出现，克服了传统教育受时间、教育年龄和教育环境等方面限制的缺点。社会性的学习需求使电脑时代的教育变得更加多样化。电脑可以自动保存学习者的学习过程、学习需求和学习特点等方面的各种信息，在深度挖掘的基础上为学习者提供更加适切的学习资源。

第三，开放化学习。开放化是学习型社会的外在特点。“开放化学习社会”具体包括：教育时期开放、教育场所开放、教育机构间的开放、教育开放和教育者开放。教育时期开放，是指任何时期都可以自由学习；教育场所开放，是指尖端教育通信技术的高度运用和高度开放的教育网络体系；教育机构间的开放，是指通过学分银行制，学校和学校之间、学校与地域之间相互沟通；教育开放，是指通过学分制，实现多专业化和复合学术化，实现大学自由入学的开放体系；教育者开放，是指无论谁，包括残疾人和穷乡僻壤的学生，不管何时何地都可以低费用接受高质量的教育。开放的另一种含义是“教育者”和“受教育者”之间相互开放，进行交互式学习。

第四，自主化学习。与现代社会的民主性和个性化相一致，学习型社会是一个自主化学习的社会。满足学习者自主学习需求，是现代学校、培训机构和网络教育服务提供商的重要职责，也是教育发展的最新生成点。教育的多元化、多样化、满足个性化学习，已经成为世界教育发展的重要趋势。学习型社会的学习方式更加自主、自由，即自主确定学习内容、选择学习时间和学习方式，自由把握学习进程、选定学习时间。自主化学习的重要特点是学习内容、学习方式、学习时间的个性化。将学习个性化，为公民提供个性化的学习服务，努力满足个人的需求、兴趣和能力水平，是未来学校和教育机构的重要责任，也是最大的创利空间。

第四章 2030 年世界教育发展前景

洞察力是一种战略能力，谁能看得更远，谁才有可能走得更远。想看得远，不仅要用眼，更要用心，因为心是有翅膀的，而眼睛没有。一个有远见的国家才是一个有希望的国家。从 2015 年到 2030 年的 15 年，将是人类世界发生重大变化的 15 年。发达国家将继续维持教育与人力资源开发的优势地位，整体引领世界教育发展。以中国和印度为代表的发展中大国，将成为世界经济的重要增长点，实现从教育大国向教育强国、从人力资源大国向人力资源强国的战略转变。无论是中国的经济奇迹，还是中国的教育奇迹，都越来越引发全球政治家、教育家和经济学家的浓厚兴趣。瑞典著名经济学家、作家克拉斯·埃克隆德（Klas Eklund）告诉大家："当中国成为世界经济中心时，越来越多的经济学家和政治专家会去把'中国奇迹'理论化，并告诉人们怎么向中国学习。"① 中国是否做好了当教师的准备，是否做好了让别人学习的准备？

① 埃克隆德. 当中国统治世界的时候［M］//中国未来 30 年Ⅲ：重塑梦想与现实之维. 北京：中央编译出版社，2013：61.

第一节　2030 年全球人口结构特征

人口决定未来，人口大国改变世界经济和社会发展未来。教育的对象是人，人口是教育的第一要素，人口问题是制约教育发展诸要素中的首要问题。人口特征决定着教育的特质，教育质量决定人口质量。人口问题是中国强国梦的最大挑战之一。中国面临诸多问题，其严重和复杂程度影响着中国成为世界领袖的时间、空间和范围。一方面，中国仿佛一个 15 岁的孩子，其成长力令西方国家特别是47 岁的山姆大叔（美国）望而生畏；另一方面，中国经济、人口、就业等问题，严重地制约着中国崛起的时间和速度。

一、全球学龄人口结构平稳变化

按照经济发展程度，发达国家率先在 20 世纪 70 年代进入低生育阶段，学龄人口逐步下降。中国政府在 20 世纪 70 年代末开始实行“计划生育”政策，新增人口规模缩小，不仅影响中国甚至影响世界人口结构。大部分发达中国家人口持续快速增长，成为学龄人口增长的主要来源。联合国人口署预测，2025 年，0 ~ 14 岁学龄人口为 19. 30 亿人，占全球人口比例为 24. 1%；2050 年，该年龄段预测人口为 18. 24 亿，所占比例下降为 19. 80%。这不仅显示义务教育阶段学龄人口减少，而且预示从长期趋势上潜在劳动规模将逐步缩小。同时，这一趋势在不同地区显现不同特点，亚洲 0 ~ 14 岁学龄人口规模略有缩小，其所占比例却上升为 25. 5%。这种现象一方面说明，亚洲在全球未来人口中的比例下降，另一方面说明未来亚洲新生人口比例上升，老龄化现象可能会得到一定程度的缓解。

整体人类的再生产活动分为两种：一是物质再生产，二是人类自身的再生产。自身再生产在一定程度上决定着物质再生产的速度、规模和质量；相反，物质的丰富性程度在一定程度上对于人的再生产具有某种限制和推动作用。数十万年来，由于物质长期缺乏、生存条件恶化，加之战争的直接影响，人类自身再生产长期处于较低水平。1804 年，世界人口只有 10 亿，1927 年增长到 20 亿。1945 年后，人类避免了再次发生世界性的战争，生存条件和医疗水平不断提高，出生率持续上升，死亡率不断下降。1960 年，世界人口规模达到 30 亿，1975 年达到 40 亿，1987 年上升到 50 亿，1999 年世界人口迈入 60 亿，2011 年全球人口突破 70 亿。

2003 年 12 月，联合国《2300 年全球人口预测》的报告，是首次对全球人口发展长达 300 年的预测。该报告按照高、中、低和目前生育率四种方案，探讨了世界人口的不同变化趋势，以中等生育率方案为例，即 1 名妇女平均生育 2 个孩子进行预测，到 2300 年，全球人口将从目前的 63 亿增长到 90 亿，其中，非洲人口占全球的比例将从目前的 13% 增长到 24%，欧洲人口占全球的比例则从目前的 12% 下降至 7%。据分析，中国将在 2050 年把“世界上人口最多的国家”这一“高帽”让给印度。截至 2050 年，印度人口将达到 15. 31 亿，占世界人口总数的 17. 2%，超过中国约 1. 72 亿人。这一人口变化趋势，将对全球及地区人口格局和经济发展产生新的重要影响。

2005 年，欧盟安全研究所参与、欧盟防务司主持发布的《关于世界形势的研究报告》预测：“21 世纪，世界人口增长将逐渐放缓，人口结构也将有所变化——出生率与死亡率下降，人均寿命将延长。世界人口增长率将由 2007 年的 1. 2% 降至 2030 年的约 0. 7%。”① 到 2025 年，全球人口将达到 79 亿，比 2007 年增加 23. 4%。发达国家

① 涅索托，格雷维. 2025 年世界将发生什么…… [M]. 范炜炜，译. 北京：东方出版社，2010：3.

的总人口（4亿）将仅占世界总人口15%左右，其中欧盟27国总人口将从2005年的4.58亿增至2025年的4.7亿，占全世界总人口的比例保持在6%。到2030年，中国人口将增至14.4亿，就业人口比重仍高达68.4%。人口平均年龄将从2005年的32.6岁上升至39.5岁。从国际人口流动视角分析，据联合国预测，中国（每年净移民32.7万）、印度（每年净移民24.1万）将成为重要的移民输出国。

联合国人口署也对2030年全球人口结构变化趋势进行了预测。世界人口结构变化呈现一种非均衡状态，欧美国家长期保持人口低增长，日本人口持续负增长，日本陷入20年的经济停滞。最保守估算，从2000年到2025年，俄罗斯的人口也将减少1 000万。人口减少威胁着俄罗斯的国家安全、经济安全，甚至人口安全。非洲国家的人口构成呈现低龄化趋势，15岁以下的儿童占总人口的一半，有的国家甚至高达2/3。埃及相对好一些，但也存在低龄化问题，据此次官方公布的人口普查结果，埃及全国32%的人是15岁以下的儿童，其文盲率高达29%。非洲国家中除了博茨瓦纳、埃及、突尼斯、塞舌尔等少数国家外，绝大多数国家的人口增长率都高于经济增长率，致使人民的实际生活水平大幅度下降。

表4－1　2020—2030年全球人口结构预测

年龄/岁	2020年/千人			2025年/千人			2030年/千人		
	合计	男	女	合计	男	女	合计	男	女
0～4	789 473	406 889	382 584	786 837	405 373	381 464	788 922	405 980	382 942
5～9	746 826	384 974	361 852	779 960	401 910	378 050	778 430	400 931	377 499
10～14	688 014	354 695	333 319	744 103	383 474	360 629	777 501	400 539	376 962
15～19	607 000	312 856	294 144	685 325	353 069	332 256	741 577	381 921	359 656
20～24	598 671	307 989	290 682	603 013	310 311	292 702	681 303	350 483	330 820
25～29	598 676	307 055	291 621	593 392	304 875	288 517	597 953	307 333	290 620
30～34	590 485	301 860	288 625	591 878	303 293	288 585	586 949	301 335	285 614

续上表

年龄/岁	2020 年/千人			2025 年/千人			2030 年/千人		
	合计	男	女	合计	男	女	合计	男	女
35 ~ 39	536 899	273 377	263 522	582 498	297 317	285 181	584 266	298 996	285 270
40 ~ 44	484 911	245 062	239 849	528 280	268 234	260 046	573 871	292 192	281 679
45 ~ 49	469 536	235 939	233 597	475 643	239 327	236 316	518 822	262 392	256 430
50 ~ 54	436 364	217 708	218 656	458 000	228 685	229 315	464 369	232 226	232 143
55 ~ 59	382 342	188 615	193 727	421 015	208 102	212 913	442 689	219 062	223 627
60 ~ 64	317 771	154 428	163 343	362175	176 104	186 071	400 155	195 125	205 030
65 ~ 69	265 731	126 123	139 608	291 644	138 671	152 973	334 059	159 105	174954
70 ~ 74	187 025	85 927	101 098	232 237	106 814	125 423	256 390	118 224	138 166
75 ~ 79	122 219	53 724	68 495	151 804	66 707	85 097	189 650	83 444	106 206
80 ~ 84	80 222	32 581	47 641	87 827	36 197	51 630	110 700	45 599	65 101
85 ~ 89	41 587	15 357	26 230	48 205	17 787	30 418	54 005	20 218	33 787
90 ~ 94	17 050	5 370	11 680	19 862	6 348	13 514	23 473	7 499	15 974
95 ~ 99	4 783	1 182	3 601	5 980	1 526	4 454	7 155	1 843	5 312
100 +	801	162	639	1 142	221	921	1 488	289	1 199

注：本表数据由联合国人口署提供。

人口学界，一般用人口抚养分析研究人口负担的程度，一是少儿抚养比（Child-age Dependency Rate，简称 CDR），即少儿人口抚养比，也称少年儿童抚养系数，是指某一人口中的少年儿童人口数与劳动年龄人口数之比，用以反映每 100 名劳动年龄人口要负担多少名少年儿童。二是老年抚养比（Old-age Dependency Rate，简称 ODR），是指人口中非劳动年龄人口数中的老年部分与劳动年龄人口数之比，用以表明每 100 名劳动年龄人口要负担多少名老年人。1950 年，全球少儿抚养比为 21.89%，1970 年为 24.60%，2010 年下降为 15.54%，2030 年将进一步下降为 14.10%。用一句非专业的话讲就是，1950 年，全球平均不到 5 个成人供养一名儿童，到 2030 年，平均有 6.1 个成人供养一名儿童。同样，到 2030 年，中国幼儿学龄人口比例将降到有统计历史以来的最低点（13.9%，见表 4－2）。

表 4－2　1950—2030 年全球与中国 0～14 岁人口规模与比例及中国所占比重

年份/年	全球		中国		中国占全球比重/%
	0～14 岁人口规模/千人	占总人口比例/%	0～14 岁人口规模/千人	占总人口比例/%	
1950	866 062	34.2	186 047	33.5	21.5
1955	984 225	35.5	225 959	37.1	23.0
1960	1 121 308	37.0	255 797	38.9	22.8
1965	1 264 069	37.8	292 994	40.2	23.2
1970	1 384 947	37.8	330 039	39.7	23.8
1975	1 500 721	36.8	366 378	39.5	24.4
1980	1 569 349	35.3	354 633	35.5	22.6
1985	1 636 786	33.7	325 243	30.5	19.9
1990	1 727 461	32.6	318 574	27.7	18.4
1995	1 813 797	31.7	323 288	26.6	17.8
2000	1 850 250	30.2	316 774	24.9	17.1
2005	1 845 020	28.3	283 771	21.6	15.4
2010	1 920 521	27.6	277 025	20.3	14.4
2015	2 057 873	27.6	288 485	20.3	14.0
2020	2 224 312	27.9	316 137	21.4	14.2
2025	2 310 899	27.3	329 294	21.6	14.3
2030	2 344 852	26.3	325 999	20.9	13.9

注：本表数据，除中国 0～14 岁人口占全球比重为本作者计算而得外，其余由联合国人口署提供。

新生儿出生规模逐渐缩小。20 世纪 70 年代，全球人口总和生育率为4.45，即正常家庭通常有4~5个孩子。到2000年，人口总和生育率一路直降为2.45。1965—2000年，全球持续的高出生率，既为经济发展增加了新的需要，也为教育发展特别是教育普及带来最严峻的挑战。据联合国预测，2010—2015年，世界人口持续增长，每年新增人口7 800万。到2030年，这一数字将降低为5 200万；2050年，人口出生率将首次低于0.5%，新生儿规模进一步缩小为3 000万。2010年，《世界人口数据表》显示：2010年，全球平均每个妇女生2.5个孩子，发达国家为1.7个，欠发达国家为2.7个，最不发达国家为4.5个，而扣除中国数据后的欠发达国家为3.1个。非洲地区人口的高出生率，给非洲等区域教育普及带来严峻挑战。2010年，全球总和生育率最高的十个国家均为非洲国家，它们依次是：尼日尔（7.68）、乌干达（6.73）、马里（6.54）、索马里（6.44）、布隆迪（6.25）、布基纳法索（6.21）、刚果（布）（6.11）、埃塞俄比亚（6.07）、安哥拉（6.05）、刚果（金）（5.77）。

2010年，总和生育率估值最大的十个国家和地区都在非洲。超大规模的新生人口，必然提升非洲地区的少儿抚养比，降低人口红利，加大非洲地区特别是这些国家和地区的教育发展的压力，普及义务教育和扫除青壮年文盲的任务将十分繁重。

表4-3 2015—2025年全球及主要国家18~24岁年龄组人口预测

（以2005年各国18~24岁年龄组人口数为100来测算）

全球/国家	1995年	2005年	2015年	2020年	2025年	进入退出比
澳大利亚	96	100	104	100	98	0.98
奥地利	109	100	97	86	81	0.81
比利时	106	100	100	95	93	0.93
加拿大	92	100	105	97	94	0.94
捷克	125	100	82	67	67	0.67

续上表

全球/国家	1995 年	2005 年	2015 年	2020 年	2025 年	进入退出比
丹麦	126	100	125	124	118	1.18
芬兰	93	100	100	92	88	0.88
法国	105	100	94	96	97	0.97
德国	96	100	92	87	80	0.80
希腊	112	100	79	77	76	0.76
匈牙利	125	100	90	78	74	0.74
冰岛	96	100	106	100	98	0.98
爱尔兰	94	100	82	85	96	0.96
意大利	141	100	94	91	91	0.91
日本	132	100	83	83	81	0.81
朝鲜	119	100	93	81	65	0.65
卢森堡	107	100	122	126	129	1.29
墨西哥	101	100	107	104	100	1.00
荷兰	114	100	110	109	107	1.07
新西兰	96	100	106	102	99	0.99
挪威	113	100	118	115	109	1.09
波兰	89	100	72	59	55	0.55
葡萄牙	120	100	86	88	88	0.88
斯洛伐克	101	100	79	64	58	0.58
西班牙	124	100	73	76	84	0.84
瑞典	105	100	112	95	98	0.98
瑞士	101	100	106	98	88	0.88
土耳其	93	100	102	105	104	1.04
英国	95	100	104	99	95	0.95
美国	88	100	108	106	109	1.09

续上表

全球/国家	1995 年	2005 年	2015 年	2020 年	2025 年	进入退出比
OECD 国家平均值	102	100	98	95	94	0.94
以上国家平均值	107	100	98	93	91	0.91
巴西	85	100	96	96	99	0.99
中国	112	100	92	88	80	0.80
印度	84	100	112	113	113	1.13
俄罗斯联邦	84	100	62	54	59	0.59
南非	87	100	106	104	101	1.01
全球平均值	90	100	105	104	106	1.06

注：以上数据由联合国人口署提供。

表4－3显示，2005—2025 年的 20 年期间，全球学龄人口在略有增长的情况下总体保持平衡。不同国家特别是发达国家学龄人口进入退出比下降，斯洛伐克下降比例高达 42%，印度学龄人口将增长 13%。除了学龄结构以外，世界经济结构、发展模式和生产方式的转变，对人才结构提出了新的需要、挑战和标准。第四次工业革命以及与此紧密相关的现代科技革命，在淘汰了传统就业岗位的同时，催生了新的就业环境和新的岗位。美国智库预测，在全球经济增长时期，美国需要具有知识与技能的竞争者。到 2020 年，预计将有 35% 的职位将需要劳动者至少有一个学士学位，30% 的职位需要劳动者有大学或大专文凭。

人口结构决定社会结构，决定人力资源结构。从总趋势上分析，世界 0～14 岁学龄人口比例持续下降，有利于教育普及和人力资源有效开发。到 2025 年，全球 0～14 岁人口比例为 24.1%，发达国家包括中国为 20% 以下，大大低于世界平均水平。2050 年，全球 0～

14 岁人口比例下降到 20% 以下，并显现三种状态：第一，发达国家新增学龄人口占总人口比例为 15% 以下。第二，在中等发达国家，包括中国，0～14 岁学龄人口比例下降到 20% 以下。2025 年，中国 0～14 岁人口占总人口的比例为 18.0%，低于世界平均水平 7 个百分点；2050 年将下降到 15.3%，低于世界平均水平 5 个百分点。从中长期来看，中国新增人口入学压力大大减轻，为提高教育普及水平和普及层次提供了机会。同时，未来中国新增劳动力不足问题也将成为中国未来经济社会发展的潜在危机。第三，非洲国家 0～14 岁人口平均比例为 28%，坦桑尼亚、肯尼亚、尼日利亚等国家的这一比例依然超过 25%。据联合国经济与社会事务部人口司的预测，2025 年，印度人口将达 14.6 亿，超过中国的 13.9 亿，成为世界上人口最多的国家。根据"中位数变量"统计，2050 年，中国人口将跌至 13 亿，但印度人口将持续增加并在 2060 年达到 17 亿，之后开始下降。相比之下，非洲国家除阿尔及利亚外，其他国家 0～14 岁人口比例均在 30% 以上，整体处于"年轻型国家"行列。

OECD 曾对 2015—2025 年区域高等教育规模进行了中长期预测（见表 4－4）。OECD 预测，OECD 国家高等教育规模将持续扩大，其中 2015 年比 2005 年增加 391.5 万人，2025 年比 2005 年增加 580.5 万人。特别是德国、法国、澳大利亚等国家，高等教育规模持续扩大，成为高等教育大国，并在一定程度上进一步影响国际高等教育发展。但是，从预测分析，这种增加或减少是极为不平衡的：美国（260.8 万）、墨西哥（107.3 万）和土耳其（156.0 万）成为三大推动力，而韩国（－100.8 万）、波兰（－55.6 万）和日本（－26.6 万）成为最大递减国。

表4－4 2015—2025年OECD国家高等教育注册学生规模预测

国家	高等教育总规模/千人（5A，5B，6）				指数（以2005年的学生规模为100计算）			绝对差/千人（各年份与2005年学生规模差值）		
	2005年	2015年	2020年	2025年	2015年	2020年	2025年	2015年	2020年	2025年
澳大利亚	742	827	827	847	111	111	114	85	85	105
奥地利	244	295	308	312	121	126	128	51	63	68
比利时	351	354	338	331	101	96	94	2	－13	－20
加拿大	—	—	—	—	—	—	—	—	—	—
捷克	326	409	379	387	126	116	119	83	53	62
丹麦	208	289	296	285	139	142	137	81	88	77
芬兰	224	237	225	221	106	100	99	13	1	－3
法国	2 187	2 373	2 550	2 777	108	117	127	185	362	590
德国	2 203	2 656	2 764	2 831	121	125	129	453	561	628
希腊	647	593	605	639	92	94	99	－53	－42	－7
匈牙利	336	358	307	292	107	91	87	22	－29	－44
冰岛	13	15	14	14	117	109	107	2	1	1
爱尔兰	169	158	179	215	94	106	128	－10	11	47
意大利	2 015	2 236	2 402	2 566	111	119	127	221	387	551
日本	3 871	3 563	3 701	3 605	92	96	93	－308	－170	－266
韩国	3 201	2 965	2 688	2 202	92	84	69	－246	－522	－1 008
卢森堡	—	—	—	—	—	—	—	—	—	—
墨西哥	2 385	3 052	3 297	3 457	128	138	145	667	912	1 073
荷兰	515	640	681	726	124	132	141	125	166	211
新西兰	177	—	—	—	—	—	—	—	—	—
挪威	184	235	240	235	128	131	128	51	56	51
波兰	1 788	1 525	1 321	1 232	85	74	69	－262	－467	－556

续上表

国家	高等教育总规模/千人（5A，5B，6）				指数（以 2005 年的学生规模为 100 计算）			绝对差/千人（各年份与 2005 年学生规模差值）		
	2005 年	2015 年	2020 年	2025 年	2015 年	2020 年	2025 年	2015 年	2020 年	2025 年
葡萄牙	—	—	—	—	—	—	—	—	—	—
斯洛伐克	181	182	163	163	101	90	90	1	-18	-18
西班牙	1 678	1 393	1 409	1 589	83	84	95	-284	-269	-88
瑞典	295	389	325	333	132	110	113	95	31	38
瑞士	178	234	238	235	132	134	132	56	60	58
土耳其	2 106	3 056	3 436	3 667	145	163	174	950	1 329	1 560
英国	1 705	1 943	1 904	1 972	114	112	116	238	199	267
美国	13 126	15 001	15 061	15 733	114	115	120	1 875	1 935	2 608
OECD	41 064	44 979	45 657	46 869	110	112	115	3 915	4 593	5 805
平均值					112	112	115			

资料来源：OECD. OECD 展望——高等教育至 2030：第一卷［M］. 杨天平，王宪平，译. 重庆：重庆大学出版社，2011：31－32.

二、人类自身资源开发进入新阶段

（一）人类寿命延长影响未来发展

生存是人类发展的基础，人口平均预期寿命是衡量一个社会的经济发展水平及医疗卫生服务水平的重要指标之一。有研究表明，人的预期寿命与经济发展水平、教育水平成正相关关系。人口学家统计，1900 年，世界人口预期寿命大约为 30 岁，2012 年，世界人口预期寿命大约为 70 岁，人均寿命延长了 130% 以上。2014 年 5 月 15 日，联合国世界卫生组织发布报告称，得益于儿童死亡数量减少等因素，目前全球人均预期寿命大幅提高，其中日本女性和冰岛男性预期寿命居全球之首。《世界卫生统计（2014）》的报告指出，基于全球平均数据，2012 年出生的女孩预期寿命约为 73 岁，男孩预期寿命为 68 岁，均较 1990 年出生的人口预期寿命提高 6 岁。报告说，不论在哪个国家，女性预期寿命都高于男性。其中女性预期寿命最高的国家是日本，达 87 岁。西班牙、瑞士、新加坡位居其后；男性预期寿命最高的国家是冰岛，为 81.2 岁，瑞士、澳大利亚、以色列位居其后。该统计表明："全球人口的平均预期寿命已从 1990 年的 64 岁上升至 2011 年的 70 岁，这是非常明显的幅度。"这意味着，1990—2011 年，预期寿命平均每天增加 8 小时。

全球人口寿命不断增长，但这种增长是不平均的。地区与地区之间、国家与国家之间的人均寿命差距依然巨大。全球预期寿命增长最显著的是西非国家利比里亚。1990—2012 年，该国预期寿命由 42 岁提升至 62 岁。紧随其后的埃塞俄比亚、马尔代夫、柬埔寨、东帝汶和卢旺达等国，预期寿命提升了 17～18 年。有数据表明，发达国家人均预期寿命最长，欠发达国家人均预期寿命最短。男女合计平均寿命最短的国家是西非的塞拉利昂，为 46 岁，莱索托为 50 岁，大大低于世界平均寿命。

中国在 1990—2012 年间的总体预期寿命改善状况与全球平均增长水平持平，恰好为 6 年。中国总体预期寿命在此期间增加了 6 年，在 2012 年达到 75 岁，其中健康预期寿命为 68 年。中国男性预期寿命增长了 7 年，平均达到 74 岁；女性预期寿命增长了 6 年，平均达到 77 岁。因此，中国将在不远的将来进入老龄化社会。预计到 2030 年，中国 65 岁以上人口占比将超过日本，成为全球人口老龄化程度最高的国家。到 2050 年，中国社会整体进入深度老龄化阶段。

（二）人力资源投资成为战略性投资

人力资本是 21 世纪的战略资源，技能是 21 世纪的"通用货币"。第四次工业革命与知识经济并行不悖，相互交织，以知识为基础的技能对于未来经济发展、产业提升和企业转型至关重要。一个没有技能的国家，必然是一个失败的国家；一个缺少技能的企业，必然是一个被淘汰的企业；一个没有技能的工人，必然是一个失业的工人。投资于人，再创 21 世纪的国家辉煌成为世界各国追求的战略目标。教育是良好的创业投资。

21 世纪，全球互连互通，人力、资本、信息和货物的跨境流动不断加速。2030 年，新兴经济体不仅将拥有全球 GDP 的 65%，也将成为全球主要劳动年龄人口的所在国。无论是国家，还是国际企业都在越来越多地从新兴市场经济体争夺最好的毕业生。经过技能训练的年轻人正在迅速从亚洲、非洲和拉丁美洲移居极需要劳动人才、面临人口老龄化挑战的欧洲和北美洲国家。

妇女劳动参与率持续上升，要求世界各国更加重视女性人力资源的开发与利用。2013 年，英国就业与技能委员会（UK Commission for Employment and Skills）颁布的《2030：未来的工作、职业与技能》（The Future of Work：Jobs and Skills in 2030）报告调查表明，在过去 20 年中，女性在劳动力市场中的规模持续扩大，在 2010—2020 年，预测将有 56% 的工作岗位是为女性创造的，这种趋势将有可能延伸至 2030 年。英国女性高技能的比例从 2010 年的 35% 提升到 2020 年的 46%，而男性高技能的比例则从 33% 提高到 42%。

日益加快的技术变革、创新和研究，使得社会经济发展对高技能的需求持续增长。有一个明显的例子是由私营部门投资教育。私营部门投资教育的实质在于获取更多的商业利益。适度的早期投资，保证每个孩子上学，仍然可以产生显著的经济效益。事实上，在印度，每 1 美元的教育收益约为 53 美元。[①] 巨大的教育投资收益，激

---

① Investment in global education：a strategic imperative for business [EB/OL]. (2013 - 09 - 16). http://www.brookings.edu/~/media/Research/Files/Reports/2013/09/investment-in-global-education/Investment-in-Global-Education-Final-web.pdf?la=en.

励企业家不断持续投资于教育和人力资源开发。

有报告显示，前五位受教育程度最好的国家为俄罗斯、加拿大、日本、以色列、美国。俄罗斯的25～64岁人口接受高等教育人数占总人数的百分比为53.5%，每个学生的高等教育支出最低为7 424美元。2012年，25～64岁人口中，有超过53%的人接受各种形式的高等教育，大约一半OECD国家高等教育支出平均为13 957美元，俄罗斯也是少数几个教育支出降低的国家。加拿大接受高等教育人数所占的百分比为52.6%，平均增长率为2.3%，每个学生高等教育支出为23 225美元。有超过半数加拿大成年人接受了高等教育，加拿大高等教育支出仅落后于美国。所有年龄段的加拿大学生都接受了良好教育，加拿大人的识字能力与中学生数学成绩都比较好，高于OECD国家的平均水平12%。日本平均接受教育的比例为46.6%，平均增长率为2.8%，每个学生的高等教育支出为16 445美元。美国、韩国、英国等国私人支出占高等教育很大比例，日本大多数家庭攒钱给子女，日本学生读写能力较好，日本学生数学成绩也较好。以色列平均接受高等教育人数所占的百分比为46.4%，平均每个学生的高等教育支出是11 553美元，大多数18岁的以色列学生都参加了至少两年义务兵役，以色列大约有46%成年人有大专学历，花费在高等教育上的支出低于大多数发达国家，教师工资较低。美国接受高等教育人数所占的百分比为43.1%，平均增长1.4%，每个学生高等教育支出平均为26 021美元。

世界各国在人力资源开发过程中更加重视劳动者技能提升，将职业技能作为教育发展和就业增长的核心措施。从20世纪90年代中期开始，为适应知识经济的到来，韩国正式开启了高等教育普及化进程。尽管韩国高等教育毛入学率达到90%以上，青年学生就业状况却没有得到应有的改善。2013年1月23日，美国政策咨询机构“政策交流”正式公布了揭示英国职业教育发展与走向的报告《关注技术——通过教育系统打造高质量的技术和职业之路》。该报告表明，越来越多的青年人认为：参加学徒制培训是获取谋生技能的有效途径。该报告呼吁在英国教育部设立专门的职业技能教育委员会。英国学校必须尽快改变“重教学轻实践”的现状，根据英国国家实力和经济发展需求，开设学生需要的职业技能课程。

发展中国家成为未来教育与人力资源开发的主要生长点。教育包括人均受教育年限存在一种“天花板”现象。发达国家率先发展，率先实现了各级教育的普及化，高等教育普及率平均达到 60% 以上，但未来增长的空间缩窄。发展中国家教育发展相对落后，增长潜力却巨大，成为未来世界教育发展和人力资源开发的主要推动力量。发展中国家，特别是中国高层次人才规模持续扩大，城市人均受教育年限正在追赶甚至开始超过发达国家平均水平。中国和印度高等教育发展进入快车道。预测到 2020 年，中国高等教育毛入学率将超过 40%，达到 50% 左右；2030 年，毛入学率将超过 60%。《印度 2020 愿景》报告提出“到 2020 年让每一个愿意就读高等教育的学生均有机会学习大学阶段的课程”。2030 年印度政府计划向全社会提供 8 000 万个大学学位。

（三）全球女性受教育年限增长速度快于男性受教育年限

男女两性是社会人口的基本构成，男女两性的和谐共处离不开男女平等。人的文化素质影响人的发展机会，男女两性人口文化素质的差异，既是经济、社会、文化发展水平的反映，也会对男女两性在社会中的分工、地位产生影响，倘若差异过大，会在一定程度上影响整个社会的和谐与稳定。OECD 的报告证明：只要对高水平技能的社会需求继续存在，无论是从短期或长期来看，获得高等教育都将带来丰硕的惠益。《教育概览 2012》估计，就 OECD 的 28 个成员平均而言，在初始教育阶段获得大学文凭与获得高中文凭相比，除去相关成本，男性可增加的长期个人经济收益高于 16 万美元，女性约为 11 万美元。

美国著名学者罗伯特·巴罗教授和韩国学者李钟和的研究表明，2010 年，全球女性人均预期受教育年限为 11.40 年，中东欧国家、北美和西欧国家女性人均预期受教育年限均高于男性。《教育概览 2013：OECD 指标》指出："在教育领域，女性毕业生占多数：除日本（60%）、沙特阿拉伯（66%）和土耳其（57%）外，在所有国家的高校学生（A 类高等教育和高学位课程）中，女性占到了 70% 或更多。她们也在卫生和福利领域占据主导地位，平均占所有授予学位的 75%。"① 同时统计表明，OECD 国家高中以下学历者，在 2008—2011 年，男性失业率从 8.8% 上升为 12.9%，女性失业率从 9.5% 上升为 12.2%，低学历男性的实际失业率和上升速度均高于女性。

发展中国家特别是中国教育的发展同样证明，2000—2010 年，女性受教育水平提升迅速。2010 年，我国 6 岁以上人均受教育年限为 8.80 年，较 2000 年提高了 1.24 年。其中男性人均受教育年限为 9.16 年，较 2000 年提高了 0.33 年；女性为 8.44 年，较 2000 年提高了 1.45 年。男女受教育年限差距为 0.72 年，差距与 2000 年的 1.84 年相比明显缩小。中国女性受教育水平持续提高，女性人均受教育年限增速快于男性 50% 以上，北京等许多地区的女性人均受教育年限高于男性。2000—2010 年，受教育年限的性别差缩小了 13 个百分点，是中华人民共和国成立以来进步最快的时期。

第二节　全球教育发展中长期规划

联合国教科文组织的《全民教育全球监测报告 2013/4》对于全

---

① 经济合作与发展组织. 教育概览 2013：OECD 指标［M］. 中国教育科学研究院组织，译. 北京：教育科学出版社，2014：41.

民教育目标实施情况得出比较悲观的结论："距离全民教育目标的截止日期还有不到两年的时间，虽然近十年来取得了进展，到 2015 年，没有一项目标能够在世界各地实现。"① 2015 年的《全民教育全球监测报告》（以下简称"2015 版监测报告"）确认，全球仅有 1/2 国家实现了 2000 年确定的 2015 年世界全民教育发展目标。

一、世界全民教育进展情况堪忧

2000 年，联合国确定了世界全民教育框架，提出了六大战略目标。经过 10 多年的努力，虽然取得了一定进展，但是有太多的国家没有完成确定的战略目标，2015 年实现世界全民教育目标的设想几乎失败。

（1）在幼儿养育和教育方面，1990—2012 年，全球 5 岁以下婴幼儿死亡率下降了 48%，但仅在 2012 年，仍有 660 万儿童不满 5 岁夭折。全世界学前教育毛入学率从 33% 提高到 50%，141 个国家中仅有 68 个国家超过 80%。区域之间的教育发展不平衡情况十分严重，全世界的营养不良儿童总数中，撒哈拉以南的非洲、南亚和西亚占了 3/4。

（2）在普及初等教育方面，1999—2011 年，失学儿童人数减少了将近一半，但 2011 年仍有 700 万儿童失学。失学儿童中，女童占 54%。2015 版监测报告预计，到 2015 年，122 个国家中，有 68 个能够普及初等教育，届时仍有 15 个低收入国家的入学率低于 80%。从完成率分析，在 90 个有数据的国家中，只有 13 个国家能普及完成初等教育。② 学习危机对于处境不利者的影响最为严重，全球 6.5 亿小学适龄儿童中，至少有 2.5 亿人没有学到基本的读写和计算技能，

---

① 联合国教育、科学及文化组织. 全民教育全球监测报告 2013/4——教学与学习：实现高质量全民教育［M］. 北京：教育科学出版社，2014：1.

② 大部分发达国家只有入学率数据，没有完成率数据。

许多孩子失去了继续学习的能力和机会。

（3）在青年和成人技能方面，全球初中毛入学率从72%提高到82%，失学青少年人数减少了31%，但是仍然有6 900万青少年失学。低收入国家的初中教育完成率仅为37%。缺少基本的学习技能、生活技能和生产技能，成为制约发展中国家经济发展、社会稳定的重要因素。贫困、性别、所在地和族裔因素的共同影响，进一步加剧了青少年在获得基本技能方面的劣势。

（4）在成人扫盲方面，1990年以来，文盲人数减少了12%，而2000年以来仅减少1%，文盲人口依然高达7.74亿。女性文盲占青年文盲的61%。在低收入国家和中低收入国家中，1/4的青年人读不懂一个句子。

（5）在性别平等方面，1999—2011年，在161个国家中，初步实现教育性别平等的国家比例达到63%。2015版监测报告显示，预计到2015年，有21%的国家在初中阶段依然存在性别差距。

（6）在教育质量方面，全球有2.5亿儿童不会读书、写字、进行数学运算等基本生活、生产技能，其代价相当于1 290亿美元，约合全球初等教育支出总额的10%；162个国家中，有26个国家的生师比超过40∶1，其中23个是撒哈拉以南的非洲国家。一定要将教育质量列为国家优先事项，制定有力的国家政策，将改善学习和教学作为高度优先领域。

资金不足成为阻碍全民教育目标实现的最大障碍，其次是教师的数量和质量没有保障。2011—2015年，有370万人进入教师岗位。发展中国家教师缺乏的情况长期持续，有29个国家在2030年前无法弥补小学教师的缺口。尼日利亚25%处境不利的学校，学生与合格教师的比率至少达到150∶1。联合国教科文组织的监测报告预测，2015年后，六项全民教育目标都有未竟的目标，前景堪忧。要实现“不让一个人掉队”的目标，甚至要到2086年才有可能。

二、重新制定 2030 年全球教育目标

早在 2013 年 10 月，联合国教科文组织就发布了《联合国教科文组织 2014—2021 年教育战略》（UNESCO Education Strategy 2014—2021）报告。2014 年，联合国成立“2015 后全民教育的督导委员会教育指标技术咨询小组”，研究制定了《2015 年后发展议程》（The Post - 2015 Development Agenda），确定了世界教育发展的总体框架，为解决全球、区域和国家关系问题发挥重要作用。联合国教科文组织将在这一议程的实施过程中继续与各成员国分享未来的教育愿景，做出实际贡献。联合国教科文组织提出的教育优先主题是：推动早期儿童保健和教育作为学习的基础，提高青年和成年人的读写能力，承认教师在提供有质量教育中的中心地位，提高对生活和工作技能的重视，加强针对可持续发展和全球公民义务的教育。

联合国教科文组织也是全民教育指导委员会召集者，2014 年 5 月，关键利益相关者的代表和国际教育机构共同参与的联合国教科文组织会议在阿曼举行。经世界范围的教育领导人的批准，《2015 后教育框架的指标体系》报告提出未来全民教育发展的总体目标和 7 个具体目标。

总体目标：确保到 2030 年人人享有公平、包容的良好教育和终身学习机会。

目标 1：到 2030 年，确保所有女童和男童接受完全免费、公平和优质的中小学教育，获得相应、有效的学习成果。

目标 2：到 2030 年，确保所有女童和男童获得优质的早期儿童发展、保育和学前教育，为接受初等教育做好准备。

目标 3：到 2030 年，确保所有女人和男人平等获得负担得起和优质的技术、职业和不同形式的高等教育。

目标4：到2030年，大幅度增加拥有相关技能的青年和成年人数量，这些技能包括就业、获得体面工作和创业的技术和职业技能。

目标5：到2030年，消除教育中的性别差异，确保残疾人、原住民和弱势儿童等弱势群体平等获取各级教育和职业培训。

目标6：到2030年，确保所有青年和大部分成年人，男性和女性，获得读写和计算能力。

目标7：到2030年，确保所有学习者获得促进可持续发展所需的知识和技能，包括通过教育实现可持续发展和可持续的生活方式、人权、性别平等、促进和平。

在推进全球终身学习方面，联合国教科文组织终身学习研究所扮演着重要的角色，进一步强化了其作为全球终身学习卓越中心的形象，努力加强全球终身教育网络建设，建构具有合作伙伴关系、各国广泛参与的全球网络体系和知识纽带。联合国教科文组织在其2014—2017年战略目标中提出，培养面向所有人的、高质量的、全纳的终身学习体系，构筑以读写能力为基础，职业技术教育与培训和高等教育贯通的全通道。使学习者成为具有创造性和责任感的全球公民，大力发展全民教育，形成国际教育日程，培养有远见、有才智的领导者。

2015年5月19—21日，2015年世界教育论坛在韩国仁川召开，全球100多个国家的教育部部长、高级官员、专家学者等共计1 500余人出席了会议。会议以“通过教育改变人生”为主题，围绕受教育权利、教育公平、全纳教育、有质量教育、终身学习五大专题，讨论分析了全民教育的成就、问题与挑战，确定了未来15年的全球教育发展目标与行动方案。大会通过了《2030年教育：迈向全纳、公平和有质量的教育和全民终身学习》（又称《仁川宣言》），确定面向2030年的世界教育前进方向和主要目标——致力于构建全纳、公平、有质量的教育和全民终身学习机会。

2015年，世界教育论坛的《仁川宣言》进一步确定：要建立一个独立的、全新的教育议程，一个总揽全局、充满斗志、鼓舞人心且不让任何人掉队的议程，以“确保全纳、公平、有质量的教育，增进全民终身学习机会”。联合国儿童基金会执行主任安东尼·雷克说：“我们必须给我们所有的孩子提供平等学习的机会，这一代儿童有朝一日才可以消除今日世界所存在的不平等与不公正。这必须是我们共同的愿景与承诺。”《仁川宣言》受到了包括来自100多个国家的政府部长、非政府组织及青年在内的全球教育团体的响应。

《仁川宣言》描绘了迈向2030年的教育新愿景。国家将确保提供12年免费、公共财政支持且兼顾公平与质量的初等和中等教育，把学生至少享受9年义务教育作为目标；致力于提供至少一年有质量的免费学前义务教育，确保所有的孩子都有机会获得有质量的儿童早期发展、保育和教育；致力于为大量的失学儿童和青少年提供有效的教育与培训机会，确保所有孩子都在学校，都在学习。大会承诺，增加有质量的全民终身教育机会，无论处于何种情境和任何教育层次的人们都可享受终身学习机会。大会进一步承诺确保所有青年和成年人，尤其是女童和妇女，达到国际社会公认的读写能力和计算能力水平，并获得生活技能，提供成人学习、教育和培训机会。为支持发展中国家教育发展，发达国家承诺，向发展中国家提供其国内生产总值0.7%的官方发展援助。“建立在宗迪恩及达喀尔遗产基础上，本仁川宣言是我们所有人共同作出的一项历史性承诺——通过新的教育愿景、果敢和创新的行动来改变人生，以实现我们雄心勃勃的2030年目标。”① 联合国教科文组织的所有参会伙

---

① 熊建辉. 2030年教育：迈向全纳、公平、有质量的教育和全民终身学习——2015年世界教育论坛仁川宣言［J］. 国家教育发展研究中心. 热点问题快报（内部刊物），2015（4）.

伴，基于自身职责、比较优势和互补性，通过提供技术性建议、国家能力开发与资金支持，从个人和集体层面支持国家 2030 年教育议程的实施。通过履行政府承诺、促进政策对话、促进知识共享、教育标准设置和监测教育目标进展等方式，实现 2030 年世界全民教育目标。

建立包容性全球学习环境。联合国提出“以全民信息化推进教育现代化”，实施了全民信息项目，即包容性学习实验室，以满足残疾人在网络时代的学习需求。2014 年 11 月 24 日，联合国在印度城市新德里召开“从排斥到赋权和 ICT 对残疾人的作用”为主题的国际会议，旨在创造一个具有包容性、可扩展、能够被所有人使用的全新的学习环境。通过 ICT 技术的使用，扩大教育范围，改善教育质量。2015 年 5 月 23—25 日，联合国在中国青岛召开国际教育信息化大会，重申让所有人终身都有机会获得平等而包容的高质量教育的机会。在任何时间、任何地点的正规教育和非正规教育情境中采用 ICT 技术开展教育和培训，惠及弱势群体和欠发达地区的人群，包括农村青年人和成年人、女人和女孩、校外青年和残障人士。

联合国教科文组织对于 2030 年全球教师需求进行了中期预测。教师是教育发展最重要的战略性资源，教师资源不足和质量不高，是教育发展与质量提升的最大制约因素。2013 年 10 月 27 日，联合国教科文组织的《为了每一个孩子而教：2015—2030 年教师需求预测》报告指出，2015 年，全球需要 330 万小学教师和 510 万初中教师。2015 年，各国将需要 160 万取得大学初等教育学历的教师，到 2030 年，这一数字将增加到 330 多万。该报告还对全球不同地区的教师需求情况进行了预测。

表 4－5　2015—2030 年全球教师需求预测

世界/地区	小学教师需求人数/千人	取得大学初等教育学历的新教师需求人数/千人			
		2015 年	2020 年	2025 年	2030 年
阿拉伯地区	1 931	213	345	399	454
中东欧地区	1 127	84	170	166	111
中亚地区	340	26	68	64	45
西亚与太平洋	10 378	57	52	65	90
拉丁美洲和加勒比	3 102	36	26	34	38
北美和西欧	3 801	128	237	256	302
西亚和南亚地区	5 000	130	187	187	196
撒哈拉以南非洲地区	3 190	902	1 296	1 716	2 100
世界	28 870	1 577	2 381	2 886	3 335

注：这些数据是根据联合国教科文组织统计数据库计算而得的，不包括由于消费而填补空缺所需的教师数量。

同样，在发展中等教育和高等教育的进程中，教师仍然是实现全民教育、提升技术技能和普及高等教育的重要支撑。

三、2030 年世界高等教育发展

在高等教育方面，据英国《泰晤士高等教育周刊》预测，2050 年，全球高等教育在学规模将达 2.62 亿人，比 2010 年的 1.78 亿增长 47.2%。中国、印度、巴西等新兴国家成为全球科技和高等教育具有竞争力的大国。2025 年，国际流动学习的学生将从现在的 400 万人，增加到 800 万人。

第一，世界高等教育全面进入普及化阶段。联合国教科文组织统计表明，2012 年，全球高等教育毛入学率超过了 30%，所有发达国家毛入学率超过了 60%。预计到 2020 年，全球高等教育毛入学率将有可能达到 40% 以上，2030 年达到 50% 的普及化水平。俄罗斯和中国等转型发展国家将紧随发达国家之后，实现高等教育普及化目标。墨西哥、巴西、智利等拉美国家高等教育将实现普及化。届时，全球实现高等教育普及化的国家将达到 80～90 个。

第二，发展中人口大国成为主要生长点。未来一个时期，中国、印度、印度尼西亚、巴西等人口大国将成为世界高等教育发展的新增长点。过去 10 年，中国高等教育规模不断扩大，已经引领了高等教育发展潮流，未来 10 年依然存在 500 万～700 万在校生规模的成长空间。目前印度和印度尼西亚高等教育普及水平较低，将在未来 10 年实现补偿性增长。印度计划到 2030 年，高等教育在校生规模达到 8 000 万，这是一个雄心勃勃的计划。巴基斯坦、孟加拉国、尼日利亚等人口大国高等教育规模增长将逐步进入“快车道”，并推进世界高等教育发展。

第三，中国人力资源进入高水平开发阶段。中国人力资源开发将实现从以普及九年义务教育为动力，向以高中阶段教育和高等教育为动力的战略转型。2020 年，中国高等教育毛入学率有望达到 50%，进入普及化阶段，2030 年有可能达到 65%。15～59 岁人口中，具有大学以上文化程度的比例将从 15% 提升到 30% 以上，进一步缩小与发达国家的战略差距。

第三节 2030 年主要国家教育发展预测

发达国家是世界教育发展的先行者。统计表明，OECD 国家的 25～64 岁成年人口中约有 75% 的人达到高中以上文化水平，25～34 岁人口中大约有 80% 达到高中文化水平。平均而言，25～34 岁的女性人口受高中及大学以上教育的比例高于男性。作为教育强国，美国教育的未来发展不仅深刻影响着其自身教育的发展，也将广泛地影响到其他发达国家、发展中国家以至整个世界教育的发展。应该说，未来一个时期，特别是 2030 年前，发达国家的教育规模依然会在一个高起点上继续增长。发达国家同时具有先发优势和成长“天花板”两种处境。

世界各国相继制定面向未来的教育与人才开发战略规划。美国高等教育战略规划提出，到 2020 年，实现美国大学人口比率重返世界第一的目标。俄罗斯公布《2020 年前的俄罗斯教育——服务于知识经济的教育模式》，旨在培养公民的创造性和终身学习能力，服务于知识经济和俄罗斯的创新性发展。《印度 2020 愿景》报告提出：“到 2020 年让每一个愿意就读高等教育的学生均有机会学习大学阶段的课程。”

一、2030 年美国教育发展趋势与特点

美国是世界级教育强国。“在过去的 40 年中，美国劳动生产率一直大幅增长。1970 年至 1995 年，平均劳动生产率的年增长率为 1.5%；在 1995 年至 2008 年，增长向上移至 2.5%。高劳动生产率促进了经济繁荣，使得公共部门的重大扩展并没有对纳税人带来沉重的赋税代价。”① 美国总统奥巴马在 2013 年国情咨文中指出，要“重新设计美国的高中，让它们能更好地提供给毕业生一种满足高科技经济需求的机会”。

（一）美国人口规模与结构变化趋势

美国是世界第三人口大国。1915 年，美国人口首次突破 1 亿；

① PETERSON P E. American education in 2030: only if past trends persist is the future dismal [EB/OL]. http://www.hoover.org/sites/default/files/research/docs/onlyifpasttrendspersist_peterson.pdf.

1967 年，达到 2 亿，2006 年，达到 3 亿。2013 年，美国人口的数量为 3.178 亿，保持世界上人口第三多的国家地位。美国国家教育统计中心（National Center for Education Statistics，NCES）的预测显示，2043 年，美国人口总规模将达到 4 亿，具有以下特点：一是人口结构正在发生变化。美国是一个移民国家。移民对于人口生产和人口结构产生重要影响。据预测，到 2025 年，美国人口中将有 58% 是白人，12% 是黑人，21% 是西班牙裔，6% 是亚洲人，1% 是美国印第安人/阿拉斯加原住民，小于 1% 的是夏威夷土著或其他太平洋岛民。二是学龄人口结构相对稳定。2013 年，美国学前教育至八年级的在学规模为 3 511.1 万人，预计 2025 年将达到 3 696.7 万人，增长率为 5.28%。2025 年，高中阶段学龄人口规模将达到 1 515.6 万人，增长率为 3.46%。

表 4 –6　2013—2023 年美国公立学校入学人口规模预测

年份/年	总数/千人	初等教育（一至八年级）/千人	中等教育（九至十二年级）/千人
2013	49 750	35 111	14 639
2014	49 751	35 062	14 689
2015	49 839	35 069	14 770
2016	49 952	35 142	14 810
2017	50 280	35 412	14 868
2018	50 543	35 642	14 901
2019	50 835	35 878	14 957
2020	51 165	36 115	15 050
2021	51 486	36 335	15 151
2022	51 804	36 585	15 219
2023	52 113	36 967	15 146

注：以上数据是四舍五入后得到的，由美国国家教育统计中心（2014 年）提供。

美国小学和中学总规模为 5 500 万人，在 1995—2008 年增加了 8%。预计美国小学和中学规模将在 2008—2020 年持续增加 5%，其中幼儿园到八年级的招生人数进一步增加 8%，九至十二年级将小幅下降 1%。2007—2021 年，私立高中毕业生人数预计将增加 27%。

（二）美国教育发展特点与趋势

目前，美国尚没有以政府的名义公布 2030 年教育发展战略规划。2010 年，美国胡佛研究院发布《2030 年美国教育》（American Education in 2030）未来评估报告。该报告从经济、政治和能力方面分析了美国 K－12 教育面临的巨大问题与挑战。

1. 美国学校经费使用效益下降

生均教育经费持续上涨，是美国教育面临的迫切难题。2013 年，美国每名学生的年均经费将达到约 36 000 美元。美国学者、胡佛研究院高级研究员和 K－12 教育的成员卡洛琳·M. 霍克斯比（Caroline M. Hoxby）这样悲观地评价美国教育："从 1970 到 2010 年，以经过调整的美元计算，美国公立小学和公立中学每名学生的平均支出上升了 327%。但与此同时，美国高中生全国教育考试成绩没有提升。美国学生的数学和科学成绩仍将低于全球工业国家平均水平。换句话说，高中学生学业成就依然没有任何改善，即使我们一直采取多种方式不断地改进对教育财政资源需求巨大的学校。应该意识到，我们现在或许已经没有额外的资源用于提高学生的学业成绩了。"

师生比下降是学龄人口变化的必然趋势，在提高教育质量并产生正面影响的同时，过低的师生比也会影响教师人力资源投入，并降低教育效率。《2030 年美国教育》研究表明，由于中小学学龄人口减少，美国学校师生比明显下降，中小学师生比下降得更为明显。从经济上分析，每年每名学生的费用将从 30 000 美元上升到 36 000 美元，学生与教师的比例将从 15∶1 下降到少于 10∶1，学生与全员教职员工比例将从8∶1下降到5∶1，地方政府教育经费比例将从45%下降到33%左右。

2. 教育质量压力增大

提高教育质量，始终是美国教育改革的重要战略目标。但实践证明，数十年的教育改革，对于教育质量提升的作用并不明显。移民人口的大量涌入，使本来就面临质量压力的美国基础教育更加处于被指责的环境之下。统计表明，1990—2013年，美国居住的移民人数在20多年间增加了一倍，达到4 600万。对于美国教育质量存在的差距，学者们普遍做出比较悲观的分析和预测：少数民族学生的平均认知技能将落后于白人学生，白人学生的认知技能将落后于亚裔学生。1978—2008年，八年级白人学生与亚裔学生的数学成绩差距增长了12个百分点，从2%增长到14%，而黑人学生与白人学生的数学成绩差距下降了4个百分点，从32%下降到28%。残疾学生占学龄人口的比例将从15%上升到22%。格罗弗·J. 怀特赫斯特（Grover J. Whitehurst）教授在《课程：现在与未来》一文中认为："2030年我们仍处在教育认知技术革命的早期阶段。"① 约翰·E. 萨伯（John E. Chubb）教授在《平等和技术》一文中分析了美国中小学的质量差距："成绩差距不是在2030年前能够完全缩小的事情。非洲裔美国学生学习成绩接近20世纪末白人学生的水平"②。

3. 教育信息化挑战

信息、课程和教学工具的改变，将使在互联网上获得知识变得更加容易和成本更低。课程信息材料的成本呈指数下降，将几乎接

① WHITEHURST G J. American education in 2030：curriculum then and now [EB/OL]. http://www. hoover. org/sites/default/files/research/docs/curriculumthenandnow_ whitehurst. pdf.

② CHUBB J E. American education in 2030：equality and technology[EB/OL]. http://www. hoover. org/sites/default/files/research/docs/equalityand technology_ chubb. pdf.

近免费。最重要的是，课程与教学材料开发生产，通常由学生自己参与完成，具有革命性的学术过程中学生参与激发了其内在潜力。学生们可以在任何时间、任何地点，采取适合自己的速度，选择他们认为最好和最聪明的方式学习，并有可能产生许多免费课程，使他们的同龄人从中受益。2011 年的《0～8 岁美国儿童媒体使用报告》表明，美国低收入家庭中，27% 的家长有智能手机，高收入家庭的这一比例达到 57%；仅 2% 的低收入家庭的儿童有平板电脑，高收入家庭的这一比例达到 17%。

4. 国际竞争力相对下降

20 世纪 60 年代是美国教育发展的黄金时期，高中阶段毛入学率处于世界最先进水平，1971 年率先实现了高等教育普及化，人力资源开发水平遥遥领先于其他国家。从教育结果分析，美国教育正在失去原有的国际领先地位。美国 55～64 岁人口中高中及高中以上文化程度者的比例在 OECD 国家中分别为第 1 位和第 3 位，而 25～34 岁人口的两者比例分别为第 10 位和第 13 位。美国学生在国际数学、科学测试中成绩始终不高，落后于大部分发达国家和中国上海学生的成绩。许多美国中小学的教学方法低效，日益受到美国政府和社会的指责。

（三）美国的教育发展目标和宏观对策

美国总统奥巴马强调："在 21 世纪，人们最重要的技能是拥有知识和获取知识的能力。为了使我们的孩子获得这样的技能，我们还需要更多努力。""我们的理念是，无论是谁，只要辛勤工作就能在这个国家取得成就，获得帮助其达成目标的工具。而且，我们的国家也正因此变得伟大。"①《2030 年美国教育》报告对美国 2030 年

---

① 政企合作促进教育信息化发展：奥巴马在"连接教育"计划负责人高级会议上的讲话［J］. 世界教育信息，2015（14）：51，53.

教育做出一种多视角的研究预测，生动地描绘了美国的小学和中学教育发展前景：2030 年，美国 K－12 教育系统将比今天更为灵活、更富效力和更有质量。美国斯坦福大学的保罗·彼得森教授从过去 40 年的经济、政治发展走向，对美国 2030 年教育提出了预测。

（1）培养第四次工业革命需要的新产业工人。2013 年 5 月 9 日。奥巴马总统在美国得克萨斯奥斯丁曼纳新技术高中发表的讲话中强调：首先，要使美国成为吸引优质工作的磁场；其次，要使美国人获得胜任优质工作的优质教育；最后，保障努力工作的人们过上体面的生活。他进一步强调指出："因为没有掌握新技术的年轻人的成功，就没有经济的成功。"哈佛大学相关研究报告批评美国教育过度重视青年人的学术学习，而生涯与技术教育，以及以工作为基础的学习没有得到应有的重视。美国国家制造者协会（The National Association of Manufacturers）提出："技术工人短缺的影响广泛而深远，渗透在各个工业部门并影响到超过 80% 被调查的公司……正成为我国最关键的经济问题。"2013—2014 年，美国最难填补的工作岗位是：经过培训的行业工人、饭店员工、销售代表、教师、司机、财会人员、工人、IT 员工、工程师和护士。美国实施了社区学院免费计划，吸引青年报考技术类社区学院，为美国产业发展培养知识型技术工人。为此，美国政府决心招募 10 万名科学、技术、工程和数学学科的新教师，帮助那些最有天赋的教师作为教师中的引领者，在全美国学校创造佳绩。

（2）2023 年，美国高等学校在校生规模将达到 2 020 万人。2012 年秋季学年，全美国有 720 万在两年制学院学习的学生，约占高等学校全部在校生的 40%；有 1 060 万学生在四年制本科教育机构学习，约为 60%。1990—2000 年，美国两年制社区学院的招生增长率（14%）高于四年制教育机构的招生增长率（7%）。然而，在 2000—2010 年，就学模式发生转变，四年制本科教育机构招生大幅增长 44%，高出两年制社区学院增长率 15 个百分点。高质量的私立高等教育备受青睐。2000—2010 年，美国私立机构四年制本科招生比例迅猛增加，从 20 万增加到 130 万，增长率高达 513%。美国教育统计中心预测，2012—2023 年，四年制本科教育机构招生将增加 12%，达到1 190万；两年制学院招生预计将增加 16%，达到 830 万，有望达到共计 2 020 万在校生规模。

（3）2030 年，全美国攻读学位的在校生规模将达到 360 万。2012 年，美国获得副学士、学士、硕士和博士学位（以及专业学位，如法律、医学、牙科）的大学以上毕业生为 290 万，比 1990 年增长 57%，其中 2000 年比 1990 年增长 16%，2010 年比 2000 年增长 36%，2012 年低于 2010 年 1 个百分点。另外，美国伊利诺伊州政府制定发展目标，到 2025 年，让本州成年人拥有高等教育学历的人数占适龄劳动人口的比例达到 60%。

表 4－7 1979—1980 年度至 2011—2012 年度美国硕士和博士学位授予人数统计

年度	硕士学位/人	博士学位/人	合计/人
1979—1980	305 196	95 631	400 827
1984—1985	293 472	100 785	394 257
1989 —1990	330 152	103 508	433 660
1994—1995	403 609	114 266	517 875
1995—1996	412 180	115 507	527 687
1996—1997	425 260	118 747	544 007
1997—1998	436 037	118 735	554 772
1998—1999	446 038	116 700	562 738
1999—2000	463 185	118 736	581 921
2000—2001	473 502	119 585	593 087
2001—2002	487 313	119 663	606 976

续上表

年度	硕士学位/人	博士学位/人	合计/人
2002—2003	518 699	121 579	640 278
2003—2004	564 272	126 087	690 359
2004—2005	580 151	134 387	714 538
2005—2006	599 731	138 056	737 787
2006—2007	610 597	144 690	755 287
2007—2008	630 666	149 378	780 044
2008—2009	662 079	154 425	816 504
2009—2010	693 025	158 558	851 583
2010—2011	730 635	163 765	894 400
2011—2012	754 229	170 062	924 291

资料来源：美国国家教育统计中心（NCES）. The condition of education 2014 [EB/OL].（2014－08－03）. http：//nces. ed. gov/pubs2014/2014083. pdl.

为应对未来教育挑战，美国政府和学界提出以下重要措施：

第一，全面提升美国中小学教育教学质量。美国教育专家建议，为了今天和明天的美国，政策制定者和教育工作者应该：①创建一个动态的、灵活的学生学习和教师成长的环境，运用新方法界定与衡量成功学校；②用数字网络技术改造公共教育，通过社区学生和家长参与，重塑“磁石学校”；③将教育教学作为一种职业发展的重要补偿途径，确保每一个孩子都拥有合格、高效的教师，教师的专业知识和能力持续增长；④建立一个新的有 60 万教师、课堂专家、政策研究者和社区组织参与的集体团队，实施“2030 教学”革新计划，从而为所有贫困家庭提供高质量的学前教育。

第二，将高中教育纳入新修订的《美国义务教育法》。通过国家和地方政府的强力推动，提高美国义务教育和高中阶段教育的入学水平和教育质量。《2014 美国门户开放报告》显示：2013—2014 年，在美国读高中的国际学生人数已达到 41 723 人，环比 2012—2013 年涨幅为 14.9%，而中国赴美读中学的人数增长速度高居榜首。2013 年起，美国教育部启动实施一项改革全美差校的新计划——“学校变革营”计划，即用 3 年时间，投资1 500万美元，彻底改造覆盖 1 300所学校中 1/4 左右的学校，用以提高学生的阅读、数学知识和技能，提高高中毕业率和大学升学率。

第三，全力推进未来学校建设。2013 年，奥巴马总统宣布“教育互联计划”，提出要在 2018 年实现为全美 99% 的 K－12 年级中小学生提供宽带上网服务，利用先进的科学技术手段发展教育资源，促进教育信息共享，提高基础教育质量和水平。2013 年起，美国总统奥巴马推出了一项致力于改造美国教育的“连接学校”倡议（Connect ED）。其目的是确保美国的学生在学校和图书馆能够接入宽带，用上价格实惠的设备和高质量的数字教育资源，并为教育工作者向基于数字技术的教学环境转变提供支持。到 2018 年，99% 的美国学生所在的教室和图书馆都配备下一代宽带连接。为此，美国公共和私营部门已承诺为该计划投入价值超过 100 亿美元的资金和实物。联邦通信委员会（FCC）通过 E　ratc 项目承诺在未来 5 年内为学校和图书馆的宽带连接（特别是 Wi-Fi）投资 50 亿美元，并且每年通过 E－rate 项目再拨出 15 亿美元支持扩大所有学校和图书馆的高速网络覆盖。目前已经有 10 家私营部门的企业承诺投资总价值超过 20 亿美元的硬件、软件、无线服务和教育培训资源。全美共同努力，实现学校进入数字时代的愿景。

第四，健全完善就学贷款体系。建立学生贷款体系是保障贫困学生有平等就学机会、减少贫困、维护社会稳定的重要措施。奥巴马政府强调要确保有效实施《弱势群体教育法》（Individuals with Disabilities Education Act，简称 IDEA）。2015 年 3 月 10 日，奥巴马总统宣布，投入 1.1 亿美元健全完善联邦学生贷款系统，用以支持和帮助更多的学生持续接受良好的教育，用以保持美国教育均衡持续发展。

第五，美国推进“世界第一”（First in the World）计划。2014年，美国拨款7 000万美元，重点建设24所学院和大学。2015年，联邦教育部宣布投入6 000万美元，用于“世界第一”计划，以提高美国高等教育的学术能力。奥巴马总统建议，到2016年将为“世界第一”计划拨款增加至2亿美元，促进科研创新活动的效力。

此外，美国政府还致力于持续提升美国老兵的人力资源质量。2015年12月10日，美国总统奥巴马签署《每个学生成功法》（Every Student Succeeds Act），以取代已经实施10多年的《不让孩子掉队法》，用以指导美国教育发展，提高教育质量。

二、2030年英国教育发展趋势预测

英国是第一个工业化国家，是第一个“世界工厂”，被称为“日不落国家”。它最早建立了现代大学制度，最早实施了义务教育，最早设立了学徒制教育，这一切使得英国成为第一个世界强国。1900年，英国GDP总量被美国超过；1955年，被西德超过；1964年，被法国超过；1965年，又被日本超过，从此进入一个长期萧条时期。进入21世纪以来，英国经济逐步从长期徘徊中苏醒过来。2014年，经济总量超过法国，成为全球第五大经济体，位居美国、中国、日本和德国之后，GDP规模达到2.828万亿美元。

（一）英国人口规模与结构变化趋势

《2010—2030年英国人口与移民趋势预测》（UK Population Growth and Immigration Trend Forecast 2010 to 2030）报告认为：“从整体而言，英国仍然是世界上最文明的国家，作为一个灯塔，继续吸引全世界人民和发展，这种文明继续推动英国人口规模比以往规模更大。”

从人口增长趋势分析，2010—2030 年，英国人口规模将从6 220 万人增长到 2020 年的 6 700 万人，到 2030 年进而达到7 200万人(见图 4 -1)。近 1 000 万人口规模的增长，必然对英国小学、中学、大学教育和终身教育带来重要影响。如果按照人口的 6% ~8% 计算，未来英国高等教育仍有较大的发展空间和成长性，预计将增加 60 万 ~80 万人的在校生规模。据英国《未来的工作：2030 年岗位与技能》报告预测，2010 年，英国人口年龄中位数为 39. 7 岁，2020 年将增加到 39. 9 岁，2030 年进一步增加到 42. 2 岁。劳动力的平均年龄持续增长，到 2020 年，核心劳动力集中在 45 ~ 55 岁。大城市特别是伦敦城市人口将增长 26%，从 2011 年的 820 万增加到 2025 年的 1 030万。劳动力年龄结构进一步提升，青年劳动力短缺将成为一种常态。人口老龄化趋势将改变整个英国的生活方式、生产方式和学习方式，必须依靠技能提升来弥补新生劳动力不足的状况。

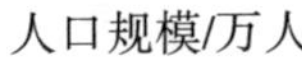

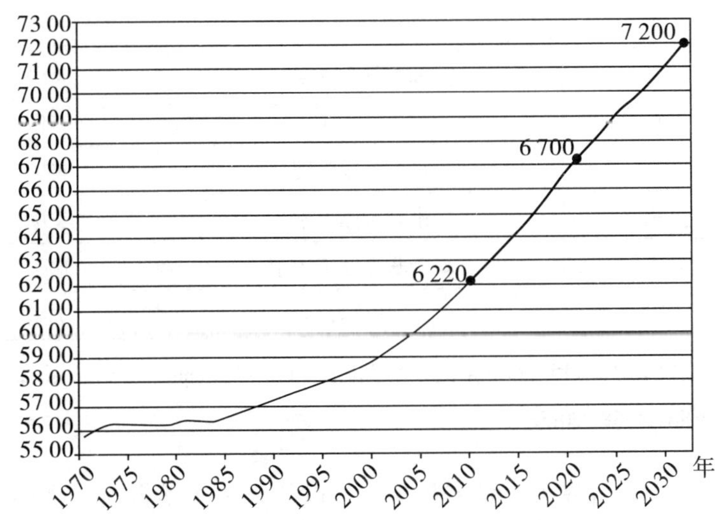

图 4 -1　2010—2030 年英国人口预测

英国政府预测，2030 年时英国经济将有至少 10 年的增长期，这是英国经济社会发展的新机遇。特别值得提及的是，2015 年 3 月 12 日，英国政府正式向中方提交了作为意向创始成员国加入由中国倡导组建的亚投行的信函，正式申请加入亚投行。中方对此予以确认，欢迎英方的决定。英国是第一个申请成为亚投行创始成员国的主要西方国家，这严重地打击了美国政府的信心，美国官员对英国“倒向”中国表示不满。英国财政大臣则表示：“在亚投行成立阶段加入，会为英国和亚洲创造出举世无双的共同投资和增长机会。”① 除此之外，英国政府对于中国教育改革和经验做法更加感兴趣，双方合作日益紧密。

表 4－8 2015—2016 年度世界大学排名

排名	大学	国家
1	麻省理工学院	美国
2	哈佛大学	美国
3	剑桥大学	英国
4	斯坦福大学	美国
5	加州理工大学	美国
6	牛津大学	英国
7	伦敦大学学院	英国
8	伦敦帝国大学	英国
9	瑞士联邦理工大学	瑞士
10	芝加哥大学	美国

资料来源：2015—2016 年世界大学排名［EB/OL］. http：//www.zinch.cn/top/university/367583/2015.

最新的世界大学排名显示，与以往美国大学占绝对优势不同，

① 批评伦敦“擅入”亚投行 担忧北京提升影响力：美不满英国“倒向”中国［N］. 环球时报，2015－03－14（1）.

英国大学在前 10 名中占据 4 个名额，表明英国高等教育竞争力明显增加。或许，英国大学正在进入复兴阶段。

（二）英国未来教育的发展特点与方向

英国是世界教育最发达的国家之一，在教育思想、教育模式和教育质量上发挥着重要的战略引领作用。卡梅伦首相在 2004 年任影阁教育大臣时就明确指出："希望每个英国孩子都能像自己的女儿一样上个好学校、接受好的教育。"卡梅伦还呼吁优秀教师能到那些不合格的"失败学校"任教。他提出，教育部门需要保证每一个孩子都能够享受到高质量的教育，以提高英国人口竞争力，实现社会公正及良好的社会阶层流动。这是关键，因为它使欧洲公民生活在一个全球化的背景下，知识和工作的变化很快，人们必须不断地学习。流动性的学习适合教师角色的文化观念的彻底改变。义务教育完成后，每个学习者的焦点从学习先验知识向建立知识领域之间的联系移动，整合不同领域的专业知识，以及学习新的知识。

（1）2030 年，人类将走向一个更加开放、合作、和平、繁荣的社会。所有知识都可任由任何人公开访问，无论他们的年龄、语言、地理位置或是财富状况。人类将在他们的整个生命进程中持续学习，并由此每天产生幸福的喜悦。

（2）2030 年，在线学习成为一种全社会参与共享的重要学习模式。成百上千的中小学、大学不断开放各个领域的专家富有激情的在线免费课程，为所有人提供学习资源。

（3）人工智能成为人类个性化学习的重要帮手。复杂的人工智能，可以让任何人都有自己的学习帮手。个性化导师遵循学习者特点和路径引导他们，帮助他们浏览学习知识，探索知识海洋，拓展视野，最大限度地发挥他们的潜力和享受学习带来的快乐。

（4）终身学习从理念走向现实。数十亿人积极参与各种学习活动，从年轻的孩子到年老的祖父母。学习中的物理障碍已经越来越不重要，任何人都可以加入全球学习对话。学习者可以通过自己的工作进行学习，或是加入团队，与志同道合的人分享他们的学习成果。学习是大家的共同目标，不管他们的年龄、语言或财务状况如何。欧洲是老龄化处于高位的地区，OECD 的《教育要览 2014》报告指出：平均而言，经济合作与发展组织国家超过 45% 的成年人已达高中后教育程度，其中，奥地利、捷克、匈牙利、拉脱维亚、波兰和斯洛伐克，超过 60% 的成年人已经达到这一水平。终身学习和老龄教育需要更加旺盛。终身学习和继续教育是发达国家应对技术进步对劳动者素质挑战的重要手段。

（5）流动性学习成为国际教育主流。目前，英国大学中非本土学生占 74%，其中非欧盟的新生占全体新生的 62%，而来自中国的新生占全体新生的 25%。2013 年，英国政府的《国际教育：全球增长与繁荣》（International Education：Global Growth and Prosperity）报告提出，在英国接受高等教育的国际学生数量在未来 5 年将增长 15% ~20%，国际移动高等教育的学生数量在全球范围内预计将持续增加。因此，英国需要增强竞争力，为在英国学习的所有海外学生提供可持续发展能力，争取更多的优秀学生到英国学习，并与其所在国家建立长期而更加友好的双边关系。①

2014 年，英国的《2030 年开放教育展望报告：为 JRC – IPTS 作出贡献》（Open Education 2030：Contribution to the JRC – IPTS Call for Vision Papers）向我们展示了未来终身学习的趋势——开放式学习前景已经形成。

（1）过去几十年，终身学习需求与日俱增，终身学习者在整个

① UK Government. International education：global growth and prosperity [EB/OL]. https：// www. gov. uk/government/uploads/system/uploads/attachment _ data/file/340600/bis – 13 – 1081 – international-education-global-growth-and-prosperity-revised. pdf.

欧洲大地快速增长。人老心不老的老年学习者数量增加，工作中的学习需求，即工作场所学习的日益延伸，以往被列入处于不利地位的群体（如残疾人）的终身学习需要，都是影响这一趋势的诸多重要因素。

（2）终身学习机会不断增加。通过日益增加的参与者和开放教育资源——特别是开放课程、教育娱乐、终身学习网络社区和大规模网络技术数量与范围的扩张，终身学习机会的增加更加显而易见。

（3）学科边界扩大交叉，变得更加难以识别。开放知识加剧上移，改变社会行为、工作、学习模式和思维方式。

（4）交换知识比以前更容易。发布文章、博客、播客、图像、数据、地理标记或生物信息，将平衡消费共同创造的知识。

（5）专业知识的界限打破，知识跨边界，创造了新的知识域。①

（三）2030 年英国教育发展总体策略

英国政府和教育行政部门以及研究机构，对于世界未来教育发展走向和趋势进行了许多科学研究与预测，但是，目前尚没有一份反映 2030 年英国整体教育战略规模的文件。通过收集和研究英国人口、教育和科学发展有关文献，笔者梳理了英国教育未来发展的相关目标。

（1）建立世界级创新中心。英国科学与创新奋斗目标是建立世界级创新中心，继续保持仅次于美国的整体科研实力，保持英国在生产力方面的领先地位。建立世界级的科研中心，依托英国世界一流的大学和完善的教育系统，吸引国际研发投资和高技术人才。②

---

① Open education 2030：contribution to the JRC – IPTS call for vision papers [EB/OL]. http://blogs. ec. europa. eu/openeducation2030/files/2013/04/0E2030_LLL_Booklet. pdf.

② Science & innovation framework 2004 – 2014[EB/OL]. http://www. citeulike. org/user/ bibliothecaire/article/572323.

（2）提高中小学教育质量。英国教育的目标是成为欧洲最佳并在2020年跻身世界英语和数学教育前5位。目前根据最新的PISA排名，英国学生在65个国家中，阅读排名为第23，数学排名为第26。2015年2月，英国教育部部长妮基·摩根宣布，未来的目标是所有小学毕业生都能记住12以内的乘法表并正确使用标点、拼写和语法来写文章。她计划将乘法表在数学考试中单独立项。

（3）提升国家网络教育战略。英国政府的《E-Strategy战略规划》提出为所有机构提供国家宽带服务，尤其要面向弱势群体发展ICT基础设施和服务。对经济处境不好的学校进行技术投资，让这些学校的普通学生或残疾学生都有机会使用同等的先进技术。

（4）积极吸引国际留学生。大力发展国际教育是英国国际贸易的重要支点，也是英国教育国际化的重要途径。为持续保持英国教育的国际竞争力，英国政府的《国际教育：全球增长与繁荣》提出，要通过一个跨部门项目，保证每年20万外国学生毕业，从英国大学取得毕业证书。① 据英国《泰晤士报》预测，2025年，国际流动学生数量将比现在翻一番，达到800万。由于主要生源输出国——中国、新加坡、马来西亚、约旦等国家正在成为留学目的地国，国际学生流动模式将可能发生变化。

三、2030年印度教育发展前景

1947年，印度正式独立，当时全民识字率仅为18.33%。在摆脱了西方国家殖民统治之后，印度政府致力于建设一个公平民主的教育制度和教育体系。2011年，印度小学教育毛入学率为112%，初中入学率为81%，高中阶段教育毛入学率仅为50%。预计2015

---

① UK Government. International education：global growth and prosperity [EB/OL]. http：// www. gov. uk/government/uploads/system/uploads/attachment _ data/file/340600/bis-13-1081-international-education-global-growth-and-prosperity-revised. pdf.

年，印度15岁以上人口成人识字率将达到71%，其中男性为81%，女性为61%。[①] 2013年，印度高等教育毛入学率为19%，大大低于世界平均水平的26%。

在21世纪初，印度提出要建立“知识型大国”的战略目标。对于印度来说，教育和科技发展任务艰巨。2030年是印度民主宪政80年、经济自由化40年和教育改革20年的重要历史节点，具有里程碑式的意义。印度自诩有世界上最古老的文明，是世界上最年轻的国家。2014年，印度政府发表《印度高等教育：2030年的愿景》（Higher Education in India：Vision 2030）报告[②]，从总体上规划了未来印度高等教育的发展战略目标和整体方向。

（一）2030年印度人口和经济发展预测

印度是世界第二人口大国。2013年，印度人口已达12.5亿，占世界人口总规模的17.5%。印度是一个人口年龄结构相对年轻的国家，2016年全国人口年龄中位数为27.6岁。尽管目前在总人口规模上，中国依然保持世界第一，但在学龄人口规模上，印度早已占据世界第一的位置。2010年，印度0~14岁儿童人口有3.67亿，中国只有2.22亿，中国2016年年龄中位数为37.1岁。联合国预测，印度将在2025年，至多在2030年，成为世界第一人口大国。2030年，其总人口规模将达到14.61亿，超过中国（13.91亿人），届时美国以3.66亿人居第三位，其次是印度尼西亚（2.85亿），巴西为2.24亿。在城乡结构方面，印度的城镇化率低于中国。2011年，印度城市人口为3.77亿，并将以每年2.4%的速度增长，到2030年增加到6.00亿以上。18~23岁大学学龄人口将从2010年的1.33亿，增长

① 联合国教育、科学及文化组织．全民教育全球监测报告2013/4：教学与学习：实现高质量全民教育［M］．北京：教育科学出版社，2014：附录．

② Higher Education in India：Vision 2030［EB/OL］．http：//www.ey.com/IN/en/Industries/India-sectors/Education/EY-Higher-education-in-India-Vision-2030.

到2030年的1.43亿。

2030年，印度预期将成为世界第三大经济体。有预测表明，到2030年，印度GDP总量将达到13.42万亿美元，分别名列中国（34.73万亿美元）和美国（22.23万亿美元）之后，居第三位。日本（4.36万亿）和巴西（3.95万亿美元）居第四位和第五位。同时，以年均增长5.9%的速度预算，印度人均GDP将从2013年的3 439美元，增加到2030年的9 090美元。

（二）印度高等教育发展特点与趋势

印度是一个高等教育大国。2012年，印度有152所中央高校、316所国立大学、191所私立大学。其他高等教育机构有33 623所（院校），其中包括1 800个独立女子学院和12 748个文凭课程（院校），包括网络课程在内，印度自称未来在各类高等教育机构学习的学生规模高达7 000万。① 据统计，在过去20年的时间内，印度高等教育为国家培养了4 000万高层次人才。印度高等教育整体普及水平落后于世界平均水平。

印度高等教育在全国第12个、13个和14个“五年计划”中取得了巨大进步，似乎已经进入了发展的黄金时代。印度自认为已经成为全球吸引力、高品质的教育系统典范，其主要标志是：①印度是全球人才的最大供应国家之一，印度教育体系输出全球1/4的毕业生。②印度进入全球前五位研究成果被引用的国家之列，每年的研发花费超过140亿美元。③印度正处于“卓越研究框架计划”第四个周期，至少有100所印度大学进入全球具竞争力大学之列。④印度有23所大学跻身全球前200名之列，而在20年前这个数字为零。⑤在过去20年中，印度已经有6位知识分子获得了诺贝

---

① Education in India［EB/OL］. http：//en. wikipedia. org/wiki/ Education_in_india.

尔奖。

印度是一个区域性高等教育中心，吸引着来自世界各地的全球学习者。《印度高等教育：2030 年的愿景》提出的战略目标是，要建立“面向未来新世界的高等教育”，“构建 21 世纪公平、低成本、高质量的高等教育发展模式。印度高等教育不仅要变为世界上最好的教育体系，而且要成为世界高等教育的最好典范”。具体目标包括：4 000 万人获得大学学位（这相当于德国人口总数的 50%）；广泛传授知识与技能，将学生培养成为企业家；让高等教育毕业生具有全球性技能，可以顺畅地通往劳动力缺乏的国家；等等。

印度政府将高等教育分为研究型大学、就业导向型大学和基础型大学。《印度高等教育：2030 年的愿景》为三种类型的高等学校分别确定了发展目标。

（1）研究型大学的发展目标：大学成为卓越的研究中心，其中最好的研究机构未来要成为世界创新和创造的知识中心。吸引学业成绩优异的学生和来自世界各地的一流的师资力量，为印度知识经济发展积累最有价值的人力资本。印度要为全球知识库建设做出贡献，并进入研究论文和引用排名前五位；在世界大学排名进一步上升。2030 年前，再有 5 ~ 6 位科学家在不同领域成为诺贝尔奖获得者。为培养研究型人才，持续提高硕士研究生、博士研究生与本科生的比例。加强国际教育交流，促进教育多样化。留学生总排名进入世界前 10%。在教师方面，高学历的专职教师占 75% ~ 80%，研究型大学具有博士学位的教师达到 90% 以上，师生比例为 1 ∶ 10。有高素质的师资队伍，能够吸引大量的科研经费作为研究支撑。

（2）就业型大学的发展目标：高度关注学生的学习成果，提供工业生产行业需要的课程。增强就业能力，进而增强劳动生产力和提高收入水平，从而提高多种社会福利，特别是提高生活水准。注重招收具有强烈职业倾向的学生入学，特别要增加本科在校学生。

在教师方面，80%的职业院校教师有行业背景经验，即要具有7～10年的平均行业经验。教师与学生的比例为1∶15。企业参与学校课程改革和设计。

（3）基础性大学的发展目标：为大量的个人提供基本的大学教育，提供广泛的、基本的本科和研究生课程。把重点放在实现减少贫困、培养创造意识的社会目标与改善健康、卫生、法律及社会秩序上。传授基本技能和培训，服务于基层就业和经济发展需要。2012—2017年，印度大学注册人数将有可能实现翻倍，进一步增加博士学位就读人数。

（三）未来印度教育发展重点策略

在教育与人力资源规模方面，未来与中国竞争的重要国家是印度。尽管中国与印度存在诸多矛盾与不同，但是整体上中国和印度都属于东方文化，是一个东方文化整体。法国学者多米尼克·莫伊西认为：东方思想是一个相对独立的价值体系。“不管对中国领导人还是印度领导人来说，西方有西方的价值观，亚洲则有亚洲的价值观，即使他们也承认中国的儒家思想与印度大陆的思想存在着差异。与亚洲相比——至少从人口的角度来看，当今的西方世界精英是不是也与18世纪的欧洲精英一样，成了那种试图用傲慢方式将自己的价值观强加于人的少数派？亚洲人始终不情愿接受普世价值这一理念。”① 在21世纪的未来教育发展与国际竞争中，中国和印度不是也不应该是“文化敌人”。在此问题上，中、印两国政治家和教育家应该坚持求同存异的思想，以东方文化和东方教育为最大公约数，共同创造一个能够包容整体东方文化的、共同的教育价值观，提升东方教育思想的凝聚力、竞争力和影响力。

---

① 莫伊西. 当今世界必须找到共同价值观［N］. 参考消息，2014－11－19（10）.

印度争当世界人力资源之都。2015 年 8 月，印度总理莫迪提出要在 7 年内培训 5 亿印度人，把印度变成世界“最大的熟练劳动力供应国”。莫迪表示：“如果说中国是制造业的‘世界工厂’，那么印度就应力争成为世界人力资源的首都。这应当成为我们的目标。”

大力提升印度高等教育普及水平。印度人力资源开发部长帕拉姆·拉举表示：“当前我国高等教育毛入学率接近于 19%，远远低于世界 26% 的平均水平。但我们坚信，通过第 11 个五年计划以来政府的不懈努力，我们会在 2020 年将高等教育毛入学率提升至 30%。”①

依托联合国的《仁川宣言》，实现有抱负的印度全民教育计划。建立一种全新的社会学习环境，通过网络学习空间的搭建，将优质教育资源覆盖更多人群，让更多的人接受良好教育。

第四节　中国教育发展面临的挑战和问题

最大的挑战是战略挑战，最大的困惑是战略困惑，最大的问题是战略问题。21 世纪是一个战略竞争的世纪，为在知识经济社会处于优势地位，世界主要发达国家相继制定国家教育与人力资源开发战略。中国教育与人力资源开发的阶段性突出特点是一次战略转移实现双重战略任务，不仅要为实现工业化培养优秀人才，更要为进入知识经济储备人力资源。中国在没有完成实现工业化的背景下，又面临新一轮的知识社会教育与人才的激烈竞争。2030 年前，中国的主导战略仍然是战略追赶，所以当前教育发展面临许多深层次的结构性矛盾、持续挑战和亟待解决的问题。

---

① 印度政府宣布高等教育毛入学率 2020 年将达 30%［EB/OL］.（2013－09－20）. http：//www.jyb.cn/world/gjsx/201309/t20130920_552897.html.

一、教育基本矛盾发生深刻变化

十九大报告明确指出："中国特色社会主义新时代，我国社会主要矛盾已经转化为人民日益增长的美好生活需要和不平衡不充分的发展之间的矛盾。"① 同样，新时代我国教育的主要矛盾也已经转化为人民日益增长的对优质教育的需要与教育不平衡不充分发展之间的矛盾。

我们要深刻理解十九大报告精神，深刻理解中国不平衡不充分发展的内在涵义和外在表现。中国教育发展面临的主要矛盾已经发生重要变化，人民日益增长的更高水平、更高质量和更加多样教育的需求与不平衡不充分的教育发展之间的矛盾已经成为教育面临的主要矛盾。在教育上，人民群众不仅需要全面发展，更需要多样化发展、个性化发展和可持续发展。教育发展已经从规模增长为主要矛盾转身质量提升为主要矛盾的新阶段，但是我们的教育战略、教育政策、教育管理和资源配置方式依然停留在"旧时代"，没有形成和建立有利于全面提高教育质量、促进人的全面发展和个性发展的教育政策体系和教育治理方式。因此，必须主动适应新时代教育发展从大到强的新趋势、新特点和新需求，建立"投入于人就是投资于质量"的新的发展观。

教育不均衡不充分的发展，主要有以下几个方面：区域教育发展不平衡——东中西部教育发展差距依然明显；教育层次发展不平衡——学前教育、高中阶段教育和终身教育发展存在薄弱环节；学校之间发展不平衡——人民群众在家门口"上好学"的愿望还不能得到满足；人际之间发展不平衡——智力贫困代际传递现象还不同

---

① 习近平．决胜全面建成小康社会　夺取新时代中国特色社会主义伟大胜利：在中国共产党第十九次全国代表大会上的报告（2017 年 10 月 18 日）［M］．北京：人民出版社，2017：11.

程度地存在。进一步分析，教育发展硬件条件与软件条件发展不平衡，对物的投资与对人的投资不平衡。重硬件投入，轻软件投入，物的投入容易，人的投入困难，依然是我们教育经费投入与资源配置的常态。教育财政部门、教育行政部门、学校校长和教师似乎也越来越习惯于这种投入体制和配置机制。以规模发展拉动的传统的教育投入方式尚没有实现从规模发展到质量发展的战略转变，教育行政部门的教育战略、教育政策和教育管理的模式尚没有转到以提高质量为主的模式上来。

从现代化要素分析，不平衡不充分主要体现在物质层面、精神层面和制度层面。第一，在物质层面，教育的基础条件投资不充分，在教育经费、师资保障、校舍条件和信息化等诸多方面还存在发展不充分的问题。建设教育强国，未来教育资源准备不充分，特别是在发展战略、教育用地、教师素质和公共教育资源等方面还有很大发展空间。第二，在制度层面，尚没有形成与建设教育强国要求相适应的制度体系，包括教育现代化标准、教育质量标准以及治理能力现代化水平都还存在许多不足，没有建立从过程公平、程序公平到质量公平的体制机制。第三，在精神层面，中国特色社会主义教育理论尚在酝酿、发展和成熟之中，对于中国教育现代化成功经验和成功模式尚缺乏科学、系统和全面的理论提升。世界对中国教育开始从“学生”转变为“老师”的呼声很高，但是我们的政府官员、研究学者和学校校长还没有学会用别人听得懂的语言、愿意接受的方式把中国故事讲出去。

建成教育强国是实现教育“四个自信”的必经之路。从道路自信、理论自信、制度自信和文化自信的视角分析，可以更加深刻地理解不平衡不充分的矛盾。一是在道路自信方面，我们已经走出了一条中国特色社会主义教育发展道路，但是这条道路并非一路坦途。中国特色社会主义教育道路仍然在探索之中、不断发展之中和不断完善之中，仍然有广泛的探索和发展空间。包括我们在教育上提出中国方案，包括中国需要不需要农村教育，中国的农村教育到底如何发展，都是未来中国教育必须回答好的战略问题。十九大报告提出来，要推进全面开放的新格局。我们的开放是不是面向世界、面向社会、面向产业、面向国民实现了全面开放的，也需要深度思考与回答好。二是在理论自信方面，教育理论的构建仍然有很大的空间，中国的教育理论在科学性、完整性方面还有很大的提升空间，我们仍然没有学会用别人听得懂的语言和愿意接受的方式讲好中国教育故事。三是在制度自信方面，在制度建设方面，中国或者是新时代社会主义教育仍然面临着很大的任务和很大的发展空间。四是在文化自信方面。无论是对传统文化的总结，还是对现实成功经验的提炼，亦或是对世界教育文化的吸收，以及我们现在仍然面临着的重要问题——从“五四”以后，马克思主义中国化取得了阶段性成果，特别是中国特色社会主义思想的提出，但如何把中国化的马克思主义国际化，这些方面仍然有很大的空间。

教育不平衡不充分的发展，既要解决过程性的矛盾，更要解决结构性的矛盾。而现在结构性的矛盾已经表现得非常突出了，这些结构性的矛盾不解决，中国的很多槛儿，或建设人力资源强国、教育强国都面临着诸多困难。建设教育强国需要强有力的资源特别是财政资源支撑，实现教育资源配置方式转变、改善教育投入结构是提高教育质量、培养高质量人才和建设教育强国的必备条件。中国教育经费总额已经从2000年的2 700亿元，增长到2015年的36 129多亿元，占GDP比例为4．26%，增长了12倍多，但面临新时代教育发展的新要求、新战略和新挑战，现有的教育财政体系和经费使用体制机制存在以下问题：①教育经费投入不均衡不充分的矛盾日益突出。②教育发展的“新领域”经费结构性短缺和不充分现象严重。③教育经费配置不合理，结构性矛盾日益突显。④对于教育制度建设投入不均衡不充分。⑤城镇化进程中，中小学生源自由流动，资金与教师资源不流动，结构性矛盾十分突出。新形势下，代课教师问题再次突显。为此，教育部教育发展研究中心准备开展《新时代中国教育经费配置问题与对策研究》，主要从教育经费配置现状和问题，发达国家教育经费配置的结构体制和机制，以及对资源配置的建议等三个方面进行深入科学的内容研究，以期为中国教育强国建设和整体教育发展提供新动力。

二、长期追赶形成的战略困惑

整体而言，与中国在经济、科技、军事等方面存在的差距一样，中国在教育与人力资源开发方面的差距依然明显。一方面，中国与发达国家在教育发展和人力资源开发水平上存在历史和现实的差距。另一方面，中国在追赶过程中，不同地区、不同民族和不同人群之间又会造成新的差距。

中国人力资源开发的整体水平与发达国家存在明显差距。存量滞后，是中国教育与人力资源开发存在的最主要问题，也是中国与发达国家竞争的主要劣势。这种差距主要表现在两个方面：一是从结果分析，中国人力资源开发存量不足，人均预期受教育年限仅为11.7年，大大落后于发达国家的整体水平。二是从过程分析，中国教育整体参与水平与发达国家尚存在一定差距，特别是在学前教育和高等教育方面的差距更为明显。从整体国民受教育水平上分析，2010年，中国15岁以上人口人均受教育年限为9.10年，仅相当于美国20世纪60年代初期的平均水平。从高层次人才培养的存量上分析，欧盟25~34岁人口拥有大学学历者比例接近30%，美国超过

40%，日本达到50%。① 2010年，全国第六次人口普查数据显示，中国25～34岁年龄组人口中拥有大学学历者的比例为17.85%。其中30～34岁年龄组人口拥有大学学历者的比例为15.22%，25～29岁年龄组的比例为20.57%——基本上每一个年龄组上升5个百分点，每一年上升1个百分点。② 在20～25岁年龄组，这一比例为25.28%，预示着未来5年，下一个年龄组人口拥有大学学历者的比例有望超过30%，实现与欧盟国家平均水平大体相当和同水平开发。

开发能力不足成为制约人力资源强国建设的主要瓶颈。公共教育经费是一个国家或地区教育发展的基本保障条件，也是一个国家或地区教育发展水平的重要标志。从20世纪90年代起，世界各国公共教育的投入占GDP比例普遍为5%以上，发达国家更高达6%以上，对教育与人力资源开发的长期战略投资使得发达国家在进入知识经济社会和应对新工业革命挑战过程中受益匪浅。中国教育经费长期投入不足，历史欠账过多。2010年，绝大部分国家的公共教育经费占GDP的比例均高于5%，而中国的公共教育经费占GDP的比例为3.48%（2012年为4.08%），与排名第一的丹麦（8.7%）相差60%。教育经费长期投入不足，既限制了中国人力资源开发的整体水平和效益，也将成为制约经济增长和社会和谐的长期隐忧。教育投入水平不高，直接影响中国教育与人力资源开发的规模、水平和质量，直接影响国家总体战略实施和目标实现。

区域之间的高等教育资源结构布局差距明显。由于地域、经济、历史、文化等因素的影响，不同地区的教育发展整体水平和质量差异相当明显，直接影响地区人口文化素质、区域经济发展和地方社

---

① 江洋. 欧盟2010—2020年教育发展战略规划及启示［J］. 世界教育信息，2013（7）：13.

② 高书国，杨晓明. 中国人口文化素质报告：从战略追赶到局部跨越［M］. 长春：东北师范大学出版社，2013：242.

会稳定。高等学校是重要的教育资源，以胡焕庸人口线划分，东部地区高等教育资源相对丰富，西部地区资源相对匮乏。表4－9显示了2014年中国各地区高等教育的基本情况。

表4－9　2014年中国各地区高等教育基本情况

全国或地区	人口规模/万人	高等学校数/所	大学生规模/万人	人口规模与高等学校比	每10万人口在校大学生/人
全国		2 824	3 559*		
北京	2 114.8	113	114.81	18.72	5 429
天津	1 472.2	69	63.05	21.34	4 283
河北	7 332.6	125	153.85	58.66	2 098
山西	3 629.8	91	91.43	39.89	2 519
内蒙古	2 497.6	52	53.84	48.03	2 156
辽宁	4 390	136	128.74	32.28	2 933
吉林	2 751.28	72	87.16	38.21	3 168
黑龙江	3 835.02	102	97.99	37.60	2 555
上海	2 415.15	82	80.86	29.45	3 348
江苏	7 939.49	168	226.93	47.26	2 858
浙江	5 498	113	132.41	48.65	2 408
安徽	6 029.8	124	135.35	48.63	2 245
福建	3 774	91	94.86	41.47	2 514
江西	4 522.15	103	114.26	43.90	2 527
山东	9 733.39	152	235.63	64.04	2 421
河南	9 413.35	141	207.34	66.76	2 203
湖北	5 799	137	180.99	42.33	3 121
湖南	6 690.6	136	144.53	49.20	2 160
广东	10 644	156	250.77	68.23	2 356
广西	4 719	76	96.83	62.09	2 052
海南	895.28	18	20.74	49.74	2 317

续上表

全国或地区	人口规模/万人	高等学校数/所	大学生规模/万人	人口规模与高等学校比	每10万人口在校大学生/人
重庆	2 970	67	89.61	44.33	3 017
四川	8 107	125	181.92	64.86	2 244
贵州	3 502.22	59	59.18	59.36	1 690
云南	4 686.6	69	81.13	67.92	1 731
西藏	312.04	6	5.23	52.01	1 676
陕西	3 764	108	137.47	34.85	3 652
甘肃	2 582.18	49	57.29	52.70	2 219
青海	577.79	14	7.05	41.27	1 220
宁夏	654.19	19	14.75	34.43	2 255
新疆	2 264.3	51	39.6	44.40	1 749

注：带*的数据为教育部规划司根据在读大学生、硕士生和博士生规模折合而得，其余数据为作者根据教育部规划司提供的各省统计数据计算而得。

从每10万人口在校大学生规模进行分析，北京每10万人口在校大学生规模高达5 429人，处于绝对领先地位。天津超过4 000人，达到4 283人，紧随北京之后，逐步与上海拉开差距。陕西以3 652人上升为第三名，上海相对优势下降，仅以3 348人居第四名。其后为吉林（3 168人）和湖北（3 121人）。每10万人口中国在校大学生规模低于2 000人的属于资源紧张地区，有新疆（1 749人）、云南（1 731人）、贵州（1 690人）、西藏（1 676人）和青海（1 220人），青海仅相当于北京的22.47%。

高层次人才流失成为创新型国家建设的巨大隐忧。长期以来，中国高层次人才流失严重。按照世界银行的统计，2000—2009年，留学生的数量大幅提升，澳大利亚从10万人上升到30万人，加拿大从4万人上升到将近20万人，法国从13万人上升到25万人，德国从 18 万人上升到 25 万人，日本这么保守的国家，也从 6 万人上升到 13 万人，新西兰从 8 000 人上升到 7 万人。老牌的留学大国，像英国是 22 万人上升到 50 万人左右，美国基数最大，从 47 万人上升到 60 多万人。留学生增长的主要来源是中国。中国现在已经是全世界最大的留学生输出国，连续 3 年向美国的输出都排在第一位。不光是美国，像俄罗斯，或者英国、法国、德国、日本、加拿大、澳大利亚，中国都是它们的第一大留学生来源国。中国进入了一个人才大流动、大循环的时代。① 博士毕业生毕业 5 年以后，学理工科的留在美国的比例，中国是最高的，达到了 92%。印度有 81%，而且从绝对数来讲，中国比印度还多了好几倍。韩国只有 41%，日本只有 30%，泰国只有 7%。一方面人力资源积累不足，另一方面高层次人才透支外流，中国高层次人才培养和创新能力建设隐忧凸显。

中国教育内部差距成为社会安全和经济发展的关键制约因素。由于政治、经济、历史、文化和地理原因，区域之间、城乡之间、民族之间和人群之间存在的教育普及水平差距十分明显。加之战略追赶与资源不足之间的矛盾造成的差异扩大现象，更加重了这种差距。以全国第六次人口普查的 6 岁以上人口为依据，2010 年，北京人均受教育年限为 11.48 年，而西藏仅为 5.28 年，两者相差 6.20 年；赫哲族人均受教育年限为 10.70 年，而门巴族仅为 5.22 年，两者相差 5.48 年；全国城市人均受教育年限为 10.57 年，农村为 7.58 年，两者相差 2.99 年。而西藏地区城乡差距为 4.46 年，差异系数为 0.51。② 更加准确地说，无论是中国区域之间、城乡之间，还是民族之间，教育发展水平有的相差十几年到几十年。长期实施的战

① 世界各国人才争夺出奇招，中国引才更给力［EB/OL］.（2015 - 01 - 22）. http：//www.xmlx.gov.cn/xmdt/201501/t20150122_1037584.htm.

② 高书国，杨晓明. 中国人口文化素质报告：从战略追赶到局部跨越［M］. 长春：东北师范大学出版社，2013：106.

略追赶模式，将优质资源集中在“龙头”，“龙身”和“龙尾”缺乏发展和成长必要的资源，资源分配不均衡，造成教育发展不均衡的问题十分突出。

中国教育发展的两难选择：从鼓励发达地区率先发展，到实现全体人民共同发展，这是一种发展思想和发展模式的战略转变。持续追赶依然存在发展差距。积累了150年的发展差距，要在几十年内实现追赶，这对一个发展中的人口大国来说，是一个十分艰巨的历史重任。中国经济社会和教育发展，必须下大力气弥合内部发展差距，才能在2030年实现对发达国家的整体赶超。

二、教育发展阶段转型的战略困惑

中国教育与经济发展处于“弱平衡”状态。所谓“弱平衡”，是指我国教育与经济发展处在一种较低水平的平衡状态之中，教育现代化水平略高于经济和社会整体现代化水平，在总体宏观层面上保持着一种适度超前发展的态势。中国教育与经济发展处于弱平衡阶段，教育的培养能力和水平与经济发展水平处在一种弱态适应状态中，难以适应疾速变化的经济与社会需求。在宏观、中观和微观层面上，这种平衡存在许多问题，城乡之间、区域之间和人际之间的发展差距是不容忽视的中国教育发展薄弱环节。中国教育系统内部的发展不平衡性特征明显：幼儿教育发展已经成为中国教育发展的最薄弱环节，高中阶段教育和高等教育是未来中国教育发展的重要生长点，终身教育体系建设刚刚提上日程，终身学习的法规和制度建设存在巨大潜力和最大空间。

中国人力资本的总体特征是底子薄、发展快、积累少。表现为：①人力资源积累的低起点。2010年，中国15岁以上人口人均受教育年限仅为9.10年，仅相当于美国1960年中期的水平。与美国相比，中国人力资本积累相差近50年，与建设人力资源强国的战略目标要求相差较远。②人力资源开发的低层次。中国教育与人力资源开发以普及九年义务教育为主要手段，15～60 岁劳动人口中的小学和初中文化程度者占 70% 左右。与发达国家相比，中国还没有进入以高中教育和高等教育为主导的人力资源开发阶段。③人力资源开发投入水平低。2012 年，中国财政性教育经费占 GDP 的比例为4.28%，迈上了一个新台阶。但是与发达国家相比，中国教育经费投入水平依然存在较大差距。人力资本投入不足是中国的长期历史因素和现实基础导致的。按照长期以来中国政府的教育经费投入水平，目前中国教育能够取得举世瞩目的伟大成就实属不易。同时必须指出，中国教育发展的这种“弱平衡”特征，集中表现为教育发展质量与水平的差异性、多样性和复杂性。表面看来，整体上初步适应经济社会发展需要；深入分析，区域之间、城乡之间和人群之间的教育发展水平差异巨大，导致了人力资源开发水平与质量上的巨大差距，导致了区域之间、城乡之间和人群之间的经济发展水平及收入的巨大差距。

整体而言，中国尚处于工业化中后期。人力资源开发水平不高，人力资本积累历史欠账过多，成为中国经济社会转型发展、实现从工业时代向知识社会转型的最主要障碍。中国与高人力资本国家还相差较远。

三、创新能力不强的体制之病

创新是一个自然成长的过程。孔子讲：庶，富，教。这三者之间有其内在的逻辑关系，创新同样遵循着这种“自然发展”的规律。创新需要必要的物质基础，有了一定物质保障才会产生创新的需求与愿望。中国教育存在两大突破问题：一是中国学生的“太行山之重”，二是中国大学的“诺贝尔奖之痛”。

（一）中国学生的“太行山之重”

1967 年，毛泽东主席在《对“北京一个中学校长提出减轻中学生负担问题的意见”的指示》中指出：“现在课程太多，对学生压力太大，讲授又不甚得法。考试方法以学生为敌人，举行突然袭击。这三项都是不利于培养青年们在德智体诸方面生动活泼地主动地得到发展的。”① 时光到了 2017 年，暑假刚放了不到一周，全国各地特别是大中城市的许多中小学生又开始了“补课生活”。所谓“补课”，就是提前学习下学期需要学习的内容。从 1967 年到 2017 年，时间过去 50 年，中国教育普及水平越来越高，教育机会越来越多，但这并没有“解放”中国孩子，学生的学习负担愈重，压力愈大。

中国要成为一个创新型国家，还需要一个成长期。东方教育文化中存在一种共同的价值观，即重群体，不重个人；重学习，不重创新。孔子说：“学而时习之，不亦说乎？”这种做法强调预习、复习和温习的好的一面。传统教育总是强调复习的快乐，而“创造”一词在中国传统教育思想中是找不到的。联合国第 11 次《全民教育全球监测报告》指出：“在传统的课堂里，学会尊重人权、终身学习以及面对挑战，对学生来说是一种巨大的挑战，因为传统课堂主张竞争，并强调死记硬背。”②

调查表明：中国学生每日学习的时间最长。各国学生所学内容的多少相差不会太大，那么如果学习时间过长，意味着什么？意味着复习时间所占比重过大。这是扼杀学生想象力、创造力的最大杀手。早在 1897 年，著名学者梁启超就深刻地指出了中国教育存在的弊端：“西国之教人，偏于悟性者也……中国之教人，偏于记性者也，故古地理、古训诂、古名物，纤悉考据，字字有来历，其课学童也，不固执以导，不引譬以喻。惟苦口呆读，必求背诵而后已，

---

① 人民教育出版社. 毛泽东同志论教育工作［M］. 北京：人民教育出版社，1992：286.

② 杨尊伟. 解读联合国第 11 次《全民教育全球监测报告》［N/OL］. 中国教育报，2014－05－14（9）. http://www.jyb.cn/world/gjsx/201405/t20140514－581690.html.

所得非不坚定也。”① 近一百多年来，虽政治风雨变幻，制度变迁，技术革新，社会进步，以上梁启超先生所谈及的中国教育之弊，却没有什么很大的改观。学生学习依然是以记忆背诵为主，学习负担之重宛如太行之山，压迫着学生身心成长，阻碍着民族创新能力提升。学习对于中国孩子来说，失去了苦中之乐，更难以成为快乐之源。对于大部分孩子来说，学习成为一种被迫的生活方式，成为一种苦不堪言的被动选择。

PISA 创始人施莱克尔认为，学生学习动力不足，是中国教育与世界一流水平教育间的第一个差距。我们认为，更为重要的原因是中国孩子的学习动力提前透支，在不应该接受过大学习压力的时期，孩子承受了过大的压力，致使长大以后学习动力不足，甚至动力日渐消失。我们的孩子为了学习知识和技能牺牲了自己的快乐，学习并没有给孩子们带来幸福。

从教师来分析，教师专业化与职业精神矛盾凸显。中国教师专业化水平越来越高，而与之相比，更重要的敬业精神却受到阻碍。中国教师特别是中小学教师没有享受到体面的劳动和生活。教师工资待遇偏低，教师职业尚没有成为令人羡慕的职业，年轻教师大多不得不将教师职业首先作为一种谋生的手段。“70 后”和“80 后”教师，上有老、下有小，房贷、车贷压力巨大。民族地区、农村地区和边远地区，许多教师的生活处于尴尬的境地。另外，应试教育培养出来的新一代教师，教育教学方法多是只适应应试教育模式。

（二）中国大学的“诺贝尔奖之痛”

习近平总书记强调指出：“创新是一个民族进步的灵魂，是一个

---

① 梁启超. 论幼学［M］//中国近代教育史资料汇编：戊戌时期教育. 上海：上海教育出版社，2007：85.

国家兴旺发达的不竭源泉，也是中华民族最鲜明的民族禀赋。”① “只有把核心技术掌握在自己手中，才能真正掌握竞争和发展的主动权，才能从根本上保障国家经济安全、国防安全和其他安全。不能总是用别人的昨天来装扮自己的明天。不能总是指望依赖他人的科技成果来提高自己的科技水平，更不能做其他国家的技术附庸，永远跟在别人的后面亦步亦趋。我们没有别的选择，非走自主创新道路不可。”② 世界创新报告表明，2016 年，在全球创新指数中，中国排名第22 位，比2013 年的第35 位提升了13 位，但与发达国家仍然存在较大差距。

创新存在于发明创造和洞察力的交汇点，是关于发明的应用——各种新发展的融会贯通和解决问题的新途径。人类发展的历史证明，经济发展与教育发展有内在的联系。诺贝尔奖是查验中国高等教育创新能力的重要指标。对于北京大学、清华大学这样的高等学校来说，获得诺贝尔奖不能说明一切，不能获得诺贝尔奖反而能够说明“一切”。2004 年，法国国家科学研究院主任研究员科昂（Cohen）和哈佛大学教授阿吉翁（Aghion）在提交给法国经济分析委员会的《经济与增长》报告中，第一次提出了“模仿型”国家和“创新型”国家的概念：“模仿型”国家偏重初等、中等教育，其经济增长主要依赖初等和中等教育提供人力资源；“创新型”国家更加重视高等教育，其经济增长的动力主要来自于高等教育。中国要实现人力资源结构升级和战略转型，没有或不能获得诺贝尔奖，表明中国科技和教育发展整体上依然处于学习和模仿阶段，没有实现经

① 习近平．在同各界优秀青年代表座谈时的讲话［EB/OL］．（2013 - 05 - 04）．http:www. news. xinhuanct. com/2013 - 05/04/c_ 115639203. htm.

② 习近平．在中国科学院第十七次院士大会、中国工程院第十二次院士大会上的讲话［EB/OL］．（2014 - 06 - 09）．http://www. mod. gov. cn/big5/photo/2014 - 06/09/content_4515002. htm.

济社会和教育发展的真正转型。

2015 年，全球瞩目的诺贝尔生理学或医学奖揭晓，年逾 84 岁的中国女药学家屠呦呦教授凭借抗疟疾药物“青蒿素”，成为首位夺得诺贝尔医学奖的中国人，实现了本土中国人获得诺贝尔科学奖零的突破，实现了中国人的夙愿。这是一个标志性的历史事件，对于中国科学发展和科技强国建设意义重大。

四、终身教育体系建设步履维艰

学习型社会是以终身教育思想为基础建立的人人皆学、处处可学、时时能学的新的社会形态。《国家中长期教育改革和发展规划纲要（2010—2020 年）》提出“基本形成学习型社会”的战略目标。当今社会，终身学习已成为时代主流，活到老、学到老已成为终身追求。要理顺管理体制，加大投入力度，大力发展非学历继续教育，稳步发展学历继续教育，搭建终身学习“立交桥”。要实行开放办学，面向行业企业开展职工继续教育，推进职业院校面向行业企业开展职工继续教育，促进各类学校之间学习成果认定和转换。《教育部关于办好开放大学的意见》《教育部等九部门关于进一步推进社区教育发展的意见》提出：创造条件让全体社会成员都能通过多样化、个性化的方式参与学习，提高素养，服务国家人民。目前，我国已进入老龄化社会。教育部会同有关部门研究制定完成并由国务院办公厅印发的《老年教育发展规划（2016—2020 年）》，为老年人继续学习提供更多的机会和更好的条件。

从整体分析，学习型社会建设目标的实现度不高，国家缺少终身学习的组织管理机构，缺少促进终身学习的法律法规，缺少支撑终身学习的专项经费。学习型社会建设步履维艰。学习型社会基础建设、资源建设、队伍建设和制度建设远远落后于国家和全民对于终身学习的需求，远远不能适应世界终身学习社会建设的趋势。

一是学习型社会建设缺乏整体规划。由于体制和机制问题，中国学习型社会建设只有目标，没有规划，更没有体制、机制和可持续的经费支持。上海、福建等地区制定了终身教育规划，但国家层面尚没有统筹全国的学习型社会建设规划和终身学习规划，直接制约了《国家中长期教育改革和发展规划纲要（2010—2020年）》提出的学习型社会建设目标的实现。学习型社会建设只停留在文件甚至口头上。

二是终身学习建设缺乏制度保障。《终身学习促进法》的调查、研究和制定工作进展缓慢，国家缺乏学习型社会建设的制度安排，缺乏国家终身学习体系的整体设计、总体目标、战略投资和评价体系，学习型社会建设的国家责任、地方责任、组织责任和个人责任不明确。

三是学习型社会建设缺乏必要的经费安排。传统的教育经费分配方式，制约着学习型社会建设。国家和地方政府对于学习型社会建设没有正式的经费渠道和经费安排，国家没有专项经费、组织没有专门支出、个人没有激励机制。学习型社会建设整体上处于“自由落体”时代。

更为关键的是，法律层面、政策层面和资金层面缺乏必要的体制、机制保障，地方政府对于学习型社会建设处于无处下手、无所作为的状态。如果不下决心改变现状，《国家中长期教育改革和发展规划纲要（2010—2020年）》的“基本形成学习型社会”战略目标的实现将更为困难。

第五章

中国教育发展战略构想

伏羲“教民以猎”、神农“教民农作”是人类早期教育的重要形态，是源于生活本身的教育。从原始狩猎教育，到农耕社会教育，再到现代工业社会教育，中国教育走过了数千年的发展历史。德国学者卡尔·皮尔尼指出：11世纪，中国出现了真正的知识爆炸。“中央之国作为世界历史上的第一个知识社会，站在进步的顶峰，在天文学、数学、物理、化学、气象学、地震学和许多其他领域中，远远地走在西方世界之前。国家的文化辐射力达到了整个远东地区。”① 改革开放以来，中国教育取得了举世瞩目的伟大成就，成为发展中国家教育与人力资源开发的成功典范。

从现实和未来的双重视角分析，中国教育发展和人力资源开发要为不同经济形态服务。中国教育肩负双重使命：教育与人力资源开发既要为实现工业化服务，也要为从工业社会向知识社会转型服务。这既是由中国经济社会发展的现实特点与未来趋势决定的，也是由教育的基础性、战略性和长远性特点决定的。

中国教育生态正在发生重大而深刻的变化，教育改革发展面临

---

① 皮尔尼．印度中国如何改变世界［M］．陈黎，译．北京：国际文化出版公司，2008：93.

着新的阶段性特征。构建与经济强国需要相适应的教育强国，建设世界级强国教育，是未来中国教育改革和发展的历史使命。中国教育承担推进公平、提高质量和提高效率的多重责任。

第一节 中国教育发展战略再创新

什么是新常态？新常态就是社会经济发展、文化进步和教育改革呈现的新的、经常性的趋势、特点和形态。人口发展和经济增长的新常态，导致教育改革和发展的新常态。从理论上讲，新常态可以分为存在方式的新常态、运行方式的新常态、成长方式的新常态、改进模式的新常态。进一步说，在发展新常态的基础上还存在运行体制和机制的新常态，包括管理模式的新常态、资源配置的新常态、运行机制的新常态等。

2015 年 6 月 28 日，英国《星期日泰晤士报》网站刊载《把你的表校准北京时间：美国下班了》的文章。中国的《参考消息》以《世界应准备好迎接“北京时间”》为题转载了此文。文章指出：“民调显示中国即将取代美国成为全球头号超级大国，这可能带来文化上的改变。”“如果中国统治世界，那么许多人的工作日，甚至他们的日历，也会发生改变。”

中国需要为正在改变的世界做好准备。从人口大国到教育大国，是中国教育发展的第一次战略转型；从教育大国到教育强国，是中国教育发展的第二次战略转型。中华民族的伟大复兴，呼唤教育强国。构建与经济强国需要相适应的教育强国，建设强国教育，是未来中国教育改革和发展的历史使命。教育“中国梦”是有教无类、因材施教、终身学习、人人成才。我们教育的孩子应成为一个堂堂正正的中国人，成为能够适应 21 世纪世界发展潮流需要的有用人才。2015—2030 年，中国教育发展环境、发展目标、发展动力和发展模式都将发生复杂、深刻和连锁性战略变化。

党的十八届五中全会提出创新、协调、绿色、开放、共享的发展理念，就是要求中国教育创新发展思路、发展策略和发展模式。

一、从教育大国到教育强国，实现教育发展目标的战略创新

教育强国是教育综合实力、教育质量、培养能力和教育竞争力具有突出地位和重要国际影响的国家。教育强国思想是马克思主义教育思想中国化的最新成果，是中国特色社会主义教育理论的重要组成部分。实现从教育大国向教育强国的战略转变，是中国教育改革和发展的历史使命和重大转折。

中共中央、国务院正式颁布的《国家中长期教育改革和发展规划纲要（2010—2020 年）》明确提出："加快从教育大国向教育强国、从人力资源大国向人力资源强国迈进，为中华民族伟大复兴和人类文明进步作出更大贡献。"建设教育强国是实现"两个百年"目标，实现全体人民的共同发展、实现伟大的"中国梦"基础性战略工程。优先发展教育，建设教育强国是推进国家富强、实现人民富裕的持久动力。教育强国的重大战略意义在于：

第一，教育强国是世界潮流，是竞争保障。教育强则国强，教育强则恒强。面对激烈竞争的时代，英国前首相布莱尔强调指出："教育、教育、教育——现在和永远都是英国经济取胜的关键。……我们教育要为绝大多数青少年提供优质的而不只是良好的教育。"布莱尔的讲话和英国教育政策表明的是这样的国家意识和竞争核心：只有教育的强大，才能赢得经济的强大；现时的教育价值取向应该是为大多数学生提供优质教育。21 世纪第二个十年到来之际，在一个占全球 1/5 人口的发展中国家，建设教育强国，不仅将对全面建成小康社会和中华民族的伟大复兴产生重大影响，无疑也将改变世

界的教育格局和人力资源开发版图，提升整个人类的知识、能力和创造力水平。

第二，教育强国是国家意志，是强国之基。教育强国思想是科教兴国思想的重要体现，是党中央、国务院的重大战略部署，是国家意志和国家行动。温家宝同志指出：“当今世界，人力资源成为推动经济社会发展的战略性资源，人才培养和储备成为各国参与国际竞争、占据制高点的重要手段。教育振兴直接关系国民素质的提高和国家振兴，只有一流的教育，才有一流的人才，一流的国家实力，才能建设一流国家。教育兴国、教育立国、教育强国都是国家意志。”① 教育可以强国，国家必须依靠教育实现富强。中国实现和平发展，需要建设教育强国；全面建成小康社会，需要建设教育强国；建设人才强国，需要建设教育强国；建设创新型国家，更需要建设教育强国。

第三，教育强国是人民意愿，是富民之本。胡锦涛同志在第四次全国教育工作会议上指出：“教育公平是社会公平的重要基础。坚持教育的公益性和普惠性，把促进公平作为国家基本教育政策，是促进社会公平的重要基础性任务。教育公平的关键是机会公平，基本要求是保障公民依法享有受教育的权利，重点是促进义务教育均衡发展和扶持困难群众，根本措施是合理配置教育资源。”② 习近平总书记进一步明确指出：“实现中华民族的伟大复兴，是近代以来中国人民最伟大的梦想，我们称之为‘中国梦’，基本内涵是实现国家富强、民族振兴、人民幸福。”智穷则恒穷，智富则常富，富民之本

---

① 温家宝. 百年大计，教育为本[EB/OL].(2009-01-04). http://news.xinhuanet.com/newscenter/2009-01/04/content_106014611.htm.

② 胡锦涛同志在全国教育工作会议上的讲话［C］//《教育规划纲要》工作小组办公室. 全国教育工作会议文件汇编. 北京：教育科学出版社，2010：19.

在于富智。教育是民族振兴、社会进步的基石，教育是提高国民整体素质、促进人的全面发展的根本途径。

第四，教育强国是强国根本，是动力之源。教育是民族振兴和社会进步的基石。教育的基本作用在于保证人人享受自由成长、充分发挥才能和创造力的权利，学会认知，学会做事，学会共同生活，学会生存，促进人的全面发展。中国是世界第一人口大国。人是最具活力的要素，是国家发展和民族振兴的动力之源。习近平总书记指出："当今世界的综合国力竞争，说到底是人才竞争，人才越来越成为推动经济社会发展的战略性资源，教育的基础性、先导性、全局性地位和作用更加突显。'两个一百年'奋斗目标的实现、中华民族伟大复兴中国梦的实现，归根到底靠人才、靠教育。源源不断的人才资源是我国在激烈的国际竞争中的重要潜在力量和后发优势。"① 今天培养的人才是2050年中国建设的主力军。只有通过教育，才能激发和挖掘人的潜在活力，推进国家政治改革、经济发展和社会进步。

二、从规模增长到质量提升，实现教育发展方式的战略创新

由于经济社会文化和历史的原因，中国教育发展长期处于落后阶段，具有规模小、起点低和水平低的特点。遵循后发现代化国家成长规律，面对教育机会短缺的主要矛盾，长期以来中国教育发展的主要目标是实现规模增长。国家的教育战略规划、政策导向、财政体系和资源配置，均围绕追赶性战略目标设计和实施，应实现从规模增长到质量提升的教育发展方式转变。

---

① 习近平. 习近平谈教育：国将兴必贵师而重傅[EB/OL].（2014－09－10）. http://www.farmer.com.cn/xwpd/rdjj1/201409/t20140910_982319.htm.

教育质量是教育的生命线。在基本实现入学机会公平的基础上，人民群众更加关注教育质量和有质量的教育公平。中国正在致力于全面提高教育体系、教育发展和教育教学的水平与质量，实现从规模增长为主到提高质量为主的历史性战略转变。教育质量成为教育公平的新起点。

（1）全面推进高等教育内涵式发展。中国已经成为世界第一高等教育大国，未来一个时期这种趋势不会有太大变化。从规模增长到质量提升，需要转变发展思路、发展模式和投资结构，将提高高等教育教学质量和人才培养质量，作为高等教育发展的核心任务。一是要适应产业结构调整需求，改革和调整人才培养结构；二是适应人的发展需求，为人的全面发展和自由发展提供高质量的教育服务；三是学习借鉴先进的理论和方法，培养大学生的创新意识和创业能力。

（2）提高高层次人才培养质量水平。高层次人才是一个国家的脊梁，支撑着国家创新发展。2013 年，教育部、财政部、国家发展和改革委员会联合下发了《关于深化研究生教育改革的意见》和《关于完善研究生教育投入机制的意见》，召开了全国研究生教育工作会议，全面启动研究生教育综合改革，确立了“服务需求、提高质量”的改革主线。目前，就业压力巨大是高等教育发展面临的严峻挑战，不仅制约着当前高等教育的招生规模，而且影响中国人力资源开发的长远目标。根据预测，2010—2020 年，普通本、专科毕业生规模持续扩大。

（3）提高人力资本存量的整体质量。经过数十年的发展，中国教育普及水平接近或达到发达国家的平均水平，中国人力资源开发水平实现重大提升。在人力资本存量方面，中国与发达国家存在着历史性的差距，全面和持续地改善现有劳动力的人力资本状况，就成为未来一个时期中国教育的重要任务。

要从重点关注规模增长动力到更加重视教育质量标准和动力机制。改革开放以来，中国教育重要任务是解决人民群众“有学上”的问题。教育改革和发展的核心任务是扩大教育投资，扩大教育机会，在政府管理上形成了以规模发展为需求导向的教育管理方式和治理模式。教育行政部门的管理人员习惯于筹资金、批土地、盖学校，而不熟悉研究课程、研究教学和分析质量；习惯于写公文、发文件、召开会议，不熟悉下基层、下课堂、提供服务；习惯于研究国情、省情和市情，不熟悉校性、教情和学情。要提高教育质量，就必须转变传统的教育管理方式，建立以教育质量为核心的管理理念、行为方式和评价标准。

《国家中长期教育改革和发展规划纲要（2010—2020年）》明确指出：“把提高质量作为教育改革发展的核心任务。树立科学的质量观，把促进人的全面发展、适应社会需要作为衡量教育质量的根本标准。树立以提高质量为核心的教育发展观，注重教育内涵发展。”“制定教育质量国家标准，建立教育质量保障体系。”教育质量管理是一门科学，具有全面性、全员性、全程性、规范性和动态性特点。重视学生身体健康、个性发展和全面发展，需要建立现代教育质量标准、课程体系、评估体系；需要科学地分配教育资源，将教育资源应用于提高教育质量、提高教师能力上来；需要对各级各类教育质量实施监测、跟踪和评价，并提出富有针对性的科学对策；关心教师成长，提升教师职业的成就感和幸福感。

三、从扩大资源到优化资源，实现教育资源合理配置的方式创新

与人口出生结构相适应，中国教育结构体系将进入“1时代”，即学前教育、小学教育、初中教育、高中教育和大学教育结构比例大体为“1”。教育需求的结构性变化，导致教育供给发生了重大改

革。进入21世纪以来，中国的高等教育发生了巨大变化，取得了跨越式发展，其中一个最重要的标志是，中国高等教育的在校生规模超过了美国，成为世界上高等教育在学人数最多的国家。1998年，中国各种形式的高等教育在学总规模不到800万人，到2010年已经增加到3 105万人（含高职、高专学生）。高等教育毛入学率在2010年达到26.5%。2015年，中国高等教育毛入学率上升为40%。高等教育规模扩大，提升整体教育体系，促进中国教育结构体系全面调整。

表5-1 1950—2014年中国大、中、小学在学规模的变化

年份/年	1950	1960	1970	1980	1990	2000	2010	2014
高等教育在学规模/万人	13.7	126.2	4.8	272	412.9	1 100	3 105	3 559
高中阶段教育在学规模/万人	49.9	575.4	349.7	1 578.2	1 528.6	2 525.2	4 670.6	4 218.3
初中阶段教育在学规模/万人	106.7	2 496.8	2 292.2	4 821.0	3 957.2	6 275.1	5 279.3	4 684.6
初等教育在学规模/万人	5 206.2	16 995.1	10 528.0	16 273.1	14 523.5	14 498.5	10 135.4	9 451.1
高等教育占比/%	0.25	0.62	0.04	1.19	2.06	4.51	13.39	16.24
高中阶段教育占比/%	0.93	2.85	2.65	6.88	7.48	10.35	20.14	19.25
初中阶段教育占比/%	1.98	12.36	17.40	21.01	19.37	25.72	22.77	21.38
初等教育占比/%	96.83	84.16	79.91	70.92	71.08	59.42	43.71	43.13
结构类型	倒T形	锐金字塔形			金字塔形		准梯形	

注：小学学制为6年，如果将小学分为两个3年计算，为21.85%，更容易看出中国教育的准梯形结构。2014年数据由教育部规划司提供。

资料来源：张力．教育强国战略［M］．北京：学习出版社，2012：31.

表 5－2　1990—2014 年每 10 万人口各级学校在校生结构变化

年份/年	高等教育	高中阶段	初中阶段	小学	幼儿园
1990	1.00	4.10	10.51	32.84（16.42）	5.29
1995	1.00	3.52	8.63	24.09（12.05）	4.95
2000	1.00	2.77	6.87	14.29（7.15）	2.46
2005	1.00	1.90	2.97	5.18（2.59）	1.04
2006	1.00	1.83	2.51	4.51（2.25）	0.95
2007	1.00	1.77	2.27	4.18（2.09）	0.93
2008	1.00	1.68	2.07	3.83（1.91）	0.92
2009	1.00	1.64	1.93	3.56（1.78）	0.94
2010	1.00	1.60	1.81	3.40（1.70）	1.02
2011	1.00	1.55	1.68	3.29（1.64）	1.13
2014	1.00	1.18	1.32	2.66（1.33）	1.13

注：本表以高等教育规模为 1 计算各层次教育结构关系。因小学学制为 6 年，不宜与初中、高中比较，括号中的数据为小学分为“两个三年”的比较。本表数据由国家教育发展研究中心专题组根据教育部发展规划司数据计算而得。

从表 5－2，我们可以看出中国教育培养结构体系演变过程。以高等教育规模变化为参照系（定为“1”），为便于科学合理地比较，考虑到大学平均三个年龄组、高中三个年龄组、初中三个年龄组、幼儿园三个年龄组，而小学为六个年龄组，遂将小学划分为“两个三年组”。1990 年，每 10 万人口各级正规教育在校生比为 1：4.1：10.51：16.42：5.29。此时的教育结构明显地表现为两头小、中间大的“橄榄形”结构，人力资源开发以小学、初中为主要手段。2014 年，中国各级教育在学人数比为 1：1.18：1.32：1.33：1.13，真正进入“1 时代”。简而言之，中国教育结构体系进入现代化阶段。其主要标志是：学前教育体系初步建立，义务教育体系基本成熟，高中阶段教育体系稳定发展，现代职业教育体系健康发展，高等教育体系趋向成熟，全民终身学习体系稳步构建。2030 年，小学、初中九年义务教育将保持每年1 600万左右的学生入学规模，高中阶段教育每年学生规模在1 500万左右，高等教育招生规模超过 1 000 万，中国教育的“梯形”结构特点明显，形成教育规模发展上的新常态。

根据教育体系变革与重构要求，中央和地方教育行政部门要改变传统思维模式，重新构建与未来教育体系相适应的教育资源分配体系，加大对教育质量的投入，加强对学前教育、职业教育和继续教育的投资，加强对农村地区、边远地区和少数民族地区教育与人力资源开发的投资，促进教育公平、协调、有质量发展。

四、从学历教育到终身学习，实现教育制度建设的模式创新

一个人，从幼儿时期到少年时期，再到青年时期和壮年时期，不同时期要穿不同的衣服。从制度设计视角分析，我们非得让一个青年穿儿童时期的衣服，不仅不合时宜，而且会约束他的发展。教育发展是一个渐进的历史过程，不同时期的教育，需要不同的教育制度，以规模增长为目标的教育发展模式、教育制度，不适应以质量为核心的教育发展模式。

第一，新学习形态进入主流教育，发挥教育发展“双引擎”的作用。2015 年年初，李克强总理在瑞士达沃斯世界经济论坛上发表特别致辞，首次将“改造传统引擎，重点是扩大公共产品和公共服务供给”与“打造新引擎，推动大众创业、万众创新”称为中国经济的“双引擎”。未来教育发展同样需要打造“双引擎”，即以传统教育模式为主的动力机制和新生形态的教育发展动力机制。

未来一个时期，影响教育公平和质量的一个重要的新要素是学习形态的演变与发展。在线教育是互联网技术与传统教育的结合，

相比传统教育，在线教育的优势主要在于：①突破时空限制，知识获取方式更为灵活；②碎片化学习，尤其随着移动互联网的发展，移动设备更具便携性；③内容多样化，除了 K－12 教育（指幼儿园到高中的基础教育）、高等教育外，还包括各类学前教育、职业教育、兴趣教育等细分领域。2016 年，我国网民规模为 7.31 亿，手机上网人群占 95.1%，而在 40 岁以下接受教育的主体人群中，这一普及率更高。此外，手提电脑、智能终端等已进入千家万户，为在线教育发展提供了良好的硬件基础。从传统学历教育向终身学习转变，传统教育功能向现代教育功能转变，学校教育与社会教育日益融合。全体社会成员，都是优质教育资源的创造者和分享者。

第二，从教育管理到教育治理的转变。教育制度是一个国家各级各类教育机构与组织体系有机构成的总体及其正常运行所需的种种规范、规则或规定的总和。制度并非一成不变，制度必须与时俱进。什么样的教育，就需要什么样的教育制度；一个时期的教育，需要特定时期的教育制度。改革开放以来，我国教育的主要任务是扫除文盲、普及义务教育，向人民群众提供基本公共教育服务和职业培训。与之相适应，制定了一系列以扩大教育资源为手段，以解决人民群众“有学上”问题为核心，以“形成惠及全民的公平教育”为目标的政策体系和制度框架。进入 21 世纪第二个十年，随着教育普及水平的提高，提高教育质量成为教育发展的核心主题。基本普及学前教育，巩固义务教育普及成果，建立现代职业教育体系，大力发展职业教育，全面提高高等教育质量，形成学习型社会，成为未来一个时期教育发展的新任务。与此相适应，必须建立以终身教育理念为指导，以提高教育质量、提升教育竞争力为主要目标的政策体系和制度框架。

教育作为社会的一个子系统，随着形势的发展变化，迫切需要我们加快实现由办教育向管教育转变，由微观管理走向宏观管理，由直接管理走向间接管理，由教育管理走向教育治理。教育制度是教育治理的重要基础和保障。教育制度升级主要包括三个方面：教育治理方式的升级、教育运行规范的升级和教育制度保障重点的转移。

第三，全面推进教育法人治理体系现代化。实施“管、办、评”分离，提高教育管理的规范化、民主化和科学化。以转变职能和简政放权为重点，研究制定关于推进教育管、办、评分离的制度框架。推进教育治理体系和治理能力现代化，就是要适应国家治理体系和治理能力建设，根据教育发展的自身规律和教育现代化的基本要求，以构建政府、学校、社会新型关系为核心，以推进管、办、评分离为基本要求，以转变政府职能为突破口，建立系统完备、科学规范、运行有效的制度体系，形成政府宏观管理、学校自主办学、社会广泛参与的格局，更好地调动中央和地方两个积极性，更好地激发每个学校的活力，更好地发挥全社会的作用。提供全球公共教育产品，提高中国的国家教育责任。伴随中国国家实力和教育实力的增长，中国教育的国际地位和国际责任日益凸显。进一步明确各级政府责任，进一步扩大省级政府教育统筹权。加强各级各类学校章程建设，促进学校依法治校。进一步解决民办学校分类管理、法人属性、产权归属、教师保障、财政扶持等问题。

第四，满足学习者多样化的需求。人类正在经历从信息时代向网络时代、从工业社会向知识社会的转变，学校不仅要教授工业生产知识，也要教授网络生存技能。从信息时代到互联网时代，人类的教育与学习环境发生了深刻变化，为学习者提供更加适宜、更加方便、更加有效的学习环境是未来教育改革和发展的重要追求。“数字化时代原住民”，即“90 后”特别是“00 后”，生活在两个世界：即现实世界和虚拟世界。中学生和大学生是网络生存的重要主体。现代教育面临的重要挑战是，既要培养现实世界的合格公民，也要培养虚拟世界的合格公民。

我们正在进入学习者为本、资源为王的时代。教育研究、决策和管理部门对于一个互联网时代互联互通的教育需求、教育供给和教育发展模式，缺乏科学认识、准确把握和管理能力。《国际教育信息化发展报告（2014—2015）》认为，“互联网支持下的微型优质资源促进教学方式的深层变革”，“学习空间布局逐渐由单一形态的普通教室转型为多功能、多形式的学习区”，“建构数字资源内容、智能工具以及支持服务一体化是各国数字资源建设的发展趋势”。① 远程课堂、网络教学、异地同步教学、翻转课堂、研究性学习、合作学习，众多新的教育技术和学习模式不断产生，使人类学习变得更为快捷、更为方便。

教育利益诉求的多样性，导致转型过程中的教育政策的复杂性、多样性。学习从学校课堂向课堂、社会、网络的全时空学习过渡。学习理念、学习内容和学习方式等各个方面正在发生着重大变革。以慕课为引领的学习方式变革，促进知识中心转变为学习者中心，从教师教、学生学转变为学习共同体。重视学习的宏观环境、中观环境和微观环境建设，构建一种多种刺激条件和支持条件的综合学习环境，促进全民学习和终身学习。

第二节　中国教育发展战略优势

中国举办着世界最大规模的教育，拥有 2.6 亿名学生、1 600万名教师、52 万所学校，各级各类学校组织的复杂化、结构的多样化、水平的差异化以及人民群众教育诉求的个性化都在不断增强。作为

---

① 国际教育信息化发展十大研究结论［N］. 中国教育报，2015 - 06 - 30（12）.

后发的发展中国家，中国具有起点低、成长快的后发优势。新中国在60多年的发展进程中，形成了社会主义国家特有的制度优势。

一、教育现代化的后发优势

习近平总书记指出："当今世界，科技进步日新月异，国际竞争日趋激烈。特别是经历了历史上罕见的国际金融危机，各国纷纷调整发展战略，更加注重科技进步和创新驱动。当今世界的综合国力竞争，说到底是人才竞争，人才越来越成为推动经济社会发展的战略性资源，教育的基础性、先导性、全局性地位和作用更加突显。'两个一百年'奋斗目标的实现、中华民族伟大复兴中国梦的实现，归根到底靠人才、靠教育。源源不断的人才资源是我国在激烈的国际竞争中的重要潜在力量和后发优势。"①

中国教育具有良好的成长性，这是中国教育与人力资源开发的潜在动力和最大优势。第一，学前教育具有良好的成长性。2016年，中国学前教育毛入园率为77.4%。如果提升到90%，还有近13个百分点的成长空间。中国每年有1 700万名左右的新生儿童，需要新建设100万所幼儿园。第二，高中阶段教育具有良好的成长性。高中阶段教育虽始终存在难以支撑中国人力资源开发层次转型和提升要求的问题，但从目前85%的普及率提升到95%以上的普及水平，仍然存在10个百分点的成长空间。2015—2025年正值中国高中学龄人口高峰，每年将有1 700万～1 900万学龄人口。

中国正处在人力资源战略转型的关键时期，具有人力资源开发的转型优势。与发达国家相比，中国是一个后发的社会主义人口大国。除了后发增长优势、后发模式优势以外，后发的人力资源优势

① 习近平．同北京师范大学师生代表座谈时的讲话[EB/OL]．(2014-09-10)．http://politics.people.com.cn/n/2014/0910/c70731-25629093.html.

是中国经济成功的重要因素。人类学家将“人口红利”分为第一次“人口红利”和第二次“人口红利”。第一次“人口红利”，是指一个国家的劳动年龄人口占总人口比重较大，抚养比比较低，为经济发展创造了有利的人口条件，整个国家的经济呈现高储蓄、高投资和高增长的局面。第二次“人口红利”，是指一个国家的劳动年龄人口占总人口比例达到峰值后由规模增长转变为质量提高阶段，通过劳动力质量提升带来经济持续增长和产生巨大的经济价值。中国正在经历从第一次“人口红利”到第二次“人口红利”的战略转型。

中国具有第二次“人口红利”的潜在优势。中国正处于两种“人口红利”的交替期，双重红利的叠加效应将对中国经济持续增长发挥正面作用。未来30～50年，中国人口占世界人口的比重将持续下降，人口质量特别是人口文化素质将不断提高，中国劳动生产率的提高将主要依靠科学技术和劳动力质量提高。2012年7月，麦肯锡全球研究院发布的一份报告《35亿人的工作、薪资和技能》显示，中国在未来10～20年将面临高技能劳动力短缺的困境，结构人口红利将取代总体的数量人口红利，继续推动中国经济发展。① 中国未来经济和社会发展在继续发挥劳动力规模优势的同时，必须逐步走上从数量优势到质量优势，“以质量换数量”的道路。

二、国家整体动员的制度优势

中国共产党和中央人民政府将扫除文盲工作确定为基本国策，将扫除文盲作为新中国建设发展的伟大工程和战略举措，由党和政府最高领导层设计、组织、参与和发动，从战略高度确定扫除文盲工作的总体布局和战略部署，形成了科学的扫盲工作领导体制。不

① 胥会云，王杰．麦肯锡劳动力报告：中国人口结构红利取代数量红利［N/OL］．第一财经日报，2012－07－26. http：//news. hexun. com/2012－07－26/143982097. html.

但解决扫除文盲的计划思路问题，更要解决方式和路径问题。中国是一个文明国家。现代世界学术潮流的一个重要走向是，西方学者开始从制度层次对中国加以认可。“中国，走出一条区别于西方式民主的道路，中国的领导层获得了高度的合法性认可。”中国更加看重国家产生的整体功效。“高效的政府带领中国实现了波澜壮阔的改革，创造了现代经济史上的发展奇迹。”①

社会主义制度是中国扫除文盲取得成功的巨大制度优势。党和政府充分发挥理论、政治、组织、制度和密切联系群众的优势，一切从人民的利益出发，为了人民扫盲，扫盲为了人民，扫盲成果由人民共享。人民群众真实地享受到扫除文盲带来的文化提升、收入增加和生活改变。通过扫除文盲，推进社会全面进步，国民素质全面提高，人民生活全面改善。

社会动员能力是中国政府的重要战略能力，作为一个社会主义大国的中国具有强大的国家动员能力。无论是党中央、国务院决策者，还是地方政府部门的执行者，都很好地发挥了社会主义制度的这一巨大优势。中国社会动员的广泛性、持久性和深层性突出，可在极短时间内动员所有政府力量和社会力量、公民力量全力以赴投入到扫除文盲和普及义务教育进程之中，集中人力、物力和财力，办发展国家教育之大事，坚持教育发展持久战，60 多年始终不懈努力，打赢了一场大力发展教育事业、提高整体文化素质的“人民战争”。

全国一盘棋，统一协调管理。在扫除文盲过程中，中国政府高度重视和发挥中央部门之间、地方部门之间、中央与地方政府之间的统一管理、协调配合作用。扫除文盲管理部门，一般由党政领导亲自挂帅，教育、宣传、农业、民族、人事、财政、公安、文化、

---

① 英学者认为，中国政治制度有明显的优越性［N］. 参考消息，2015－03－16（14）.

统计、新闻媒体和部队、共青团、省妇联以及各种协会等民间组织，广泛参与，协同配合，将部门与部门之间、中央与地方之间不协调的矛盾消灭在萌芽状态，大力提高了扫除文盲的工作效率。

对于中国的制度优势，印度安得拉邦首席部长奈杜感叹道："中国和印度有一个巨大的差别就是，中国共产党可以对中国的发展进行长远规划，但是印度不行，我们不可能有那么长的预见，例如，作为首席部长，我自己只能规划五年，因为我们是五年举行一次选举。"①

三、低成本、高效率的教育模式优势

与中国经济发展阶段和水平相适应，教育发展和人力资源开发处于低成本阶段。目前，许多发达国家正陷入教育支出增长之苦。据《教育指标概览 2013：OECD 指标》统计，在大多数 OECD 国家，初等教育、中等教育和高等教育阶段生均支出占人均 GDP 的比例分别为 23%、26% 和 41%。加拿大、墨西哥、瑞典和美国高等教育生均支出占人均 GDP 的比例超过 49%，比例最高的是巴西，达到 105%。2010 年，OECD 国家公立教育机构中，学前教育生均公共支出为 6 275 美元，初等教育和中等教育公共支出为 8 412 美元，高等教育公共支出达到 11 382 美元。如果以 2000 年公共教育支出为 100，2005 年和 2010 年的 OECD 国家平均指数分别为 122 和 140，即此间的教育支出分别相对增长了 22% 和 40%。支出成本迅速增加，在一定程度上限制了发达国家教育与人力资源开发的能力和水平。

中国是一个发展中国家，教育发展长期面临人口多、起点低和

① 专访印度安得拉邦首席部长："我到中国学习经济改革"［N］. 参考消息，2015 - 04 - 14（11）.

经费紧的巨大压力。在国家实力并不强大、教育经费并不充裕的情况下，中国教育充分利用教育规模大、工资低和成本低的优势，通过扩大校均规模、班均规模，发展现代远程教育、网络教育等方式，增加时间投入，降低财务成本，最大限度地发挥教育经费的效益，最大限度地调动教师学生的积极性，最大限度地利用现代化的教育教学手段，实现了教育的快速和高效发展。建立了普通教育和职业教育共同发展、职前教育和职后教育融合发展、继续教育和终身教育功能具备的世界最大规模的现代化教育体系，学前教育、初等教育、中等教育和高等教育健康发展，顺利地完成了基本扫除青壮年文盲、普及九年义务教育的战略任务，教育普及水平超过世界平均水平。

四、公民参与的教育文化优势

中国有崇尚教育的社会习俗，出于追求富裕、社会流动和文化修养等多重目的，人民群众具有参与教育发展的内在动力。追求和实现高品质的教育，提升公民个人教育文化素质，对于国家发展、民族振兴和社会进步意义重大。习近平总书记强调指出："人民是历史的创造者，是我们的力量源泉。必须坚持以人为本，尊重人民主体地位，发挥群众首创精神，紧紧依靠人民推进改革。"同样，中国人民也创造了发展中国家教育发展的历史。

家庭教育消费或是中国教育发展的"秘密武器"。中国是一个新兴的国家，对于教育有着前所未有的巨大需求。这种需求是拉动中国教育发展的潜在动力。《2012 年中国家庭教育消费白皮书》调查显示，"教育消费"作为家庭消费的重头，占到中国社会中坚阶层家庭收入的 1/7，并且该比例预期还将持续增长。《2017 教育的价值报告》显示，家庭教育支出方面，中国大陆位列全球第五。

《2012 年中国家庭教育消费白皮书》显示，中国家庭的教育消费高达 14.3%，是美国家庭教育消费比例（1.6%）的 8.94 倍。从积极方面分析，中国家长重视孩子教育，肯投资于孩子未来发展；从消极方面分析，中国家庭教育消费比重过高，许多家庭不堪重负，同时也限制了中国家庭在其他方面的消费能力。中国非正规教育消费是一个巨大的市场，如北京地区高考学科补习的课时费已提升到每小时 500～800 元。在线教育在中国教育市场具有巨大的增长空间。《中国教育发展报告（2012）》显示，2012 年，中国教育培训行业市场规模高达 9 600 亿元，其中，在线教育市场规模在 700 亿元左右。2017 年 6 月 26 日《北京商报》发文称，艾瑞咨询日前发布的报告显示，2016 年中国在线教育市场规模达到 1 560.2亿元，同比增长速度为 27.3%。中国家庭教育的支出，是支撑中国教育发展的重要力量，这种力量来源于中国教育传统和公民提升自身素质及改变生活状态的决心。

五、以严谨为基础的教育质量优势

中国教育具有悠久的严谨和严苛历史。中国西汉学者戴圣在《礼记》中说："凡学之道，严师为难。师严然后道尊，道尊然后知教学。"《忠经》认为："圣人因严以教敬，因亲以教爱。"进入现代社会，中国教育特别是基础教育继承了古代教育的优秀传统，学习借鉴世界教育发展先进经验，形成了"基础扎实、学风严谨、质量优异"的育人思想和办学模式。中国老百姓普遍接受这样的观点，即学习是一件需要付出代价的艰苦的事情，没有不劳而获的学习。基于东方严苛的教育文化传统和现代教育管理方式，中国教育特别是基础教育具有良好的质量和品牌声誉。

美国《纽约时报》资深记者及专栏作家尼古拉斯·克里斯托夫（Nicholas Kristof）以自己的亲身经历写道：在中国南方一个非常贫穷的小村庄，那里农家子弟的数学水平，都比纽约最好的公立学校的孩子要高出好几个等级，可见中国的数学教育达到了一个多么高的水平。对美国的战略挑战并非中国的隐形战机，而是中国公众改进教育体系的决心，以及向外部世界学习的激情。他认为儒学思想对教育的重视已深深地浸润于中华文化，由此才衍生了中国学校体系的最伟大的力量。

第三节　中国教育发展目标设想

现代化本质是人的现代化，人的现代化本质是教育现代化。没有现代化的教育，就没有现代化的国家。中国教育现代化就是十几亿人民的现代化，要使人民具有社会主义核心价值观、道德素质、文化素质和全面发展品质。教育目标是教育规划的核心内容，对于未来教育改革和发展具有战略性、方向性和指导性作用。教育目标，要以人口特别是学龄人口预测为基础来制定，从而研究制定适应人口结构、规模与质量变化趋势相结合的战略目标和具体目标。

一、2030 年中国各阶段学龄人口规模预测

学龄人口是教育发展的最基本要素。学龄人口一般可以划分为学前教育学龄人口（3～5 岁）、初等教育学龄人口（6～11 岁）、高中阶段教育学龄人口（12～17 岁）和高等教育学龄人口（18～22 岁）。伴随社会经济发展和人口老龄化趋势，继续教育和老年教育需求日益发展，学习者群体不断扩大，也是未来教育必须加以考虑研究的重要对象。以终身教育思想为指导，建设全民终身教育体系势在必行。

表5-3　2010—2030年我国人口年龄及构成预测

年份/年	各年龄段人口数/亿人			各年龄段人口数占总人口比例/%		
	0~14岁	15~64岁	65岁及以上	0~14岁	15~64岁	65岁及以上
2010	2.35	9.88	1.78	17.52	73.61	13.24
2015	2.43	9.99	2.27	17.46	71.84	16.33
2020	2.46	9.85	2.66	17.30	69.21	18.70
2030	2.00	9.60	3.93	13.94	66.87	27.35

注：本表数据由国家教育宏观政策研究院根据全国第六次人口普查资料，利用建立的人口仿真模型测算而得。

表5-3显示了2015—2030年中国人口结构变化总体趋势。需要指出的是，对未来一个时期的中国教育学龄人口进行整体和分项预测是一件困难的事情。由于全国第六次人口普查数据的误差，特别是幼儿人口误差明显，表5-3中的学龄人口规模预测存在明显不足，难以作为基本预测数据使用。但任何预测都不可能做到百分之百的精准，最为关键的是预测未来教育发展的总体趋势，为教育宏观决策提供依据。

（1）学前教育人口，一般是0~6岁的婴幼儿人口。依据学前教育普及水平，我国通行的方法是将学前教育人口划分为0~3岁人口和3~5岁人口。在预测学前教育入园率时，我们分别采用中预测模式预测2015—2030年相应入园率条件下的入园人口规模，并为经费投入、园所配备、教师教育提供可参考的依据。考虑到中国生育政策特别是“全面二孩”政策出台，从“十三五”到2030年，全国学龄人口规模和结构将发生新的变化。

由于教育管理水平和统计标准问题，我们在预测未来学前教育入园规模和入园率时面临极大的困难。截至2013年底，全国共有幼儿园19.86万所，比2012年增加1.73万所，在园幼儿（包括附设班）有 3 894.69 万人①，比 2012 年增加 208.93 万人。幼儿园园长和教师共有 188.51 万人，比 2012 年增加 20.76 万人。学前教育毛入园率达到 67.5%，比 2012 年提高 3 个百分点。据教育部规划司提供的数据，我国已经提前实现了《国家中长期教育改革和发展规划纲要（2010—2020 年）》确定的 2020 年学前教育发展目标。

（2）初中教育是义务教育的重要组成部分。基于全国第六次人口普查数据的可靠性，这部分学龄人口预测相对准确。以中位数预测为标准，2015 年，12～14 岁学龄人口规模为 4 423 万人。2015—2020 年，初中学龄人口持续增加，进入退出比为 108.1%；2020—2030 年，进入退出比为 101.4%；2015—2030 年，我国初中学龄人口进入退出比为 109.7%，也就是说，2030 年的初中学龄人口规模将增长 9.7%。中央和地方教育行政部门要为初中学龄人口增长，做好学校建设、教师培养和经费方面的准备，并提前做好整体教育规划。

表 5－4　2015—2030 年中国初中阶段学龄人口与毛入学率预测

年份/年	12～14 岁人口/万人	在校生规模/万人	毛入学率/%
2015	4 432	4 332	97.74
2016	4 446	4 359	98.03
2017	4 531	4 473	98.72
2018	4 610	4 638	100.61

① 这一数据远大于预测数据，一是因为全国第六次人口普查婴幼儿人口漏报严重；二是在现有入园儿童中有一部分是超过 6 岁，而在前一年不足入学年龄的孩子，应该说这部分孩子只会多，不会少。这就造成了教育部规划司对未来学前教育入园规模和入园率预测的困难。为了保持研究的完整性，本书不得不将预测数据显现，但认为不能作为决策和制定规划的数字依据。建议：教育行政部门在未来进行学前教育学龄儿童人数统计时，按儿童出生实际年月日进行登记。

续上表

年份/年	12～14岁人口/万人	在校生规模/万人	毛入学率/%
2019	4 705	4 755	101.06
2020	4 792	4 792	100.01
2021	4 814	4 883	101.42
2022	4 797	4 927	102.70
2023	4 777	4 999	104.64
2024	4 791	5 003	104.43
2025	4 839	5 043	104.22
2026	4 922	5 118	103.99
2027	4 976	5 195	104.40
2028	5 031	5 255	104.45
2029	4 967	5 253	105.74
2030	4 860	5 166	106.29

注：本表数据由上海教育科学研究院提供。

（3）由于教育政策和发展的局限，过去20多年，中国高中阶段教育普及水平不高，历史欠账过多。与基础教育相比，高中阶段教育发展相对滞后，影响了中国高层次人才培养和整体人力资源开发水平。2014年，高中阶段在校生为4 218.27万人。以中位数预测为准，2015年，15～17岁人口为4 669万人。

表5－5　2015—2030年中国高中阶段学龄人口与在校生规模预测

年份/年	15～17岁人口总规模/万人	在校生规模/万人		
		毛入学率90%	毛入学率93%	毛入学率95%
2015	4 669	4 202	4 342	4 436
2016	4 519	4 067	4 203	4 293
2017	4 479	4 031	4 165	4 255

续上表

年份/年	15～17 岁人口总规模/万人	在校生规模/万人		
		毛入学率 90%	毛入学率 93%	毛入学率 95%
2018	4 429	3 986	4 119	4 208
2019	4 442	3 998	4 131	4 220
2020	4 527	4 074	4 210	4 301
2021	4 606	4 145	4 284	4 376
2022	4 701	4 231	4 372	4 466
2023	4 788	4 309	4 453	4 549
2024	4 810	4 329	4 473	4 570
2025	4 793	4 314	4 457	4 553
2026	4 773	4 296	4 439	4 534
2027	4 787	4 308	4 452	4 548
2028	4 835	4 352	4 497	4 593
2029	4 918	4 426	4 574	4 672
2030	4 972	4 475	4 624	4 723

注：本表中的基础数据由上海教育科学研究院提供，2015—2030 年高中阶段学龄人口在校生规模由本书作者测算。

（4）世界高等教育发展历史证明，高等教育普及化进程受到两种动力的影响：一是高等教育规模不断扩大的“向上拉力”的影响，二是入学人口下降的“向下动力”的影响，两者形成的“剪刀差”迅速提高了高等教育毛入学率。与学前教育学龄人口不同，高等教育学龄人口预测具有更多的可靠性和可信性。高等教育是未来中国教育发展的战略重点。2013 年，中国各类高等教育在学总规模达到 3 460 万人，高等教育毛入学率达到 34. 5%。2014 年，全国高等教育阶段在校生规模为 3 559 万人，毛入学率达到 37. 5%。2015 年，毛入学率达到 40%。2020 年，有望达到 50% 左右。

通过对2015—2030年中国高等教育学龄人口变化趋势的分析（见表5－6），我们可以看到：2015年，高等教育学龄人口规模为9 055万人，以此为基数，未来18～22岁人口规模变化呈现两个重要的阶段：一是2015—2023年，学龄人口规模呈下降趋势，进入退出比减少近18%，2023年学龄人口将比2015年减少1 615万人；二是2024—2030年，学龄人口规模开始回升，进入退出比从83.2%上升到88.3%，2030年学龄人口将比2024年增加455万人。

表5－6　2015—2030年中国大学学龄人口与入学规模预测

年份/年	18～22岁人口/万人	进入退出比/%	入学规模/万人				
			低预测（40%）	中低预测（45%）	中预测（50%）	中高预测（55%）	高预测（60%）
2015	9 055	100.0	3 622	4 075	4 528	4 980	5 433
2016	8 661	95.6	3 464	3 897	4 331	4 764	5 197
2017	8 265	91.3	3 306	3 719	4 133	4 546	4 959
2018	7 969	88.0	3 188	3 586	3 985	4 383	4 781
2019	7 762	85.7	3 105	3 493	3 881	4 269	4 657
2020	7 581	83.7	3 032	3 411	3 791	4 170	4 549
2021	7 451	82.3	2 980	3 353	3 726	4 098	4 471
2022	7 471	82.5	2 988	3 362	3 736	4 109	4 483
2023	7 440	82.2	2 976	3 348	3 720	4 092	4 464
2024	7 538	83.2	3 015	3 392	3 769	4 146	4 523
2025	7 694	85.0	3 078	3 462	3 847	4 232	4 616
2026	7 800	86.1	3 120	3 510	3 900	4 290	4 680
2027	7 906	87.3	3 162	3 558	3 953	4 348	4 744
2028	7 961	87.9	3 184	3 582	3 981	4 379	4 777
2029	7 967	88.0	3 187	3 585	3 984	4 382	4 780
2030	7 993	88.3	3 197	3 597	3 997	4 396	4 796

注：本表中的基础数据由上海教育科学研究院提供，学龄人口进入退出比和2015—2030年高中阶段学龄人口入学规模由本书作者测算。

高等教育毛入学率目标设定有如下若干方案。

方案之一：保持现有目标不变。《国家中长期教育改革和发展规划纲要（2010—2020 年）》指出，2020 年高等教育毛入学率为 40%。2014 年，高等教育在校生规模已经达到 3 559 万人，如果高等教育规模不增长，到 2020 年即使学龄人口下降，届时的高等教育毛入学率依然能够达到 46.92%。

方案之二：调整 2020 年发展目标。如果要保持高等教育可持续增长，必须调整现有高等教育发展目标，将毛入学率调整为 50%。而即使调整到 50%，中国未来整体高等教育规模增长的空间也十分有限，仅存在 232 万的增长量和 6.52% 的增长幅度，年限增长空间更是低于 1.09%。在地方高等学校快速增长和高等学校欠债压力下，局限于 1% 的增长速度具有相当难度，也不符合地方高等教育强省和人力资源强省建设的趋势。

方案之三：进一步放宽 2020 年发展目标，将未来 5 年高等教育增长规模扩大并限制在 450 万人左右。即 2020 年前中国高等教育规模保持在 4 000 万人，高等教育毛入学率控制在 52% ~53%。更为重要的是，450 万的增量应重点投向高等教育欠发达的西部地区和中部人口大省，适当控制东部地区高等教育规模和毛入学率增长。

进一步预测，2030 年毛入学率达到 60%，高等教育学龄人口规模为 7 988.68 万人，在校生规模则为 4 796 万人。据此推算，2014—2030 年，高等教育规模增长为 34.76%，16 年中年均增长率为 2.2%，应该是一个比较可行和可以接受的合理方案。届时，中国高等教育可以大体达到发达国家的普及水平，建设人力资源强国将更具实力。

二、中国教育发展目标设想

应建立与未来中国的强国地位相适应的强国教育。人力资源是第一资源，人力资本是实现国家发展、民族振兴和中华崛起的第一资本，实现对发达国家教育与人力资源开发水平的总体赶超，从局部跨越到整体追赶。教育发展水平与人口大国地位相统一，人力资本投资与经济大国地位相一致，教育与人力资源开发水平与实现“中国梦”相适应。依靠人力资本投资，让自然资源、物力资源、财力资源转化为经济增长、国家实力和人民福祉，促进中国从工业社会进入知识社会。

2030 年，中国教育发展的总体目标是：以马克思列宁主义、毛泽东思想、邓小平理论和“三个代表”重要思想和科学发展观为指导，深入贯彻习近平教育思想持续推进“四个全面”，着眼于“两个一百年”战略目标，坚持教育优先发展，以“扩大增量，改善存量，提高质量，完善制度”为重点，实施“三步走”的发展战略。采取超常规发展教育方式，加快发展中国特色、世界水平的现代教育，全面建成现代教育体系，全面实现教育现代化，全面提高教育质量，全面提升国家人力资源开发能力和水平，确保每个学生都能受到高中阶段教育，让每个公民具有终身学习机会和终身学习能力，促进人的全面发展和个性发展，将中国建设成为世界性教育强国。

（一）“三步走”总体战略目标

十九大报告提出：“建设教育强国是中华民族伟大复兴的基础工程”。发展具有中国特色、世界水平的现代教育和建设教育强国是未来中国教育发展的总任务。中国特色社会主义进入了新时代，这是我国发展新的历史方位。这是中国教育实现从大到强、建设教育强国的新时代，是中国教育适应更高层次开放型经济、促进人的全面发展的新时代；是中国人民享受世界水平现代化教育的新时代，是中国教育更加自信地走向世界舞台中心的新时代。建设教育强国是中华民族伟大复兴的基础，它第一次被写入中国共产党全会报告，成为全党和全国人民的奋斗目标，这是党中央发出的建设教育强国的动员令，这是教育在中华民族伟大复兴中的新定位、新使命，是新时代社会主义教育事业的新特征、新征程。结合我国实际，建设教育强国要实施“三步走”战略。

第一步跨越：到2020年，为教育强国奠定坚实基础。全面落实《国家中长期教育改革和发展规划纲要（2010—2020年）》，实现或超额完成全面建成小康社会的教育目标，比国家提前15年基本实现教育现代化；基本形成学习型社会，进入人力资源强国行列，教育发展的主要指标达到中等收入国家先进水平。

第二步跨越：到2035年，教育质量和教育竞争力、影响力全面提升。实现从追赶到超越的战略转变，跨入高人类发展指数国家行列，提前15年基本建成现代化教育强国，进入人力资源先进行列。教育发展水平接近美国即期教育发展整体水平。

第三步跨越：到2050年，中国成为世界性教育强国。人力资源竞争力进入最发达国家行列；教育发展水平处于世界领先地位，人力资源总量、质量和竞争力居于世界前列，中国教育发展思想、发展模式和发展道路成为世界典范。

（二）具体目标

全面普及有质量的15年教育，让2亿学生享有共同发展的公平机会。为3~5岁儿童提供高水平的学前教育，为国家未来投资。学前一年纳入国民教育体系。积极发展家庭教育，提高家庭教育专业化水平。让每个中小学生享受世界最高质量的基础教育。2020年，高中阶段毛入学率达到95%；2030—2035年期间，学龄人口青年都能接受免费的高中阶段教育。

全面提升人力资源存量水平，让9亿劳动者都具备终身学习能力。2020年，劳动年龄人口人均受教育年限达到12年，2035年达到13.5年以上。高层次人才开发总量达到2.8亿，居于世界第一，受过高等教育的比例超过世界平均水平。新增劳动力平均受教育年限超过14年。2020年，从业人员继续教育参与率达到50%，2035年达到75%左右。积极发展老年教育，提高城乡老龄人口文化素质、健康水平和生活质量。

缩小区域教育发展整体差距，整体提升区域人力资源开发和经济发展的匹配程度。将教育和人力资源开发作为消除贫困的重要手段，大力发展贫困地区教育，全面提升少数民族地区教育发展水平。设立国家边疆高等教育发展基金，支持民族地区高等学校发展。高度关注弱势群体和家庭经济困难学生发展，建立从学前教育到高等教育覆盖所有贫困家庭的教育资助体系。缩小城乡居民教育与人力资源开发水平差距。2020年，城乡人均受教育年限差距从3年缩小到2年，2030年缩小到1年以下。

加快提升高水平大学和高水平学科建设水平，大学成为国家经济发展和社会发展的重要思想库和知识源。2020年，高等教育毛入学率达到50%，2030年超过60%。2020年，一流大学建设进入世界排名前30名，2030年若干所大学进入前20名；R & D投入水平达到发达国家平均水平。争取到2020年，在诺贝尔科学奖方面实现重大突破；2035年，有5～10人次获得诺贝尔奖。

提升中国教育国际化水平和国际教育参与能力，扩大中国教育的国际影响力。成为世界重要的留学生目的地国，发现和吸引国际优质人力资源。2020年，国际留学生规模达到50万，2035年达到100万以上。配合中国经济"走出去"，开发具有国际竞争力的人力资源，培养一大批具有走向世界的"通行证"的技术技能人才。加强中国教育发展经验、模式和理论科学研究，以"一带一路"为重点，支持发展中国家教育发展。

跨越学历、身份藩篱，建立人力资源价值能力充分发挥的体制机制。建立国家职业能力基本框架。打通一线技术技能人才上升通道，建立人才成长、转换和发展的立交桥。打破学历和非学历教育界限和壁垒，建立市场化的人力资源流动机制，实现人力资源、自然资源和资本资源的合理配置。全面提升行业和企业人力资源开发能力，开放企业教育资源，服务学习型社会建设。

高度重视教师人力资源开发，吸引高层次人才终身从教，建设世界一流的教师队伍。每一位教师都达到专业技术要求，2020 年前建立中小学教师公务员制度。实现教师职业可持续发展，提升教师国际化程度，成为世界性中小学教师培养培训基地。

全面提升教育与人力资源投资水平，2020 年达到世界平均水平，2030 年接近发达国家水平。制定《人力资源投资法》，将教育与人力资源开发投入纳入法制轨道，2020 年前建立覆盖所有正规教育的生均投入标准。全面考虑基本建设投入、日常运行经费、教师队伍费用，政府责任及费用和社会承担的程度，建立健全教育与人力资源开发经费保障机制。2020 年，国家财政性教育经费占 GDP 比例接近 4.5%，2035 年争取达到 5% 以上。

教育信息化水平达到世界先进水平，以教育信息化支持教育现代化。2020 年实现所有中小学、幼儿园、职业学校和高等学校联入互联网。结合中国优秀文化和学科发展优势，开发具有国际通用性的网络课程。

2020 年，中国进入人力资源强国行列。继续保持世界人力资源最大的国家，持续提高人力资源开发水平和人力资本质量。2035 年，人均受教育年限接近发达国家平均水平，高层次人才开发总量居于世界第一，成为世界人力资源强国。主要指标包括：2020 年，20 ~ 59 岁人口平均受教育年限达到 11.2 年，2035 年达到 13.0 年。2020 年，具有高等教育文化程度的人口规模达到 1.95 亿人，2035 年达到 3.1 亿人左右（见表 5 - 7）。

表 5-7　2020—2035 年中国人力资源开发主要目标预测

指标	2020 年	2025 年	2030 年	2035 年
具有高等教育文化程度的人数/亿人	1.95	2.28	2.6	3.1
20~59 岁主要劳动年龄人口平均受教育年限/年	11.2	12.0	12.8	13.0
其中：受过高等教育的比例/%	20.0	28.0	36.0	40.0
新增劳动力平均受教育年限/年	13.5	13.85	14.2	15.0
其中：受过高中阶段及以上教育的比例/%	90.0	95.0	98.0	98.5

第四节　中国教育对美国教育战略追赶的实现程度

面对发达国家超前发展的战略优势，中国领导人从经济社会发展的历史高度，以战略家的胆识和勇气提出了“超英赶美”的战略构想。超英赶美是中国几代人的梦想。从 1955 年毛泽东主席提出“超英赶美”到 2030 年，整整 75 年，中国将初步实现这一战略目标。在对发达国家特别是美国教育的战略追赶过程中，中国经历了几个历史阶段：一是 1955—1976 年的艰难起飞期，包括在思想领域、工业基础、经济实力、科技发展和人力资源开发方面为长期追赶奠定了坚实基础；二是 1977—2001 年的中程加油期，中国从计划经济转变为社会主义市场经济体系，以加入 WTO 的契机，系统解决了中国经济发展方向、发展模式和发展问题；三是 2002—2012 年的快速追赶期，中国实现了经济发展持续快速增长，成为世界第二大经济体，发展模式得到了全世界的肯定和赞赏；四是 2013—2030 年的整体赶超阶段，以局部突破为先导，未来中国在经济、社会、军事、科学和教育等方面实现对发达国家的整体赶超。由于中国战略实力的增长，世界将为之改变，新型大国关系正在形成。美国前总统国家安全事务助理苏珊·赖斯认为：美中关系是对21世纪“起决定作用”的伙伴关系之一。与此相呼应，中美教育也同样是影响21世纪世界教育的重要因素。

一、中国实现对美国教育发展追赶的战略基础

经过50多年的“战略追赶”，特别是近十年全国教育事业快速发展，中国不仅大大缩小了在教育与人力资源开发水平方面与发达国家之间的整体差距，而且形成新的比较优势，并开始步入“局部跨越”的战略新阶段。

标志之一：中国是世界教育与人力资源开发水平提升最快的国家。在1980—2010年连续30年间，中国教育与人力资源开发成长速度持续快于发达国家一倍。坚持发展是硬道理，以速度换时间，仍将是中国教育与人力资源开发全面超越发达国家的总体战略。

标志之二：中国教育与人力资源开发出现“局部跨越”之势。全国6.60亿城市人口人均受教育年限（11.29年）高于24个发达国家（8.80亿）人均受教育年限（11.03年），中国20~24岁新生劳动力人均受教育年限已达12.8年，未来中国经济增长潜力巨大。

标志之三：中国高层次人才培养规模接近发达国家总数的50%。2010年，中国具有大专文化水平的劳动者超过1.18亿，为OECD 29个国家大学以上文化人口（2.5亿）的47.2%。2015年1%人口抽查数据表明，中国有1.64亿人口接受过大学教育。

标志之四：中国已经具备了成为全球教育强国和人力资源强国的制度优势、成长优势、规模优势和相对质量优势。中国教育与人力资源开发前景可期，未来中国将成为世界重要的文化中心和教育中心，教育改革和发展将为中国实现和平发展，为中华民族伟大复兴和中国现代化实现提供有力支撑，为世界教育与人力资源开发做出更大贡献。

总之，从战略追赶到局部跨越，对于中国教育与人力资源开发是一次具有战略意义的历史性转变。中国特色社会主义教育的“道路自信、理论自信、制度自信、文化自信”，是中国经济和社会发展的突出特点和战略优势。过去60年的实践经验和研究表明，发展中国家教育发展水平对发达国家实现大幅追赶，中国是世界上最具实力实现对发达国家实践追赶的发展中国家。

二、2030年中国对美国教育的追赶实现程度

美国是一个发达国家，中国是一个发展中国家，两国在教育发展特别是人均受教育年限方面差距明显。1950年，中国人均受教育年限仅为1年，美国为8.38年，中国仅相当于美国的11.9%；1960年，中国人均受教育年限相当于美国人均受教育年限的21.9%；1980年，中国人均受教育年限为5.33年，相当于美国的44.3%。2010年，两国人均受教育年限比值为71.7：100。中国教育表现出很好的成长性（见表5-8）。

表5-8　1990—2015年中国各级教育毛入学率

年份/年	学前教育(3~5岁)/%	小学(净)(6~11岁)/%	初中阶段(12~14岁)/%	高中阶段(15~17岁)/%	高等教育(18~22岁)/%
1990	—	97.8	66.7	26.0	3.4
1995	—	99.1	78.4	33.6	7.2
2000	—	99.1	88.6	42.8	12.5
2001	35.9	99.1	88.7	42.8	13.3
2002	36.8	98.6	90.0	43.8	15.0
2003	37.4	98.5	92.7	48.1	17.0
2004	40.8	98.9	94.1	52.7	19.0
2005	41.4	99.2	95.1	59.2	21.0
2006	42.5	99.3	97.0	59.8	22.0

续上表

年份/年	学前教育(3~5岁)/%	小学(净)(6~11岁)/%	初中阶段(12~14岁)/%	高中阶段(15~17岁)/%	高等教育(18~22岁)/%
2007	44.6	99.5	98.0	66.0	23.0
2008	47.3	99.5	98.5	74.0	23.3
2009	50.9	99.4	99.0	79.2	24.2
2010	56.6	99.7	100.1	82.5	26.5
2011	62.3	99.8	100.1	84.0	26.9
2012	64.5	99.9	102.1	85.0	30.0
2013	67.5	99.7	104.1	86.0	34.5
2014	70.5	99.8	103.5	86.5	37.5
2015	74.0	99.8	103.2	87.0	40.0

注：表中数据由教育部发展规划司提供。

从1982年全国第三次人口普查到2010年全国第六次人口普查，中国人均受教育年限年均提升了约0.13年。全国第六次人口普查数据表明，2010年，全国15岁以上文盲人口规模为5 419万人，其中50岁以上文盲为4 894.6万人，占全部文盲人口的68.19%。考虑到未来10~20年中国文盲人口将大幅减少，人均受教育年限将加快提升，我们预测到2020年，中国人均受教育年限将达到10.45年左右，2030年将达到近12年（见表5-9）。

表5-9 中国、美国、世界平均受教育年限及中国相对美国的追赶系数（1950—2030年）

年份/年	人均受教育年限/年			中国对美国的追赶系数/%
	中国	美国	世界	
1950	1.00	8.38	3.17	11.9
1960	2.00	9.15	3.65	21.9

续上表

年份/年	人均受教育年限/年			中国对美国的追赶系数/%
	中国	美国	世界	
1970	3.20	10.77	4.45	29.7
1980	5.33	12.03	5.29	44.3
1990	6.43	12.14	6.09	53.0
2000	7.85	12.71	6.98	61.8
2010	9.10	12.70	7.76	71.7
2020	10.45	12.80	8.50	81.6
2030	11.90	12.90	9.20	92.2

注：本表数据为15岁以上人口人均受教育年限。中国的数据是作者根据第六次人口普查数据计算而得。中国对美国的追赶系数 $=\frac{\text{中国人均受教育年限}}{\text{美国人均受教育年限}}\times 100\%$。

资料来源：BARRO R J，LEE J W. A new data set of educational attainment in the world，1950－2010[EB/OL]. http://www.doc88.com/p－9965242254945.html.

从表5－9显示的数据可以看出美国人均受教育年限变化趋势，即从1980年达到12年以上水平之后，人均受教育年限变化幅度很小。对于人均受教育年限“12年”，国家教育发展研究中心专家研究分析认为，这或许是一个人均受教育年限的“天花板”——可以为后发国家实现对发达国家的追赶提供一个“终点”参考值。达到人均受教育年限12年，或许是发展中国家与发达国家实现再次同起点起跑的战略机会。

从预期受教育年限角度分析，到2030年，中国教育将基本实现对美国教育的战略追赶。据国家教育发展研究中心的研究，从人均受教育年限分析，2000年，中美两国相差4.86年，2010年相差3.60年，2020年相差2.35年，到2030年相差1.00年。

需要进一步说明的是：在表5－10中，2030年美国高等教育预期受教育年限高达4.90年，估计是由于与中国高等教育预期受教育年限存在不同计算口径（联合国教科文组织统计数据以各个国家上报数据为准，缺少统一的计算口径）。美国高等教育预期受教育年限应含有研究生教育年限的折算数，而中国尚未按这种方式计算人均预期受教育年限。如果以国际通行的同样口径计算，到2030年，中国与美国之间预期受教育年限的差距将更小，也许在1年左右。这与表5-9得到的结论比较一致。所以，我们建议国家教育行政部门在进一步调查研究的基础上，与美国人均预期受教育年限计算方法进行比较，并按照各国普遍认同的计算方法统计中国教育发展水平。

表5-10 中国与美国预期受教育年限比较（2000—2030年）

学段		预期受教育年限/年			
		2000年	2010年	2020年	2030年
学前教育	中国	0.80	1.60	2.45	2.70
	美国	1.82	2.10	2.10	2.30
	中美差距	1.02	0.50	-0.35	-0.40
初等教育至中等教育	中国	9.82	10.40	11.60	11.90
	美国	11.57	11.90	11.90	11.90
	中美差距	1.75	1.50	0.30	0.10
高等教育	中国	0.38	1.30	1.60	2.40①
	美国	3.73	4.80	4.80	4.90②
	中美差距	2.52	2.50	2.20	2.50
初等教育至高等教育	中国	10.20	11.70	13.20	14.30
	美国	15.30	16.80	16.70	16.80
	中美差距	5.10	5.10	3.50	2.80
学前教育至高等教育	中国	11.00	13.30	14.05	17.00
	美国	17.12	18.90	18.80	19.10
	中美差距	6.12	5.60	4.75	2.10

注：1. 中国高等教育毛入学率按60%估算。

2. 美国高等教育毛入学率保持在80%～85%，以四年学制计算，预期年限为3.20～3.40年，但是美国高等教育预期受教育年限为4.90年，原因可能是研究生部分与中国的计算口径不同。如果按照美国的计算口径，中美预期受教育年限方面的差距会更小。2030年中美人均预期受教育年限估算中包括这一差距。

资料来源：1. 联合国教科文组织. 全民教育全球监测报告（2003/2004）：性别与全民教育跃向平等［R］. 2010.

2. UNESCO. Global education digest 2012—opportunities lost: the impact of grade repetition and early school leaving[EB/OL]. http://www.unesdoc.unesco.org/images/0021/002184/21849e.pdf.

3. 国家中长期教育改革和发展规划纲要（2010—2020年）.

2012年，美国高等教育在校生规模为2 042.8万人，中国为3 104.7万人，中国在校大学生数比美国高出51.98%。2016年，中国在校大学生规模达到3 699万人，成为名副其实的高等教育第一大国。2016年中美两国之间，人力资源的存量优势在美国一边，增量优势在中国一边。中国高等教育良好的成长性，十分有利于中国高层次人才资源开发。

表5－11　2010年主要发达国家人均预测受教育年限（ISCED 0-6）

国家	人均受教育年限/年	国家	人均受教育年限/年
美国	18.9	瑞典	19.8
英国	18.0	丹麦	20.6
德国	19.5	澳大利亚	18.3
法国	20.2	芬兰	19.5
意大利	19.1	冰岛	21.2

资料来源：UNESCV. Global education digest 2012—opportunities lost: the impact of grade repetition and early school leaving[EB/OL]. http://www.unesdoc.unesco.org/image/0021/002184/21849e.pdf.

必须指出，中国与发达国家在人力资源开发存量方面的历史性差距将长期存在。在进行教育与人力资源开发中长期预测过程中，我们既要看到中国的成长性优势，也要看到存量劣势——主要在正规教育年限方面大大少于发达国家。到2030年，中国与发达国家在教育与人力资源开发水平方面的差距是一种历史的差距，不是发展速度的差距。美国25岁以上人口接受高中及以上教育的比例，20世纪60年代初期超过50%，20世纪90年代初超过80%，2013年高达88.2%。相比之下，2000年，中国25岁以上人口中接受过高中及以上教育的比例仅为19.03%①，2010年为24.46%②。另据全国第六次人口普查数据统计分析，2010年，中国40岁人口中接受过高中及以上教育的比例相当于美国在20世纪40年代的水平（24.5%）。从这一点看，中国教育发展长期处于低起点，或会成为中国人力资源开发的长期隐忧。

三、中美两国高层次人才培养能力比较

2030年，中国将成为世界最大规模的“人才工厂”。人类的生产活动包括物质生产和人的生产两种形式。中国在成为世界第一制造大国后，将成为第一人才“生产大国”。伴随着中国高等教育能力的提升与释放，中国高等教育规模将持续保持第一，2030年，中国高等教育总培养规模将达到OECD所有国家之和，由此中国将成为人类历史上最大的高等教育国家。

---

① 高书国，杨晓明．中国人口文化素质报告［M］．北京：社会科学文献出版社，2004：243.

② 高书国，杨晓明．中国人口文化素质报告：从战略追赶到局部跨越［M］．长春：东北师范大学出版社，2013：43.

表 5－12　中国与 OECD 高等教育规模比较（2005—2030 年）

年份/年	2005	2015	2020	2025	2030
中国/万人	2 300.0	3 576	3 800.0	4 020.9	4 796.0
OECD/万人	4 106.4	4 497.9	4 565.7	4 686.9	4 827.5
比值（中国/OECD）/%	56.0	79.5	83.2	85.8	99.4

注：OECD 数据为《OECD 展望：高等教育至 2030》预测数，其 2030 年数据是按增长率 3% 的推算数。中国 2005 年、2015 年数据为实际发生数，2020 年以高等教育毛入学率为 50%、2025 年为 55% 和 2030 年为 60% 计算。

从表 5－12 可以看到，中国将在世界高等教育发展中占有独特地位，为全球高层次人力资源开发做出不可替代的重要贡献。根据预测，如果 2025 年中国高等教育毛入学率达到 55%，其规模预计为 4 020万人左右，高等教育培养能力将相当于 OECD 国家 85% 以上。按照增长率 5% 计算，2030 年中国高等教育在校生规模将达到 4 796 万人，毛入学率将达到 60% 左右，培养能力将接近或达到 OECD 国家整体水平。

表 5－13　中、美高中及以上教育程度人口比较（1990—2020 年）

教育程度		1990 年	2000 年	2010 年	2020 年	1990—2010 年年平均增长率/%
高中教育程度	中国/百万人	91.47	140.68	187.99	261.54	3.67
	美国/百万人	101.25	96.75	91.62	86.14	－0.50
	美国/中国	1.11	0.69	0.49	0.33	—
大专及以上教育程度	中国/百万人	16.00	45.63	119.64	213.80	10.58
	美国/百万人	84.42	101.57	126.63	153.78	2.05
	美国/中国	5.28	2.23	1.06	0.72	—

续上表

教育程度		1990 年	2000 年	2010 年	2020 年	1990—2010 年年平均增长率/%
研究生教育程度	中国/百万人	0.175	0.757	5.38	12.74	18.68
	美国/百万人	11.44	15.17	21.25	25.63	3.14
	美国/中国	65.44	20.04	3.95	2.01	—

注：2020 年数据是作者估算的。

资料来源：1. 国务院第六次全国人口普查办公室，国家统计局人口和就业统计司. 2010 年第六次全国人口普查主要数据［M］. 北京：中国统计出版社，2011.

2. U.S. Department of Commerce. United States Census Bureau Database［A］.

从表 5－13 可以看出，1990—2010 年的 20 年，中国教育特别是高中以上教育发展速度快于美国，其年平均增长速度分别为普通高中 3.67%，大专及以上 10.58%，研究生 18.68%。

1978 年，中国第一批 18 名博士生入学，1982 年 6 月，马中骐等 6 人获得博士学位。1978—2013 年中国实施研究生教育 35 年来，已培养出 420 万名硕士、50 万名博士，近 500 万名高学历人才成为各行各业的骨干力量。与美国相比，中国研究生教育培养规模和质量尚存在一定差距。欧洲学术合作协会秘书长兼主任贝恩·维德（Bernd Wächter）预测："从中长期趋势看，中国极有可能在 2030 年赶上欧洲国家、美国、加拿大和澳大利亚，成为全球高等教育大国之一。我认为，不单中国的顶尖大学，中国整个高等教育体系，在 2030 年将会是全球高等教育界举足轻重的成员之一。"①

① 维德. 中国高等教育发展速度令人惊叹［J］. 世界教育信息，2013（7）：6.

表 5 - 14 2016—2017 年度至 2021—2022 年度美国硕士和博士授予数量预测

单位：人

年度	硕士	博士	合计
2016—2017	836 000	185 000	1 021 000
2017—2018	857 000	187 500	1 044 500
2018—2019	879 000	190 000	1 069 000
2019—2020	898 000	192 000	1 090 000
2020—2021	915 000	195 000	1 110 000
2021—2022	930 000	197 000	1 127 000

注：以上数据由美国教育部提供。

2030 年，中国人力资源总量将实现对美国的全面赶超。如表5 - 15 所示，1950 年，中国总人力资本不到美国的 40%。1970 年，中国超过美国总人力资本 5 个百分点；2000 年，相当于美国的 2.82 倍；2010 年，是美国的 3.79 倍。到 2020 年，中国总人力资本将超过美国 300% 多，2030 年这一比值将达到 417.9%。

表 5 - 15 中国与美国劳动年龄人口和总人力资本比较（1950—2030 年）

年份/年	15~64 岁人口			总人力资本		
	中国/百万人	美国/百万人	中国/美国 /%	中国/(10 亿人·年)	美国/(10 亿人·年)	中国/美国 /%
1950	337.8	102.2	330.5	0.338	0.856	39.5
1960	363.0	111.8	324.7	0.726	1.023	71.0
1970	459.5	129.5	354.8	1.470	1.395	105.4
1980	583.4	151.9	384.1	3.332	1.828	182.3
1990	762.6	166.7	457.5	4.904	2.024	242.3
2000	856.8	187.1	457.9	6.726	2.379	282.7
2010	970.5	207.5	467.7	9.608	2.532	379.5

续上表

年份/年	15～64岁人口			总人力资本		
	中国/百万人	美国/百万人	中国/美国 /%	中国/(10亿人·年)	美国/(10亿人·年)	中国/美国 /%
2020	996.0	215.6	461.9	10.956	2.652	413.1
2030	960.1	220.5	435.4	11.521	2.757	417.9

资料来源：清华大学国情研究院．全球化背景下国家竞争力与教育竞争力关系研究［R］．内部资料，2014.

总之，伴随中国教育实力的增长，中国教育的竞争力和国际影响力将明显增强。中国的公共教育产品特别是义务教育和大学将成为世界许多国际青年的追求。

第五节　2030年中国将重回世界教育中心地位

世界政治、经济、文化中心从大西洋向太平洋转移是大趋势。这将成为有史以来中国经济、文化、教育发展的最大机遇，也是北京确定教育中心地位的国际背景。21世纪是一个充满挑战和机遇的世纪，因太平洋的崛起也被称为太平洋世纪。美国著名未来学家约翰·托夫勒在《第四次浪潮》中预示：“我们正在目睹着一次文化、经济、政治权力由大西洋向太平洋的全球性大转移”，“从纽约—伦敦—巴黎轴心到洛杉矶—东京—北京轴心的转移”，“文化潮流与知识源泉也将转移到太平洋”。这种文化、经济、政治权力中心的转移，是中国经济、文化和教育发展面临的最大的战略背景和战略机遇。

按照中心城市理论，中心城市依其地位、功能、规模不同，可划分为不同的级别，建设不同类型的中心城市是国家发展的需要。城市研究专家根据城市综合实力和综合影响力的差别，将城市分为世界中心城市和国家中心城市，伦敦、巴黎、纽约是典型的世界中心城市。教育中心的功能包括国际功能和国家功能。国际功能即承担国家教育交往的主要责任，未来的发展目标是成为区域性国际教育中心；国家功能即国家教育决策中心、教育信息中心和教育科研中心地位。“德意志最好的大学是位于首都的柏林大学。向德意志学习的俄罗斯也是如此，最好的大学先是原首都的圣彼得堡大学，后是新首都的莫斯科大学。日本也是如此，在明治维新时代，它最好的大学是京都大学，后来迁都到了东京，最好的大学就是东京帝国大学了。”①

1974 年，美国纽约州立大学教授沃勒斯坦在其名著《现代世界体系》中正式提出了世界体系理论，即资本主义世界经济是一个基于不平等发展、不平等交换和剩余价值占有的等级制体系，包括世界经济体系中心—半边缘—边缘三个部分。世界经济中心地区输出制造业产品和文化价值观，而边缘地区接受产品输入和价值观。世界教育体系的中心地位、半边缘地位和边缘地位是一个不断变化的体系。城市中心地理论最有代表性的人物是瓦尔特·克里斯塔勒（Walter Christaller），中心地理论认为，城市的基本功能是作为腹地的服务中心，为腹地提供中心性商品和服务。这种理论受到学术界和实业界的广泛认同，并由此诞生了科技中心理论、教育中心理论、制造业中心理论。

2010 年，法国学者克劳德·迈耶在《谁是亚洲领袖：中国不是日本》一书中强调指出：“1964 年的东京奥运会和 1970 年的大阪世界博览会标志着日本的复兴，日本在 1968 年正式成为‘第三大国’。40 年后，同样的景象出现在中国：2008 年北京奥运会和 2010 年的上海世博会标志着‘中央帝国’回归到了国际舞台。”回归世界教

① 李工真. 现代大学的由来［J］. 国家教育行政学院学报，2013（9）：2.

育中心，是中华民族伟大复兴的重要标志，也是实现“中国梦”的重要教育和文化基础。

（一）中国曾是世界重要的教育发展中心

唐代（618—907），中国为世界最重要的教育中心之一。唐朝时国力强盛，经济繁荣，文化灿烂，达到了中国封建社会发展史上的最高峰。中日两国交往最频繁的时期是在630—894年，这段时间日本共派出遣唐使19次，其中除去三次“送唐客使”和一次“迎入唐使”及两次因故未成行外，正式来华的共有13次。

教育史学家孙培青记载：“隋唐时期文化教育发达，在当时处于世界领先地位，统治者重视与东西各国的文化教育交流。在当时与中国有使者往来和通商关系的国家有安国、康国、史国、曹国、支国、石国、吐火罗、大食、波斯、拂菻、天竺、泥波罗国、骠国、真腊、扶南、林邑、瞻博、室利佛逝、诃陵、盘盘、单单、师子、高丽、新罗、百济、日本、流鬼国等。它们与中国有文化交流，也有教育交流，先后派遣留学生，学习中国先进的文化。在京都长安的外国留学生甚众，最多的是日本，其次是新罗。”①

与中国经济、政治、外交和军事地位相辅，在1110年后，中国回归世界教育中心地位。教育中心是指在国家教育决策、教育发展中处于重要地位的城市，亦称教育中心城市。教育中心分为三个层次：国家教育中心、国际性区域教育中心和世界性国际教育中心。依据《世界各国首都大全》和《北京的友好城市》，对158个国家的首都的教育情况进行统计，113个国家的首都是文化中心，有63个国家的首都明确了教育中心地位或实际处于教育中心地位。中国的西安、开封和洛阳都曾是中国的首都，国家政治、经济、文化和教育中心。北京有3 000多年的建城史和800多年的建都史，具有深

---

① 孙培青. 中国教育史［M］. 上海：华东师范大学出版社，2000：169.

厚而独具优势的文化积淀。中国古代教育中心是教育决策和控制中心，也是封建高级官僚和各类人才的培养中心、科举考试中心和最高学府所在地。就世界范围而言，现代教育中心不仅是全国教育中心、国家的文化中心，而且是国家教育事务的控制和决策中心，同时是教育信息中心和教育科学研究中心。

（二）教育国际化为中国提供新机遇

《国家中长期教育改革和发展规划纲要（2010—2020 年）》在总结中国教育改革开放历史经验的基础上明确提出：“坚持以开放促改革、促发展。开展多层次、宽领域的教育交流与合作，提高我国教育国际化水平。”这样在党中央、国务院文件中明确提出提高教育国际化水平，尚属第一次，具有理论突破和实践创新的重大意义。

提高我国教育国际化水平是中国教育发展历史进程的必然选择。1983 年，邓小平同志提出，“教育要面向现代化，面向世界，面向未来”，为中国教育发展指明了方向。中国发展离不开世界，世界繁荣稳定也离不开中国。改革开放以来，中国日益重视对世界范围内高等教育发展趋势的科学认识和准确把握，广泛开展多种形式、多种层次的国际教育交流与合作，学习、吸引和借鉴国际高等教育发展先进经验，中国教育的国际竞争力、吸引力和影响力明显增强。中国致力于和平发展，将始终不渝地奉行互利共赢的开放战略，致力于面对全面建成小康社会和中国和平发展的新形势、新任务，不断提高我国的教育国际化水平，提升中国教育的国际竞争力和影响力。

提高我国教育国际化水平是中国教育理论和发展战略的重大突破。在全球化背景下，我国经济日益全球化，参与国际竞争的实力和能力不断增强。对于教育要不要提高国际化，社会各界存在不同的观点和认识。教育国际化就是要在国际教育贸易市场开放的前提下，教育资源在国际进行配置，教育要素在国际加速流动，教育国际交流与合作日益频繁，世界各国教育相互影响、相互依存的程度不断加深，各国教育相互交流，相互竞争，相互包容，相互激荡，共同促进世界教育的繁荣和发展。提高教育国际化水平是全球化背景下世界教育发展趋势的新判断，是邓小平同志关于教育面向现代化、面向世界、面向未来思想的新体现，是中国教育持续改革开放的新举措。

提高我国教育国际化水平是教育开放进入新阶段的重大任务。教育国际化是教育现代化的重要标准。在提升教育现代化水平的进程中，必须将提高我国教育国际化水平作为一项战略任务。坚持面向国际、国内两个大局，面对国际、国内两个市场，积极引进国际优质教育资源，提高教育交流合作水平，实施“请进来，走出去”战略，参与国际教育政策、规划、标准的研究制定，培养大批具有国际视野、通晓国际规则、参与国际事务和国际竞争的国际化人才。学校是教育的最基本单位，建设国际化学校是未来教育发展的一项重要任务。国民的国际意识是国际化的重要体现。要在小学、中学和大学普遍进行国际理解教育，培养国民对世界多元文化的包容精神。2015 年 6 月 18 日（美国时间），由清华大学、美国华盛顿大学和微软公司合作创建的全球创新学院在华盛顿西雅图正式启动。这是中国高等学校第一次到美国办学，标志着中国高校在美国设立的第一个实体校区和综合性教育科研平台正式建立。未来双向国际化进程将进一步加快。中国的教育服务贸易层次和水平持续提升，中国将成为世界教师和学生学习教材的重要出口国。

2017 年泰晤士高等教育第 14 届年度大学排名中，中国首次有北京大学和清华大学两校进入前 30 名，分别是北京大学第 27 名，清华大学第 30 名。在前 200 所的大学中，中国有 7 所大学上榜。

总之，推进教育国际化进程，既不是所谓“西方”化，也不是使世界“中国化”，而是与世界各国特别是与各国人民相互合作、优势互补，共同推进教育国际化朝着共存、理解、共赢的方向发展。

（三）中国重回世界教育发展中心地位

伴随全球经济、政治中心转移和中国综合实力的增强，特别是中国教育培养能力、教育发展模式影响力的不断提升，中国将重回世界教育中心地位。这是中国教育与人力资源开发的一件大事，也必将影响世界教育发展的总体格局。2030 年，世界教育的总体格局将形成以英国、德国和法国为核心的欧洲教育中心，以美国为核心的北美教育中心和以中国、日本为核心的东亚教育中心。其中欧洲形成以英国、德国和法国为主体的国际区域性教育中心，亚洲形成以北京、东京为主体的国际区域性教育中心，北美洲形成以美国为核心辅之以加拿大的国际教育中心。在可见的时间内，美国作为世界教育中心的地位将长期存在。

实现中华民族的伟大复兴，重回世界强国地位，是中国人民的共同期望。胡锦涛同志在党的十七大报告中指出："优先发展教育，建设人力资源强国。"这是党中央坚持科学发展观，为深入实施科教兴国战略和人才强国战略做出的一项重大决策。人力资源是一个国家最重要的财富基础，也是一个国家发展的重要资源，高质量的人力资源是国家竞争力的核心。

教育中心的回归，将使中国成为最重要的全球人才库。2015 年，美国《福斯特》双周刊发表的《到 2030 年全球人才库将有不同的面貌》表示，目前，中国有人约 40% 的大学毕业生获得了 STEM（科学、技术、工程和数学）学科的学位，印度有 35%，而美国大约为 15%。到 2030 年，在每 10 个 STEM 毕业生中，中国和印度占 6 个，而欧洲所占比例为 8%，美国为 4%。① 即使到 2030 年，中国 STEM

① 未来 15 年半数大学生将来自中印：美媒忧全球人才库"东涨西落"[N]. 参考消息，2015-04-29（8）.

大学毕业生依然会占全球30%以上，这将是美国的8倍。

展望未来，世界教育将在以美国为首的世界级教育中心、英国与德国教育中心的基础上，诞生出北京和东京两个新兴世界级教育中心。由此，全球将形成以美国、英国、德国、中国和日本为主体，环北纬30°~40°的世界教育中心带。同时，澳大利亚和印度将成为国际区域性教育中心。

中国重回世界教育中心，在以北京为代表进入世界教育中心的同时，作为一个地域广阔的国家，中国也将构建一个以北京（天津）、上海、成都和西安为核心的国家教育中心体系。

第一阶段：到2020年，北京建成现代化全国教育中心，上海成为具有国际影响力的教育次中心。这一阶段的主要标志是：建立与社会主义市场经济体制相适应的教育体制和运行机制；北京教育的综合实力和服务能力明显增强，率先基本实现教育现代化，率先建立终身教育体系，教育发展水平继续保持全国领先地位，达到中等发达国家首都的教育发展水平；北京大学、清华大学等部分名牌大学跻身世界一流大学；北京和上海高等教育毛入学率达到55%以上，市民人均受教育年限达到12年左右；教育的开放程度和国际化水平进一步提高，教育产业开始走向成熟，并成为首都经济的支柱产业。

第二阶段：2030年，以北京、上海、成都和西安为主，形成全国教育中心的基本框架。北京和上海建成全球重要的国际性区域教育中心。这一阶段的主要标志是：全面实现教育现代化，教育发展水平达到发达国家首都的水平；高等教育毛入学率达到60%以上，人均受教育年限达到14年左右；国际区域性教育机构的总部或分支机构明显增加，北京和上海教育的国际影响明显增强。

第三阶段：2050年，北京与伦敦、纽约、柏林和东京共同成为全球五大世界级教育中心。这一阶段的主要标志是：与世界最发达国家的首都齐名，共同跻身国际教育中心行列；成为国际性知识创新中心和教育创新中心；北京教育在促进北京经济社会全面进步和国家科技教育发展的同时，更多地承担教育的国际义务，领世界教育改革和发展之先河。

（四）世界教育中心的特殊地位和作用

世界教育中心是全球教育发展的先行引领者，具有全球教育成长中心、全球教育信息中心和全球教育科研中心等多种功能。世界教育中心将在全球知识创新、知识生产、知识扩散、知识使用中发挥重要作用。现代化教育中心，不仅在教育思想、教育体制、教育机制方面具有创新性，而且在教育内容、教育结构、教育设施、教育方法方面也不断创新。中心城市的教育在发展速度、发展质量方面都将高于其他地区，成为世界教育发展重要的增长点。

（1）世界教育中心是全球教育治理的重要参与者。世界教育中心部分要代表国家或地区参与国际和国家教育分工，参与国际和国内教育竞争，更要积极参与全球教育治理，参与国际教育事务、国际教育规则制定。世界教育中心不仅是国家教育综合实力的集中体现，也是推进国际教育改革与发展的重要力量。国际教育竞争表明，国际教育竞争越来越集中表现在中心城市教育实力和培养能力的竞争。

（2）世界教育中心是全球国际人才重要的培养基地。国际教育中心必然是国际人才培养中心。从 18 世纪的英国，到 19 世纪的德国，再到 20 世纪的美国，都是世界高层次人才培养中心。过去 40 多年，中国高等教育发展是一种补偿性发展。1975 年时，中国高等教育——包括普通高等学校和成人高等学校在校生规模仅为 50.1 万人，而美国是 1 118.5 万人，相当于美国人口总量 4 倍的中国，高等教育在校生人数仅为美国的 4.47%。[①] 而 2013 年，中国高等教育在

① 根据国家统计局统计信息中心《世界主要国家和地区社会发展比较统计资料（1990）》（中国统计出版社 1991 年版，第 140－141 页）计算得出。

校生规模达到3 150万人，2014年达到3 559万人，连续数年超过美国，保持世界第一。

（3）世界教育中心是全球重要的教育信息与研究中心。全国教育中心是区域教育中心的核心和纽带。全国教育中心不具有排他性，否则，全国教育中心就将成为无源之水、无本之木。全国教育中心要在国际、国内教育信息汇集、交换中起到中枢作用。教育中心作用的扩散方式有四种：一是知识扩散，二是人才扩散，三是信息扩散，四是教育服务扩散。通过这四种扩散，发挥核心和纽带作用。以北京教育中心为龙头，以上海、天津、重庆、广州、西安等区域性教育中心为支柱，连接省会城市（省级教育中心）、市级中心城市，形成全国中心城市教育网，带动教育改革和发展。

（4）教育中心是国家创新体系的主机和加速器。教育中心是国家创新体系的重要组成部分，在国家科学、技术和教育创新中有重要责任。在知识经济时代，科技和教育日益成为推进经济和社会可持续发展的第一生产力，科技进步和教育培训日益成为经济增长的主导因素。首都高等教育在国家创新体系建设中，是一支十分重要的推动力量。首都应该在国家科教决策、技术推广、技术创新、技术转让、科教信息等方面发挥核心作用。

教育中心是一个国家教育综合实力的集中表现，是全球和地区教育发展水平的一个重要标志。世界教育中心具有教育发展的整体优势和重要引领作用，对于世界教育改革和发展发挥先导作用，并通过示范和辐射作用，带动世界教育整体改革和全面发展。

第六章

中国迈向教育强国

21世纪是东方的世纪，是中国的世纪。未来中国将成为经济强国、政治强国、科技强国、军事强国和教育强国，这是21世纪世界发展的大趋势。无论是世界级的经济强国和政治强国，还是世界级的科技强国和军事强国，都需要以教育强国作为支撑和保障。2014年6月9日，习近平总书记在两院院士大会上指出："中华民族是富有创新精神的民族。我们的先人们早就提出：'周虽旧邦，其命维新。''天行健，君子以自强不息。''苟日新，日日新，又日新。'可以说，创新精神是中华民族最鲜明的禀赋。在5 000多年文明发展进程中，中华民族创造了高度发达的文明，我们的先人们发明了造纸术、火药、印刷术、指南针，在天文、算学、医学、农学等多个领域创造了累累硕果，为世界贡献了无数科技创新成果，对世界文明进步影响深远、贡献巨大，也使我国长期居于世界强国之列。"①

教育强国的内涵既是形容一个国家教育综合实力和培养能力雄厚，具有强大的教育；也可以说通过优先发展教育，全面提升国民整体素质，使国家更加强大、更加文明、更加富强。教育强国思想

---

① 习近平. 在中国科学院第十七次院士大会、中国工程院第十二次院士大会上的讲话[EB/OL].(2014－06－09). http://www.mod.gov.cn/big5/photo/2014－06/09/content_4515002.htm.

是社会主义强国思想的重要内容，其本质特征是：通过优先发展教育，建设一个教育综合实力和服务能力强大的国家，构建全体人民普遍享受优质教育服务的教育制度，构建具有世界先进水平的现代教育，实现教育强国和教育富民，为建设一流国家提供强有力支撑。

教育强国可以分为区域性教育强国、国际性教育强国和世界性教育强国。中国经济发展的阶段性特征决定了教育发展的阶段性特点。中国教育必须承担两重责任，既要为现实的经济发展特别是以制造业为主的经济增长服务，也要为从工业社会向知识经济转型做好准备，为未来知识经济积累知识、培养人才、奠定人力资源基础。换句话说，教育改革与发展要为中国从基于制造业的社会主义市场经济向基于知识型社会主义市场经济的转变服务。我们必须从战略高度、国际视野和长远观点来看待中国经济和社会的未来发展，谋划21世纪中国教育发展和人力资源开发。建设世界级教育强国，不仅是中国教育发展的战略选择，也是中国经济和社会现代化进程的必然要求。

第一节　世界教育强国发展路径

美国著名学者乔治·莫德尔斯基（George Modelski）关于近代世界政治大循环的理论认为，近500年来，世界政治中先后出现过4个霸权国家，分别为16世纪的葡萄牙、17世纪的荷兰，18—19世纪的英国及20世纪的美国。教育强国是一个历史性比较概念。意大利是中世纪高等教育的重要策源地，以博洛尼亚等学校为代表的意大利大学是世界最早的教育中心。至17世纪，教育中心转移到英国，牛津大学、剑桥大学闻名遐迩。18世纪后半期，法国率先完成了近代高等教育改革，巴黎理工学校和巴黎高等师范学校成为新型的世界高等教育中心。19世纪中叶，以柏林大学为代表的德国大学成为新的世界高等教育中心，也成为来自世界各国的求学者顶礼膜拜的圣地。第一次世界大战以来，特别是第二次世界大战以后，美国逐渐发展成为世界高等教育中心，至今仍是高等教育最发达的国家。① 从科学研究成果分析，1901—1950 年，73% 的诺贝尔奖得主来自于欧洲国家，而 1995—2004 年仅为 19%，81% 来自于美国及欧洲以外的国家。世界教育中心和科技中心发展演变跃然纸上。

一、英国教育强国策略

英国是第一个工业化国家，也曾是世界上教育最发达的国家之一。与英国城镇化、工业化和现代化进程相伴，英国建立了当时最先进的义务教育体系、职业教育体系和高等教育体系。1640—1660 年是英国资产阶级革命时期。1649 年，英国国会通过法案在威尔士设立免费学校，并通过补助教育事业的法案，从没收的教会财产中每年拨款 2 万英镑补助教育。这一时期产生了最伟大的教育思想家 J. 洛克和他的名著《教育漫活》。英国吸收法国人文主义教育家 F. 拉伯雷、M. D. 蒙田和英国的 T. 埃利奥特到培根、夸美纽斯、弥尔顿和佩蒂的教育理论和教育思想主张，并创办称之为“学园”的新型学校。

教育强国的内在力量和持久影响来源于教育制度创新。英国先行发展的战略优势不仅体现在经济社会发展领域，同样也体现在教育发展与制度建设方面。英国是世界上最早实现免费义务教育的国家之一。18—19 世纪，英国统治的领土面积高达 3 350 万平方米。1860 年，英国制造业占世界总额的近 20%，只有世界人口 2% 的英国，工业生产能力相当于世界的 40% ~60%。经济的富足可促进教

① 贺国庆. 德国和美国大学发达史［M］. 北京：人民教育出版社，1998：3.

育公平和教育发展。1870 年，《初等教育法》（亦称《福斯特教育法》）颁布，旨在完善现有的宗教和慈善团体办理的初等教育制度的基础上，建立公立的初等教育制度。该项法令规定儿童 5 ~ 12 岁入学，每周缴纳 9 便士以内的学费，并由此形成了英国教育史上公立学校与教会学校并存的教育制度。1871 年，英国政府要求实施强迫入学制度。1880 年实行 5 ~ 10 岁的义务教育，1893 年延长到 11 岁，1899 年提高到 12 岁，到了 1891 年英国全境完全实行免费初等教育。在 19 世纪末和 20 世纪初，英国是教育特别是义务教育普及水平最高的国家之一。

《1944 年教育法》被称为英国教育制度发展史上一个极其重要的教育法令和最完整的教育法律框架，其重要意义在于：一是使第二次世界大战后的英国形成了初、中等和继续教育衔接的教育制度；二是将义务教育年限从原先的 9 年（5 ~ 14 岁）延长为 10 年（5 ~ 15 岁），并规定有条件的地方实施 11 年（5 ~ 16 岁）义务教育。英国成为当时世界上义务教育年限最长的国家之一。

如果说，20 世纪中叶，英国在义务教育普及方面走在世界前列的话，其高等教育则长期落后于美国等发达国家的普及水平。欧洲是现代高等教育的发源地，法国巴黎大学被誉为“世界大学”“大学之母”，学生最多时达到 5 万以上。但是，传统教育优势对于欧洲国家是一种羁绊。20 世纪 60 年代是美国高等教育与英、法、德等国高等教育拉开差距的重要时期。英国高等教育长期坚持精英教育策略，普及水平严重制约着英国高等教育的强国地位。1963 年，《罗宾斯报告》（Robbins Report）的发表为英国高等教育发展的重要分水岭，是英国高等教育从精英教育向大众教育转变的里程碑。该报告提出：“应为所有在成绩和能力方面的合格的、愿意接受高等教育的人提供高等教育课程”，并对 1960—1980 年的英国高等教育发展进行预测，推动英国高等教育民主化进程，改革高等教育结构和类型。

表 6－1　20 世纪 60 年代欧洲与亚太主要发达国家高等教育毛入学率比较

国家	高等教育学龄人口	高等教育毛入学率/%			
		1964 年	1965 年	1966 年	1967 年
英国	18～20 岁（3 年）	8.7	9.9	10.7	12.6
法国	18～22 岁（5 年）	11.0	10.9	11.7	13.0
德国	19～23 岁（5 年）	7.1	7.6	8.0	8.7
美国	18～21 岁（4 年）	34.7	45.6	45.7	46.6
日本	18～21 岁（4 年）	13.4	21.9	22.5	22.8

资料来源：文部省大臣官房調查統計課. 教育指標的國際比較. 昭和 45 年：27.

早在 1949 年，美国高等教育毛入学率率先实现了 15%。1971 年，其入学率首次突破 50%，再一次率先实现了高等教育普及化，而欧洲国家却长期局限于“精英教育的泥潭”。英国在高等教育大众化和普及化阶段，两次落后于美国。英国、法国、德国等西欧国家长期实行精英高等教育，虽保证了高等教育的质量，但也限制了高等教育的机会扩大和普及水平。过高的门槛使得青年人不能进入高等学校学习，压缩了高层次人才的培养规模，更挤压了作为世界教育中心的影响力。

欧洲是现代大学的发源地，代表着世界所有大学的最基本模式。欧洲教育特别是英国高等教育，像是一棵数百年的老树，形成了完整、先进和持续成长变革的教育体系。以高等教育为例，英国分为古典大学、城市大学和新大学、技术大学和多科技术大学三大类型，与此相适应，英国形成了研究型人才培养模式、复合型人才培养模式和应用型人才培养模式，驱动英国高等教育不断变革、创新和发展，支撑英国从传统的工业经济转变为现代知识经济。从现代工业革命开始，英国教育——尽管有时迟缓——始终是世界教育发展的重要引擎，其作为世界教育中心之一的地位没有改变。

英国持续推进教育改革，以保持其在国际教育中的竞争力和优势地位。1991 年 5 月，梅杰首相上任伊始，便为英国教育白皮书《21 世纪的教育和训练》作序指出："过去 10 年来，英国的教育和训练经历了一场革命，政府已开始支持这场影响深远的改革，并增加了投入。""我们的目的在于给每一个英国青年人充分发挥他或她特有的才能并在生活中有一个尽可能最好的起点和机会。"① 在提升教育竞争力方面，英国政府采取了"两条腿"走路的方针：一方面，扩大学术资格的选择性，建设更好的大学，全面提升英国教育的学术水平；另一方面，坚持学术教育与职业教育地位优先，成立全国职业资格委员会，在世界首推国家职业资格框架，建立了一个高质量、高标准的职业资格体系。据 2010 年相关统计，英国人口仅为世界总人口的 1%，但英国在科学研究中承担的世界性研究任务却占 5%，科学成果引用率高达 14%。这既有英国科学研究在语言上的天然优势，更是英国科学研究卓越性的集中表现。2000—2010 年，以英国研究人员为第一作者发表的 70 万篇研究论文中有 35% 的涉及国际合作。②

2004 年，英国教育部发布名为《置英国于世界一流教育之中》的国家教育发展战略报告，全面系统地阐述了英国未来 10 年的国际教育战略目标与基本政策，并提出针对基础教育的措施：为在全球社会中生活并在全球经济中工作而培养我们的儿童、青少年；在全体儿童和青少年的学习经验中注入国际内容，提升青少年的外语

---

① 英国政府白皮书：21 世纪的教育与训练［M］//国家教育发展研究中心．发展国家教育改革的动向和趋势（第五集）：日本、英国、联邦德国、美国、俄罗斯教育改革文件和报告选编．北京：人民教育出版社，1999.

② 钟焜茂．英国高等教育国际化战略解读［J］．世界教育信息，2013（12）：20.

能力。

2005 年，英国教育与技能部又发布了《英国教育改革》白皮书，提出了英国教育改革的总目标是“让每个孩子都能享受优质教育”。具体目标包括：建立免费、独立的公共学校体系，组建自主管理的信托基金学校，提供更多的择校机会，鼓励家长参与提高学校教育质量，因材施教，给予优质学校更多自主权，加强学校纪律管理等。

2007 年 12 月，英国儿童、学校与家庭部也发布了针对 18 岁青少年的基础教育发展规划，即《儿童计划：创造更美好的未来》，谋划英国儿童 10 年战略远景。这份文件在确立了五项基本原则的基础上，为 2020 年设立了十大目标。加强艺术教育也是该文件的一大亮点。认识到创意产业对经济发展愈加重要的作用，英国政府要求使每个学生每周有 5 小时的艺术文化活动时间，所有儿童都有机会欣赏或学习专业的音乐、舞蹈、戏剧和视觉艺术，“让每个儿童都过上充满创意的童年”。

2007 年 10 月 26 日，布朗首相在格林威治大学发布的新政府的教育施政纲领提出：英国的抱负是建立“世界级”的教育体系，成为全球教育联盟的领头羊。世界级教育体系的最终目标是使英国每位青少年成功地向大学过渡，或者在 18 ~ 19 岁时能完成学校教育、在职培训或学徒，获得资格证书，向技能型工作过渡，通过培训计划使成人提高其职业技能水平。《2008 年教育与技能议案》被认为是英国 50 年来最为重要的教育立法，它致力于在 5 年后将国民的义务教育年龄提高到 18 岁。围绕这个目标，布朗政府系统地进行教育政策改革。2008 年 5 月 14 日，布朗向议会提交了《2009 年教育与技能议案》，该项议案是《2008 年教育与技能议案》的延续，其目标主要是促进学校达到卓越水平，保证每一所学校都是优秀学校。

2009 年 11 月 3 日，英国政府公布高等教育未来框架，明确提出大学在促进经济复苏和保持国家长期繁荣中扮演的重要角色。该框架就保持世界一流大学的水平、为提高国家竞争力输送技能人才、吸引优秀的学生和研究人员3个核心问题提出未来发展战略，并提出要推进英国全国统一考试改革。儿童与教育大臣艾德·鲍尔斯认为，新的统考制度更符合儿童的需要，有较强的灵活性，只要学生感觉自己准备好了，就可以接受考试，而不是像现在这样，到了特定年龄才考试。不过，全国课程统考不会被废除，因为家长需要它来了解孩子的学习情况，以及对学校进行比较。

2013年，英国政府发布《再看〈罗宾斯报告〉：规模更大、质量更高的英国高等教育》（Robbins Revisited：Bigger and Better Higher Education），该报告分析了英国时下的人口特征，指出2010—2020年，英国18～22岁的大学适龄人口将持续缩减。从2021年开始，大学适龄人口将持续上升，到2035年，大学适龄人口将比2011年增加20万人。预计到2035年，英国升入大学的学生数量将达到62万人。

此外，英国政府为加快产业人才的增长速度，一直在推进教育制度改革与创新。早在1562年，英国就颁布了《工匠学徒法》，成为最早用国家法律武器来保障学徒制实施的国家之一。1993年11月，英国政府宣布要进行一项新的学徒制改革——现代学徒制。从1996—1997年度到2006—2007年度，进入学徒制的学习者数量从6.5万人发展到了18万人，在2008年的《世界一流的学徒制：政府对英格兰学徒制未来的战略》中，英国政府更是宣称要让学徒制成为英格兰16岁以上青年的“主流选择”。① 在知识经济背景下，从现代制造业发展出发，英国建立了以学徒制证书、学徒制框架、学徒制标准、学徒协议等为主要框架的现代学徒制度，为保障英国教

① 关晶．英国学徒制改革的新进展［J］．职教论坛，2009（9）：57.

育特别是产业人力资源竞争力做出重要贡献。

英国拥有世界先进的高等教育体系，对于世界优秀人才具有强大的吸引力。20 世纪以来，英国一流大学建设稳居世界第二，始终跟随美国成为世界高等教育重要强国。2012—2013 学年，在英国留学的国际学生人数达到 42.5 万人，其中来自非欧盟国家和地区的学生为 29.99 万人。英国政府提出在未来 5 年，国际留学生将进一步增长 15% ~20%，以扩大英国教育的国际影响力和竞争力。

二、德国教育强国路径

对于世界每一个工业化国家而言，“德意志是世界历史上第一个遭受到工业文明冲击的‘发展中国家’”①。与欧洲文艺复兴的路径相似，大学发展相继沿着意大利、法国、英国和德国蔓延开来。16 世纪时，德国有 42 所大学，在校生超过 6 000 人，是当时欧洲大学数量最多、最密集的国家。与英国原生型现代化“自下而上”的模式不同，德意志在发展模式上采取了一种由国家精英领导的“自上而下”的改革运动。经历了近一个世纪的沉寂。经过 18 世纪两次大学现代化改革运动，德国的哈勒大学和哥廷根大学成为“中欧主要的学术和科学中心之一”②。

德国是 19 世纪世界重要的教育中心、学术中心和知识创新中心。19 世纪 70 年代，德国率先在全国实行免费义务教育，创办现代大学——柏林大学。40 多年后，德国成为欧洲工业强国。19 世纪德国史学大师蒙森曾把大学、军队和关税同时并列，将其视为德国崛起的核心因素。

早在 18 世纪末，普鲁士就立法推行义务教育，开创了教育史上

---

① 李工真. 现代大学的由来［J］. 国家教育行政学院学报，2013（9）：1.

② 贺国庆. 德国和美国大学发达史［M］. 北京：人民教育出版社，1998：25.

的一个先例。1807 年，德意志第一个提出了“教育复国”“教育救国”和“教育强国”的主张。19 世纪初，在普鲁士进行的诸项改革中，教育改革可以说最为引人注目。1816 年，普鲁士小学的入学率就达到60%，到1864 年更达到93%。1871 年时，德国的文盲率大致只有 13%，而英国的文盲率为 30%（1861 年），法国是 24%（1866 年）。在高等教育方面，1810 年，德意志创办了柏林大学，推进国家教育现代化，倡导学术自由思想，确立了“柏林大学模式”，标志着现代意义上的大学正式诞生，并很快成为美国和日本等国家追随的样板。“传统大学是传授已有知识的场所，将研究和发现知识排斥在大学之外，而现代大学则将科学研究作为自己的一项重要职能，将增扩人类的知识和培养科学工作者作为自己的基本目标，推崇‘学术自由’和‘教学与研究的统一’。”① 研究型大学的创立，使得德国高层次研究人才规模不断增长，学术研究水平持续提升，德国在自然科学和社会科学领域取得前所未有的成就。

柏林洪堡大学成立于 1810 年 10 月。这所国家资助、男女合校的高等学府是当时的普鲁士教育大臣、德国著名学者、教育改革家威廉·冯·洪堡创办的。该校聘请了全欧洲最优秀的教师，有一大批在各自专业上首屈一指的大科学家和大学者，为“科学而生活”成为新大学的理想。在洪堡教育思想的指导下，19 世纪以来，德国出现的文学家、哲学家、音乐家、科学家，在世界学术的各个领域都处于领先地位，可以说是群星灿烂。威廉·冯·洪堡被誉为“德国教育之父”，他明确提出：“教育就是使个人状况获得全面和谐的发展，就是使人的个性、特征获得一种整体发展。教育是人的自身目的，也是人的最高价值体现。”德国大学在教学上一直传承着“洪

① 陈学飞. 西方怎样培养博士：法、英、德、美的模式与经验［M］. 北京：教育出版社，2002：3.

堡精神”——科学、理性、自由，即大学自治、学术自由、教学与科研相统一。德国大学强调教学与研究统一，强调教学自由、学习自由，注重对学生综合能力的培养。

德国为世界建立了严格的学术规范和严苛的学位制度。以席勒、歌德为主要代表人物的新人文主义思想和以费希特、洪堡为代表人物的大学改革运动，将19世纪的德国教育特别是德国高等教育推向了发展的顶峰。德国大学的研究之风，促使英国、美国和法国将科学研究与博士生培养模式引入本国大学。

传播知识、培养人才、科学研究和社会服务，是德国学者对于大学使命的科学总结，影响了整个世界的教育特别是美国教育。德国著名学者雅斯贝尔斯指出：“大学的四项任务是一个整体。它构成了大学的理想：大学是研究和传播科学的殿堂，是教育新人成长的世界，是个体之间富有生命的交往，是学术勃发的世界。每一任务借助参与其他任务，而变得更有意义和更加清晰。……每一项任务都是大学理想的生命整体的一部分。”① 德国建立起了一个庞大而多样的学校和培训体系。在1991年两德合并之前，德国大学学制一般为5~6年，学生毕业后可申请攻读博士学位，学生大学毕业相当于美、英、法的硕士学位毕业。

第一个诺贝尔化学奖获得者就来自柏林洪堡大学（即当时的柏林大学）。1901年，荷兰教授雅可比·亨里修斯·凡霍夫因研究出化学动力学定律而获得诺贝尔奖。迄今200多年来，柏林洪堡大学聚集起大批人才精英，成为无数世界大师的精神家园。该大学共出了33位诺贝尔奖获得者，被世人誉为“诺贝尔奖的摇篮”。第一次世界大战前，获得诺贝尔自然科学奖金的共有42人，其中14人为

---

① 雅斯贝尔斯. 什么是教育［M］. 邹进，译. 北京：生活·读书·新知三联书店，1991：139，141.

德国学者，法国和英国分别为10人和5人，美国仅为2人。“德国大学制度是最令世人赞美的。在其世界著名的教授中，许多被计入当代伟大的发现者、科学家和理论家之列。”① 1900年，德国注册大学生规模为3.4万人，1914年上升到6.1万人。德国科学史上一个很重要的事件是1911年卡尔—威廉协会成立，现称为马克斯·普朗克科学促进协会（为纪念著名德国量子论创建者、物理学家马克斯·普朗克②），是德国也是世界一流的科学研究机构的联合体。“正是科学研究以及教学和科研的统一，使德国成为近代大学最发达的国家”。③ 德国是世界最重要的知识创新中心。1901—1945年，德国有37位诺贝尔奖获得者，排名世界第一，美国有22人，排名第三。德国科技中心和教育中心的地位明显。然而在1946—2010年，美国为270人，名列第一；德国为35人，名列第三，与美国差距拉大。

20世纪70年代末，德国国际教育地位逐渐衰落，不仅与其教育发展有关，更主要的是一种经济社会现象。第二次世界大战后的60年，德国高等教育发展大致经历了三个时期：1945年至20世纪50年代为重建时期，20世纪60—70年代为改革时期，20世纪80年代以后至今为调整时期（周丽华，2006）。20世纪70年代是德国高等学校竞争力下降的转折点。经过70年代的建设，德国大学一直处于一种稳定状态。“大学的扩建在70年代的上半期就已达到了高峰。70年代中期以来，每年的建设速度下降了。70年代末以来，大学人

---

① 贺国庆. 德国和美国大学发达史［M］. 北京：人民教育出版社，1998：80.

② 马克斯·普朗克是德国物理学家，量子力学的创始人，20世纪最重要的物理学家之一，因发现能量量子而对物理学的进展做出了重要贡献，并在1918年获得诺贝尔物理学奖。

③ 贺国庆. 德国和美国大学发达史［M］. 北京：人民教育出版社，1998：53.

员数量没有增加。"[①] 政治家和企业家越来越多地强调大学科学研究的中期或长期应用特征与需要，大学从国家得到的必需的科学研究资金越来越少。1982 年，美国大学从社会和企业得到的研究经费占大学研究经费的比例高达 77%，法国为 48%，日本是 25%，联邦德国仅为 21%。1987 年，联邦德国研究联合会支出的自由运用资金为 6.41 亿马克，仅比 1975 年增长 3 200 万马克。由于人口、经济、财政和就业等原因，90 年代末，德国高等学校在校生规模回落到 70 年代末的水平。1975 年，联邦德国高等教育毛入学率为 20.2%，1990 年仅为 28.3%。在工业化后期，德国高等教育发展仿佛处于"慢牛"状态，德国高等教育中心地位受到严重损毁。

第二次世界大战后，德国高层次人才大量流入美国，德国因此深受其害，美国从中大受裨益。进入 21 世纪，美国增加了教育与人才的国际竞争力。据统计，2003 年，德国人有 6 000 人在美国攻读博士学位，有 18 000 人在美国从事科学研究工作。为了加强科学研究，德国学习中国实施了精英大学计划，并将 2004 年誉为"技术年"。德国七大科研机构成立"重点研究中心"，并对改革科技体制提出七大建议：①加强官方资助的科学系统；②倡导以竞争为导向的重点教育和英才教育；③建立培养和吸引人才计划；④继续改善制约科研发展的法律框架；⑤坚持不懈地走国际化道路；⑥推动经济界与科学界携手并进；⑦增加对教育和科研的投入。同时，为推进企业创新，德国政府实施了"高科技大师计划"，以提升中小型企业的科技创新力和生产竞争力。

为适应世界高等教育质量竞争和重点大学建设趋势，2006 年，德国政府启动著名的"卓越计划"，即《联邦与各州促进德国高校

---

① 德国科学委员会. 德国高等学校 90 年代发展展望［M］//国家教育发展研究中心. 发达国家教育改革的动向和趋势：第六集. 北京：人民教育出版社，1999：455.

科研发展的卓越计划》，重点包括以卓越科研人才培养为目标的“研究生院”、代表顶尖科研领域和科研团队的“卓越集群”和旨在扩展大学整体科研优势的“未来构想”三大战略项目，旨在“持续加强德国科研实力，提高国际竞争力，突出大学和科研领域的顶尖优势”。希望借此在德国打造若干所“哈佛大学式的精英大学”，提升德国大学在世界高等教育和科研中的地位，吸引世界范围内的优秀人才在德学习和工作。2012 年 6 月 15 日，德国精英大学创建工程——“卓越计划”第二轮评选结果揭晓：慕尼黑大学、慕尼黑工业大学、海德堡大学、康斯坦兹大学、图宾根大学、亚琛工业大学、科隆大学、柏林洪堡大学、柏林自由大学、布莱梅大学和德累斯顿工业大学入选卓越计划子项目——“未来构想”，成为德国精英大学的代表。① 2014 年，德国高等学校的国际学生人数首次超过 30 万，即每 10 名学生有 1 名国际学生。预计到 2020 年，德国国际学生将达到 35 万。

由于教育发展的复杂性和教育过程的迟效性，教育中心的确立或转移需要十分复杂的历史过程。意大利和法国都曾在一个历史阶段中充当过地区教育中心的角色，但都相继失去了这一地位。虽然德国依然保持着世界教育中心的地位，并在世界教育中保持影响，但是与英国相比，德国的作用和影响要稍许小一些。所以，教育中心转移的理论，在英国和德国之间遇到了一点“障碍”。从某种程度上分析，英语是一种世界性语言，这或多或少会影响德语作为母语的德国在世界教育的扩展能力和影响能力。

---

① 德国精英大学创建：“卓越计划”第二轮评选揭晓［EB/OL］.(2012-09-07). http：//www.nies.net.cn/ky/jypl/pl_ywzz/201209/t20120907_306212.html.

三、美国教育强国路径

美国是一个年轻的国家，1607 年，英国向美国输入永久性移民，并将英国传统大学文化带入美国，成为美国大学建设的思想和制度基石。1636 年 10 月 28 日，马萨诸塞议会同意建设一所新学校，1639 年，又决定将学校更名为哈佛学院。美国是世界上教育最发达的国家。完整的教育体系、高质量的人才培养环境、富有竞争力的人才吸引制度，都是美国教育制度的优势。1890—1920 年是美国成长为世界强国的关键时期。1892 年，美国工业生产总值超过英国，1900 年实现了 GDP 世界第一。美国成为世界强国的经验有三条：一是通过制度治理，约束政府的权力，以民主制保护人民的权利；二是通过领土扩张，从领土大国走向经济强国；三是建立了以学校自治为核心的新型教育制度，提升国民整体受教育水平。“美国与众不同的制度创新和制度治理，形成了美国独有的教育发展模式，使美国很快成长为教育大国。”①

（一）美国是世界第一个建立大众化高等教育体系的国家

美国大学是学习借鉴英国和德国大学发展模式而建立发展起来的。1636 年，殖民地议会拨款创办了北美第一所高等学院，即后来的哈佛学院。英国高等教育思想、内容和模式全面主导了美国教育 170 多年，直到 1813 年，法国妇女斯塔尔夫人发表《论德国》。1815 年，哈佛大学校长迪埃弗雷特进入德国大学学习。同年，第一批在美国大学学习的美国人在德国著名的哥廷根大学学习。德国的教育开始深刻影响美国教育。19 世纪 80 年代，美国人对德国大学的兴趣达到了顶峰，推崇备至。在德国教育的影响下，英国、美国和

① 郭宇立. 美国的大国成长道路［M］. 北京：北京大学出版社，2011：143.

法国竞相设立高层次学位。1860 年，美国耶鲁大学率先设立了哲学博士学位。1870 年，英国成立皇家发展科技和教学委员会。1882 年和 1900 年，古老的英国剑桥大学和牛津大学相继设立了科学博士学位，随后在 1917 年和 1919 年，两所大学又相续设立了哲学博士学位。第一次世界大战前的 100 多年间，留学德国的美国学子达到 1 万多人。① 美国高等教育在学习德国的过程中受益匪浅。“一个世纪以前，现代美国高等教育系统已经发展得很完善了，现代欧洲高等教育体系却仍然处于发展过程中。”② 中国学者郭宇立认为：“在大国成长的道路上，美国很早就成了教育大国，其核心因素就是制度的与众不同，制度治理是教育得以发展的核心因素。”③

制度创新是美国高等教育胜出一筹的根本之策。19 世纪下半期，美国通过赠地法案，建立了新型的研究型大学。赠地学院是美国高等教育的重要创新，也是对世界教育发展模式的重要贡献。重视直接服务社会，以传统文科作为本科生教育的基础和大学的科学研究职能，使得赠地学院不断成长壮大。“当代美国大学模式的形成受到了三种力量的影响，其中两种影响力来自于国外，即英国的人文主义教育传统和德国的科学研究理念，而社会服务的思想则具体体现在美国的赠地学院中。”④ 1900 年，美国教育实现第一个 40 年跨越式发展后，从 1900 到 1930 年的 30 年中，全世界 90 多个诺贝尔奖得主中，美国也就只有 4 人。一个历史性的标志是 1934 年，诺贝尔自

---

① 贺国庆．德国和美国大学发达史［M］．北京：人民教育出版社，1998：105 – 115.

② 阿特巴赫，冈普奥特，约翰斯通．为美国高等教育辩护［M］．别敦荣，陈艺波，主译．青岛：中国海洋大学出版社，2007：100.

③ 郭宇立．美国的大国成长道路［M］．北京：北京大学出版社，2011：143.

④ 阿特巴赫，冈普奥特，约翰斯通．为美国高等教育辩护［M］．别敦荣，陈艺波，主译．青岛：中国海洋大学出版社，2007：12.

然科学奖 4 名获奖者全部是美国人。中国学者贺国庆教授认为 1933—1934 年，不仅是德国大学走向衰落之际，也是美国大学崛起并走向兴盛之时。1900—1941 年，全世界 120 多个诺贝尔奖得主有 10% 左右是美国人。“美国真正在高等教育中占据领导地位还是在二战以后，这与美国的国家政策相关，把一流大学的建设同国家的安全与发展紧密地结合起来。美国的政治、经济霸权从一定意义上说是以其学术优势和科技优势为基础的。”① 在高等教育制度方面，1915 年，全美已有 74 所高等院校，由此美国创建了由大学、学院和两年制学院构成的三级高等教育结构，并形成了由副学士、学士、硕士和博士构成的完整的四级学位制度。同时，更多的贫困阶层家庭的子女进入高等学校学习深造。

《国防教育法》（National Defense Education Act）是美国教育走向强大的助推器。第二次世界大战结束，美国长期对苏联实施遏制政策，核武器的数量从 1948 年的 50 件增加到 1953 年的1 350件。美国政府和人民自认为对于苏联处于长期的战略优势。1949 年，苏联成功试爆第一颗原子弹，1957 年，成功发射世界上第一颗人造卫星，不仅打破了美国的核垄断，而且在空间技术发展上走在了美国前面。美国政府、社会和学界开始反思检讨，国会议员提出了近 1 500 项涉及教育的议案，认为美国在科技上落后的根本原因在于美国教育特别是美国高等教育出了问题。1958 年 8 月 23 日，美国国会通过了第二次世界大战后美国重要的教育法，即《国防教育法》，旨在提高全民族国防素质和国防观念，被视为美国历史上第一部属于联邦政府的全面教育改革政策的法案。其总则规定：为了国家安全，需要最大限度地发展男女青年的智力资源和技术技能；为了应付当前的危

① 闵维方. 关于一流大学建设的几个问题[EB/OL]. (2006 - 03 - 23). http://www.edu.cn/zong_he_311/20060323/t20060323_78980.shtml.

机，需要利用特别而又恰当的教育机会；美国的防卫在于掌握各种复杂原理发展起来的各种现代技术，并带领新理论、新技术和新知识的发现与发展。《国防教育法》采取增加教育经费、建立教育资助制度、培养天才青年和发展师范教育等重大战略措施。同时，建立了学生贷款制度、奖学金制度，规定每年奖励研究生 1 500 名。每年拨款 10 亿美元用于发展教育，保证一切孩子不因家庭困难而失去接受高等教育的机会。美国国会将该法的制定视为美国教育史上最重要的发展之一，也为未来美国成为世界教育强国奠定了法律基础。

《国防教育法》对于美国高等教育的影响深远，在高等教育规模、师资培养、通识教育、外语教学、研究生教育、科学研究等方面彻底改变美国高等学校的面貌，这一时期被称为美国高等教育的“黄金时代”。1965 年，美国总统约翰逊要求国会通过《初等和中等教育法》，旨在加强美国基础教育，解决包括残疾儿童在内的各种社会处境不利儿童的教育机会均等问题，特别是关注美国贫困人口教育与发展问题。《国防教育法》要求美国大学在 1970 年“必须准备增加 50% 的入学者”①。美国初、中等教育发展快于人口发展，现在的中学入学人数是 20 世纪初的 18 倍，是人口增长比率的 6 倍。“人们普遍认为，美国大学和学院已经创造性地应对了世界高等教育所面临的种种挑战。”② 1969 年，美国成功发射载人飞船并实现人类的登月行走，终于在科学技术水平上超过了苏联。在美国成为科技强国的同时，美国教育特别是高等教育的世界地位更加巩固。20 世纪 60 年代末，美国高等学校在校生人数比 20 世纪初增加了 80 多倍，其高等教育机构在校生占全世界高等教育机构的 1/4，大学教授和学

① 夏之莲. 外国教育发展史料选粹［M］. 北京：北京师范大学出版社，1999：182.

② 阿特巴赫，冈普奥特，约翰斯通. 为美国高等教育辩护［M］. 别敦荣，陈艺波，主译. 青岛：中国海洋大学出版社，2007：9.

生占世界的1/3，一个世界级教育强国在70年代正式诞生。美国总统奥巴马介绍教育成功经验时指出："20世纪是美国腾飞的世纪，因为我们取消了高中学费，将一代士兵送入大学，并培养了世界上最优秀的劳动力。"此后，美国教育实力和国际竞争力日渐增长，逐步成为世界第一教育强国。

2006年1月，时任美国总统的布什提出"美国人竞争力计划"，包括未来10年对物理科学关键基础研究的联邦投入翻倍，对研发实施永久性减税，鼓励孩子学习更多的数学和科学，培训7万名新的高中教师，等等。根据该计划，美国今后10年将投资1 360亿美元加强基础教育，使美联邦政府基础研究经费增加一倍，并培训几万名数学和自然科学教师。

（二）美国将教育危机转化为教育发展战略动力

从历史来看，1865年、1972年和1996年被视为美国高等教育发展历史性的重大危机时期。美国政府和学者感受到的教育威胁，不仅来自苏联，也来自日本、韩国和德国的教育变革。20世纪80年代初期，美国新一轮教育改革更加关注教育质量。1981年，美国成立了"国家教育优异委员会"，1983年召开了有2 000多名政府官员、学者和大中小学校长参与的全国教育质量大会，并提交了《国家处在危机之中：教育改革势在必行》的调查报告。"我们的国家正处在危急之中。我们的商业、工业、科学和技术创新方面往日不受挑战的领先地位，正在被全世界的竞争者赶上。"该报告认为学生学习的失败将导致经济危机并成为涉及国家安全的大事。1983年的统计表明，美国17岁人口中有13%为文盲，少数民族青年中的文盲比例可能高达40%。单靠自然资源保障美国领先地位的时代早已过去。美国17岁学生的理科成绩连续下滑，大学生学术性测验（SAT）成绩年年下降。美国在世界上的地位也许曾一度因少数几个有教养的杰出人物而相当稳定，这种情况现已不复存在了。人类正在进入信息时代，学习是在这个时代取得成功必不可少的投资。该报告中说："一代人的教育技能不超过、不等于、甚至达不到他们家长的教育技能，这在我们国家的历史上还是第一次。"美国国家优质教育委员会顾问保罗·赫德甚至认为："我们正在培养一代科学和技术方面的文盲。"① 教育是美满的生活、进步和文明的社会、强大的经济和安全的国家基础，"教育比建立最好的工业系统或最强大的军事力量更重要"②。《国家处在危机之中：教育改革势在必行》报告提出，为适应教育终身化、国际化和信息化，应全面推进美国教育改革，并较早地提出了"学习化社会"的建设思路，即教育改革应集中在创造一个学习化社会的目标上来，给予全社会成员的心智发挥最大能量的机会。美国政府和学者十分善于发现、制造和利用战略危机，并通过推进美国教育改革和发展，成功地让战略危机变成最大的战略机遇。

2013 年，美国发表的《国家处在危机之中：教育改革势在必行》30 年评估报告认为，美国学校表现不佳长达30 年。2011 年的数据表明，在数学能力上，美国四年级学生列世界第 11 位，八年级学生是第 9 位。"国际学生评估计划"的测试显示，美国 15 岁学生的数学素养在国际上排名第 15 位，低于国际平均水平。美国政府和学界大声疾呼："美国已经落在世界其他国家后面，而且越落越后。"

2012 年 3 月，奥巴马政府出台了企业、大学、社区共同建立全国制造业创新研究网络的倡议，由联邦政府出资 10 亿美元，在 10 年内创建 15 个制造业创新研究所（IMI）。2013 年，随着制造业形势发展，奥巴马政府又提出 10 年内创新 45 个制造业创新研究所，

---

① 赵勇. 迎头赶上，还是领跑全球：全球化时代的美国［M］. 解乃祎，译. 上海：华东师范大学出版社，2010：30.

② 夏之莲. 外国教育发展史料选粹［M］. 北京：北京师范大学出版社，1999：207，213.

旨在充分利用现有资源，促进产业界、学术界和政府层面的合作与投资，提升美国制造业能力。

（三）美国以改革运动带领教育发展

一个国家制度的优越性不光来自于制度创造的经济价值和社会价值，更来自于其自身的变革能力和适应能力。1950—1960 年，美国针对中小学教育质量不高和学生素质低下问题，先后连续发起了“学科结构运动”“回归基础教育运动”“高质量教育运动”等一系列旨在提高学生整体素质特别是学术素养的教育内容、教育方式和课程改革运动。

20 世纪 60 年代是美国成为教育强国的关键时期。美国政府和学者反思美国与苏联教育发展的差距，制定《国防教育法》，进而推进和实施了第二次世界大战后美国中小学第一次重要的课程改革运动。20 世纪 60 年代，以黑人为主导的民权运动席卷美国，撕裂美国。美国白人与黑人的分裂，实质上是贫富不均的社会表现：越来越多的美国城市人正在陷入贫困。《另一个美国》的作者迈克尔·哈林顿（Micheal Harrington）认为，美国现在由两个国家组成，一个大部分是富人、白人，一个则大部分都不是白人，而且陷入贫困之中。1964 年，约翰逊总统签署了《民权法案》，禁止种族隔离，促进种族融合，设立黑白混合学校，推进教育公平。1964 年 1 月，他提出：“向美国的贫困无条件宣战。”1965 年，美国颁布《高等教育法》，政府资助 100 万贫困大学生进学校继续学习。美国联邦教育经费从占 GDP 的 4.4% 上升到 8.8%。

美国是率先实现高等教育大众化和普及化的国家。实现高等教育普及化是美国成为教育强国的决胜之战，对于美国成为世界教育强国发挥至关重要的作用。“21 世纪美国学术所取得的卓越成就并非有什么秘诀，也不是因为美国人在构筑其高等教育体系的过程上非常有创造性，而是因为美国是最早致力于实现高等教育大众化和普及化的国家。”1944 年，美国国会通过了《退役军人重新适应法》，为从第二次世界大战退役的 780 万美国军人提供教育资助。1945 年，共资助入学者 800 多万人，其中有中等学校学习者 343 万人，高等学校学习者 235 万人，其余 230 万人为在职学习者。① 1945 年，时任科学研究与发展办公室主任的万尼瓦尔·布什向杜鲁门总统上报了题为《科学——无尽的前沿》的报告。1969—1970 年，美国高等教育规模增长超过 137%（见表 6－2），这是发生在 40 多年前的美国高等教育“大扩招”，对于美国在全球实现高等教育的普及化做出重要贡献。1900—1950 年，美国人口增加了约一倍，而大学招生人数增加了 10 倍，大约 15 年翻一番。1960—1970 年，美国大学在校生以年均 13.7% 的速度增长。1971 年，美国高等教育毛入学率达到 51%，率先在全球实现了高等教育普及化。

表 6－2　1949—1970 年美国高等教育规模变化情况

年度	大学学校数/所	大学生人数/万人	大学生数增长率/%
1949—1950	1 851	229	—
1959—1960	2 004	358	36.03
1969—1970	2 483	849	137.15

1980—1990 年，美国以中小学课程改革为核心，强化国家统一的教育意志，重视学生学术能力培养，美国政府连续推出中小学改革方案。其中，1985 年，在制定著名的《2061 计划：面向全体美国人的科学》（Project 2016：Science for All Americans）后，美国以教育标准化为引领，掀起了新一轮教育改革浪潮。2000 年以来，美国政府以教育创新提升教育竞争力。2004 年 12 月，美国竞争力委员会

---

① 贺国庆，何振海. 战后美国教育史［M］. 上海：上海交通大学出版社，2014：8.

发布最终研究报告《创新美国：在挑战和变革的世界中达至繁荣》明确提出，“创新精神是决定美国在 21 世纪获得成功的唯一最重要的因素”，并决定到 2010 年，美国联邦的长期基础研究经费每年增加 10%。

（四）历届美国政府强力提升教育整体水平

教育战略是国家战略的重要组成部分，是推进教育改革和发展的重要战略动力。虽然美国讲究所谓民主和自由，实际上美国是一个最为典型的国家利益至上的国家。通过国家教育战略，保障国家战略安全，提升国家战略竞争力，是历届美国政府、国会和广大学者的共同诉求。在《国家处在危机之中：教育改革势在必行》报告后，1991 年，布什总统签发了《美国 2000 年教育战略》，提出了迈向 21 世纪的美国教育六大战略目标。1993 年，克林顿总统宣布《2000 年目标：美国教育法》，继续推进美国教育改革，将六大目标拓展为八大目标。2002 年，小布什政府签署了《不让孩子掉队法》，提出要让每一位美国公民都能享受良好教育，成为适合美国未来的合格公民。美国教育对于世界的影响不仅停留在竞争实力上，更重要的体现是在价值观和理论影响力方面。虽然美国早就退出了联合国教科文组织，但其教育思想、理念和教育制度对于世界教育的影响力日渐强大。美国的教育法律、咨询报告，不仅影响美国教育和经济发展，也日益深刻地影响着世界各国政府、学校和教育理论界，甚至在有些人看来，世界教育的国际化就是美国化。

由于“9·11”事件的发生，美国教育部根据新的国际和国内形势对《2001—2005 年战略规划》进行了重新修订，并于 2002 年制定出《2002—2007 年战略规划》。美国教育部分析了美国教育面临的危机，并将这种危机感上升为“两种国家公民”思想，即“我们国家正逐渐地被分为两个‘国家’：一个‘国家’的公民具备阅读能力，而另一个‘国家’的公民则不具备这种能力；一个‘国家’的公民心怀理想，而另一个‘国家’的公民则胸无大志。”该战略规划提出了6个发展目标：①创造卓越的文化氛围。通过有效地实施《不让孩子掉队法》，并且把所有的联邦教育计划建立在责任、灵活、增加学生父母的选择权以及有效的原则基础之上，来创造一个有成就感的文化氛围。②提高学生的成绩。通过优先强调阅读，提高数学与科学教学的质量，改革高中，提高教师教学质量，减小成绩之间的差距，从而提高所有学生的成绩。③创造安全的教育环境，发展学生良好的品德。建立安全的、遵守纪律的、无毒品的教育环境，促进良好的品德和公民意识的发展。④使教育成为一个重视实证的领域，增强教育研究的质量。⑤对高中后教育和成人教育要提高质量，增加途径。为学生创造更多的机会，也为教育机构发挥更大作用创造机会。⑥建立卓越的管理。在教育部门广泛创造有责任心的文化环境。

美国长期处在世界高等教育的核心地位。现代化仿佛是一棵树，实现现代化需要一定的资源，这些资源中就包括时间。没有时间，现代化的大树难以成长。美国实现对英国和德国的追赶是经历了一个“历史时间”的。1900—1930年，世界上92位诺贝尔奖得主中美国只有3个。[①] 统计表明，1901—2007年，美国共有521人次获诺贝尔奖，占全球52%。美国有16所大学进入2012—2013年大学排名前20名，有43所学校进入百强。作为一个老牌资本主义国家，英国在世界高等教育发展中处于“二把手”地位。进入前200名的31所英国大学中，有19所大学的排名有明显的下滑。

（五）美国通过吸收国际优秀人才建设教育强国

门户开放是美国政府的长期战略政策。通过数十年教育开放，

---

① 闵维方. 关于一流大学建设几个问题[EB/OL].(2006-03-23). http://www.edu.cn/zong_he_311/20060323/t20060323_78980.shtml.

美国吸纳了世界特别是发展中国家数百万优秀人才和莘莘学子，为美国的科技发展、产业发展和教育发展奠定了雄厚人才基础。“从20世纪50年代开始，美国便成为国际学术‘天堂’，一些美国一流大学拥有出类拔萃的学科，尤其是自然科学、工程科学以及与国家发展密切的其他学科。”1960—1976年，美国授予的博士学位的数量增长了3倍，每年达到近3.2万个，硕士学位授予量从8.05万个增长到30万个以上。在60年代中期以后长达10年的时间里，美国每年获得博士学位的人数保持在3.2万~3.4万个。1976年，美国获取硕士学位的人数达到高峰，约为31.7万人。90年代，美国博士研究教育规模再一次迅猛扩大，每年授予学位数达到4.3万个。博士教育是美国大学的成功之举，美国在生产世界一流学术研究成果和培养一流研究人才方面，取得了举世瞩目的成就。“20世纪下半叶，美国研究生教育的数量与声誉继续上升。到了20世纪末，美国的研究教育模式被世界大多数国家竞相效仿。”

中国学者赵勇教授分析：“美国的教育系统，就是竞争性流动系统的典型代表。因其在高中后才开始对学生进行分类选择，故为个人培养自己的才能、发展自己的兴趣提供了更为平等的空间。”① 与其他国家学生相比，美国学生能够尝试不同的选择，在相当晚的时候才确定自己的志向。这对于每个人发现自己真正的热情所在、兴趣所在，并持续培养和发展这一兴趣都至关重要。

世界科学创新的历史证明，大国是科学技术发展的核心力量。总体而言，1901—2013年，美国、英国和德国共获得489项诺贝尔奖，占同期总数的65.1%（见表6-3）。

---

① 赵勇．迎头赶上，还是领跑全球：全球化时代的美国教育［M］．解乃祎，译．上海：华东师范大学出版社，2010：62-63．

表 6-3　1901—2013 年获得诺贝尔奖的人数前 10 名的国家

排名	世界/国家	获得诺贝尔奖的人数/人						比例/%
		物理	化学	生理学或医学	经济	文学	合计	
	世界	199	172	199	70	111	751	100
1	美国	93	70	94	51	9	317	42.2
2	英国	24	25	30	7	11	97	12.9
3	德国	21	28	17	1	8	75	9.99
4	法国	13	8	10	1	14	46	6.13
5	瑞典	4	4	8	2	8	26	3.46
6	俄罗斯	9	1	2	2	5	19	2.53
7	瑞士	3	6	6	—	2	17	2.26
8	日本	6	6	2	—	2	16	2.13
9	荷兰	8	3	2	1	—	14	1.86
10	意大利	3	1	3	1	6	14	1.86
10 国小计/人		184	152	174	66	65	641	
10 国占的比例/%		92.5	88.4	87.4	94.3	58.6	85.4	

资料来源：诺贝尔奖国籍统计：德国人到底拿了多少诺贝尔奖［EB/OL］. http：//blog. sina. com. cn/s/blog_4ee63ce90102es91. html.

研究表明，学术界所谓教育中心转移是一个伪命题。美国、英国和德国在世界科技与教育中的领导地位长期保持，共同构成世界教育中心。在美国一国独大的同时，英国和德国继续保持世界科技和教育强国地位。依托高等教育强国，维持和保障世界第一强国的战略地位，是美国教育的长期战略和目标追求。美国正在为经济持续增长、社会持续发展和科技持续创新积累新的能量。美国总统奥巴马宣布了一项新的建议：为入境美国的学生提供两年免费社区大学教育。在全球经济增长时期，美国需要有更多知识和技能的人才以应对竞争。到2020年，预计有35%的空缺职位将需要就业者至少具有一个学士学位，30%需要其他学院学位或大专学位。奥巴马总统进一步明确提出："到2020年以前，美国要再次成为世界上受高等教育人口比例最高的国家……美国公民所需要的绝不仅是一张高中文凭"，"只有接受了最好的教育且最具竞争力的劳动力才能保证美国在21世纪的引领者的地位"①。

第二节　中国教育强国之路

中国唐代著名军事战略家李筌在《太白阴经》中强调："夫有道之主，能以德服人；有仁之主，能以义和人；有智之主，能以谋胜人；有权之主，能以势制人。战胜易，和胜难。"② 现代社会，大国之间发生战争的概率很小，其竞争的主要方式则是非战争形式。中国古代政治家管仲曾说："夫争天下者，必先争人。"教育与人力资源开发水平竞争则是国家与国家之间未来竞争的最主要方式。因此，建设教育强国和人力资源强国成为中国总体战略的必然选择。教育强国思想是马克思主义国家思想和教育思想中国化的最新成果，是中国特色社会主义理论的重要组成部分。从共同富裕到共同发展是更高水平小康社会的新特征。

一、教育强国是中国的百年梦想

强国必先强教，教育强则国强，教育恒强则国恒强。教育强国有两层深刻的含义：一是建设一个具有强大培养能力、综合实力和竞争能力的教育强国；二是通过优先发展教育，实现全体人民的共

---

① 李茜．美国"实现梦想"教育计划及其启示［J］．世界教育信息，2013（6）：34．

② 张文才．太白阴经新说［M］．北京：解放军出版社，2008：100．

同富裕、共同发展和国家繁荣富强。

（一）中国古代教育强国思想

《说文解字》对于“强”字的解释是“强者健也”。在现代汉语中，“强”既是形容词，也是动词。“教育强国”，一是指通过发展教育使国家强大，二是指高等教育强盛的国家。

建国君民，教育为先。这是中国古代教育强国思想的最早体现。人众国强，人兴邦兴。管子曾阐述了百年树人的思想：“一年之计，莫如树谷；十年之计，莫如树木；终身之计，莫如树人。一树一获者，谷也；一树十获者，木也；一树百获者，人也。”① 唐朝战略思想家李筌在《太白阴经》中指出：“国愚则智可以强国，国智则力可以强人。用智者，可以强于内而富于外；用力者，可以富于内而强于外。”② 以智强国，这充分体现了我国古代思想家对于教育的重视，从“国愚”到“国智”，必须发展教育，才能实现强国之梦。

（二）中国近代教育强国思想

1840 年，鸦片战争后的中国：“俄北瞰，英西睒，法南瞵，日东眈，处四强邻之中而为中国，岌岌哉！”③ 为使中国强大，康有为设立强学会，以求中国自强之学。以梁启超为代表，中国教育强国思想进入重要成长期。近代社会强国思想最积极的倡导者当属梁启超。在面临“数千年来未有之强敌”的大背景下，魏源提出“师夷长技以制夷”的思想。但是由于中国统治者以世界中心自居，加之封建思想的负面影响，旧中国始终不能真正敞开心胸向先进国家学习。与中国教育相反，日本在明治维新后成立了文部省，聘请西方学者参与国家教育体系构建，改革日本教育。1872 年，日本颁布了《学制》等一系

---

① 管子［M］．李远燕，李文娟，译注．广州：广州出版社，2004：22.

② 张文才．太白阴经新说［M］．北京：解放军出版社，2008：51.

③ 康有为．强学会序［M］//中国近代教育史资料汇编：戊戌时期教育．上海：上海教育出版社，2007：131.

列教育制度法规，从法律上规定了现代教育地位。全力举办小学，实施普及教育，兴办东京大学，建立完整的国家教育制度和教育体系。甲午战争之前，日本已经成为一个现代国家，而中国仍处于“前现代国家”行列。

1896 年，即光绪二十二年，大臣李端芬奏请建立京师大学堂，慨叹“国于天地，必有与立，言人才之多寡，系国势之强弱也”。1899 年，在《戊戌政变记》一文中，梁启超强调：中国之大患在于教育不兴，人才不足，皇上政策若首注重于学校教育，可谓得其本矣。在积弱贫穷的落后中国，梁启超教育强国思想的一个重要内容是强调依靠教育使国家强大。在《学校总论》中他进一步直言：“亡而存之，废而举之，愚而智之，弱而强之，皆归本于学校”①。要使病夫之国转弱为强，基础在教育；要使病夫之人转弱为强，希望也在教育。他大声疾呼：“少年智则国智，少年富则国富，少年强则国强，少年独立则国独立，少年自由则国自由，少年进步则国进步，少年胜于欧洲则国胜于欧洲，少年雄于地球则国雄于地球。”人才是世界强国实现霸权的重要手段，而教育强国，则是西方列强的国家基础和重要特征。故梁启超认为：“今国家而不欲自强则已，苟欲自强，则悠悠万事，惟此为大。虽百兴趣未遑，犹先图之。”这既体现了国家自强的思想，也体现了教育为先的思想。特别需要指出的是，他在《论科举》一文中明确指出：“故欲兴学校，养人才，以强中国，惟变科举为第一义。”这种“兴学校、养人才，以强中国”的思想，更加体现了教育强国的思想，更加接近教育强国的理论表述。

孙中山先生一生寻求富民强国之路。教育强国是孙中山现代化

① 梁启超．学校总论［M］//梁启超全集：第一册．北京：北京出版社，1999：19.

思想的重要内容。1890年，孙中山在《致郑藻如书》中主张多设学校："远观历代，横览九洲，人才之盛衰，风俗之淳靡，实关教化。教之有道，则人才济济，风俗丕丕，而国以强；否则反此。"教之有道，而国以强，孙中山先生的思想充分体现了教育强国的思想内涵。他进一步强调指出，要"使天下无不学之人，无不学之地。则智者不致失学而嬉；而愚者亦赖学以知理，不致流于颓旱；妇孺亦皆晓诗书。如是，则人才安得不盛，风俗安得不良，国家安得而不强哉"！如果"弃天生之材而自安于弱，虽多置铁甲，广购军装，亦莫能强也"！1924年4月，孙先生又明确提出，革命成功之后，国家的重要任务之一，"就是要办教育，至少要拿出国家经费10%专作教育经费"①。

（三）中国当代教育强国思想

建设一个现代化的强国，建设一个造福于亿万人民的现代化国家，就是中国共产党在社会主义初级阶段的政治理想。教育强国是一个中国化的概念，是中国共产党着眼于世界教育与人力资源发展趋势做出的政治选择，是党的领导集体的智慧结晶，是马克思主义国家思想和教育思想中国化的最新成果。

1955年10月29日，毛泽东主席在工商业社会主义改造问题座谈会上说："我们的目标是要赶上美国，并且要超过美国。……究竟要几十年，看大家努力，至少是五十年吧，也许七十五年。""哪一天赶上美国，超过美国，我们才吐一口气"。② 1956年9月，中国共产党召开了第八次全国代表大会。毛泽东主席对中国社会的形势和矛盾就有了新判断："在我国，巩固社会主义制度的斗争，社会主义

---

① 孙穗芳．孙中山先生现代化思想[EB/OL]．(2006－05－17)．http://www.zsnews.cn/Column/2006/05/17/563832.shtml.

② 毛泽东文集：第六卷［M］．北京：人民出版社，1999：500.

和资本主义谁战胜谁的斗争，还要经过一个很长的历史时期。”一方面是我们有社会主义现代化的理想和目标，“我们一定会建设一个具有现代工业、现代农业和现代科学文化的社会主义国家”；另一方面是资本主义同社会主义究竟“谁胜谁负”的问题还没有解决，因此，“坚持经济战线上的社会主义革命，还必须在政治路线和思想路线上，进行经常的、艰苦的社会主义革命斗争和社会主义教育”。这是从阶级斗争视野下审视社会主义巩固与现代化发展问题。在毛泽东等老一辈革命家的艰苦探索和努力下，初步解决了中国走社会主义道路的问题。中国现代化作为一个理想目标，继续引领着中国走向前进。

早在改革开放初期，邓小平就高瞻远瞩地提出，教育是一个民族最根本的事业。要搞四个现代化关键靠人才，基础在教育。“把我们的国家建设成为社会主义的现代化强国，是我国人民肩负的伟大历史使命。”“‘四人帮’的所作所为，从反面使我们认识到，在无产阶级专政的条件下，不搞现代化，科学技术水平不提高，社会生产力不发达，国家的实力得不到加强，人民的物质文化生活得不到改善，那么，我们的社会主义政治制度和经济制度就不能充分巩固，我们国家的安全就没有可靠的保障。我们的农业、工业、国防和科学技术越是现代化，我们同破坏社会主义的势力作斗争就越加有力量，我们的社会主义制度就越加得到人民的拥护。把我们的国家建设成为社会主义的现代化强国，才能更有效地巩固社会主义制度，对付外国侵略者的侵略和颠覆；也才能比较有保证地逐步创造物质条件，向共产主义的伟大理想前进。”① 邓小平同志明确指出：“一个十亿人口的大国，教育搞上去了，人才资源的巨大优势是任何国

① 邓小平. 在全国科学大会开幕式上的讲话（1978 年 3 月）［M］//邓小平文选：第 2 卷. 北京：人民出版社，1994.

家比不了的。有了人才优势，再加上先进的社会主义制度，我们的目标就有把握达到。”邓小平同志早在1985年第一次全国教育大会上就高瞻远瞩地指出：“我们国家，国力的强弱，经济发展后劲的大小，越来越取决于劳动者的素质，取决于知识分子的数量和质量。”人才问题既有数量问题，更有质量问题，邓小平的思想充分体现了教育强国的思想精髓。

以江泽民同志为核心的第三代领导集体提出科教兴国思想。20世纪90年代，江泽民同志创造性地提出人才资源是第一资源的重要思想，提出要开发利用我国巨大的人力资源特别是人才资源，把我国的人口压力转化为人才资源优势，把我国由人口大国转化为人才资源强国。他还进一步强调指出，百年大计，教育为本，教育是社会主义物质文明和精神文明建设极为重要的基础工程，必须把教育摆在优先发展的战略地位，努力提高全民族的思想道德和科学文化水平，这是实现我国现代化的根本大计。以胡锦涛总书记为核心的新一代领导集体明确提出教育强国的思想。

表6-4 中国与世界教育规模发展的历史比较（1950—2010年）

指标		1950年	1960年	1970年	1980年	1990年	2000年	2010年
世界教育规模/百万人	总计	252.5	433.1	608.1	857	980.6	1 197.6	1 412.7
	高等教育	6.5	12.1	28.1	51.0	68.6	98.6	177.7
	中等教育	40	79	169	364	315	450	544
	初等教育	206	342	411	542	597	649	691
中国教育规模/百万人	总计	30.5	101.9	137.1	205.8	178.6	224.4	297.1
	高等教育	0.14	0.97	0.05	2.70	3.80	9.10	31.1
	中等教育	1.50	7.1	31.7	56.8	52.4	85.2	99.2
	初等教育	28.9	93.8	105.3	146.3	122.4	130.1	166.8

续上表

指标		1950 年	1960 年	1970 年	1980 年	1990 年	2000 年	2010 年
中国占世界的比例/%	总计	12.1	23.5	22.5	24.0	18.2	18.7	21.0
	高等教育	2.2	8.0	0.2	5.3	5.5	9.2	17.5
	中等教育	3.8	9.0	18.8	21.5	16.6	18.9	18.2
	初等教育	14.0	27.4	25.6	27.0	20.5	20.0	24.1

注：有关中国的数据来源于《中国统计年鉴 2001》和《中国教育统计年鉴 2011》。

资料来源：UNESCO. Global education digest 2012—opportunities lost：the impact of grade repetition and early school leaving [EB/OL]. http://www.unesdoc.unesco.org/images/0021/002184/2184ge.pdf.

二、教育强国的主要特征

教育强国是教育综合实力、培养能力、教育国际竞争力和影响力具有突出地位和较大世界影响的国家。习近平总书记强调指出："综合国力竞争说到底是人才竞争。人才资源作为经济社会发展第一资源的特征和作用更加明显，人才竞争已经成为综合国力竞争的核心。谁能培养和吸引更多优秀人才，谁就能在竞争中占据优势。"①2017 年 10 月 8 日，中国共产党第十九次全国代表大会召开，习近平总书记明确提出："建设教育强国是中华民族伟大复兴的基础工程。"中国举办着最大规模的教育，拥有 52 万所学校，2.6 亿人中小学学生、1 600 万名教职员工，教育体系庞大、复杂和多样化，教育发展的水平差距、区域差距和校际差距明显。扩大教育机会，增加教育投入，推进教育公平，是建设教育强国的必要前提。

---

① 习近平. 在欧美同学会成立一百周年庆祝大会上的讲话 [EB/OL]. (2013－10－21). http://news.xinhuanet.com/mrdx/2013－10/22/c_132817926.htm.

教育强国既是一个国家经济社会发展创新的结果之一，也是经济社会可持续发展的必要条件。全面考察当代世界发达国家的教育强国之路，我们可以发现其共同的特点和规律，这是研究和制定教育评价指标体系的主要依据。

特征之一：完备的现代教育体系。现代教育体系是教育强国的支撑系统。党的十六大提出了在2020年全面建设小康社会的进程中，形成“比较完善的现代国民教育体系”和“全民学习、终身学习的学习型社会”的宏伟目标。完备的现代教育体系包括普通教育和职业教育两个体系，正规教育与非正规教育两个系统，学前教育、初等教育、中等教育、高等教育和继续教育五个层次的完整的教育系统，并支撑和保障国家教育与人力资源开发需要。从另一个方面分析，现代教育体系，必须包括公共教育基本服务体系和高层次人才培养体系。

特征之二：现代化教育基本制度。现代教育制度是教育强国的制度保障。制度现代化是教育现代化的内在要求和本质反映，没有制度的现代化，就没有教育的现代化，也就不能成为教育强国。教育强国具有覆盖学前教育、初等教育、中等教育、高等教育的现代学校制度，高水平、高质量的义务教育制度，完善的职业教育与培训制度，以能力评价为核心的学业证书和职业证书制度，适应全民学习需求的终身学习制度，以促进和保障教育公平为重点的教育资助制度，落实优先教育发展的保障制度。

特征之三：高质量的教育发展水平。现代化的关键是人的现代化，教育是促进人的现代化的重要手段。一个国家教育系统的产出能力，特别是强大的培养能力是教育强国的外在特征。这种培养能力强大的判断标准有三条：一是能够使全体学龄人口享受有质量的公平的教育；二是教育系统培养的高层次、技能型人才能够支撑国家经济和社会发展以及人民享受高品质生活的需要；三是一个国家的学生在国际知识比赛评价中处于领先位置，创新性人才在知识创新、技术创新和重大国际奖项中持续取得成就。提升国家教育竞争能力，为人类的知识创新做出重大贡献。更为具体而言，衡量教育发展水平的关键指标是人均受教育年限，人均受教育年限在 12 年左右。

特征之四：强有力的教育保障条件。在国家组织和制度保障的前提下，教育发展需要强有力的人、财、物方面的保障条件。教育发展的首要保障条件，是教育人力资源，即教师资源的保障。现代化教育需要现代化的教师队伍，一支数量足够、高素质、专业化的教师队伍是一个国家或地区教育改革发展的最有力支撑。教育投入水平特别是公共教育经费占 GDP 的比重，是衡量一个国家教育财政保障水平的关键性指标。教育强国经费投入水平一般不低于 GDP 的 5%，校舍、图书、仪器设备是教育过程中不可缺少的物质支持。以教育信息化推动教育现代化，是实现教育强国的重要推力。

教育强国是一个新概念，评价教育强国是一件困难之事。教育强国评价指标体系的设计要体现总体性、综合性和相对性的原则，既要有定性指标，也要有定量指标；既要有人均指标，也要有总量指标。判断一个国家是不是教育强国，需要综合分析其教育体系建设、培养能力、服务能力等综合因素，特别要考虑公共教育服务体系建设水平和高等教育强国建设水平。

到 2020 年，中国全体国民人均受教育年限将达到 11.2 年；主要劳动人口接受高等教育的比例达到 20%，从业人员中的高中以上文化程度占 40% ~45%；新增劳动力人均受教育年限将达到 13.5 年，受过高中阶段及以上教育的比例达到 90%，大大缩小与发达国家的差距。人类发展指数达到 0.88，居于高指数国家平均水平。

表 6－6 中国各级教育对人均受教育年限增长贡献率（1975—2010 年）

时间/年	人均受教育年限增长/年	初等教育贡献率/%	中等教育贡献率/%	高级教育贡献率/%
1975—1980	0.783	69.5	30.5	0.1
1980—1985	0.499	53.3	43.0	3.7
1985—1990	0.377	35.8	60.6	3.6
1990—1995	0.782	41.6	53.0	5.4
1995—2000	0.699	36.6	57.3	6.1
2000—2005	0.516	20.9	68.5	10.6
2005—2010	0.546	15.2	69.0	15.8

资料来源：教育部教育规划与战略研究理事会秘书处．人力资源投资与发展方式转型［M］．北京：教育科学出版社，2012：85.

三、建设高等教育强国

英国文化协会首席执行官马丁·戴维信说：“未来将是知识经济的社会，一个国家要想获得成功，必须依靠知识的分享，而高等教育不仅是知识产生和传播的重要机构，也是促进全球合作的重要机构。从这个意义上说，知识经济必须要有强大的高等教育做后盾。”①2009 年，中国高等教育在校生规模已经超过 2 929 万人，位居世界第一，成为名副其实的高等教育大国，并且远远超过位于第二名的美国（美国的高等教育在校生数为 1 910 万人）。

高等教育强国是教育强国的重要特征，是建设人力资源强国的本质要求。《国家中长期教育改革和发展规划纲要（2010—2020年）》第一次提出：“提高质量是高等教育发展的核心任务，是建设

---

① 高等教育能否成为世界发展新动力［N/OL］．中国教育报，2011－05－03. http：//news. xinhuanet. com/edu/2011－05/03/c_121372424. htm.

高等教育强国的基本要求。”高等教育强国绝非一个数量规划概念，而是一个高等教育质量概念——以质图强，是中国建设高等教育强国的战略选择。建设高等教育强国是重要的历史转变。2002 年，中国高等教育毛入学率首次突破 15%，进入大众化阶段。2013 年，中国高等教育毛入学率达到 34.5%，高等学校在校生规模连续 9 年保持世界第一。预计到 2030 年，中国高等教育普及率将达到 60% 左右，实现与发达国家高等教育同步发展。

从实现高等教育大众化到建设高等教育强国，是中国高等教育发展目标和发展战略的一次历史性转变。《国家中长期教育改革和发展规划纲要（2010—2020 年）》确定高等教育强国思想，提升了高等教育发展的国家目标，成为未来中国高等教育发展的重要方向。

建设高等教育强国是重要的国家战略。进入 21 世纪以来，世界各国纷纷制定高等教育改革和发展国家战略。英国高等教育学会制定的《2006—2011 年教育战略》提出了六大战略目标，以追求卓越为核心，努力改革英国高等教育体系，提升英国高等教育的卓越水平。《国家中长期教育改革和发展规划纲要（2010—2020 年）》提出高等教育强国思想，是顺应国际高等教育趋势、应对国际高等教育挑战的重要举措。建设高等教育强国是加快从教育大国向教育强国、从人力资源大国向人力资源强国迈进的重大战略部署和国家行动。其内在要求是：实现人才培养、科学研究和社会服务整体水平的全面提升；建成一批国际知名、有特色、高水平的高等学校，若干所大学达到或接近世界一流水平；高等教育国际化水平不断提升，国际竞争力显著增强，促进国家综合实力和竞争力的整体提升。

建设高等教育强国是高等教育发展的战略任务。高等教育强国应该是知识创新和杰出人才培养的世界中心。经过改革开放 30 多年的努力，中国高等教育规模从小到大，1998 年，我国高等学校在校生只有 780 万人；到 2014 年达到 3 559 万人，增长了 3.56 倍；2016

年达到3 699万，实现了高等教育大国建设目标。中国在进军高等教育强国进程中，面临各种挑战压力和战略机遇，未来10年，中国高等教育发展的核心是建设高等教育强国：进一步提升高等教育大众化水平，2020年高等教育毛入学率达到40%，中心城市达到50%以上，特大城市达到60%以上。工程师、科学家培养规模达到世界第一，硕士和博士研究生培养规模保持世界第一，质量不断提高。一流大学建设实现质的突破，科学研究取得世界性的重大突破。

建设高等教育强国可为知识社会到来奠定基础。众所周知，20世纪90年代，发达国家相继进入知识经济社会，与此同时出现的是高等教育普及化浪潮和学习型社会建设趋势。到2010年，为适应知识经济社会发展，全球有40多个发达国家已经进入高等教育普及化阶段。目前，中国正处于城镇化、工业化中后期，北京、上海、天津等特大城市已经实现了高等教育普及化，作为中国教育的龙头，引领中国高等教育为进入知识社会奠定人才和智力基础。建设高等教育强国，是中国迈向知识社会的重要抉择。

中国成为世界最大规模的工程师培养基地。现代高等教育发展越来越重视培养具有科学家的分析能力、工程师的创新实践能力和企业家的经营、管理能力为一体的复合型人才，努力实现坚实的理论知识、丰富的工程实践、先进的技术手段与严谨的工作作风之间完美的融合。2010年，卓越计划实施的层次包括工科的本科生、硕士研究生、博士研究生三个层次，培养现场工程师、设计开发工程师和研究型工程师等多种类型的工程师后备人才。

四、中国成为世界级教育强国

教育中心（educational centre）按地域可分为国际性的教育中心、全国性的教育中心、区域性的教育中心，以及地方性的中小型教育中心。教育中心不仅是教育决策中心和教育管理中心，也是教育科学研究中心、教育信息中心和教育服务中心。

中国教育将全面影响世界教育发展格局。据联合国教科文组织统计，2008 年，全球人均预期受教育年限为 11.0 年，其中东亚太平洋地区为 11.8 年，中东欧国家和拉丁美洲国家为 13.6 年，北美和西欧国家高达 16.0 年。中国人均预期受教育年限上升为 11.5 年，大大缩小了与发达国家的差距，并在发展中国家中率先进入人类发展指数高水平国家行列。到 2020 年，中国受过高等教育的人口将达到 2 亿左右，主要劳动力中受过高等教育的比例将达到 20%，这将全面改善中国人力资源结构，对世界劳动力受教育水平和结构将产生巨大影响。

背景资料

上海教育现代化目标

到 2020 年，上海要率先实现教育现代化，率先基本建成学习型社会，努力使每一个人的发展潜能得到激发，教育发展和人力资源开发水平迈入世界先进行列。

①形成终身学习的教育新体系。终身学习、终身教育理念在学校教育和全社会得到广泛确立，各级各类教育纵向衔接，学校与社会、家庭横向沟通，学历教育与非学历教育协同发展，全社会教育资源得到充分开发和利用，人人学会终身学习，终身享有教育机会。

②形成激发受教育者发展潜能的教育新模式。在教育观念、内容、方法和评价体系创新方面领先，教育的选择性进一步扩大，现代信息网络技术在各类教育中得到广泛应用，学生思想品德和学习能力、实践能力、创新能力显著提升，创新人才培养水平显著提高，整个教育体现和谐、灵活、多样的特点，使受教育者得到全面而有个性的发展。

③形成多元开放的教育新格局。政府教育公共服务更加完善，社会各界广泛参与教育改革发展，公办教育与民办教育协调发展，教育与经济社会发展联系更加紧密，区域教育合作交流进一步加强，教育开放度和国际化水平明显提高，教育活力和教育效益不断增强。

④形成均衡协调可持续发展的教育新布局。教育发展与人口总量、结构变化相适应，与经济结构调整相衔接，与城市功能定位布局相匹配，教育资源配置向最需要的地方倾斜，实现城乡教育一体化发展，促进教育事业科学发展。

到2020年，全市0～3岁婴幼儿早期教养指导服务普遍开展，3～6岁儿童毛入园率达到99%；适龄少年儿童都能接受公平及高质量的义务教育，义务教育毛入学率达到99.9%，残疾儿童义务教育阶段入学率达到99%，实现义务教育标准化和均等化；高中教育阶段毛入学率达到99%，教育的选择性、优质性、特色性更加明显，普通教育与职业教育有机渗透；高等教育普及化水平和质量进一步提高，每10万人口中在校大学生人数达到5 200人，建成一批高水平大学和高质量的特色高等学校；教育国际化水平进一步提升，普通高等学校在校生中留学生所占比例达到15%左右，基本建成国际教育交流中心城市；教育信息化水平加快提高，小学建网学校比例达到100%，师生利用信息技术教学的能力明显增强；市民整体素质明显提高，新增劳动力平均受教育年限达到15年，25～64岁大专及以上学历人口比例达到47%，建成面向全民、伴随终身的教育体系。

资料来源：上海市中长期教育改革和发展规划纲要（2010—2020年）[EB/OL]. http://www.shanghai.gov.cn/shanghai/node2314/node2315/node 4411/userobject21ai442103.html.

2030年，中国将建成世界级教育强国。走中国特色教育强国之路，建设教育强国，建设世界水平的教育体系，是21世纪的中国和世界教育赋予我们的庄严的历史使命。教育强国应该至少可以划分为学前教育强国、基础教育强国、职业教育强国和高等教育强国四个部分。根据中国教育整体发展水平，我们可以做出以下定性的判断：教育强国是一个历史的发展过程。2006年8月29日，在中共中央政治局第三十四次集体学习时，中共中央总书记胡锦涛指出："必须坚定不移地实施科教兴国战略和人才强国战略，切实把教育摆在优先发展的战略地位，推动我国教育事业全面协调可持续发展，努力把我国建设成为人力资源强国，为全面建设小康社会、实现中华民族的伟大复兴提供强有力的人才和人力资源保证。"目前，中国的学前教育尚没有做大，更难以说做强；中国的基础教育拥有世界最大的学习群体，正走在逐步强大的道路上；中国的职业教育规模保持世界第一，但教育质量和世界影响力仍然不强；中国无疑是世界第一高等教育大国，成为世界高等教育强国尚待时日。

我们走的是中国特色社会主义教育强国之路。什么是中国特色社会主义教育强国之路？我们认为，中国特色社会主义教育强国之路必须包括：中国特色的发展道路、中国特色的教育制度和中国特色的理论体系。中国拥有最普遍、最广泛和最深刻的集体主义文化，社会主义是中国教育的制度优势。美国哈佛大学教授洛吉说，集体主义文化将比个人主义文化占优势。现在的世界正在进入欧洲共同体、北美自由贸易区等联盟性的集体主义时代，这意味着世界正迈入以儒教为基础的东亚集体主义时代。

我们的研究表明，世界教育中心是一个体系，需要一个发展过程。世界教育中心不是在"飘移"，而是一个不断完善的宏观教育体系。18—19世纪，德国和英国成长为世界教育中心；20世纪，美国成长为世界教育中心；21世纪，日本的东京和中国的北京将成为世界教育中心。所以，到2030年，在北纬30°~40°，将形成以德国（柏林）、英国（伦敦）、美国（纽约—华盛顿）、日本（东京）和中国（北京）为主的21世纪世界教育中心带，共同引领和带动世界教育发展。

第三节　中国教育理论与实践创新

中国教育发展的伟大成就在全球特别是发展中国家的影响，证明了中国教育思想、教育道路和教育模式的成功性与普遍价值。习近平总书记在十八届三中全会报告中强调指出："实践发展永无止境，解放思想永无止境，改革开放永无止境。面对新形势新任务，全面建成小康社会，进而建成富强民主文明和谐的社会主义现代化国家、实现中华民族伟大复兴的中国梦，必须在新的历史起点上全面深化改革，不断增强中国特色社会主义的道路自信、理论自信、制度自信。"① 2016年7月1日，在庆祝中国共产党成立95周年大会上，习近平总书记进一步强调指出："全党要坚定道路自信、理论自信、制度自信、文化自信。"② 四个自信有机联系、密不可分而又有不同层次的领域。如何从实践自信，到制度自信，再到理论自信、文化自信，形成一套有中国特色的教育理论体系，是21世纪中国教育面临的重大理论和实践问题。

习近平总书记指出："对中国人民和中华民族的优秀文化和光荣历史，要加大正面宣传力度，通过学校教育、理论研究、历史研究、

---

① 中共中央关于全面深化改革若干重大问题的决定［M］. 北京：人民出版社，2013：2.

② 习近平在庆祝中国共产党成立95周年大会上的讲话（讲话全文）［EB/OL］.（2016－07－01）. http://www.chinanews.com/gn/2016/07－01/7924310.shtml.

影视作品、文学作品等多种方式，加强爱国主义、集体主义、社会主义教育，引导我国人民树立和坚持正确的历史观、民族观、国家观、文化观，增强做中国人的骨气和底气。”① 这也是中国教育新的历史使命。

一、从共同富裕到共同发展的新思想

共同富裕以制度为基础、以改革为动力，以资源增长为目标，以成果分配为手段，促进并实现全体人民共同致富，共奔小康。共同发展以知识为基础、以教育为动力，以社会和人的可持续发展为目标，促进并实现全体人民共同学习、共同发展。《中共中央关于教育体制改革的决定》明确提出：“中央认为，在新的经济和教育体制之下，各地将有充分的可能发挥自己的经济和文化潜力，加快教育事业的发展。不仅要承认全国各省市区之间经济文化发展的不平衡性，而且要承认在一个省、一个市、一个县范围内的发展也是不平衡的，所以必须鼓励一部分地区先发展起来，同时鼓励先发展起来的地区帮助后进地区，达到共同的提高。”

共同发展是共同富裕思想的继承发展。1986 年 8 月 19—21 日，邓小平在天津听取汇报和进行视察的过程中说：“我的一贯主张是，让一部分人、一部分地区先富起来，大原则是共同富裕。一部分地区发展快一点，带动大部分地区，这是加速发展、达到共同富裕的捷径。”1993 年，《中国教育改革和发展纲要》确定：“在地区发展格局上，从各地经济、文化发展不平衡的实际出发，因地制宜，分类指导。鼓励经济、文化发达地区率先达到中等发达国家八十年代末的教育发展水平，积极支持贫困地区和民族地区发展教育。”经过

---

① 习近平．在十八届中央政治局第十二次集体学习时的讲话［N］．人民日报，2014－01－01．

20 多年的努力，我国的教育发展和人力资源水平不断提高，为实现教育公平和均衡发展奠定了坚实的基础。共同富裕体现在物质发展和精神发展两个层面，共同富裕思想体现在精神层面，就是要追求和实现全体人民的共同发展。只有实现了全体人民的共同发展，才能真正实现全体人民的共同富裕。

共同发展是更高水平小康社会的必然要求。胡锦涛同志在“七一”讲话中指出：“在本世纪上半叶，我们党要团结带领人民完成两个宏伟目标，这就是到中国共产党成立 100 年时建成惠及十几亿人口的更高水平的小康社会，到新中国成立 100 年时建成富强民主文明和谐的社会主义现代化国家。”① 所谓更高水平的全面小康社会，就是人民实现共同富裕，生活水平持续提高的社会；就是人民实现共同发展，人力资源得到普遍开发的社会；就是人民实现共同参与，人人享受民主文明的社会。2011 年 9 月 4 日，时任中共中央政治局常委、中央书记处书记、国家副主席习近平同志表示，中国将坚定不移地走共同富裕道路，努力使全体人民学有所教、劳有所得、病有所医、老有所养、住有所居，做到发展为了人民、发展依靠人民、发展成果由人民共享。共同发展是建设更高水平小康社会的必然要求和必由之路。

共同发展是实现教育强国的必然选择。与经济发展道路相同，中国教育发展走过了一条从率先发展到共同发展的道路。在教育发展道路上，中国采取了分区规划、分类指导和分步推进的总体策略。进入 21 世纪，共同发展是全体人民享受公平教育，人力资源得到普遍开发，形成人才辈出、人尽其才、才尽其用的生动局面。

习近平总书记对于中国教育对外开放提出新要求：“中国将加强

---

① 胡锦涛. 在庆祝中国共产党成立 90 周年大会上的讲话[EB/OL]. (2011 - 07 - 01). http://news. xinhuanet. com/politics/2011 - 07/01/c_121612030.

同世界各国的教育交流，扩大教育对外开放，积极支持发展中国家教育事业发展，同各国人民一道努力，推动人类迈向更加美好的明天。"① 2015 年 9 月 22 日，习近平总书记在对美国进行国事访问前夕，接受《华尔街日报》采访时说："强调承认和尊重本国本民族的文明成果，不是要搞自我封闭，更不是要搞唯我独尊。'独学而无友，则孤陋而寡闻。'对人类社会创造的各种文明，我们都应该采取学习借鉴的态度，把跨越时空、超越国度、富有永恒魅力、具有当代价值的优秀文化精神弘扬起来。"② 中国教育要为世界教育做出贡献，为发展中国教育事业树立形象，支持发展中国家教育事业发展。

二、从非协调发展到协调发展的新模式

协调是持续健康发展的内在要求和重要特征。教育的协调发展包括：①实现东中西、协调南北方，推进教育事业协调发展。②推进城乡教育一体化，实现城乡教育协调发展。③缩小不同阶层受教育水平差距，实现全体人民人力资源的共同开发。④为每一个人提供服务于终身的公共服务教育体系和制度安排，实现人与自然、社会的协调发展。联合国教科文组织高度肯定中国教育特别是基础教育取得的伟大成就，及其对于发展中国家的示范和引领作用。就对人类发展的贡献而言，中国的基础教育贡献巨大。基础教育改变了中国，更改变了世界，未来的中国基础教育将引领世界。

推进区域之间义务教育均衡发展，是实现教育协调发展的重要措施。教育公平成为国家基本教育政策，已经成为推进和维护社会公平的重要力量。将推进义务教育均衡发展作为改善民生之大计，

---

① 习近平．在联合国"教育第一"全球倡议行动一周年纪念活动上的视频贺词［N］．人民日报，2013－09－27.

② 习近平接受《华尔街日报》采访［EB/OL］．(2015－09－22)．http：//news.xinhuanet.com/politics/2015－09/22/c_1116642032.htm.

中央政府与地方政府签署义务教育均衡发展备忘录，明确时间表、路线和任务书，着力推进地区之间、城乡之间义务教育均衡发展和可持续发展。目标是到2020年，全国实现义务教育基本均衡的县（市、区）比例达到95%。

中央和地方建立了以免费义务教育为基础，学前教育、高中阶段教育、职业教育和高等教育（包括研究生）全覆盖的家庭困难学生资助体系，保证“不让一个学生因家庭经济困难而失学”。1 260多万名进城务工人员随迁子女受教育问题得到基本保障。营养改善计划启动实施，2 600多万名农村义务教育阶段学生直接受益。中央对广大农村、边远地区、民族地区的教育投入和转移支付持续增加，民族地区教育实现跨越发展。

健全城乡发展一体化体制机制。“必须健全体制机制，形成以工促家、以城带乡、工农互惠、城乡一体的新型工业城乡关系，让广大农民平等参与现代化进程、共同分享现代化成果。”到2020年基本实现教育现代化。要将教育发展规划、布局与城镇化进程紧密结合，将国家现代化与教育现代化紧密结合，让广大农民共享教育现代化成果。未来10年，传统的“二元结构”的城乡教育将发生根本变化，中国将基本实现城乡教育均衡发展，并初步实现教育规划一体化、教育标准一体化、资源配置一体化和教育质量一体化。

三、从学会学习到学会创新的新使命

联合国教科文组织国际21世纪委员会的报告——《教育——财富蕴藏其中》提出“学会求知，学会做事，学会共处，学会做人”的思想。学会学习成为世界教育发展和人类生活的潮流。终身教育的思想从理念走向现实，人类进入一个终身学习的社会。从十六大以来，党的历次代表大会分别提出“建设学习型社会”的战略目标，人人学习、时时学习和处处学习正在逐步变为可视的生动现实。

《中共中央关于制定国民经济和社会发展第十三个五年规划的建议》指出：要“破解发展难题，厚植发展优势，必须牢固树立创新、协调、绿色、开放、共享的发展理念”①。教育是教会人不断进行创新的事业。客观地说，从诞生之日，到进入21世纪第二个十年的中国教育，始终没有将学会创新作为自身的神圣使命。中国教育到了不创新，就难以适应经济社会发展，就难以适应世界教育竞争需要的时候了！

从学会学习到学会创新，是一场思想变革、实践变革和行为方式的变革。要建立政府、学校、社会、家庭教育创新体系，建立全新的教育发展思路、发展路径和发展模式，实现体制创新、机制创新和模式创新。“理论创新是基于人类认知世界的方式转向人机结合的思维模式，这是信息社会人们认知的基本方式，就是从农耕时代的私塾教育、工业化的现代教学制度和未来信息社会学校的教学模式、组织形态等等都将受人机结合的思维模式影响。”② 这种理论是以中国教育改革和发展实践为基础，科学解释教育科学原理的理论体系，包括教育发展理论体系、教育教学理论体系、课程教材理论体系和教育方法理论体系等诸方面。它不仅为发展中国家所接受，而且为发达国家所认同。

四、从低人力资本向高人力资本的新跨越

人力资源开发阶段理论认为，人均受教育年限在8年以下为低层次开发阶段，8～10年为中低层次开发阶段，10～12年为中高层次开发阶段，12年以上为高层次开发阶段。2010年，中国15岁以上人口人均受教育年限为9.10年，处于中低层次人力资源开发阶

---

① 党的十八届五中全会《建议》学习辅导百问［M］. 北京：党建读物出版社，2015：7.

② 程建钢. MOOCs辩证分析与在线教育发展思考[EB/OL].(2013－11－29). http://edu. sina. com cn/1/2013－11－29/2126236833. shtml.

段。预计到2020年，人均受教育年限将达到10.5年，中国人力资源开发水平进入中高层次开发阶段；2030年，人均受教育年限接近12年，达到高层次人力资源开发阶段。

中国将全面普及有质量的15年教育，逐步实施15年免费教育，逐步延长义务教育年限。2020年，劳动年龄人口人均受教育年限将达到11.5年，新增劳动力平均受教育年限接近14年，高等教育毛入学率达到45%以上。2030年，中国人力资源开发将呈现以下特点。

（1）中国将成为世界上拥有高层次人才最多的国家，大学以上受教育程度人口规模达到2.8亿~3.2亿人，占当时中国人口总规模的25%左右。

（2）科技创新能力居于世界领先地位。无论是创新的数量规模，还是创新的质量水平都将居于世界前列。

（3）一流大学建设取得突破性进展。北京大学、清华大学将有可能进入排名前20的世界级一流高等学校，进入前50名的中国高等学校将占10%~20%。

未来中国将实现从跟随发展到同步发展。进入高层次人力资源开发阶段，实现人力资源开发水平和质量的全面提升，对于中国经济社会可持续发展，实现“两个一百年”的战略目标意义重大。中国人力资本结构层次整体提升。在教育与人力资源开发方面，中国对于发达国家需要经过跟随发展、同步发展到赶超发展三个阶段。中国正处于人力资源中层次开发向高层次开发的战略转换期。据清华大学国情研究院胡鞍钢教授介绍，2010年，全国大专以上人口为1.19亿人，到2013年提高到1.43亿人，净增2 400万人，增长了20.2%，年增长率为6.73%；2010年高中阶段受教育人口为1.88亿人，到2013年增加到2.09亿人，净增2 100万人，增长11.1%，年增长率为3.72%。3年之中，全国高中阶段以上程度文化者的增幅合计为14.66%，年均增长4.40%。2014年，新增人口人均受教育年限与发达国家基本相当。从新增劳动力开发视角分析，中国基本实现了与发达国家“同步发展”。

五、从理想信念缺失到理想信念坚定的新境界

改革开放以来，在经济发展的同时出现了“过度市场化”思潮，一时间，在某些人眼里，物质产品、精神产品，甚至人的理想信念都仿佛成为可以进行交换的“商品”。这些人道德败坏，不讲诚信，理想信念缺失，在社会上产生了极坏的影响。

新一届党中央高度重视反对腐败，高度重视社会道德培养，高度重视民族理想建设。习近平总书记说，一个国家、一个民族、一个政党，任何时候任何情况下都必须树立和坚持明确的理想信念。中华民族 5 000 多年沧桑岁月，把 56 个民族、13 亿多人紧紧凝聚在一起的，就是我们共同坚守的理想信念。中国共产党 90 多年的历史中，一代又一代共产党人不惜流血牺牲，靠的就是对共产主义的坚定信仰，为的就是实现国家富强、民族振兴、人民幸福的伟大理想。

应培训全体国民特别是下一代人的敬畏之心。哈佛大学校长德鲁·福斯特在 2015 年毕业典礼的演讲中指出：“苏格拉底将勇气界定为‘知道恐惧什么和不恐惧什么’。换句话说，勇气是一种知识，一种真理。教育并非让我们有所恐惧，而是教会我们如何停止恐惧，如何估量恐惧，让我们知道什么值得恐惧。”①

应培养全体国民特别是下一代人的理想信念。一个没有理想的民族，是没有前途和希望的民族。俄罗斯著名作家列夫·托尔斯泰指出：“理想是指路明灯。没有理想，就没有坚定的方向；没有方向，就没有生活。”理想是社会的指南针和稳定器，没有理想，国家

---

① 战胜恐惧　再创辉煌：哈佛大学校长德鲁·福斯特在 2015 年毕业典礼上的演讲［J］. 世界教育信息，2015（4）：46.

就没有方向，民族就没有希望。未来中国教育应该是一种有理想的教育、公平的教育、有质量的教育、有影响力的教育。没有理想的教育，是失败的教育；教育的理想，一刻也不能缺失。

马克思、恩格斯在《德意志意识形态》中指出："一个阶级是社会上占统治地位的物质力量，同时也是社会上占统治地位的精神力量。支配着物质生产资料的阶级，同时也支配着精神生产的资料。"① 毛泽东在《新民主主义论》中指出："一定的文化（当作观念形态的文化）是一定社会的政治和经济的反映，又给予伟大影响和作用于一定社会的政治和经济，而经济是基础，政治则是经济的集中表现。这是我们对于文化和政治、经济的关系及政治和经济的关系的基本观点。"② 同样，上层建筑对于经济基础具有反作用，精神生产可以促进、加快和提升物质生产的速度、水平和质量。理想信念不仅是价值判断与理想追求，更是一种精神动力和社会推动力。

如果说，人口是中国持续发展的"第一红利"，改革是中国持续发展的"第二红利"的话，那么理想信念就是中国持续发展的"第三红利"。在人类经济和社会活动过程中，理想信念具有推动力和稳定器的重要作用。教育和人力资源在为经济社会发展服务的时候，将巩固和发展新的生产关系。崇高的理想信念将促进人类的物质生产、精神生产和人类自身的可持续发展，坚定理想信念，可以提升中华民族的自我认同感和民族凝聚力，可以激发全体人民的集体活力和创造力，依靠理想信念的"第三红利"，中国的经济增长、社会发展和民族文明程度可以再上一个大台阶。

未来中国教育，首先是一种有理想的教育，同时是一种公平的教育、有质量的教育和有竞争力的教育。

---

① 马克思恩格斯选集：第一卷［M］. 北京：人民出版社，1999：52.

② 毛泽东选集：第一卷［M］. 北京：人民出版社，1965.

第七章

新儒家教育思想影响世界

一种思想或理论在时间上的存续和在空间上的延展，是这种思想或理论发展的前提及其生命力的重要表现。中华文明是一种具有东方特色的社会文化，是世界上最古老的文明之一。一个国家或组织对于世界的引领，体现在思想引领、模式引领和制度引领三个方面。2015 年 7 月 27 日，香港《南华申报》网站刊登文章指出："现在一种越来越流行的观点是，逐渐崛起的中国在西方肮脏、粗暴、不公平的资本主义之外提供了另一种有吸引力的选择。""西方在这场论战中越来越失分，而中国模式越来越有公信力。"① 有没有能够代表最先进教育理念的思想体系，有没有体现国家特色、普世追求的教育价值观，有没有彰显社会教育制度进步和具有竞争力及影响力的教育制度，是一个国家教育能否领导世界的三个关键所在。

真正的教育，是让人类享受美好、幸福与未来的教育。真正的教育，是引领人类和世界未来的教育。教育不仅引领学生，更要引领全体公民；不仅引领一个国家，更要引领一个世界。2014 年 11

---

① 英专家认为：中国模式越来越有公信力［N］. 参考消息，2015－07－29（14）.

月，法国国际关系研究所特别顾问多米尼克·莫伊西发表题为《我们的世界必须找到共同的价值观》的署名文章，文中说："在当今这个混乱的世界，有共同价值观的存在十分重要。但民主制度的运转失灵已使'西方'的价值观失去普世性"。"我们固然存在着不同利益，但我们必须通过一些共同的、全球的价值观而团结起来"①。对中国来说，这种世界普世价值观的缺失，既给世界发展带来严峻的挑战，也为扩大东方特别是中国——一个文化大国——的价值观提供了机遇。中国儒家思想经历了数千年时间的洗礼，历经朝代更迭，在一次又一次地被批判和被否定的过程中持续生存，不断拓展，不断创新，从古代走到现代，从本土走向国际。教育文化是一个国家或地区教育价值追求、文化传统和培养目标的整体体现，增强教育发展活力和发展动力必须重视增强国家教育文化软实力。中国教育的成功，是传统教育思想与现代教育思想相互结合、紧密融合的结果。坚持以学生为本的教育方向，坚持把提高教育质量、促进学生全面发展放在首位，实现教育可持续发展，构建具有国际视野、中国特色的教育文化。

第一节　新儒家教育思想的基本框架

一、什么是"21 世纪新儒学"

从人类思想历史的发展脉络上分析，无论是东方还是西方，伟大的思想体系几乎创立于同一个时代。哲学家卡尔·雅斯贝尔斯（Karl Jaspers）注意到，佛祖释迦牟尼（乔达摩·悉达多，前 563—

① 莫伊西. 当今世界必须找到共同价值观［N］. 参考消息，2014－11－19（10）.

前483年)、孔子（前551—前479年）和苏格拉底（前469—前399年）生活年代非常接近。① 科学史学家凯德洛夫将科学革命看成科学发展过程中的一个时代的终结和一个时代的开始，是“矗立在各个时代之间的巨大的里程碑”。一种思想或理论的生成与创新一般需要经过三个阶段：一是本土化阶段，二是现代化阶段，三是国际化阶段。儒家思想是中国传统思想文化的主流，有着2 500多年的历史，在汉朝确立了其正统的地位后，经历了数千年历史的洗礼，其中有三次重大的变革与维新。

第一次是以宋朝理学为代表的新儒学。宋朝理学思想是对传统儒家思想的修正与发展，在儒家思想发展史中具有重大意义。同时需要指出的是，这次“革命”只具有本土特征，进一步说是在本土上“打转转”。

第二次是清末以来“中学为体、西学为用”的新儒学，其特征是被动的“开放”和“过多的抛弃”。包括五四运动以后的新文化运动应该都属于这一范畴。晚清严复先生发现欧洲崛起有两个秘密，一个是富强，另外一个就是文明，强调通过发展教育，培育强国之国民。

第三次是改革开放后开启、经历了融合创新的21世纪新儒学。需要特别指出的是：我们这里所说的新儒家思想不是中国宋朝时期以理学为代表的新儒学，更不是清朝末期产生的“中学为体，西学为用”为核心的儒家思想，而是存在于21世纪、汇聚了传统儒家思想、社会主义思想和世界先进思想而成的当代儒家思想体系。

二、新儒家教育思想的基本体系

中国古代《说文解字》中对“儒”字的解释是：“儒”，形声

---

① 布莱恩约弗森，麦卡菲. 第二次机器革命：数字化技术将如何改变我们的经济与社会［M］. 将永军，译. 北京：中信出版社，2014：4.

字，从人，需声。在甲骨文中，“儒”写作“需”。“需”字，上面是“雨”，字形为人在雨中。“儒”字本义有二：一是沐浴斋戒，沐浴斋戒表示对上天、先祖的虔诚和尊敬；二是祭祀求雨。《说文解字》：“儒，术士之称。”儒的本义为术士，即从事巫术和占卜的人。《说文解字》中对于“教”字的解释是：“教，上所施下所效也。从攴从孝。凡教之属皆从教。”儒家文化之所以成为中国传统文化的主流，历经2 500多年而经久不衰，不仅在于它体现了中国传统社会结构的需求，更重要的是它是人类共同智慧的结晶，既具有中国社会自身独特的文化特质，又反映和体现着人类共同的价值观和理想追求。早在汉朝之前，《诗》《书》《礼》《乐》《易》《春秋》流行于天下，百家之学汇聚其中。自董仲舒以来，以儒家六经为主，经皇帝钦定成为经典，儒家思想的正统地位确立，所以“儒学官学化的实现是在汉武帝时期”①。到了东汉，孔子及其儒学的地位已显著上升，及至中天。中国西汉伟大的史学家、文学家、思想家司马迁在《史记·孔子世家》中写道：“孔子布衣，传十余世，学者宗之。自天子王侯，中国言六艺者折中于夫子，可谓至圣矣！”我国最早将“教”和“育”连用的是孟子，“得天下英才而教育之，三乐也”。

孔子的后世弟子戴圣在《学记》中开宗明义提出：“建国君民，教学为先”，“欲化民成俗，其必由学”。早在2 000多年前，《管子·权修》中就提出：“一年之计，莫如树谷；十年之计，莫如树木；百年之计，莫如树人。一树一获者，谷也；一树十获者，木也；一树百获者，人也。”我国古代思想家从朴素唯物主义思想出发，提出育人与育谷之间相差百倍的“收益率”，以及授之以鱼与授之以渔的本质区别。

持续数世纪，儒家思想占据国家政治思想、哲学思想和学术思

---

① 张良才，修建军．原始儒学与齐鲁教育［M］．武汉：湖北教育出版社，2003：8.

想的统治地位。魏晋时期，佛教思想进入中国，并得到广泛传播，深入人心。加之儒家体系内部“今文派”与“古文派”长期对立，相互冲突，传统儒家思想及相关注释工作不能满足人们的需要，佛教思想大举进入国家政治生活和民众生活之中。“中国人无法舍弃佛教，因为佛教对中国人的影响非常深刻而长远。可是，中国人希望重新回到儒家——透过佛教。为了抵制佛教的无常说、无我论和空论，中国人不得不创造一种基于儒家思想和用语的新哲学。回到儒家及佛教的双重动机刺激了新儒学的创立者建立一套哲学系统”。①宋朝理学说理是先于自然现象和社会现象的形而上者，认为理是事物的规律，是伦理道德的基本准则。1 000多年前的中国宋朝，儒、道、释融合，产生了以朱熹、周敦颐、程颢、程颐为代表的宋朝理学。在融合过程中，中国儒家思想保持了其完整的思想体系、基础框架和内在特征。著名政治家和教育家梁启超先生认为：“诚然，儒家以外，还有其他各家。儒家哲学，不算中国文化全体；但是若把儒家抽去，中国文化，恐怕没有多少东西了。”②

英国著名学术大师泰勒在《原始文化》一书中深刻地指出：“文化是一种积淀物，是知识、经验、信仰、价值观、处世角色、空间关系、宇宙观及物质财富的积淀。”③ “新”是一个相对概念，作为一个学派，或是在思想上创新，或是在体系上变革，或是一个新学术时代的到来。儒家有三圣：孔子、孟子和荀子。但是孟子与荀子对于儒学的理解不尽相同，有些甚至相抵。如孟子提出了“性善论”，荀子针锋相对地提出“性恶论”，两者对立分明，表明了荀子的儒学不全同于孟子的儒学。到了宋朝，理学的诞生，是对“旧儒

---

① 张君劢．新儒家思想史［M］．北京：中国人民大学出版社，2006：11.

② 梁启超．儒家哲学·国学要籍研读法四种［M］．长春：吉林人民出版社，2013：11.

③ 泰勒．原始文化［M］．蔡江浓，译．杭州：浙江人民出版社，1988：1.

学”的批判，亦被称为新儒学。同样，进入现代社会，在“打倒孔家店”的口号之下，儒家思想遭遇了前所未有的否定和破坏。经过百年的风雨洗礼，儒家思想在21世纪再度复兴。所以，我们的新儒家思想是变革于20世纪，形成于21世纪的儒家思想体系。它包含三个部分：一是传统儒家思想，二是中国成功实践，三是世界先进思想，具有本土化、现代化和国际化三大特征。本土化是新儒家思想的根本之源，现代化是新儒家思想的本质特点，国际化是新儒家思想的存显形态——既包括对人类先进思想的借鉴与吸收，又包括中国哲学思想对于世界的影响与贡献。这些内容和特点是宋朝以来的儒学所没有的新儒家思想的本质特征。

相应地，新儒家教育思想就是以传统儒家教育思想为基础，以现代中国教育改革和发展思想为主体，融入世界现代先进教育思想的21世纪儒家教育思想体系。新儒家教育思想基本体系也包括三个部分：一是传统儒家教育思想，二是中国成功教育实践，三是世界先进教育思想。儒家教育思想的本土化、现代化和国际化是21世纪新儒家教育思想的三大特征（见图7－1），也是其三大支柱。我们

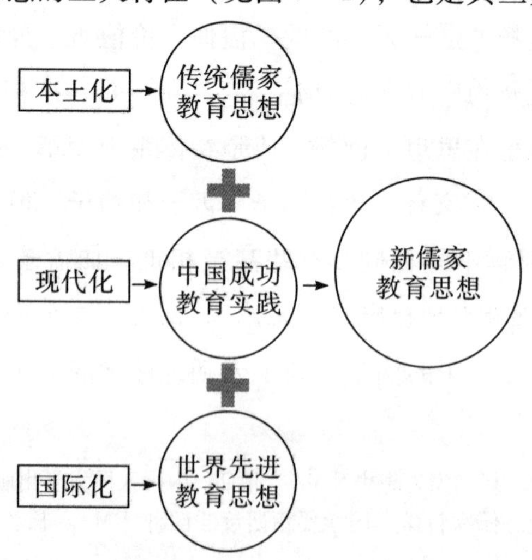

图7－1　新儒家教育思想基本体系和三大特征

必须从中国教育对外开放和中国教育走向世界的两个维度来深刻理解21世纪新儒家教育思想，即21世纪新儒家教育思想既是世界优秀教育文化中国化的产物，也是中国优秀教育传统思想世界化的产物。

（1）本土化是根基。中国有一句俗语：树有多高，根有多长。作为拥有2 500多年历史的思想体系，儒家思想植根于中国、演变于中国、发展于中国。本土的、民族的也就是世界的。本土化是任何思想的根脉，依靠这种根脉吸收最原生态元素，形成最基础的基因，汲取最基本的营养。离开了这种本土化特点，就难以谈到新儒家教育思想对于世界的影响。

（2）现代化是灵魂。现代化是理念现代化的基本和内在需求。现代社会，实践为理论体系的创新与发展注入活力。儒家教育思想一直伴随时代的脚步而不断地发展与演变、变革与创新，融入了越来越多的现代元素，构建起一个更加宏大的现代新儒家教育思想体系。

（3）国际化是表征。国际化是一种思想体系汲取外部营养、实现结构创新的必要条件，也是一种思想体系拓展外延和扩大影响力的必然选择。儒家教育思想通过吸收、消融和转化世界先进的教育思想，不断丰富自身的内涵，不断延展自身的外延。同时，21世纪儒家教育思想的国际化是一种双向的国际化，是世界影响中国、中国影响世界的国际化，是中国融入世界，也是世界融入中国的国际化。

进入21世纪，伴随中国经济社会发展实力的增加，经济发展、社会发展和教育发展等方面的成功实践向世人证明中国正确的道路选择和发展模式。总体趋势表明，中国教育大门更加开放。据德国《世界报》统计，1978—2013年，中国共有306万名学生出国留学，其中2013年有41.4万人，2014年上升到46万人。中国教育思想的影响力、教育模式的影响力和教育制度的影响力日益扩大，将影响世界教育。

三、新儒家教育思想的基本框架

新儒家教育思想体系包括传统儒家教育思想、中国成功教育实践和世界先进教育思想三个部分。传统儒家教育思想是源，中国教育实践和世界教育思想是流，源流相动创造新的思想，源流合一形成新的学派。本土化是中国儒家思想之根，现代化是中国儒家思想之魂，而国际化则是中国儒家思想之体。中国学者康晓光甚至认为："随着中国人与外部世界的接触增多，他们有自我肯定的更深层需要。共产党也需要向这个方向倾斜，一个长期趋势是执政党最终转向儒家思想。"①

（一）传统儒家教育思想

传统儒家教育思想是21世纪新儒家教育思想之根本和源泉，是一个内容丰富的思想库，包含如《论语》《大学》《中庸》《孟子》《荀子》和《管子》等论著中的教育思想。传统儒家教育思想历经数千年风雨，成为留存于人类社会的重要教育思想和文明遗产。

第一，儒家教育思想强调以德为先。《礼记》："玉不琢，不成器。人不学，不知道。是故古之王者，建国君民，教学为先。"人的德性需要教养，人的智力需要开发，人的习惯需要培养。道是做人之基，德是为人之本。"求木之长者，必固其根本；欲流之远者，必浚其泉源。"古之先人，始终将学习和修炼作为人之根本，自始至终想着持续学习、自我提升，即《兑命》所谓："'念终始典于学。'其此之谓乎。"而道德教育，成为中国教育包括家庭教育的重要内

---

① 塔特洛. 习近平论具有中国特色的例外论［N］. 参考消息，2014-10-15（15）.

容。《覃氏族谱》民国版序将家族与国家紧密结合："凡人必先正家族，而后国族正。夫家族不正，而后何以正国族。是故族之有谱，国之有史。"

第二，儒家教育思想强调以人为本。"仁者爱人"，是经典儒学的逻辑起点和理论支点，支撑着传统儒家教育思想的演变与发展。从根本的意义上说，经典儒家哲学就是以"仁"为本的哲学，也就是以"人"为本的哲学。"仁也者，人也，合而言之，道也。"（《孟子·尽心下》）"仁也者，人也"，谈的就是儒家之道，纯粹是人之道。儒道就是人道，儒学就是人学："道者，非天之道，非地之道，人之所以道也，君子之所道也。"（《荀子·儒效》）儒家所谓的"仁"以亲民为根本，以孝悌为核心。《论语·学而》直言："孝悌也者，其为仁之本与！"孝，就是要敬长者；悌，就是要事兄长。这既是人伦之常理，更是教育之常道。儒家教育从人伦出发，推及家庭、家族、社会及国家。正如《大学·释治国平天下》所言："上老老而民兴孝，上长长而民兴悌。"在孔子看来："教民亲爱，莫善于孝；教民礼顺，莫善于悌；移风易俗，莫善于乐；安上治民，莫善于礼。"① 所以，儒家教育追求的内在价值链是孝—悌—家—邦："忠不可废于国，孝不可弛于家。"②"立爱惟亲，立敬惟长，始于家邦，终于四海。"（《尚书·伊训》）有亲则立家，有敬则有序，有家则有国，安国则安天下。

第三，儒家教育思想强调有教无类。在中国教育史上，孔子首次提出了"有教无类"的思想和办学方针，接收阶层不同、出身不同、贫富不同、不同才智及不同年龄的弟子。据说，颜渊的父亲颜

---

① ［汉］马融，［春秋］孔子．忠经·孝经［M］．吴茹芝，编译．西安：三秦出版社，2008：42.

② ［汉］马融，［春秋］孔子．忠经·孝经［M］．吴茹芝，编译．西安：三秦出版社，2008：1.

路，比孔子小 6 岁，可能是孔子门下最为年长的学生。同样，曾子家庭十分贫困，他的思想体现教育平等和全民教育。中国古代学者分为支持性善与性恶两派，但是无论哪一派都主张对人进行教育和学习。主恶者扬雄认为："人之性也，善恶混，修其善则为善人，修其恶则为恶人。"关键是要进行学习，"学者所以修性也"，"学则正，否则邪"。(《扬子法言·修身》) 主善者朱熹认为："人性皆善，而其类有善恶之殊者，故君子有教，则人皆可以复于善，而不当复论其类之恶矣。"(《论语集注·卫灵公注》)

第四，儒家教育思想强调温故知新。不是浅层次的理解，而是通过反省自身，提升自我道德修养。孟子曰："爱人不亲，反其仁；治人不治，反其智；礼人不答，反其敬。行有不得者，皆反求诸己。其身正而天下归之。《诗》云：'永言配命，自求多福。'"① 意思是："爱别人却得不到别人的亲近，那就应反问自己的仁爱是否不够；管理别人却不能管理好，那就应反问自己的管理才能是否有问题；礼貌待人却得不到别人相应的礼貌，那就应反问自己的礼貌是否到家。凡是行为得不到预期的效果，都应该反过来检查自己。自身行为端正了，天下的人自然就会归服。《诗经》说：'长久地与天命相配合，自己寻求更多的幸福。'"

第五，儒家教育思想强调尊师重教。中国素有尊师重傅的优良传统。孔子倡导师道尊严。荀子不是一般地强调"知"，而是要在老师的引入下获取知识，明白事理。"故人无师无法而知，则必为盗；勇，则必为贼；云能，则必为乱；察，则必为怪；辩，则必为诞。人有师有法而知，则速通；勇，则速威；云能，则速成；察，则速尽；辩，则速论。故有师法者，人之大宝也；无师法者，人之大

---

① 刘金同，刘文艳，陈文新. 国学经典释译［M］. 北京：高等教育出版社，2012：96.

殃也。”①

第六，儒家教育思想强调自我修炼。中国古代教育思想重视教育的“非功利性”。孟子曰：“君子深造之以道，欲其自得之也。自得之，则居之安；居之安，则资之深；资之深，则取之左右逢其原。故君子欲其自得之也。”（《孟子·离娄》）儒家的自我修炼，在于成为君子。子曰：“知者乐水，仁者乐山。知者动，仁者静。知者乐，仁者寿。”《孟子·尽心》中说：“君子之志于道也，不成章不达。”意思是说，君子立志于道，不达到一定的境界，不能算是通达圣学。

（二）中国成功教育实践

如果说，夺取中国革命胜利是一次红色长征，当代中国教育改革发展之路则如同一次绿色长征，中国在漫长的征程中不断探索前行。在中国教育发展实践进程中，马克思主义的中国化，是中国共产党人对于世界社会经济以及教育发展理论的重要贡献。1949 年中华人民共和国成立时，文盲人口高达 80%。在一个积贫积弱的国家要实现教育现代化，是一个十分艰巨的庞大工程。以毛泽东为首的第一代领导人，结合中国实际探索发展中人口大国教育与人力资源开发的成功道路。

1. 制定追赶目标

对于一个国家和一个民族，发展目标的确定是一个逐渐探索的曲折过程。中国社会经济的欠发达特点，决定了中国的整体发展阶段、发展战略和发展模式。从发展历史而言，中国没有经历原始资本主义英国在 16—17 世纪的科技革命，缺少一批在现代人类科学技术史上做出巨大贡献的科学大师，缺少培养大师的世界著名的高等学校。中国的优势在于其有丰富的人力资源和有明确方向及领导力的政治领袖。20 世纪 50 年代中期，中国和中国共产党人，在第二次

---

① 荀子·儒效篇 [M]. 太原：山西古籍出版社，2003：94.

世界大战、抗美援朝战争之后，正式走上了建设国家、实现追赶的道路。

受传统儒家教育思想影响，社会主义教育思想重视教育的经济功能和社会功能，并为教育改革和发展制定了明确的战略目标。早在1938年抗日战争时期，毛泽东就提出“一切文化教育事业应适应战争需要”。1949年中华人民共和国建立前夕，他提出“中国人被人认为不文明的时代已经过去了，我们将以一个具有高度文化的民族出现于世界”①。教育是一个民族根本的事业，要从战略高度考虑教育问题，我们要千方百计，在别的方面忍耐一些，甚至牺牲一点速度，把教育问题解决好。1999年，江泽民同志强调指出：“教育是知识创新、传播和应用的主要基地，也是培育创新精神和创新人才的重要摇篮。”“教育必须以提高国民素质为根本宗旨。”

1993年，党中央、国务院发布《中国教育改革和发展纲要》，确定教育体系主要由基础教育、职业教育、高等教育和成人教育四种教育类型组成。直至1995年《中华人民共和国教育法》制定和施行，国家没有颁布新的国家学制系统。2010年，中共中央、国务院颁布实施的《国家中长期教育改革和发展规划纲要（2010—2020年）》提出构建体系完备的终身教育，确定了到2020年，学前教育、义务教育、高中阶段教育、职业教育、高等教育和继续教育及民族教育、特殊教育的发展目标和任务，使现代国民教育体系更加完善，基本形成终身教育体系和学习型社会。

2. 曲折的探索道路

社会主义教育是人类历史上一次最伟大的教育实践活动。在一个数亿人口的大国探索社会主义教育发展道路，是人类历史上的第

---

① 边彦军，王莉，倪茬. 毛泽东邓小平江泽民论教育［M］. 北京：中央文献出版社，2002：51.

一次，也是一个复杂的社会实践过程，其根本体现在对道路与模式的探求方面：一是探索教育与生产劳动结合之路。鸦片战争后，中国有识之士包括孙中山都在寻求中国的出路，开始学习西方，后来又提出“以俄为师”。以西方国家为蓝本，建立了世界通行的教育体制和学制制度。中华人民共和国成立以后，中国第一代领导人积极探索教育与生产劳动相结合的路径和办法。1958 年，邓小平同志为吉林大学题词指出：“把劳动和教育相结合起来，是培养具有共产主义品德和真实本领的年青一代的根本道路。”① “更重要的是整个教育事业必须同国民经济发展的要求相适应。”② 刘少奇同志致信时任教育部部长的马文瑞：“学校教育同工业生产劳动相结合的方式是会有许多的，但是我想，其中会有一种最高的方式，这就是学校同工厂合而为一的方式。”“大大发展我国的教育事业，多快好省地培养工人阶级的知识分子，促进体力劳动和脑力劳动之间的界限更快地消灭。”③ 半工半读教育模式，具有现代职业教育的雏形，不仅使教育植根于工厂、农村，而且使教育者和受教育者将自己植根于中国社会发展的实践中去。

二是探索市场经济条件下的思想道德教育途径。中国从计划经济向市场经济转型，是人类历史上一次伟大的革命，其间经历了体制转变、思想变革和道德冲击。文化如何发展，思想如何转变，道德如何适应，都是前所未有的重大战略问题。1994 年，面对学生发展存在的问题和社会上忽视思想道德教育的倾向，江泽民同志指出：

---

① 中共中央文献研究室. 邓小平论教育［M］. 北京：人民教育出版社，1990：19.

② 中共中央文献研究室. 邓小平论教育［M］. 北京：人民教育出版社，1990：143.

③ 中共中央文献研究室刘少奇研究组，中央教育科学研究所. 关于半工半读问题致马文瑞信［M］//刘少奇论教育. 北京：教育科学出版社，1998：227－228.

“教育是崇高的社会公益事业。”“各级领导干部必须充分认识，大力发展教育，加快培养社会主义现代化建设人才，提高全民族的思想道德和科学文化素质，是贯彻党的基本路线的必然要求，是坚持基本路线一百年不动摇的必然要求。”“在整个社会主义现代化建设的过程中，教育优先发展的战略地位必须始终坚持，不能动摇。如果我们现在不是这样来认识教育问题，就会丧失时机，贻误大事，就要犯历史性的错误。”①

三是探索从教育大国到教育强国的实践路径。中国人民对于教育强国的追求体现在长期的历史发展进程中。改革开放初期的1985年，邓小平同志就强调指出：“我们国家，国力的强弱，经济发展后劲的大小，越来越取决于劳动者的素质，取决于知识分子的数量和质量。一个十亿人口的大国，教育搞上去了，人才资源的巨大优势是任何国家比不了的。有了人才优势，再加上先进的社会主义制度，我们的目标就有把握达到。”② 在中国改革和建设的关键时期，邓小平同志回答了如何建设国家，依靠谁来发展国家的重大战略问题。2010年，胡锦涛同志在全国教育工作会议上指出：“教育是国计，也是民生；教育是今天，更是明天。大力发展教育事业，是全面建设小康社会、加快推进社会主义现代化、实现中华民族伟大复兴的必由之路。全党全国要积极行动起来，坚持育人为本，以改革创新为动力。以促进公平为重点，以提高质量为核心，推动教育事业在新的历史起点上科学发展，加快从教育大国向教育强国、从人力资源大国向人力资源强国迈进，为中华民族伟大复兴和人类文明进步

① 江泽民. 1994年6月14日在全国教育工作会议上的讲话［N］. 人民日报，1994-06-20.

② 中共中央文献研究室. 邓小平论教育［M］. 北京：人民教育出版社，1990：166.

作出更大贡献。”① 确保到 2020 年我国基本实现教育现代化，基本形成学习型社会，进入人力资源强国行列。

四是探索全球化背景下的社会主义核心价值观。新一届党中央高度重视文化建设和教育工作。习近平总书记多次指出：“中华民族具有 5 000 多年连绵不断的文明历史，创造了博大精深的中华文化，为人类文明进步作出了不可磨灭的贡献。经过几千年的沧桑岁月，把我国 56 个民族、13 亿多人紧紧凝聚在一起的，是我们共同经历的非凡奋斗，是我们共同创造的美好家园，是我们共同培育的民族精神，而贯穿其中的、最重要的是我们共同坚守的理想信念。”② 2014 年 5 月 31 日，习近平总书记在北京海淀区民族小学座谈会上进一步强调指出：“我们倡导的富强、民主、文明、和谐，自由、平等、公正、法治，爱国、敬业、诚信、友善的社会主义核心价值观，体现了古圣先贤的思想，体现了仁人志士的夙愿，体现了革命先烈的理想，也寄托着各族人民对美好生活的向往。只要是中国人，就应该自觉培育和践行社会主义核心价值观。”社会主义核心价值观，是中国特色社会主义教育思想的重要组成部分，更是指导中国教育发展的重要思想。

3. 实施发展方略

长期战略与短期规划相结合，是中国经济增长、社会建设和教育发展取得成功的制胜之宝。把教育摆在优先发展的战略地位，实施科教兴国战略，确保教育改革和发展持续推进。在发展教育策略上，中国始终坚持“两手抓”，正如邓小平同志在 1958 年指出的一样：“我们的方针是，一要普及，二要提高，两者不能偏废。只普及

---

① 胡锦涛. 在全国教育工作会议上的讲话 [EB/OL]. (2010－09－08). http: //www. gov. cn/ldhd/2010－09/08/ content_1698579. htm.

② 习近平. 2013 年 3 月 17 日在十二届全国人大一次会议闭幕会上的讲话 [EB/OL]. (2013－03－17). http: //news. sohu. com/20130317/n369130930. shtml.

不提高，科学文化不能很快进步；只提高不普及，也不能适应国家各方面的需要。”①

中国政府带领中国人民克服了经济落后、人口众多、发展起点低等多重困难，从20世纪60年代开始发展小学和初中教育，“文化大革命”时期大力普及高中教育，到改革开放后基本普及九年义务教育和基本扫除青壮年文盲，再到2002年进入高等教育大众化阶段，中国教育实现了跨越发展。正是这种坚持与执着，中国教育改革和发展取得了长足进步。中国从一个文盲大国转变为一个教育大国，从一个人口大国转变为人力资源大国，未来将成为教育强国和人力资源强国。中国教育改革和发展的成功实践和成功经验是中国特色社会主义教育思想的基石。

（三）世界先进教育思想

儒家教育思想的开放性，决定了这一思想体系是一个海纳百川、兼容并包的宏大体系。正是因为这种包容性，才成就了儒家教育思想的丰富、持久和生命力。对于人类所有的文明成果和先进的教育思想，中国始终抱有一种虚怀若谷的精神。中国对外学习坚持西为中用、古为今用的原则。正如毛泽东主席强调的一样：“学习有两种态度。一种是教条主义的态度，不管我国的情况，适用的和不适用的，一起搬来。这种态度不好。另一种态度，学习的时候用脑筋想一下，学那些和我国情况相适合的东西，即吸取对我们有益的经验，我们需要的是这样一种态度。”②

1. 中国向世界学习

世界教育发展为人类创造和保留了十分丰富的教育文化。英国哲学家培根被视为“近代实验科学鼻祖”，首次把“教育学”作为

---

① 边彦军，王莉，倪茬．毛泽东邓小平江泽民论教育［M］．北京：中央文献出版社，2002：90.

② 毛泽东同志论教育工作［M］．北京：人民教育出版社，1992：266.

独立学科提出，为教育学的发展奠定了理论和现实基础。捷克教育家夸美纽斯，被誉为“教育史上的哥白尼”。1632 年，他发表的《大教学论》是近代第一部教育学著作，也是教育学形成一门独立学科的重要标志。《大教学论》对于教学理论、教学方法和儿童成长规律的论述，为中国教师理解教育、理解人的发展打开了一扇窗户。

德国著名的心理学家和教育学家赫尔巴特撰写了《普通教育学》一书。《普通教育学》是第一部现代教育学著作，赫尔巴特是科学教育学奠基人。1806 年出版的《普通教育学》标志着规范教育学的建立，把教学理论建立在心理学的基础上，把道德教育理论建立在伦理学基础上，奠定了科学教育学的基础。此外，英国哲学家洛克的《教育漫话》和法国思想家、社会活动家卢梭的代表作《爱弥儿》都对中国教育研究学者和广大教师产生重要影响，特别是卢梭主张的自然教育和儿童本位思想，深受中国教育思想界的肯定与赞同。

习近平总书记指出：“中国将始终做一个虚心学习的国家。”①中国现代教育发展的历史，就是一部中国反思自我教育痼疾、学习先进思想、不断改革创新的历史。中国现代教育制度和现代学制发端于 19 至 20 世纪之交的“废科举、兴学校”运动。1904 年，清朝政府颁布《奏定学堂章程》（“癸卯学制”），建立并开始实行我国第一个具有现代意义上的学制系统和教育体系，开始有了学校体系高低层次划分和普通与专门教育的分别。1905 年，具有现代教育管理体制雏形的晚清学部的成立，标志着传统教育体系向现代教育体系转变。1922 年，仿照美国“六三三”学制制定单轨学制，民国政府颁布“新学制系统”即“壬戌学制”，并相继颁布幼儿园、小学、

---

① 习近平在韩国首尔大学演讲（全文）[EB/OL].(2014-07-05).http://news.xinhuanet.com/mil/2014-07/05/c_126713142_2.htm.

中学、职业学校、专科学校、大学、私立学校等相关法规，标志着中国教育制度逐步走上正规化的发展轨道。

对于中国教育理论和教育政策影响最为深刻的是20世纪60年代西方的人力资本理论。美国经济学家舒尔兹教授1961年出版的《论人力资本投资》成为人力资本理论研究最具标志性的成果。舒尔兹明确指出，人力资本是相对物质资本或非人力资本而言的，是指体现在人身上的、可以被用来提供未来收入的一种资本，是指人类自身在经济活动中获得收益并不断增值的能力。20世纪60年代初期，美国掀起了一场教育改革运动。布鲁纳（Bruner）是当代美国著名的认知心理学家和教育家。1959年，美国科技学术界的35位知名学者、专家举行会议，共同研究讨论教育改革和学科教学质量问题。在大会结束时，作为大学主席的布鲁纳做了总结性发言，发言稿名为《教育过程》。1960年，《教育过程》正式出版，标志着结构主义教学理论的创立。针对美国教育质量低的问题，美国心理学家布鲁纳曾提出教学的原则之一“结构原则”，其核心是“按照最佳的方式”组织教材，科学地安排教学程序，优化课型结构，提高课堂教学质量。布鲁纳继承和发展了结构主义的基本主张，提出了所谓“结构主义教育”思想。他强调指出：“不论我们选教什么学科，务必使学生理解该学科的基本结构。”“自然科学和数学教学的改善，可能使已观察得出的天才、中等和迟钝三类学生在这些学科方面的差距更加扩大。即使像现在所存在的差距，就惹起困难问题来了。大家明了，一般来说，自然科学和数学的能力倾向，跟其他的智能相比，能够较早予以发现。按照理想，学校应准许学生在各门学科中尽快地向前赶。”① 在中国，《教育过程》一书影响巨大。《教育过程》一书，

---

① 布鲁纳. 教育过程［M］. 邵瑞诊，译. 北京：文化教育出版社，1982：23.

1973 年由上海人民出版社在中国出版，内部发行。1982 年，文化教育出版社再版公开发行。1989 年，由人民教育出版社再版。几乎中国每一代教师都学习过结构主义理论的教育思想，结构主义理论对于改革开放之初的中国教育影响深刻而长远。2001—2008 年，美国相继研究制定了一系列教育发展战略，其发展目标和战略思想成为世界教育发展的标杆。美国政府的教育战略规划及其方法为中国教育规划和政策管理提供了最佳范本。

改革开放的中国人，近乎疯狂地学习和吸收世界先进的教育思想：从欧洲传统教育思想到文艺复兴时期的启蒙教育运动，从英国的精英教育思想到美国的大众教育理论。在教育体系建设上，中国学习借鉴了德国、美国和苏联的模式，学习了英国、法国和日本的教育改革与发展经验。在教育战略规划制度上，中国政府和学者将美国教育战略作为学习的模板，美国大学战略规划成为中国大学制定战略规划的借鉴。每年，中国政府和大学要派出数十万名学者到发达国家进行学术访问、考察学习。从这个意义上说，中国教育比主张民主自由的西方国家的教育更加开放。中国普通老百姓对于国际先进的教育理念、教子知识以及育儿方式，表现出特殊的关注与热情。

21 世纪的一流大学建设，是中国开启并引领的一次高等学校改革与发展动力。建设世界一流大学的首要问题是正确处理向世界先进国家学习和走中国特色发展道路的问题。在学习的基础上，中国政府提出了“科教兴国”的思想；在学习的基础上，党的十六大报告提出人力资源强国的思想；在学习的基础上，中国第一个实施了世界一流大学建设项目；在学习的基础上，中国实现了一个发展中人口大国对于发达国家教育的局部超越。2014 年 5 月 4 日，习近平总书记指出：“党中央作出了建设世界一流大学的战略决策，我们要朝着这个目标坚定不移前进。办好中国的世界一流大学，必须有中国特色。没有特色，跟在他人后面亦步亦趋，依样画葫芦，是不可能办成功的。这里可以套用一句话，越是民族的越是世界的。世界上不会有第二个哈佛、牛津、斯坦福、麻省理工、剑桥，但会有第一个北大、清华、浙大、复旦、南大等中国著名学府。我们要认真吸收世界上先进的办学治学经验，更要遵循教育规律，扎根中国大地办大学。”①

2. 中国向苏联学习

苏联是中国现代化教育的重要“老师”。苏联在教育思想、教育体制、教育制度和教育方法等方面，不仅对于20世纪50年代的中国教育，而且对于当今和未来中国教育都具有十分重要的战略影响。

第一，中国学习苏联的教育体制。20世纪50年代，中华人民共和国建立初期，西方国家对中国实施封锁和制裁，加之中国自身“左倾”思想的时代局限，限制西方国家教育思想。1954年9月，赫鲁晓夫首次来华前主持召开苏共中央主席团会议，决定对华大幅增加援助，组织了从政治、经济、军事、文化到教育的专家促进中国建设与发展。在冷战时期，苏联教育思想为中国打开一扇通往世界的教育之窗。尽管中苏两国关系有曲折，但是中国政府和学者却在1949—1976年的27年中，将苏联教育模式、教育经验和教育思想作为学习的榜样。必须指出，苏联教育对于中国的影响是整体的、全面的和深刻的，包括教育思想、教育制度、教育体系、教育理论和教育方法，都对中国教育有着深刻的影响。

第二，中国学习苏联的教育思想。教育大师苏霍姆林斯基从教35年，留有300多万字的教育成果，代表着一个时代教育思想的高峰，后继的学习者可以通过他领略世界水平的先进教育。苏霍姆林

---

① 习近平在北京大学师生座谈会上的讲话（全文）［EB/OL］.（2014-05-05）. http：//www. china. com. cn/news/2014-05/05/content_32283223_3. htm.

斯基教育思想体系是一个体现社会主义教育价值理想，全面覆盖教育思想、教育内容、教育方法，能够指导学校教育、家庭教育、社会教育以及教师发展各个方面的活的思想宝库。他有“爱孩子”“爱教育”的思想，道德发展与智力发展相一致的思想，让每个孩子看到美、创造美的思想，劳动给人带来幸福、使人高尚的思想，教育的任务首先是了解孩子的思想，开发每个学生的差异性、独立性和创造性的思想……以及他的《帕夫雷什中学》《给教师的建议》《和青年校长的谈话》，过去影响着中国和世界，现在影响着中国和世界，未来仍将影响着中国和世界。中国著名学者顾明远先生认为：“……苏霍姆林斯基的教育思想具有普适性、先进性、丰富性、全面性和深刻性，是符合教育的普遍规律，符合儿童的成长规律的。他懂得儿童的心，能用自己的满腔热忱灌浇儿童的心灵，他的事迹，只要是教师，看了无不为之感动。”① 2012 年，俄罗斯总统普京在国情咨文中再一次强调指出：“我想大家会同意我的看法：没有德育，就不可能有高质量的教育。”

第三，中国学习苏联的教育方法。从 20 世纪 50 年代末起，列·符·赞可夫在小学进行了一种教学与儿童发展实验研究，实验进行了近 20 年。1975 年，赞可夫出版了《教学与发展》一书，将培养精神丰富、道德纯洁和体魄健全的新人作为教育目标，形成了发展性教学论的新体系。针对传统教学内容浮浅、过程过分容易的问题，赞可夫提出把教学建立在高水平的难度上，“只有这种能为紧张的智力工作不断提供丰富食物的教学过程，才能促进学生迅猛发展”②。赞可夫的教育教学思想与方法对中国教师产生了十分重要的影响。

---

① 顾明远. 苏霍姆林斯基教育思想在中国的传播及其现实意义［J］. 比较教育研究，2007（4）：1.

② 夏之莲. 外国教育发展史料选粹［M］. 北京：北京师范大学出版社，1999：576.

3. 中国向联合国学习

中国是联合国创始国，也是联合国常任理事国，一贯支持和参与联合国主持的重大国际事务。作为一个学习型国家，中国教育发展在国际教育发展蓝图之中，中国在联合国特别是联合国教科文组织的指导下，不断改革和发展中国教育，为世界扫盲工作、义务教育普及、高中阶段教育、高等教育以及全民教育和终身教育做出重要贡献。中国政府和学者从联合国及其联合国教科文组织的相关重要文件中汲取先进的教育理念和教育思想，融合于中国特色社会主义教育思想之中，融合于中国儒家教育思想之中。

1998 年 10 月 5—9 日，联合国教科文组织在总部巴黎召开首次世界高等教育大会，通过了《世界高等教育宣言——为了 21 世纪：视野与行动》和《高等教育变革与发展优先行动框架》两份划时代的文件。这两份文件对于高等教育的地位、使命和功能进行了更加准确和科学的阐述，强调高等教育领域的使命，旨在推动高等教育在知识社会中担负起促进经济、文化和社会发展的重要作用，扮演人权、可持续发展、民主、和平、正义的促进者和能力建设者的角色，必须把培养学生的创业技能和创业精神作为高等教育的基本目标。联合国教科文组织对 21 世纪世界高等教育发展进行了整体谋划，对于世界各国教育特别是高等教育发展具有重要指导作用。

中国学习世界，世界学习中国。这是一种潮流，更是一种趋势。英国伦敦政治经济学院亚洲研究中心客座研究员马丁·雅克认为："实际上，无论是国家制度还是社会形态，由于历史和文化的原因，中国同西方的差异都非常大，尽管可以互相学习也应该互相学习，但这种差异不可能尽数消弭。"① 中国"和而不同"的思想，正是对

① 英学者认为，中国政治制度有明显的优越性［N］. 参考消息，2015－03－16（14）.

这一特点的最好表达。

第二节　新儒家教育思想的主要内容

我们从中国传统儒家教育思想、中国教育实践和世界先进教育思想三个层面，沿着中国古代、中国现代和中国当代的时间顺序，阐述新儒家教育思想的主要内容及其特点。

一、集体主义是新儒家教育思想的基石

中国哲学上主张天地自然万物一体论。这种整体论的哲学观点，直接影响众人的自然观、世界观和国家观。中国传统教育思想强调“化民成俗”“使人为善”。儒家文化强调人的主体性的同时，还提倡“天人合一”，主张自然与人的相互和谐。

儒家思想以孔孟为代表，但其本身就是一个集体“创造”，是中国优秀知识分子集体智慧的结晶。无论是传统儒家文化，还是新儒家文化都倡导人本思想。《孝经》谓：“天地之间，人为贵。”《荀子》亦谓：“人最为天下贵。”

与西方讲求追求个人价值不同，集体主义讲求有行有止。为了集体而止一己私欲，为了国家而止一己私利，这样的人才能接近有道。《大学》认为：“大学之道，在明明德，在亲民，在止于至善。知止而后有定，定而后能静，静而后能安，安而后能虑，虑而后能得。物有本末，事有终始，知所先后，则近道矣。”

国家利益是集体主义的根本体现。新儒家教育思想强调教育的国家利益。“建国君民，教育为先。”这是中国古代特别是儒家教育思想的重要内涵。教育是统治者统一国家的重要工具。孔子是以政治理念为核心，以伦理道德为本位，将国家利益与个人修行相统一，构筑以“仁”为主体的儒学体系。孟子认为：“天下之本在国，国之

本在家，家之本在身。”“身正而天下归之。”与孔子相比，孟子的教育思想更加重视国家利益。从国家和社会来说，教育是“行仁政”“得民心”的重要工具。

人才是经济社会发展的基础，有才者，国家富强，无才者，国家贫弱。教育要为国家培养人才。传统儒家思想高度重视人才的作用，并以为才、育才和荐才为己任。王安石在《材论》中说：“天下之患，不患材之不众，患上之人不欲其众；不患士之不为，患上之人不使其为也。夫材之用，国之栋梁也，得之则安以荣，失之则亡以辱。”

《大学》将个人道德培养与治理国家紧密关联：“古之欲明明德于天下者，先治其国，欲治其国者，先齐其家；欲齐其家者，先修其身；欲修其身者，先正其心；欲正其心者，先诚其意；欲诚其意者，先致其知；致知在格物。物格而后知至，知至而后意诚，意诚而后心正，心正而后身修，身修而后家齐，家齐而后国治，国治而后天下平。自天子以至于庶人，壹是皆以修身为本。”① 儒家教育功能的核心理念主要体现在以下三个方面。

一是自我完善。儒家认为“为学”有两种境界：为己之学和为人之学。孔子在《论语》中提出：“古之学者为己，今之学者为人。”与此相适应，为己之学又可以称为“君子之学”，为人之学又可以称为“小人之学”，两种人学习的目标完全不同。“君子之学也，以美其身，小人之学也，以为禽犊。”“子谓子夏曰：‘女为君子儒，无为小人儒。’”（《论语·雍也》）在孔子看来，这里的“为己之学”，是指古代人做学问是为了完善自我，通过学习来修养自己的德性，实现完善自我心灵之目的。学习的过程是一个增长经验、增长知识和增长智慧的过程，是一个自我认识、自我完善和自我愉

① 四书五经：上卷［M］. 北京：北京古籍出版社，1993：5.

悦的过程。君子之学，必有君子之乐。正如孔子所云：“学而时习之，不亦说乎？有朋自远方来，不亦乐乎？人不知而不愠，不亦君子乎？”同样，“小人之学”是指逐利之学，将学习、学问和学术作为实现个人私利的工具。禽犊代表物质利益、功名利禄。子曰：“君子喻于义，小人喻于利。”（《论语·里仁》）荀子认为，君子学习是为了完善自我，小人学习是为了卖弄和哗众取宠。

此外，有关大人之学和小人之学的思想，也贯穿儒家思想发展的始终。宋明理学代表人物王阳明认为：“大人者，以天地万物为一体者也。其视天下犹一家，中国犹一人焉。若夫间形骸而分尔我者，小人矣。大人之能以天地万物为一体也，非意之也，其心之仁本若是，其与天地万物而为一也，岂惟大人，虽小人之心亦莫不然，彼顾自小之耳。”所谓，大学者，大人之学矣。这个“大人”，既是年龄上的“大人”，也是社会层面的“大人”。集体主义思想在中国具有深厚的根脉。“视天下犹一家，中国犹一人”，这是统治者的思想，又是中国学者的普遍追求。中国宋明理学代表人物之一的张载明确地提出“为天地立心，为生民立命，为往圣继绝学，为万世开太平”的政治抱负和学术理想。

二是寓政于教。政治主张是一个学派的核心思想，儒学大家自始至终重视和强调教育的思想传承作用。儒家思想是一种入世哲学，并不排斥“功利”。齐家、治国、平天下，以天下为己任，先天下之忧而忧，后天下之乐而乐，是儒家特别是大儒们的政治理想和功利追求。儒家教育思想主张利他主义。古人言：“达则兼济天下，穷则独善其身。”古代许多名士豪杰，通晓穷达之理，将自身成败置之度外，成就国家和民族振兴，成为古今世人的行为模范。

儒家为了实现“内圣外王”的政治理想，主张首先要对个人进行教化，提倡“有教无类”。王阳明从一个新的视角重新诠释了《大学》之道，将政与教融为一体：“明明德者，立其天地万物一体之体也，亲民者，达其天地万物一体之用也。故明明德必在于亲民，而亲民乃所以明其明德也。是故亲吾之父，以及人之父，以及天下人之父，而后吾之仁实与吾之父、人之父与天下人之父而为一体矣。实与之为一体，而后孝之明德始明矣。亲吾之兄，以及人之兄，以及天下人之兄，而后吾之仁实与吾之兄、人之兄与天下人之兄而为一体矣。实与之为一体，而后弟之明德始明矣。”近敬兄长，远尊世人，由近及远，普世仁伦，这或许正是中国古代教育的真谛。

三是教化于民。“凡以教化不立而万民不正也。夫万民之从利也，如水之走下，不以教化堤防之，不能止也。……古之王者明于此，是故南面而治天下，莫不以教化为大务。立太学以教于国，设庠序以化于邑，渐民以仁，摩民以谊，节民以礼，故其刑罚甚轻而禁不犯者，教化行而习俗美也。”（《汉书·董仲舒传》）

明朝皇帝朱元璋认为：“治道必先于教化，民俗之善恶，即教化之得失也。”教化于民，不仅是封建社会统治者管理社会的重要手段，更是维持社会稳定、推动社会进步不可或缺的重要方式，没有民之教化，难得国之治理。在朱元璋看来，爱养百姓，教化第一。他在《御制大诰》中提出：“君之养民，五教五刑焉。去五教五刑而民生者，未之有也。所以五教育民之安，曰：父子有亲，君臣有义，夫妇有别，长幼有序，朋友有信。五教既兴，无有不安者也。民有不循斯教者，父子不亲，君臣不义，夫妇无别，长幼不序，朋友不信，强必凌弱，众必暴寡，鳏寡孤独、笃废残疾，何有之有焉？既不能有，其有命何存焉？凡有此者，五刑必加焉。五刑既示，奸顽敛迹，鳏寡、孤独、笃废、残疾、力弱、富豪，安其安，有其有，无有敢犯者，养民之道斯矣。”

四是重视家教。族是国本，族兴国盛。《中华覃氏志·利川卷》在其民国版序中写道：“凡人必先正家族，而后国族正。夫家族不正，而后何以正国族。是故族之有谱，国之有史。”清朝余氏家谱中

《家规》有云："家之有规，犹国之有制。制不定，无以一朝廷之趋。规不立，无以为子弟之率。兹著十条，以贻孙谋，以昭世德。"

中国古代家教以孝悌为先，儒家思想的道德基础是孝，"孝"是儒家伦理思想的核心。孔子认为孝悌是仁的基础，孝不仅限于对父母的赡养，而应着重对父母和长辈的尊重。将"孝"拓展到国家层面，就是"忠"，忠于国家、忠于国君，而忠、孝都属于道德领域。孔子认为，孝为道德和教育的本源。《孝经》记载："子曰：'夫孝，德之本也，教之所由生也。'""夫孝，天之经也，地之义也，民之行也。"① "君子务本，本立而道生。孝弟也者，其为仁之本与!"（《论语·学而》）孝者为先，仁自生之；无不教之仁，亦无不仁之孝。"孝为百行之原，万事之首也。故五刑之属三千罪，莫大于不孝。"（余氏家谱）传统儒家思想认为，孝的作用有三个方面："夫孝，始于事亲，中于事君，终于立身。"通过侍奉亲人，服务君主，实现自我完善，立身发展。人人有父母，人人可及孝之境界。"故自天子至于庶人，孝无终始，而患不及者，未之有也。"② 在古代，孝成为判断人性、道德和能力的根本标准。孔子甚至认为："五刑之属三千，而罪莫大于不孝。"元代郭居敬编录《全相二十四孝诗选集》，成为重要的"孝教材"。

二、品德教育是新儒家教育思想的内核

中国古代讲求君子之教，追求君子之德。孔子说："君子道者三，我无能焉：仁者不忧，知者不惑，勇者不惧。"（《宪问》）《中庸》开篇便说："天命之谓性，率性之谓道，修道之谓教。"又说："知、仁、勇三者，天下之达德也，所以行之者一也。"（《中庸》）

---

① 礼记·孝经［M］. 北京：中华书局，2007：221，239.

② 礼记·孝经［M］. 北京：中华书局，2007：237.

“君子以德”是中国教育思想的核心内容。“君子务于德，修于政，谨于刑。”“化之以德。”① 宋明理学代表人物周敦颐认为：“君子以道充为贵，身安为富。”子思说：“天命之谓性，率性之谓道，修道之谓教。”教育和学习的目的就是为了修道。教的核心是“孝”：“君子之教以孝也，非家至而日见之也。教以孝，所以敬天下之为人父者也；教以悌，所以敬天下之为人兄者也；教以臣，所以敬天下之为人君者也。”②

学为圣人，道者为本，是儒家追求的精神境界。知识分子的精神气节，体现了儒家思想的重要内容。“君子修道立德，不为穷困而改节。”（《孔子家语·在厄》）孟子认为：“富贵不能淫，贫贱不能移，威武不能屈，此之谓大丈夫。”孟子的“舍生取义，杀身成仁”精神是古代知识分子独立与奉献精神的最高境界。孔子教诲他的弟子子路要像臧武仲那样有智慧、公绰那样廉洁不贪、卞庄子那样勇敢、冉求那样多才多艺，再以礼乐熏陶就可以达到“全人”了，可见孔子的“自我实现”看法即理想人格的模式是道德力量、智慧力量和意志力量的统一。

对人与人，儒家主张贵和。对人与自然，儒家主张天人合一。唐君毅先生提出：“人的心灵的九境，最高的境界，是那个道德流行，人和天能够合一。”儒家道德思想的另一个内涵是强调国家和君王要顺应天意，顺应民愿。儒家思想并不排斥民本思想。周朝文化中素有“敬天保民”的思想，孟子主张：“民为贵，社稷次之，君为轻。”管子建立了系统的民本理论，提出“争天下必先争人”，强调“其功顺天者，天助之；其功逆天者，天违之。天之所助，虽小

① ［汉］马融，［春秋］孔子．忠经·孝经［M］．吴茹芝，编译．西安：三秦出版社，2008：8．

② ［汉］马融，［春秋］孔子．忠经·孝经［M］．吴茹芝，编译．西安：三秦出版社，2008：44．

必大；天之所违，虽成必败”（《管子·形势》）。子思主张：“中也者，天下之大本也。和也者，天下之达道也。致中和，天地位焉，万物育焉。”① 人的教育，也要达到中和的境界，这样人的培养目标才能实现。

中国古代的道德教育与仁义思想本为一体，互为左右。大文学家韩愈做了如下概括：“夫所谓先王之教者，何也？博爱之谓仁，行而宜之之谓义。由是而之焉之谓道。足乎己无待于外之谓德。”（《韩愈全集》卷十一）仁义道德，在韩翁看来，相辅相生，完美结合。儒家主张以德交友，“为人友者，不以道而以利，举世无友，故道益弃”（柳宗元《师友箴》）。

从能力第一到道德第一。2014 年 5 月 14 日，习近平总书记在北京大学师生座谈会上的讲话指出：“古人说：‘大学之道，在明明德，在亲民，在止于至善。’核心价值观，其实就是一种德，既是个人的德，也是一种大德，就是国家的德、社会的德。国无德不兴，人无德不立。如果一个民族、一个国家没有共同的核心价值观，莫衷一是，行无依归，那这个民族、这个国家就无法前进。”面对青年学子，习近平总书记亲切叮嘱：“‘德者，本也。’蔡元培先生说过：‘若无德，则虽体魄智力发达，适足助其为恶。’道德之于个人、之于社会，都具有基础性意义，做人做事第一位的是崇德修身。这就是我们的用人标准为什么是德才兼备、以德为先，因为德是首要、是方向，一个人只有明大德、守公德、严私德，其才方能用得其所。修德，既要立意高远，又要立足平实。要立志报效祖国、服务人民，这是大德，养大德者方可成大业。同时，还得从做好小事、管好小节开始起步，‘见善则迁，有过则改’，踏踏实实修好公德、私德，学会劳动、学会勤俭，学会感恩、学会助人，学会谦让、学会宽容，

① 曾子·子思子［M］. 陈桐生，译注. 北京：中华书局，2012：143.

学会自省、学会自律。”① 这种德本思想、大德思想，正是中国民族教育文化之精髓。

儒家讲求的“德”不是空德，更不是说教。在传统儒家教育思想看来，德是人们品德高下的重要标准，也是其能力担当的重要尺度。优秀的教育文化，不仅给人以知识，更给人以思想和信念。《中庸》中说：“故大德必得其位，必得其禄，必得其名，必得其寿。”“故大德者必受命。”同样，管子认为：“道者，一人用之，不闻有余；天下行之，不闻不足。所谓道者，小取焉则小得福，大取焉则大得福。”② 朱熹在《中庸章句集注》中解释道，“舜年百有十岁”，正是大德有其寿的典型例证，也为后世之人树立榜样。

三、学至于圣是新儒家教育思想的品质追求

（一）知行合一

知行合一，是中国教育的重要特点之一。一般认为，“知”，主要指人的道德意识和思想意念。“行”，主要指人的道德践履和实际行动。有文献表明，最早提出知行合一的大概是荀子。他认为：“不闻不若闻之，闻之不若见之，见之不若知之，知之不若行之。学至于行之而止矣。”③ 曾子认为：“既知之，患其不能行也。”（《大戴礼记·曾子立事》）曾子深信：“君子尊其所闻，则高明矣，行其所闻，则广大矣。”（《大戴礼记·曾子疾病》）学术界一般认为，“知行合一”的说法是理学大成者王阳明首次提出来的，他认为知行本为一体：“知之真切笃实处，即是行；行之明觉精察处，即是知。知

---

① 习近平在北京大学师生座谈会上的讲话（全文）［EB/OL］. http：//www. china. com. cn/news/ 2014 －05/05/content_32283223_3. htm.

② ［汉］马融，［春秋］孔子. 忠经·孝经［M］. 吴茹芝，编译. 西安：三秦出版社，2008：98.

③ 荀子·儒效篇［M］. 太原：山西古籍出版社，2003：94.

行工夫，本不可离。只是后世学者分作两截用功，失却知行本体，故有合一并进之说。”①

“圣人”是学习者的最高层次、最高标准和最高境界。宋朝理学家张载认为可学而至圣，正是“知礼成性，变化气质，求为圣人而后已”（张载《张子语录》）。程颢认为：“学也者，使人求于内也。不求于内而求于外，非学也。”（程颢《遗书》）意思是说，学习，要追求人的自我内化；不追求内化而只是外化，不是真正的学习。现代著名教育家陶行知先生主张：行是知之始。“阳明先生说：‘知是行之始，行是知之成。’我以为不对。应该是‘行是知之始，知是知之成。’”② 陶行知将杜威的“教育即生活”“教育即成长”的思想引入中国，进而提出“教学做合一”的观点。

（二）学思结合

学思结合，是中国古代和现代教育思想的重要内涵。孔子提出学思结合的思想，“学而不思则罔，思而不学则殆”，“温故而知新，可以为师矣”。我们体会“温故”的目的有三种：一是对于不熟悉的知识进行温习，逐步熟悉新知识；二是通过温习已学的知识，从中领悟学习原来没有体味到的新知识；三是通过温习消化学会的知识技能，与新实践和新经验相结合产生新认识和新知识。《礼记·学记》最早阐述了教与思结合的思想：“故君子之教，喻也；道而弗牵，强而弗抑，开而弗达。道而弗牵则和，强而弗抑则易，开而弗达则思。和易以思，可谓善喻矣。”

学思结合，学是基础，思是关键。管子说：“思之思之，不得，鬼神教之；非鬼神之力也，其精气之极也。”意思是说，思考啊，思考，不能得出结论，鬼神会出来教导你；这不是鬼神的力量，而是

---

① 王阳明全集·传习录［M］. 上海：上海古籍出版社，2011：42.

② 方明. 陶行知教育名篇·行是知之始［M］. 北京：教育科学出版社，2011：5.

精气发挥到极致的结果。宋朝理学家程颐进一步明确指出："为学之道，必本于思，思则得之，不思则不得也。"① 程颐不仅强调思考，而且从认知规律上研究和分析思考的过程："致思如掘井，初有浑水，久后稍引动得清者出来。人思虑，始皆溷浊，久自明快。"② 尽管受限于时代和科技发展水平，程颐不能从认知科学和心理学视角阐明其原理，但是他对于思考过程的分析，与西方现代认知心理学家的观点非常接近。

德国学者卡尔·皮尔尼认为："儒家的最基本的道德，比如重视集体，以及终身学习等，被看作是亚洲国家成功的重要因素，除此之外，这样一种成功难以找到合适的解释。"③ "儒学特点是，人与人之间的和谐，以及与其周围环境的和谐，集体意识具有重要作用。……很有特点的是，共产主义理想和儒学有不少相似性。围绕家庭、集体，建立一个强大的国家，通过纪律和和谐加以维护，是这两种体系中的理想状态。中国目前挑选的道路，位于自由市场经济和计划经济之间，美国未来派学者洛伦茨（Lorenz Taub）称之为杂交的'社会主义民主制'。中国有希望创立一种第三条道路。"④

学思结合的思想，在中国共产党领导的社会主义教育实践中得到进一步体现和丰富。中国共产党人高度重视书本知识学习和实践性学习，几代领导人一脉相承，一以贯之。毛泽东同志强调指出："读书是学习，使用也是学习，而且是更重要的学习。"习近平总书

---

① 程颐. 河南程氏遗书［M］//二程集：卷二十五. 上海：上海古籍出版社，2012：324.

② 程颐. 河南程氏遗书［M］//二程集：卷二十五. 上海：上海古籍出版社，2012：226.

③ 皮尔尼. 印度中国如何改变世界［M］. 陈黎，译. 北京：国际文化出版公司，2009：150.

④ 皮尔尼. 印度中国如何改变世界［M］. 陈黎，译. 北京：国际文化出版公司，2009：153.

记在《依靠学习走向未来》一文中深刻地指出："好学才能上进。中国共产党人依靠学习走到今天，也必然要依靠学习走向未来。我们的干部要上进，我们的党要上进，我们的国家要上进，我们的民族要上进，就必须大兴学习之风，坚持学习、学习、再学习，坚持实践、实践、再实践。"①

（三）循序渐进

儒家主张严谨教学。曾子说："君子学必由其业，问必以其序。"（《大戴礼记·曾子立事》）意思是说，君子学习一定要循序渐进，请教问题也要讲究次序。曾子还说："君子爱日以学，及时以行，难者弗辟，易者弗从。""不能则学，疑则问，欲行则比贤，虽有险道，循行达矣。"（《大戴礼记》）这成为中国教育和教育思想的重要内涵与核心精神。在儒家看来，"至"是人类精神、学识和追求的最高境界。《大学》全文有 2 413 个字，"至"字有 12 处之多，其中有 3 处"至善"、2 处"知至"，2 处"之至"，其他为一般的代词或副词。"是以《大学》始教，必始学者即凡天下之物，莫不因其已知之理而益穷之，以求至乎其极。至于用力之久，而一旦豁然贯通焉，则众物之表里精粗无不到，而吾心之全体大用无不明矣。此谓物格，此谓知之至也。"（《大学》）

《中庸》把学习分成五个步骤：学、问、思、辨、行。教育家第斯多惠在《德国教师教育指南》中指出："教学必须符合人的天性及其发展规律。这是任何教学的首要的、最高的规律。"② 与现代传统教育"满堂灌"不同，中国古代教育思想十分重视"问"在学习和教学活动中的作用。《学记》："善问者如攻坚木：先其易者，后

---

① 习近平．依靠学习走向未来［EB/OL］.（2014－12－25）. http://theory.people.com.cn/n/2014/1225/c391839－26275595.html.

② 孙培青，赵荣昌，张法琨，等．教育名言集［M］．上海：上海教育出版社，1984：104.

其节目；及其久也，相说以解。不善问者反此。善待问者如撞钟，叩之以小者则小鸣，叩之以大者则大鸣；待其从容，然后尽其声。不善答问者反此。此皆进学之道也。”同样，宋朝理学也很看重教与学过程中的提问的作用。朱熹曾说：“读书无疑者，须教有疑；有疑者，却要无疑，到这里方是长进。”（《朱子语类》卷十一）朱熹强调：“匿病者不得良医，羞问者圣人去之。”陆九渊则认为，小疑则小进，大疑则大进。

（四）大师从教

在儒家教育过程中，学生的受教育过程要知行合一，而且体现在教师的教育过程之中。最初的儒家大师均是教育大师。《孟子·尽心上》第一次提出“得天下英才而教育之”的思想，教育是儒家三乐之一。代表性的儒家大师不仅有孔子、孟子，荀子也被称为“最为老师”。曾子所著的《大戴礼记》和《小戴礼记》并行而传，曾子也是继承和传播儒家思想的大师。

夫子是中国古代文化中对于威望很高的学术大师的尊称，如孔夫子、孟夫子、朱夫子。孔子不但创立儒家学说，而且培养了一大批有思想、有学识的优秀教师。据《史记·儒林列传》记载：“自孔子卒后，七十子之徒散游诸侯，大者为师傅卿相，小者友教士大夫，或隐而不见。故子路居卫，子张居陈，澹台子羽居楚，子夏居西河，子贡终于齐。如田子方、段干木、吴起、禽滑厘之属，比受业于子夏之伦，为王者师。”大师从教，乐在其中。孟子认为：“君子有三乐，而王天下不与存焉。父母俱存，兄弟无故，一乐也；仰不愧于天，俯不怍于人，二乐也；得天下英才而教育之，三乐也。”

师无常师，广采众长，是儒家教育思想的重要内容。韩愈的《师说》系统地阐述了教师的地位和作用。“圣人无常师。孔子师郯子、苌弘、师襄、老聃。郯子之徒，其贤不及孔子。孔子曰：‘三人行，则必有我师。’是故弟子不必不如师，师不必贤于弟子。闻道有先后，术业有专攻，如是而已。”“师不必贤于弟子”的思想，充分体现了我国儒家思想的教师观。荀子提倡“学杂识志”，学识广博，才有大知识、大智慧和大志向。中国人常道：能者为师。一个人在整体能力上强可以为师，在某一方面能力强或有见识也可以成为教师。程颐以“学者不可以不诚”“修学不诚则学杂”而著名。

东西方学者对于教师有着相近或相同的观点。无论是古代东方还是古代西方，教师都代表着知识和真理。西方教育主张“理者为先”，中国儒家主张“仁者为大”。孔子（前 551 年—前 479 年）说：“当仁不让于师。”孔子这种思想早于苏格拉底（前 470 年—前 399 年）的“我尊敬教师，但我更崇尚真理”的提法。杜威教授认为：“每个教师应当认识他的职业的尊严；他是社会的公仆，专门从事于维持正常的社会秩序并谋求正确的社会生长。这样，教师总是真正上帝的代言者，真正天国的引路人。”这是对教师职责的现代化解释。教师不但要能教，而且要引导学生善于学习。近代教育家陶行知先生批评了先生教而不做和学生学而不做的教育现象：“教而不做，不能算是教；学而不做，不能算是学。”他又主张教与学以做为中心。“凡为教者必期于达到不须教。教师所务惟在启发引导，俾学生逐步增益其知能，展卷而自能通解，执笔而自能合度。”①

（五）学至于圣

在早期儒家思想中，君子博学是一种重要的理想追求，体现了学至于圣的思想的萌芽。《礼记·儒行》篇有“博学而不穷，笃行而不倦”的思想。曾子倡导博学：“君子既学之，患其不博也”，“君子博学而孱守之”，“君子多知而择焉，博学而算焉”。（《大戴礼记·曾子立事》）《大学》强调：止于至善。“为人君止于仁，为人

---

① 陶行知. 语文教育论集：下册［M］. 北京：教育科学出版社，1980：741.

臣止于敬，为人子止于孝，为人父止于慈，与国人交止于信。”这里的“止”，不仅是停止之意，更是直至达到上述目标为止的意思。按照“止于至善”的思想，这句话的意思可理解为：为国君的要尽力做到仁义，为人臣的要尽力做到恭敬，为子女的要尽力做到孝顺，为人父亲的要尽力做到慈爱，与他人交往要尽力做到诚信。

宋朝理学对于学术和教育做出的重要贡献之一是“学至于圣”思想的提出与确立。早在春秋战国时代，孟子就提出“人皆可以为尧舜”的思想。尧舜没有被神化，孔孟亦没有被神化。时至宋代，理学家将其进一步发扬光大：“百姓之性与圣人之性弗差也。”（《李翱全集》卷十）孔子和孟子不是天生的圣人，其之所以成圣人，皆因有志于学，圣人可以学思而成，其关键在于“自天子以至于庶人，壹是皆以修身为本”（《大学》）。这与佛教中，人人可以成佛的思想有异曲同工之意，不但使圣人市俗化，而且宣扬了一种人人可以成圣人的价值观，也奠定了宋朝成为中国学术高峰的理论基础。中国宋朝时期的著名理学家程颐说：“学而无觉，则何益矣？又奚为学？思曰睿，睿作圣。才思便睿，以至作圣。”（《正谊堂全书·二程语录》）宋朝另一位思想家和教育家魏了翁先生提出“立志于学，学至于圣”的思想——人要立志于学习，学习要达到圣人境界，这也许是世界上有关追求教育卓越和学习卓越的思想起源。

学至于圣，关键在乐在其中。2 500 年前的古代中国的《学记》早有所云：“善歌者，使人继其声；善教者，使人继其志。”“善学者，师勉而功倍，又从而庸之；不善学者，师勤而功半，又从而怨之。”孔子说，在学习上，好之者不如乐之者。程颢认为：“学至于乐则成矣”。以理学为代表的“人人至善”思想，成为新儒家思想的重要内容。《大学问》有载：“曰：‘知止而后有定，定而后能静，静而后能安，安而后能虑，虑而后能得’，其说何也？”“曰：人惟不知至善之在吾心，而求之于其外，以为事事物物皆有定理也，而求至善于事事物物之中，生意支离决裂，错杂纷纭，而莫知有一定之向。今焉既知至善之在吾心，而不假于外求，则志有定向，而无支离决裂、错杂纷纭之患矣。无支离决裂、错杂纷纭之患，则心不妄动而能静矣。心不妄动而能静，则其日用之间，从容闲暇而能安矣。能安，则凡一念之发，一事之感，其为至善乎？其非至善乎？吾心之良知自有以详审精察之，而能虑矣。能虑则择之无不精，处之无不当，而至善于是乎可得矣。”至善，方能至圣。1919 年，中国著名教育家陶行知提出“第一流教育家”的观念：“在教育界，有胆量创造的人，即是创造的教育家；有胆量开辟的人，即是开辟的教育家，都是第一流的人物。”①

（六）专业精神

“业精于勤荒于嬉”，这是传统中国文化特别是儒家思想的精髓。学者至诚，是中国儒家教育思想对于学习者品质的内在要求。中国古代流行“君子病无能”“君子病无德”的思想。孔子早有所言：“君子谋道不谋食。耕也，馁在其中矣；学也，禄在其中矣。君子忧道不忧贫。”（《论语·卫灵公》）他们从儿童时代起接受的是“书中自有颜如玉，书中自有黄金屋”的学习理念，接受的是“唯有读书高”的价值追求，接受的是“头悬梁，锥刺股”的学习精神。诸葛亮的《诫子书》则将学习励志精神体现到极致：“夫君子之行，静以修身，俭以养德。非淡泊无以明志，非宁静无以致远。夫学须静也，才须学也，非学无以广才，非志无以成学。淫慢则不能励精，险躁则不能治性。年与时驰，意与日去，遂成枯落，多不接世，悲守穷庐，将复何及！”柳宗元认为：“业精于勤荒于嬉，行成于思毁于随。”没有不经过学习，就可以获得的知识；没有不付出努力，就

① 方明. 陶行知教育名篇·第一流的教育家［M］. 北京：教育科学出版社，2011：5.

可以获得的成功。

当今，世界教育竞争激烈，中国学生的最大优势莫过于勤奋。2014 年 9 月 19 日到 10 月 4 日，英国教育部通过“中英人文交流高层次对话机制”，选派了 72 名优秀小学数学教师到上海师范大学和上海市 30 所小学进行学习考察。在总结中国数学教学成功经验时，英国教师普遍认为，上海教师经过正规的专业培养，大都具备大学本科及以上学历。专业性强，是上海中小学生数学成功教学的重要经验。中小学教师的专业性是现代中国教师队伍的突出特点。

四、开放精神是新儒家教育思想的外在特征

儒家思想是一个开放的思想体系，也是一个开放的理论系统，这种开放特征具有时代性、双向性和现代性。正是因为这种开放性特征，在历史的长河中，儒家思想才为不同时代的君王和民众所接受；正是因为这种开放性，在不同文化交流中，儒家思想才为不同民族、不同国家的君王和民众所接受。在“被接受”的过程中，儒家思想吸收了各个时代、各个民族和各个国家的优秀文化与思想智慧。

传统儒家思想对于不同流派和不同学术观点采取十分开放的态度。历史记载，孔子死后，孔门的思想和学术统一局面面临破裂和分化走势。儒学内部与外部都展开了激烈的论争，学派林立，不同学派之间相互对立激辩，又相互吸收融合。“相灭亦相生”“相反而皆相成”。(《汉书・艺文志》) 儒家思想始终是一个开放的思想体系。早在魏晋南北朝时期已经出现三家合一的态势。宋朝时代，统治者坚持儒学，提倡道学，保护佛学。宋朝建立了有史以来最为完备的中央学制和国家教育体系。宋代中央设立的学校，有国子学、太学、辟雍、四门学、广文馆、律学、武学，同时还设有隶属于中央各专门机构太史局的算学、书艺局的书学、画图局的画学和太医

局的医学等专门学校。宋朝地方学制健全，州有州学，府有府学，县有县学，同时有军学和监学之分。在儒、道、释融合的大背景下，宋朝产生了被称为新儒家思想的理学体系。

儒家思想走向世界，是全球经济、政治、文化多元化的表现，也是全球多元化的结果。由美中专家合著的《中国的全球化革命》一书认为："中国共产党大门打开后，展现出了一个巨大、多层面、多维度的文化。"① 美国学者法里德·扎卡利亚进一步更加明确地指出："中国与其他所有非西方国家一样，为了在 21 世纪兴旺发达起来，将会酿造它自己的'文化鸡尾酒'，其中既有东方成分，又有西方风味。""当印度、中国、巴西和俄罗斯都变得更加富有、更加自信时，这个世界将变成一个文化更加多元、异国情调更加浓厚的世界。"②

中国收获全球化的红利，同时也希望通过全球化方式让世界享受中国经济发展和教育发展的红利。中国政府和高等院校与美国、英国、法国、德国等许多高等学校开设国际项目，选派交流生，支持发展中国家教育发展和人才培养。孔子学院是中国教育对外开放的典型，也是儒家教育思想双向开放的典型。截至 2014 年年底，全球已经有 127 个国家和地区，开办了 476 所孔子学院和 851 个中小学孔子课堂。目前仍有 70 多个国家的 200 多所大学正在申办孔子学院。

同样，德国学者卡尔·皮尔尼预测："西方国家，在领先世界数百年后，现在已处于落日余晖之中。21 世纪东方的早晨，旭日东升，以欧洲为中心的世界面貌和历史图景正在失去其优势地位。东方和

---

① 琼斯，张臣雄．中国的全球化革命［M］．北京：机械工业出版社，2014：168．

② 涅索托，格雷维．2025 年世界将发生什么……［M］．范炜炜，译．北京：东方出版社，2010：84，117．

西方相互综合，将会带来文化的丰富和经济的繁荣，这时，中国巨龙就会重新腾飞。”①

第三节 新儒家教育思想的理解维度

新儒家教育思想是传统儒家教育思想的现代化，也是儒家教育思想的国际化。这是新儒家教育思想与2 500多年以来各个时代儒家教育思想的最大区别。

如何理解什么是新儒家教育思想，总的来说，可以从以下四个维度进行：一是中国特色，体现的是新儒家教育思想的内生性本质特点；二是核心价值，体现的是新儒家教育思想的世界性普遍价值；三是包容精神，体现的是新儒家教育思想内在的更新机制；四是外向品质，体现的是新儒家教育思想外在的世界影响。

一、维度之一：中国特色

特色是一种文化的本质特点和本质色彩，是一种教育思想的根脉。中国传统教育思想是在中国传统文化的“底色”上产生、发展和进步的。21世纪新儒家教育思想最本质的来源是中国传统教育思想特别是儒家教育思想之溯源。孔子是中国教育思想的集大成者。正如柳诒徵先生所说：“无孔子则无中国文化。自孔子以前数千年文化，赖孔子而传；自孔子以后数千年之文化，赖孔子而开。”② 孔子（儒学创始人）、孟子（儒学集大成者）、朱熹（理学集大成者）与王阳明（心学集大成者）并称为孔、孟、朱、王，是中国历代最伟

① 皮尔尼. 印度中国如何改变世界［M］. 陈黎，译. 北京：国际文化出版公司，2009：154.

② 柳诒徵. 中国文化史：上册［M］. 北京：中国大百科出版社，1988：231.

大的儒学思想大师。

第一，天子重教。中国古代有完整的教育和学校体系。古代城市有成熟的教育规划体系。古代学校既有小学和大学的层次之分，也存在天子与诸侯之间的宗法等级之别。《礼记·王制》篇明确指出："天子命之教，然后为学。小学在公宫南之左，大学在郊。天子曰辟雍，诸侯曰泮宫。"建国君民，教学为先。皇帝是上天之子，天下是天子的天下。谁掌握了天下，就要为民所为，为民兴教。王安石提出："教化可以美风俗"，"天下不可一日无政教"。（王安石《慈溪县学记》）这种天子重教的思想和发展模式，不仅影响着中国古代教育思想、教育决策和教育发展，而且影响着现当代中国教育思想模式、教育决策模式和教育发展模式。

第二，学在官府。从古代而言，中国特色体现在学在官府，政教合一。从春秋战国时代起中国历代王朝都秉持学在官府，直到清朝亦是如此。清人章学诚对于"学在官府"进行了生动的描述："理大物博，不可殚也，圣人为之立官分守，而文字亦从而纪焉。有官斯有法，故法具于官；有法斯有书，故官守其书；有书斯有学，故师传其学；有学斯有业，故弟子习其业。官守学业，皆源于一。"①

第三，教育自新。中国教育历来注重德化。孟子将教育分为五个层次："君子之所以教者五：有如时雨化之者，有成德者，有达财者，有答问者，有私淑艾者。此五者，君子之所以教也。"意思是说，君子之教可以分为五种类型：一是像及时雨一样润化于人的；二是以顺应学生德行而加以栽培的；三是依照学生的才能加以培养的；四是针对学生提问予以解惑释疑的；五是以学识风范感化于人，

① 张良才，修建军. 原始儒学与齐鲁教育［M］. 武汉：湖北教育出版社，2003：34.

使学生自修其身的。通过对教师行为的严谨分析，我们足以理解和领悟孟子包括古代学者对于“教师”一职的深刻理解。在20世纪初，著名教育家陶行知就指出：“我们现在处于20世纪新世界之中，应该造成一个新国家，这新国家就是富而强的共和国。”新国家要有新教育。“我们中国的教育，倘若忽而学日本，忽而学德国，忽而学法国、美国，那是终究是无所适从。所以新字的第一个意义要‘自新’。”①

第四，重视家教。中国文化重视文化财富的家庭和代际传递。“子不教，父之过”是数千年来的中国文化传统，也是数亿中国家长秉持为人父母的价值追求。“许多中国的父母继续为他们的孩子作出重大牺牲。老一辈认为作出牺牲和给予是他们生活的一部分，并期望孩子有更好的未来。这种思维方式是中国文化中根深蒂固，而且正是他们作出的牺牲，造就了中国过去30年里辉煌的财富增长。”②家庭教育是学校教育和社会教育不可或缺的重要支撑。

2015年2月17日，习近平总书记在春节团拜会上发表重要讲话时强调：“家庭是社会的基本细胞，是人生的第一所学校。不论时代发生多大变化，不论生活格局发生多大变化，我们都要重视家庭建设，注重家庭、注重家教、注重家风，紧密结合培育和弘扬社会主义核心价值观，发扬光大中华民族传统家庭美德，促进家庭和睦，促进亲人相亲相爱，促进下一代健康成长，促进老年人老有所养，使千千万万个家庭成为国家发展、民族进步、社会和谐的重要基点。”

---

① 方明. 陶行知教育名篇·新教育［M］. 北京：教育科学出版社，2011：5.

② 琼斯，张臣雄. 中国的全球化革命［M］. 北京：机械工业出版社，2014：173.

二、维度之二：核心价值

佛教、基督教和儒家思想是世界最基本的三大思想体系，具有广泛的世界影响。儒家教育思想的普遍价值来源于其对人类教育和学习活动的普遍特点、普遍规律和普世价值的理解与揭示。中国的教育思想曾是东亚地区最具影响力的教育思想，中国的课程模式、考试模式和任用模式，是当时最具综合力的模式。越南史学家黎嵩曾对李陈二朝儒学的发展做过这样的评说："李太祖时，圣学不闻，儒风未振。到了李英宗，修孔子之庙，以振文风，籍田有耕，圜法有立，治则评矣。陈太宗设科取士，宰相则择其贤良，辅东宫则选其德行，陈家基业由此而固。"①

第一，人本精神是世界普遍的价值观之一。儒家主张以仁为本，儒家教育更注重具有普世价值的仁人教育。孔子主张有教无类，体现了平等享有教育权的基本思想。习近平总书记在庆祝澳门回归15周年大会暨澳门特别行政区第四届政府就职典礼上的讲话中明确指出："泱泱中华，历史悠长，文明博大。中华民族在几千年历史中创造和延续的中华优秀传统文化，是中华民族的根和魂。"基于中国的本土性和世界的开放性，儒家思想的根基深厚、影响广泛。

第二，儒家思想是一个中华文化价值集合体。儒家思想的核心就是礼治和德治，这对中国和世界都具有十分普遍的价值意义。儒家思想是中国的，更是世界的。习近平总书记进一步深刻而全面地论述了中华文化的普遍价值及其对人类文明的贡献："中华文化强调'民惟邦本''天人合一''和而不同'，强调'天行健，君子以自强不息''大道之行也，天下为公'；强调'天下兴亡，匹夫有责'，

---

① 刘稚. 儒家文化在越南的传播与整合［EB/OL］.（2012-09-28）. http：//www.rwwhw.com/Sjzh/Sjrx/2012-09-28/8952.html.

主张以德治国、以文化人；强调‘君子喻于义’‘君子坦荡荡’‘君子义以为质’；强调‘言必信，行必果’‘人而无信，不知其可也’；强调‘德不孤，必有邻’‘仁者爱人’‘与人为善’‘己所不欲，勿施于人’‘出入相友，守望相助’‘老吾老以及人之老，幼吾幼以及人之幼’‘扶贫济困’‘不患寡而患不均’，等等。像这样的思想和理念，不论过去还是现在，都有其鲜明的民族特色，都有其永不褪色的时代价值。这些思想和理念，既随着时间推移和时代变迁而不断与时俱进，又有其自身的连续性和稳定性。我们生而为中国人，最根本的是我们有中国人的独特精神世界，有百姓日用而不觉的价值观。我们提倡的社会主义核心价值观，就充分体现了对中华优秀传统文化的传承和升华。”①

第三，儒家主张仁者爱人、德立天下。民本思想是中国传统思想的核心内涵，从孔子到管子，再到孟子，都主张儒家的“仁民爱物”。孟子指出：“居天下之广居，立天下之正位，行天下之大道。得志与民由之，不得志独行其道。富贵不能淫，贫贱不能移，威武不能屈。此之谓大丈夫。”（《孟子·滕文公下》）曾子强调：“君子进则能益上之誉，而损下之忧；不得志，不安贵位，不博厚禄，负耜而行道，冻饿而守仁。”（《大戴礼记·曾子制言》）杜甫则以“安得广厦千万间，大庇天下寒士俱欢颜”为一生追求。

第四，爱国主义是一种普遍价值。爱国教育是中国传统道德教育的重要内容。江泽民同志指出：“对民族和全体人民来说，首先是抓好爱国主义教育。世界上任何国家任何制度下，都很重视对人民进行爱国主义的教育，在我们这样人口众多的社会主义国家里，更应如此。广泛开展中华民族的优势传统文化教育和中国近代史、现

---

① 习近平在北大考察：青年要自觉践行社会主义核心价值观［EB/OL］.（2014－05－08）. http：//news. xinhuanet. com/ politics/2014－05/08/c_126477806. htm.

代史教育，是进行爱国主义教育的重要一环。”① 《礼记·儒行》中有言：“苟利国家，不求富贵。”范仲淹的“先天下之忧而忧，后天下之乐而乐”，则是这种思想诗意化的表现。

三、维度之三：包容精神

一种思想或学派的生命力来自于其自身的包容性、适应性和演化能力。包容精神是中国儒家思想特别是儒家教育思想的重要内容与特征。无疑儒家思想具有这种战略性能力，才能经数千年而不衰。作为中国传统哲学体系的儒、释、道思想体系相互影响、相互交融、互为支撑，成为人类文明进步的重要力量。

第一，百家争鸣，学派并生。百家争鸣的精神，既是一种学术理念，更是一种政治情怀。不因资深而独大，不以学博而独尊。战国时代的百家争鸣，形成了各具特色的思想体系，极大地丰富了中国古代哲学、社会和学术思想。法家代表人物韩非子记述道：“自孔子之死也，有子张之儒，有子思之儒，有颜氏之儒，有孟氏之儒，有漆雕氏之儒，有仲良氏之儒，有孙氏之儒，有乐正氏之儒。……故孔墨之后，儒分为八，墨离为三，取舍相反，不同，而皆自谓孔、墨。”从儒家体系中派生出庞大的思想体系。

晚唐时期，韩愈主张恢复孔孟儒家思想的正统位置，力图用儒学取代佛、道，晚唐古文运动应运而生。理学家将“理”看成世界的本原。（朱熹《语类》卷一）朱熹以理学世界观与心性学说，构建了以“天理”为最高范畴的理学思想体系，强调“未有天地之先，毕竟先有此理”。

第二，得天下英才而育之。教育不仅是一种需求，更是一种快

---

① 江泽民．在全国宣传部长座谈会上的讲话（1993 年 1 月 15 日）［J］．求是，1999（5）．

乐。孟子说："君子有三乐，而王天下不与存焉。父母俱存，兄弟无故，一乐也；仰不愧于天，俯不怍于人，二乐也；得天下英才而教育之，三乐也。君子有三乐，而王天下不与存焉。"宋朝理学亦被称为"宋儒之学"，既与传统儒家思想具有内在的天然联系，又区别于传统儒家思想，从这个意义上讲，宋代理学也称新儒学、平民儒学。

四、维度之四：外向品质

文化的外向性是指对外界文化的主动吸收和对外界文化主动施加影响的特性、品质和行为。从这个意义上讲，文化的外向性具有开放性、外益性和影响力的特点。

新儒家思想的外向性，一方面是指儒家思想对于外来思想的学习和借鉴，形成具有本国特点的价值体系；另一方面是指儒家思想主动向外扩大自身的影响，向外输出有中国特色、具有普世性的价值观。孔子长期生活在鲁国，儒家思想亦生成于鲁国，"鲁人皆以儒教"（《史记·游侠列传》），"举鲁国而儒教"（《庄子·田子方》）。

"三人行，必有吾师。"这是儒家教育思想和修行境界的集中体现，也是儒家教育包容思想的集中体现。儒家教育思想的包容性，首先表现为对于学习的深刻理解。谁是学生，谁是教师，儒家对此的认识十分包容而不僵化。儒家思想创始人孔子学无常师，强调："三人行，必有我师焉。择其善者而从之，其不善者而改之。"思想僵化了，就不能生存，要想生存就需要变革。儒家学派经历了数千年的演变仍然充满活力，其生存之道在于变革与发展。常言道：有容乃大。儒家以"仁、义、礼、智、信"为核心，形成完整的思想体系。但是，由于儒家思想的庞大，孔子弟子多达三千，"孔门弟子盖有前辈后辈之分。前辈问学于孔子去鲁之先，后辈则从游于孔子返鲁之后”①。用时下的语言概括，“三人行，必有吾师”体现的是一种开放的教师观、学生观和学习观。而这些都是在2 500年前由中国学者提出来的，传统的西方教育思想没有这种论述，现代西方教育思想亦缺少这种境界。

总之，我们必须站在未来中国和世界教育发展的高度来认识和理解新儒家教育思想。美国《纽约时报》资深记者及专栏作家尼古拉斯·克里斯托夫（Nicholas Kristof）撰文称：对美国的战略挑战并非中国的隐形战机，而是中国公众改进教育体系的决心，以及向外部世界学习的激情。克里斯托夫认为，儒学思想对教育的重视已深深地浸润于中华文化，由此才衍生了中国学校体系的最伟大的力量。英国《金融时报》发表文章预测：“中国成长为创新‘温床’，将培养一批世界级技术和电商管理人才，并带来大量相关知识和经验，这将帮助其成为这些领域的全球领导者。最终，最深刻的变化或许是：中国可能很快将引领西方不得不跟随的潮流，而不是只规划自己道路。”②

现代儒家教育思想将为解决世界教育发展提供一种中国思想、中国模式和中国方案。现代儒家教育是中国教育思想与世界教育思想结合开出的思想之花。建立基于教育共同价值观和共同理想、体现中国优秀教育文化的新儒家教育思想，是中国教育道路创新、模式创新和理论创新的重要任务。在新形势下，中国共产党强调要树立社会主义核心价值观。2014年5月4日，习近平总书记在北京大学与师生座谈时指出：“人类社会发展的历史表明，对一个民族、一个国家来说，最持久、最深层的力量是全社会共同认可的核心价值观。核心价值观，承载着一个民族、一个国家的精神追求，体现着

① 钱穆．先秦诸子系年·孔子弟子通考：上册［M］．影印版．北京：中华书局，1984：81.

② 中国成全球创新潮流引领者［N］．参考消息，2015－05－04（15）.

一个社会评判是非曲直的价值标准。”“价值观是人类在认识、改造自然和社会的过程中产生与发挥作用的。不同民族、不同国家由于其自然条件和发展历程不同，产生和形成的核心价值观也各有特点。一个民族、一个国家的核心价值观必须同这个民族、这个国家的历史文化相契合，同这个民族、这个国家的人民正在进行的奋斗相结合，同这个民族、这个国家需要解决的时代问题相适应。世界上没有两片完全相同的树叶。一个民族、一个国家，必须知道自己是谁，是从哪里来的，要到哪里去，想明白了、想对了，就要坚定不移朝着目标前进。”①

正如上海师范大学原校长、上海国际学生评估项目负责人张民选教授所说：“中国学生在国际学生评估项目（PISA）两轮测试的世界第一成绩和英国教师们发现的中国‘秘密’都清楚地告诉我们：我们无须妄自菲薄。我们完全可以自信地说，我们有独特的中国经验！我们要讲好中国故事，我们可以让世界分享中国经验！当然，要建设中国特色、世界一流的教育，我们还任重道远，需要学习创新，更需要不骄不躁、不懈努力。”

国之交在于民相亲，民相亲在于心相通，心相通在于道相知。让世界读懂中国，让世界接受中国，接受中国的思想、理论、模式和文化，是中国战略家、政治家和学者的战略责任。习近平总书记明确指出：“我们有本事做好中国的事情，还没有本事讲好中国的故事？我们应该有这个信心。”②

---

① 习近平在北大考察：青年要自觉践行社会主义核心价值观[EB/OL].(2014-05-08).http//news.xinhuanet.com/politics/2014-05/08/c_126477806.htm.

② 中共中央宣传部：习近平总书记系列重要讲话读本［M］.北京：学习出版社，人民出版社，2016.

第四节　中国教育国际化的历史进程

教育国际化是一种文化潮流，是一次世界教育观念、内容、手段和成果大交流、大融合和大集成的历史过程。全球化背景下，教育国际化成为一种世界性的趋势，成为世界教育应对全球化挑战的重要手段与工具。当今，全球经济和社会相互依赖，深刻而持久地影响着教育，包括中小学教育的教育思想、教育内容、教育方式和教育行为。人类在前所未有的空间、前所未有的联系和前所未有的不确定性之中，探索新型教育发展模式和人才培养模式。

与人类的知识成长相适应，与经济全球化趋势相适应，中国教育国际化经历了一个漫长的历程。中国教育真正意义上的国际化，是世界近代教育的重要特征与标志。从 19 世纪末到 21 世纪，中国教育国际化经历了四个发展阶段。

一、被动国际化阶段（1848—1949 年）

被动国际化是一种与本国家、本地区价值理念和文化传统相冲突而又不得不采用的国际化模式。这种国际化模式一般以外国军事、经济和文化侵略为特征，以改变传统文化为代价，是一个殖民地、半殖民地国家采取的一种学习、借鉴外国先进思想、技术和文化传统的过程。在半封建半殖民地的百年历史中，面对西方的坚船利炮和先进文化，清王朝和军阀政府，乃至国民政府在弥留、割据与战乱之间，也采取了改革学制、出国留学和建立现代教育体系的一些重要措施。从小学到大学，中国初步建立了现代教育体系的雏形。借助西方和日本教育，中国出现过胡适、鲁迅、闻一多等一批学者才俊。

1840 年鸦片战争后，“俄北瞰，英西睒，法南瞵，日东眈，处四强邻之中而为中国，岌岌哉”①！为使中国强大，康有为设立强学会，以求中国自强之学。以梁启超为代表，中国教育强国思想进入重要成长期。近代社会强国思想最积极的倡导者当属梁启超。面对“数千年来未有之强敌”，魏源提出“师夷长技以制夷”的思想。但是由于中国统治者以世界中心自居，加之封建思想的负面影响，旧中国始终不能真正敞开心胸向先进国家学习。

曾任清廷学部大臣的张之洞是洋务运动的代表人物，主张“师夷之长以制夷”，并第一个在《劝学篇》中使用了“游学”一词。在给光绪皇帝呈送的《创设储才学堂折》中，他一方面强调：“窃惟国势之强由于人，人材之成出于学，方今时局孔亟，事事需材，若不广为培养，材自何来?”另一方面，在谈到向西方学习时，他强调“引乃修为内政，不得不喜新好异、学步外人为此”。被迫国际化心态彰显无遗。他建议皇帝派送 120 名学生分别到英国、法国和德国学习，每年需要 6 万两银子，并反复强调这是“为造就人材之实际，规画富强之本源”。1894 年，中日爆发甲午战争。1895 年，中日签订不平等的《马关条约》。

1896 年（即光绪二十二年），张之洞在《选派学生出洋肄业折》中建议派 40 名小留学生连续学习德国的初中和高中课程，连同利息共需 60 万两白银。中日甲午战争后，不得不割地赔款的时候，又不得不出重金派留学生学习外国先进技术知识和制度文化。1898 年，中国学习西方大学专业设置，在学堂中设置了矿学、化学、电学、植物学、农政学、公法学等专业。

同样，洋务派领袖人物、林则徐的女婿沈葆桢，早在办船政学堂时就告诫学生，要“以中国之心通外国之机巧”，绝不可“以外

---

① 康有为. 强学会序［M］//中国近代教育史资料汇编：戊戌时期教育. 上海：上海教育出版社，2007：131.

国之习气变中国之性情”！这也是曾国藩、李鸿章等洋务派领袖人物的共识：中国越是遇到危机，越是需要学习西方，就越是不能忘了这些根本。张之洞将其提炼为八个大字：“中学为体，西学为用。”洋务运动之所以失败，是失败在主导思想之上——他们认为中国落后的原因是“技不如人”，而不是“道”出了问题。只要花一点时间和经费学习洋人的技艺之长，便可以夷之长技而制夷。

孙中山先生一生寻求富民强国之路。教育强国是孙中山现代化思想的重要内容。1890 年，孙先生在《致郑藻如书》中主张多设学校，“远观历代，横览九洲，人才之盛衰，风俗之淳靡，实关教化。教之有道，则人才济济。风俗丕丕，而国以强；否则返此”。教之有道，而国以强，孙中山先生的思想充分体现了教育强国的思想内涵。他进一步强调指出，要“使天下无不学之人，无不学之地。则智者不致失学而嬉；而愚者亦赖学以知理，不致流于颓旱；妇孺亦皆晓诗书。如是，则人才安得不盛，风俗安得不良，国家安得而不强哉”！1927—1937 年是国民政府经济建设的“黄金建设十年”。南京国民政府向欧美各国派遣了一批批公费留学生，每年有 100 人左右，最多达到每年 1 000 人左右。1933 年，国民政府教育部颁布《国外留学规程》，规定公费留学生必须通过考试选拔。这是最早颁布的中国政府有关留学考试的政策规定。

中国从一个半封建半殖民地的国家转变为一个现代化的强国，不仅需要领导人的战略谋划，也需要良好的社会经济环境，更需要一个成长的时间和空间。而这一切，在战乱、落后和饥饿的旧中国是不可能实现的，近代中国教育的国际化难以成功自然也就在情理之中了。

二、封闭国际化阶段（1949—1977 年）

封闭的国际化，是在封闭的国际环境下实施的一种对外学习、交流和自我建设的国际化模式。“古为今用，洋为中用”是毛泽东主席的一贯主张。中国共产党人以开放的视野、广博的胸怀对待、学习人类的科学知识与优秀文化，并将其转化为中国思想的一部分，为中国的改革、建设和发展服务。

（一）建立符合国际标准的现代教育体系

1949 年，伴随着中华人民共和国诞生的隆隆礼炮声，《中国人民政治协商会议共同纲领》发出号召："人民政府应有计划、有步骤地改革旧的教育制度。" 1951 年 10 月 1 日，政务院命令颁布了《关于学制改革的决定》。中华人民共和国在学习借鉴了德国、美国和日本的学制基础上，以苏联教育为模板，建立了与国际教育制度、学制年限"接轨"的新的社会主义现代教育制度和教育体系。规定幼儿教育收 3 足岁至 7 足岁的幼儿，使他们的身心在入小学前获得健全的发育；小学实行 5 年一贯制，取消了初小和高小的两级 6 年分段制；学校分初、高两级，修业年限各为 3 年，工农速成中学修业年限为 3 ~ 4 年，大学和专门学院修业年限为 3 ~ 5 年。

学习借鉴苏联经验，建立现代新型大学。中华人民共和国建立之初的教育开放，主要是向苏联和东欧社会主义国家开放。1949 年，中华人民共和国建立之初，党中央邀请苏联专家费辛科及菲里波夫两位同志，经过月余调查商讨，帮助成立中国人民大学。1949 年 11 月，刘少奇同志先后三次写信、打电报，亲自指导建校工作。"建立人民大学的事，我们党在去年同斯大林同志商量过，斯大林同志赞成派苏联教员来中国帮助我们建设。没有他们的帮助，我们的大学是办不好的。" "人民大学拟由中央人民政府设立，任命中国人作校长，聘苏联同志为顾问。苏联顾问及教授的薪资，拟照苏联专家一样办理。"①

---

① 中共中央文献研究室刘少奇研究组，中央教育科学研究所. 刘少奇论教育［M］. 北京：教育科学出版社，1998：73 – 74，94 .

（二）中国制定面向国际的发展战略目标

伟大领袖不但可以判断时局，更可以准确预测未来，引领国家发展。1955 年 10 月 29 日，毛泽东同志在资本主义工商业社会主义改造问题座谈会上的讲话中明确指出："我们的目标是要赶上美国，并且要超过美国。……究竟要几十年，看大家努力，至少是五十年吧，也许七十五年。七十五年就是十五个五年计划。哪一天赶上美国，超过美国，我们才吐一口气。"① 1956 年，毛泽东主席最早提出"超英赶美"的战略目标，确定了中国经济社会和教育从跟随发展、局部跨越到整体超越的战略路径。

（三）学习和借鉴人类先进的知识与经验

刘少奇同志十分关心中国科学研究事业。1956 年 2 月 18 日，刘少奇同志强调："邮电部门是一个技术很高的部门，必须采用最新的技术。究竟采用哪些新技术，要好好研究。采用最新技术就需要加强科学研究。科学研究不是只靠自己搞，主要是好好向人家学习，把人家最新的科学技术学到手，自己再搞就有基础了。向人家学习，不只是向苏联和新民主主义国家学习，也向其它国家学习。"② 这里所说的其他国家，是新民主主义以外的其他国家，当然也包括技术先进的资本主义国家。"向哪些国家学习哪些经验，这是最基本的一条。"

一个典型的故事，说明当时中国教育"封闭的开放性"。为了教育和保护革命者的后代，中共中央曾将许多领导人的后代派往苏联留学。1951 年年初，李鹏给时任东北局组织部长的张秀山写信，汇报了中国留苏学生的学习和生活情况，并代表全体中国留学生提出

---

① 毛泽东文集：第六卷［M］. 北京：人民出版社，1999：500.

② 中共中央文献研究室刘少奇研究组，中央教育科学研究所. 刘少奇论教育［M］. 北京：教育科学出版社，1998：151.

希望利用暑期回国一次，以了解祖国的建设情况。1951 年 3 月 8 日，刘少奇同志做出指示，批准留苏学生回国，并允许其将自己节省的卢布用于在苏联境内的路费，在中国境内的路费及生活费由中国政府负担。刘少奇同志进一步指示："因为国内东西很便宜，要他们不要在苏联买东西回国送人。他们回国后除与各人家庭接触外，由中央组织部及青年团中央组织他们参观并会同中央宣传部进行爱国主义教育。"①

封闭的国际化，不仅是"走出去"的单向性，而且是"走进来"的单向性，这两种单向性之间缺少交集，这是这一时期中国教育国际化的突出特点。北京市朝阳区芳草地小学是我国最早对外招收国际学生的学校，柬埔寨西哈努克亲王的两位王子曾来校就读。1973 年，随着和我国建交国家的增多，在周恩来总理的亲切关怀下，芳草地小学开始小规模接收驻华使馆人员的子女和外籍及港澳台学生入学。在外交部、中共北京市委和北京市人民政府的高度重视、直接领导下，芳草地小学设立外国班，承担规模招收外籍学生的教育任务。

三、主动国际化阶段（1977—2010 年）

教育是中国最早对外开放的领域。十一届三中全会，中国确定了"一个中心、两个基本点"的思想路线，改革开放推动中国经济社会和教育学习西方，走向世界。邓小平同志深刻地指出："我们进行社会主义现代化建设，是要在经济上赶上资本主义国家，在政治上创造比资本主义国家的民主更高更切实的民主，并且造就比这些国家更多更优秀的人才。"1978 年 6 月 23 日，时任中共中央副主席

---

① 中共中央文献研究室刘少奇研究组，中央教育科学研究所. 刘少奇论教育［M］. 北京：教育科学出版社，1998：99.

的邓小平同志在听取清华大学工作汇报时对出国留学工作做出具有划时代意义的指示："我赞成留学生的数量增大，主要搞自然科学。""这是五年内快见成效，提高我国水平的重要方式之一。要成千成万地派，不是只派十个八个。教育部研究一下。""要千方百计加快步伐，路子要越走越宽。"① 1988 年，原国家教委成立了"中国留学服务中心"，为留学人员提供咨询与服务。留学生制度的建立，打开了中国系统学习西方先进科学技术的大门，引进了先进的教育思想和办学理念，培养了国家急需的建设人才，扩大了中国对外开放的窗口，开启了中国教育的新时代。

提高我国教育国际化水平是中国教育发展历史进程的必然选择。1983 年，邓小平同志提出"教育要面向现代化，面向世界，面向未来"，为中国教育发展指明了方向。中国发展离不开世界，世界繁荣稳定也离不开中国。中国政府、学者和民众持续学习先进国家的管理经济、科技成果和生产生活知识。中国有数亿人在学习外语，并成为世界最大的留学派出国家。我们开放的层次与水平正在逐步加深和提高。

改革开放以来，中国日益重视对世界范围内高等教育发展趋势的科学认识和准确把握，广泛开展多种形式、多种层次的国际教育交流与合作，学习、吸引和借鉴国际高等教育发展先进经验，中国教育的国际竞争力、吸引力和影响力明显增强。对待留学工作和留学生，中国政府的方针政策是："支持留学、鼓励回国、来去自由、发挥作用。"目前，中国已经成了世界第一大留学生输出国。截至 2013 年，中国出国留学总人数达到了 305.86 万人。进入 21 世纪以后，中国留学生的人数除了在 2004 年有小幅度下滑外，一直呈上升

---

① 中华人民共和国教育部办公厅，直属机关党委. 邓小平理论指导下的中国教育二十年［M］. 福州：福建出版社，1998：313.

趋势，每年的出国留学人数不断增长。教育部的统计数据显示，2013 年，中国出国留学总人数为 41.39 万人，较 2012 年约增加 14 300 人。2013 年，留学回国人数达到 35.35 万人，增长率达到了 29.5%。从中国留学生分布情况分析，中国在外留学生遍布全球 100 多个国家，但其中 90% 以上集中在美国、澳大利亚、日本、英国、韩国、加拿大、新加坡、法国、德国和俄罗斯 10 个国家。在新兴国家特别是发展中国家，中国留学生偏少，不利于中国长远利益和战略影响力。以中国赴美国留学人数为例，2013 年，中国赴美读研的人数为 103 427 人，而读本科的人数为 93 768 人。

四、双向国际化阶段（2010—2030 年）

中国致力于和平发展，将始终不渝地奉行互利共赢的开放战略，致力于面对全面建成小康社会和中国和平发展的新形势、新任务，提高我国教育国际化水平是中国教育理论和发展战略的重大突破。我国经济日益全球化，参与国际竞争的实力和能力不断增强。

（一）《国家中长期教育改革和发展规划纲要（2010—2020 年）》正式提出教育国际化

《国家中长期教育改革和发展规划纲要（2010—2020 年）》在总结中国教育改革开放历史经验的基础上正式明确提出：“坚持以开放促改革、促发展。开展多层次、宽领域的教育交流与合作，提高我国教育国际化水平。”党中央、国务院文件中明确提出提高教育国际化水平，尚属第一次，具有理论突破和实践创新的重大意义。双向国际化是教育国际化的一种历史必然。

教育国际化就是要在国际教育贸易市场开放的前提下，教育资源在国际进行配置，教育要素在国际加速流动，教育国际交流与合作日益频繁，世界各国教育相互影响、相互依存的程度不断提高，各国教育相互交流，相互竞争，相互包容，相互激荡，共同促进世界教育的繁荣和发展。提高教育国际化水平是对全球化背景下世界教育发展趋势的新判断，是邓小平同志关于教育面向现代化、面向世界、面向未来思想的新体现，是中国教育持续改革开放的新举措，其目标是适应国家经济社会对外开放的要求，培养大批具有国际视野、通晓国际规则、能够参与国际事务与国际竞争的国际化人才。

提高我国教育国际化水平是教育开放进入新阶段的重大任务。教育国际化是教育现代化的重要标准。在提升教育现代化水平的进程中，必须将提高我国教育国际化水平作为一项战略任务。坚持面向国际、国内两个大局，面对国际、国内两个市场，积极引进国际优质教育资源，提高教育交流合作水平，实施“请进来，走出去”战略，参与国际教育政策、规划、标准的研究制定。学校是教育的最基本单位。建设国际化学校是未来教育发展的一项重要任务。国民的国际意识是国际化的重要体现。要在小学、中学和大学普遍进行国际理解教育，培养国民对世界多元文化的包容精神。

（二）中国教育国际化从学习借鉴走向双向交流

习近平总书记对于中国教育对外开放提出新要求：“中国将加强同世界各国的教育交流，扩大教育对外开放，积极支持发展中国家教育事业发展，同各国人民一道努力，推动人类迈向更加美好的明天。”① 新一届政府大力推进“千人计划”“万人计划”，千方百计创造条件，使留学生回到祖国有用武之地，留在国外有报国之门。

《2014 美国门户开放报告》显示，2013—2014 学年中，美国学院和大学中的国际学生总数再创新高，达到 886 052 人，比上一学年增长 8%；留美中国学生人数总计有 274 439 人，较上一学年增长 16.5%，这是连续第 7 年以两位数增长；中国继续名列美国最大的

---

① 习近平．在联合国“教育第一”全球倡议行动一周年纪念活动上的视频贺词（2013 年 9 月 25 日）[N]．人民日报，2013－09－27．

留学生来源国，在经济方面，中国大陆留美学生为美国经济贡献了80.4亿美元。中国赴美留学人群日益庞大。

2000年，全球国际学生总数为210万人，2010年增长到410万人的规模，上升幅度高达95.2%。具体分析，美国的国际留学生占世界总数的18%，英国占12%，中国、法国和澳大利亚均为7%，德国占6%，日本占3%，其他国家占34%。国际教育流动竞争激烈。以在美国留学人数最多的国家为例，1999—2000年，中国取代日本成为美国国际学生的最主要来源国；2001年，印度超越中国成为首位；2009—2010年，中国重新夺回了第一的位置。① 2017年，中国已经成为世界第三、亚洲最大的留学生目的地国。

（三）中国正在从“学生”转变为“教师”

进入21世纪，东西方政治家和教育家蓦然发现：东方教育的优势，正是西方教育的缺陷；西方教育的长处，正是东方教育的不足。东西方国家观察对方的视角从主观到客观，从偏见到正视，从排斥到包容，从相互敌视到相互学习。

尽管“中国还欠缺以自身力量提出国际规范和蓝图的软实力”②，但近10年以来，发展中国家特别是中国和印度等发展中大国，在学习借鉴发达国家教育成功经验基础之上，结合发达国家现代化的成功经验，努力发挥自身悠久的文化和教育优势，积极探求发展中人口大国教育发展、提高质量的做法、经验和政策模式。特别是中国教育的成功实践，不仅为发展中国家树立了榜样，也为发达国家提供了教育发展、教育质量和教育制度方面可资借鉴的思想模式。中国正在从“学生”转变为“教师”。中国发展从过去的融

---

① 周大涵，常立，河野洋子．国际学生流动趋势与招生应对策略［J］．王昕，张力琦，编译．世界教育信息，2013（8）：22.

② 韩媒：美国党争为中国带来外交机遇［N］．参考消息，2015-04-29（14）.

入世界到今后的引领世界，需要的骨干人才，不仅要关心中国，也要关心世界；不仅要懂得中国，也要懂得全球；不仅要研究发达国家，也要关注发展中国家。我们相信，伴随中国教育综合实力和国际竞争力增加，发展中国家特别是中国参与国际教育标准和规则制定的日子一定会到来。

第八章 中国教育发展战略选择

2015 年 2 月 2 日，习近平总书记在省部级主要领导干部学习贯彻十八届四中全会精神、全面推进依法治国专题研讨班开班仪式讲话中指出："党的十八大以来，党中央从坚持和发展中国特色社会主义全局出发，提出并形成了全面建成小康社会、全面深化改革、全面依法治国、全面从严治党的战略布局。这个战略布局，既有战略目标，也有战略举措，每一个'全面'都具有重大战略意义。"习近平总书记在论述四者之间的关系时指出：全面建成小康社会是我们的战略目标，全面深化改革、全面依法治国、全面从严治党是三大战略举措。要把全面依法治国放在"四个全面"的战略布局中来把握，深刻认识全面依法治国同其他三个"全面"的关系，努力做到"四个全面"相辅相成、相互促进、相得益彰。世界银行报告指出："一个社会创造、选择、更新知识，把知识商业化及利用知识的能力，对持续的经济增长和生活水平的提高至为关键。知识已经成为经济发展最重要的因素。"①

教育是全面建成小康社会的重要内容、关键领域和有力支撑。

① 世界银行. 构建知识社会：第三级教育面临的新挑战 [M]. 国家教育发展研究中心组，译. 北京：高等教育出版社，2007：8.

科学地规划教育，就是科学地谋划全面小康社会。中国的教育发展战略和教育政策将直接影响世界20%以上的人口。面向2030年，研究制定面向全球、与中国强国地位相适应的中国教育战略至关重要。整体而言，中国与发达国家在教育与人力资源开发方面的差距是历史性的，这就需要在一定的“历史”时间内，允许而且必须经过一定时间的追赶，中国才能完成对发达国家教育与人力资源开发在真正意义上的赶超。一是正确思考，二是正确决策，三是勇敢行动，这是中国教育发展战略的三个核心问题。

第一节　中国教育发展战略

习近平总书记指出：“当今世界，综合国力竞争日趋激烈，新一轮科技革命和产业变革正在孕育兴起，变革突破的能量正在不断积累。综合国力竞争说到底是人才竞争。人才资源作为经济社会发展第一资源的特征和作用更加明显，人才竞争已经成为综合国力竞争的核心。谁能培养和吸引更多优秀人才，谁就能在竞争中占据优势。”①

战略定位是战略选择的起点。一个国家能够走多远，不仅取决于国家能力，而且取决于国家起点。2010年，《国家中长期教育改革和发展规划纲要（2010—2020年）》确定了“基本实现教育现代化，基本形成学习型社会，进入人力资源强国行列”三大战略目标，并在此基础上确定了各项教育与人力资源开发指标。对照《国家中长期教育改革和发展规划纲要（2010—2020年）》，截至2014年，其主要目标实现程度如表8－1所示。

---

① 习近平．在欧美同学会成立一百周年庆祝大会上的讲话（2013年10月21日）[N]．人民日报，2013－10－22.

表8－1 2014年我国教育事业发展主要目标实现度

指标	单位	2020年	2014年	实现程度/%
学前教育				
幼儿在园人数	万人	4 000	4 050.7	101.2
学前三年毛入园率	%	70.0	70.4	100.6
九年义务教育				
在校生	万人	16 100	13 836	85.9
巩固率	%	95.0	92.6	97.5
高中阶段教育				
在校生	万人	4 500	4 218.3	93.7
毛入学率	%	90.0	86.5	96.1
职业教育				
中等职业教育在校生	万人	2 250	1 802.9	80.1
高等职业教育在校生	万人	1 390		
高等教育				
在学总规模	万人	3 550	3 559	100.3
在校生	万人	3 300		
其中：研究生	万人	200	184.8	92.4
毛入学率	%	40.0	37.4	93.5
继续教育				
从业人员继续教育	万人次	35 000		

2030年后，中国学龄人口包括青年人口数量逐步下降，对于提升教育普及程度和人力资源开发水平十分有利，但也会直接影响新生劳动力的规模数量及其补充能力，所以中国需要实现以质量换规模的战略转变，通过提升人口文化素质和人力资本质量持续提升中国经济的活力与竞争能力。

一、世界级教育强国的主要标志

教育强国具有丰富的内涵，一是学术强国，二是技能强国（见图8－1）。要成为世界级的教育强国，不仅要在教育质量，特别是学术水平上进入世界前列，更要成为一个人才强国和技能强国。早在1985年，邓小平同志就明确指出："我们国家，国力的强弱，经济发展后劲的大小，越来越取决于劳动者的素质，取决于知识分子的数量和质量。"从一定视角分析，劳动者的素质，核心是劳动者的素质；知识分子的质量，核心是思想创新力、科学创新力，亦可称为学术能力。

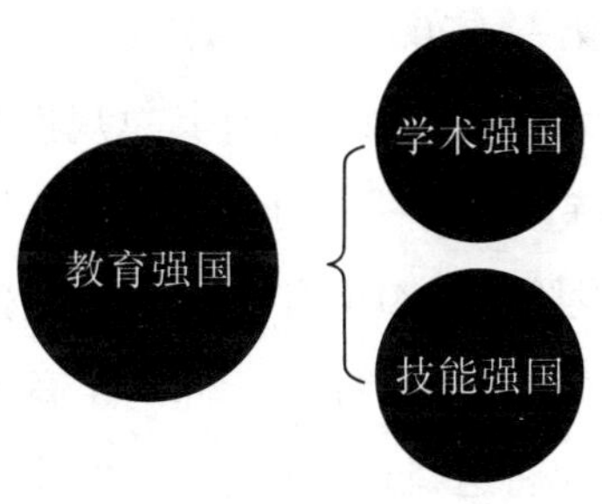

图8－1　教育强国框架图

中国是一个发展的人力资源大国，具有巨大的发展空间和成长潜力。在2020年，进入人力资源强国行列之后，这种发展空间和成长潜力仍从人力资源增量和存量两个维度持续发挥作用，并逐步使中国成为一个具有综合实力、竞争能力和国际影响力的世界级教育强国。其主要标志是：

（一）拥有世界最为强大的教育体系

中国在一个13亿多人口的大国，建立了世界最大规模的教育体系。到2030年，中国不但具有世界最大规模的正规教育体系，也将具有世界最大规模的非正规教育体系，人人学习、处处学习、时时学习的学习型社会日趋成熟。充分发挥公共教育产品的非竞争性特质，为全体公民提供普及性、高质量、包容性公共教育服务。同时，进一步提升高层次人才培养规模和培养质量。中国的教育体系和教育制度将更加完善、更加先进、更具竞争能力。未来中国将建成世界领先的教育体系、教育制度和教育发展模式。中国教育发展模式，更加深刻地影响世界，特别是发展中国家。

（二）人力资源开发进入高层次阶段

人均受教育年限是衡量一个国家人力资源开发层次的重要标准。与发达国家特别是美国相比，中国仿佛是一个“15 岁的孩子”，人力资源具有强劲的成长性。未来一个很长时期内，中国人力资源总量将继续保持世界第一。2030 年，中国总人口将保持在 14.75 亿，15 ~64 岁人口比例为67%左右，预计其总规模为97 467 万人,① 人力资源总量持续保持世界第一。同时未来十几年，中国人力资源开发将进入高层次开发阶段。2020 年，中国高等教育将从大众化阶段进入普及化阶段，按照中预测方案，2025 年高等教育毛入学率将达到55%左右，2030 年将达到60%以上。主要劳动人口中，高等教育文化程度者的比例将以每年 1% 的速度提升，到 2030 年将达到30% ~40%。人力资源规模和质量优势，将持续为中国经济发展带来巨大的“人口红利”。

（三）新增劳动力受教育年限进入第一梯队

未来10 ~15 年，是中国普及高中阶段教育的关键时期。2020年，高中阶段教育普及率大概要超过95%。同时随着学龄人口下降，高中阶段教育普及率将持续提高。这一阶段，高中阶段教育不是发展能力问题，而是发展需求和发展政策问题。建议政府持续推进高

---

① 陈卫. 中国未来人口发展趋势：2005—2050 年［J］. 人口研究，2006（4）：94.

中阶段教育发展，2030 年保持在 98% 左右。通过持续提升普及率，以增量快速增长弥补我国教育存量不足的问题。

从教育与人力资源增量分析，2025 年，中国新增劳动力受教育年限将达到 13.85 年左右，2030 年达到 14 年以上，基本与 2030 年时发达国家新增劳动力受教育年限平均水平处于同一个起点。换句话说，2030 年中国新增劳动力人均受教育水平将进入世界第一梯队，这对拥有 14 亿多人口的社会主义中国具有里程碑性的重大意义，对于世界人力资源开发同样也具有里程碑性的意义。

（四）高等教育文化程度者规模为世界第一

本研究根据 2011 年小学、初中在校生人口和出生人口规模，对我国 2030 年高等教育学龄人口进行了预测。从学龄人口变化情况看，2020—2030 年，中国高等教育阶段学龄人口将从 11 000 万减少到 7 500 万左右，进入退出比为 68%，高等教育入学压力将明显减小。如果按 7 500 万学龄人口计算，毛入学率为 50%，在校生规模为 3 750 万，只需在 2020 年在校生规模的基础上增加 200 万左右；同时伴随中国高等教育培养能力和支撑服务能力的增长，高等教育的综合实力将持续增长，为中国高等教育创造更为良好而宽松的条件。

为适应世界高等教育普及化浪潮，全面提升人力开发质量，构建知识社会，中国有必要加快实现高等教育普及化。我们对未来中国高等教育入学情况的预测，即 2020—2030 年高等教育毛入学率进行三种方案的预测：一是“低方案”，即 2030 年高等教育毛入学率为 50%；二是“中方案”，为 55%；三是“高方案”，为 60%。以 2010 年我国人口出生规模情况来预测，到 2030 年，如果高等教育毛入学率达到 50% 时，高等教育规模为 3 750 万人左右；高等教育毛入学率达到 55% 时，教育规模为 4 100 万人左右；毛入学率若为 60%，高等教育规模则需要达到 4 500 万人左右。我们预计届时高等教育毛入学率要超过60%。

（五）中国成为世界最重要的教育中心之一

2012年11月29日，中共中央总书记、中央军委主席习近平在与中央政治局常委李克强、张德江、俞正声、刘云山、王岐山、张高丽等到国家博物馆参观《复兴之路》展览时指出："每个人都有理想和追求，都有自己的梦想。现在，大家都在讨论'中国梦'，我以为，实现中华民族伟大复兴，就是中华民族近代以来最伟大的梦想。这个梦想，凝聚了几代中国人的夙愿，体现了中华民族和中国人民的整体利益，是每一个中华儿女的共同期盼。历史告诉我们，每个人的前途命运都与国家和民族的前途命运紧密相连。国家好，民族好，大家才会好。实现中华民族伟大复兴是一项光荣而艰巨的事业，需要一代又一代中国人共同为之努力。""面向世界、面向未来、面向现代化"，中国教育坚持"走出去、请进来"的双向开放战略。2030年，中国教育将更加开放，全面走向世界，实现几代人长期追寻的"中国教育梦"。中国将成为世界最重要的教育中心之一，成为世界最重要的留学生目的地国，更加积极参与国际教育事务管理、规则制定和国际化人才培养，在国际教育交流服务中发挥重要作用。

二、中国教育与人力资源开发的战略选择

战略选择是一个国家或组织在确定了总体战略后，为实现总体战略目标制定的基本策略和政策选择。战略选择与战略目标之间必须保持高度的一致性、协同性和稳定性，需要在总体思路、国家动员和资源配置方面与战略目标高度契合。习近平总书记明确指出："在传统国际发展赛场上，规则别人都制定好了，我们可以加入，但必须按照已经设定的规则来赛，没有更多主动权。抓住新一轮科技革命和产业变革的重大机遇，就是要在新赛场建设之初就加入其中，

甚至主导一些赛场建设，从而使我们成为新的竞赛规则的重要制定者、新的竞赛场地的重要主导者。如果我们没有一招鲜、几招鲜，没有参与或主导新赛场建设的能力，那我们就缺少了机会。机会总是留给有准备的人的，也总是留给有思路、有志向、有韧劲的人们的。我国能否在未来发展中后来居上、弯道超车，主要就看我们能否在创新驱动发展上迈出实实在在的步伐。”①

2030 年，中国教育与人力资源开发的总体战略选择包括三个方面：一是以速度换时间战略，二是反梯度发展战略，三是技能强国战略（见图 8－2）。

图 8－2　中国教育与人力资源开发总体战略图

（一）以速度换时间，人力资源存量整体改善

北京教育科学研究院副院长褚宏启教授在《教育现代化的路径——现代教育导论》一书中提出：“教育现代化的本质是教育现代性的增长”，“教育现代化的目标是为了促进人的现代化与社会的现代化”，“最终目标是培养现代人”。人的现代化是一个历史发展、演变和成长过程。未来 13 亿多中国人将进入教育现代化的世界潮

---

① 习近平. 把关键技术掌握在自己手里［N］. 人民日报，2014－06－29.

流，将为世界教育现代化进程做出应有的贡献。中国教育与人力资源开发的突出特点是起点低、发展快、存量不足。2015—2030 年，中国教育与人力资源开发的一个重要战略是：以速度换时间，用成长优势转化起点低、存量不足之劣势，以增量优势弥补存量短板。

一是以速度换时间，提升人口整体文化素质。加快教育与人力资源开发，用比较优势克服“战略短板”。中国第六次人口普查数据统计表明，15 岁以上人口人均受教育年限为 9.10 年，接近发达国家 1990 年 9.56 年的平均水平，中国人力资源整体开发水平与发达国家相差超过 20 年。以中国人均受教育年限年均增长 0.131 年，发达国家平均年增长 0.038 年测算，中国有望在 2030 年前后达到发达国家 2010 年人均受教育年限的平均水平（11 年以上）。

二是以速度换时间，进一步扩大局部超越成果。2010 年，中国城市人口人均受教育年限（11.29 年）已经超过 24 个发达国家平均水平（11.03 年），2030 年，中国城市人口规模将接近 9 亿，超过所有发达国家人口总和，届时中国城市人均受教育年限也将持续超过发达国家。中国在保持人力资源第一大国的同时，教育与人力资源开发水平明显提升。

三是以速度换时间，高层次人才拥有量世界第一。高层次人才是衡量一个国家综合实力的重要指标，实现高层次人才规模与质量的战略追赶是未来中国教育与人力资源开发的战略任务。到 2030 年，中国具有大学以上文化程度人口规模达到 2.9 亿，一流大学建设有望进入世界排名前 20 位。

一个国家或地区的人力资源状况受两个方面影响：一是人力资源正资产，指高水平、高质量的人力存在；二是人力资源负资产，指低水平、低质量的人力存在。人力资本改善可以分为三种渠道：第一，新增劳动力的进入；第二，存量资本的改善；第三，存量资本的退出（见图 8－3）。仿佛是一杯水，正资产如同人力资本含量较高的水，负资产如同人力资本含量较低的水。新增劳动力接受教育水平较高，较浓的水不断涌入补充；老年人口接受教育水平较低，由于死亡率的作用，较淡的水不断流出减少，两者的互换形成一种“倍增效应”。处于起飞阶段的发展中国家，人力资源结构不断改善，为未来经济发展储备人力资源能量。

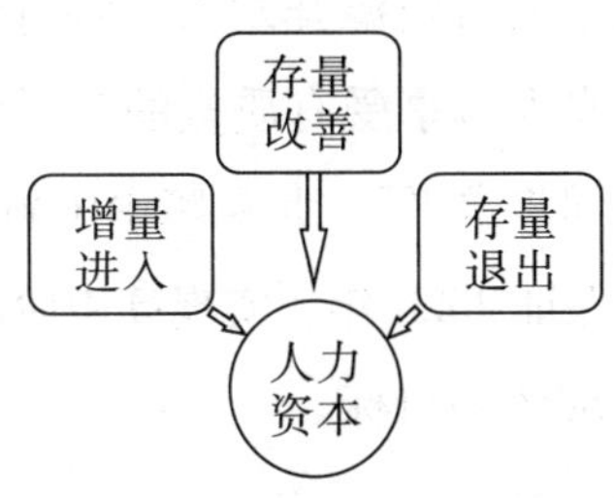

图8－3　人力资本改善模型

人口学家和教育学家同时发现一个现象：发展中国家人均受教育年限增长快于发达国家。但是，尚没有一个学者和一种理论科学地解释这一现象。新进入的人力资本人均受教育水平处于最高水平，而退出的存量部分则处于开发水平最低水平，两者的差异越大，改善越明显，反之亦然。2004 年，笔者与杨晓明教授在《中国人口文化素质报告》中提出了“人力资源开发阶段理论”，即人均受教育年限 8 年以下，为人力资源开发低层次阶段；8～10 年，为人力资源开发中层次阶段；10～12 年，为人力资源开发中高层次阶段；12 年以上，为人力资源开发高层次阶段。四个阶段的开发动力，分别是扫盲和小学教育、中等教育、高等教育和继续教育。那时提出的理论没有注意到低层次人力资本退出对于改善人力资本存量的巨大作用，因此具有一定的不足。依据图 8－3 所示的人力资本改善模型，现提出一种“人力资本改善理论”：总体而言，人力资本开发第一动力来源于新增劳动力受教育水平的提升，即新增机制；人力资本开发第二动力来源于存量人力资本受教育水平的改善，即改善机制；

人力资本开发第三动力来源于存量人力资本负资产的退出，即退出机制。

第一，新增机制。中国教育发展的主要动力将从普及基础教育向普及学前教育和普及高等教育两端拓展。2010 年，中国 20 岁人口人均受教育年限达到 11.37 年，是中国受教育水平最高的年龄群体。从数据分析，中国未来人力资源开发水平将持续提升。让所有学龄人口，特别是 0～18 岁人口享受有质量的公平教育，使其受教育年限与发达国家“处于同步水平”，是保障中国新生人力资源开发水平的关键。所以，必须保证 2020 年，实现高中阶段毛入学率 95% 左右和高等教育毛入学率 50% 的目标。

表 8－2　2010 年中国 20～29 岁人口受教育程度基本情况

年龄/岁	不同受教育程度人口占比/%							人均受教育年限/年
	文盲	小学	初中	高中	大专	本科	研究生	
20～24	0.53	6.82	46.58	20.72	13.77	10.97	0.613	11.14
20	0.46	6.56	42.27	23.49	14.99	12.18	0.038	11.37
21	0.49	6.25	44.02	21.07	14.96	13.06	0.158	11.37
22	0.54	6.78	46.83	20.17	13.46	11.63	0.590	11.15
23	0.56	7.09	49.68	19.65	12.74	9.19	1.091	10.94
24	0.62	7.55	51.10	18.72	12.35	8.31	1.341	10.82
25～29	0.76	8.56	52.18	17.92	11.07	8.28	1.220	10.65
25	0.71	8.06	52.24	17.83	11.72	8.16	1.291	10.71
26	0.72	8.21	52.56	17.40	11.37	8.50	1.241	10.69
27	0.76	8.33	51.97	17.73	11.23	8.74	1.240	10.70
28	0.76	8.64	51.79	18.25	10.91	8.44	1.206	10.66
29	0.84	9.55	52.41	18.37	10.15	7.56	1.123	10.51

第二，改善机制。这是指通过在职的继续教育和终身学习，不断改善和提升现有劳动力人力资本含量的机制。重视人力资源的增量，更要重视人力资源的存量。增量是未来生产力，而存量则是现实生产力。没有人力资源存量的提升和改善，就会直接影响中国的经济增长、产业发展和社会稳定。

第三，退出机制。这是指人口自然死亡机制，产生的低素质人口不断减少，整体人力资本不断改善的机制。以我国老龄人口中的文盲为例，2010 年，全国 65 岁及以上人口总数为 11 892. 72 万人，其中文盲人数为 3 337. 65 万人，占 28. 06%。65 岁及以上各年龄段人口文盲率均高于 15%，并呈现梯形上升趋势，85 岁及以上人口文盲率高达 52. 85%。65 岁及以上人口文盲人数占全国 15 岁及以上文盲人数的 53. 71%。预计，这部分 65 岁以上的人口在未来 20 ~25 年将绝大部分退出。

人类发展指数进入高指数国家行列。联合国开发计划署首次公布了人文发展指数（HDI），将经济指标、社会指标和人文指标相结合，揭示了经济增长与社会发展的发展水平和不平衡性。人文发展状况，即人的健康长寿、受教育机会、生活水平、生存环境和自由程度等指标的综合发展状况，是衡量一个国家综合国力和人口发展水平的重要指标。《2014 年度人类发展指数》报告显示，挪威排名第一，美国排名第五。在亚洲国家或地区中，新加坡排名最高，为第九名。中国香港特区排名第 15 位，中国大陆排第 91 位。

（二）从梯度发展战略向“反梯度发展战略”转变

由于资源短缺，改革开放以来，为加快发展，实现战略追赶，中国长期实施梯度发展战略。这一战略较好地解决了战略目标与战略资源之间的关系问题，在较短时间内大大缩小了与发达国家教育发展存在的历史差距，初步实现了对于发达国家的局部跨越。梯度推进是中国教育发展长期坚持的政策方向。常言道，成也萧何，败也萧何。梯度发展战略在取得空前巨大成功的同时，也在不知不觉中酝酿着另一种潜伏的战略危机：发展差距。

传统的梯度发展战略，是以区域经济社会发展条件为基础确定优先级的教育战略推进方法，即经济发达地区率先实现基本扫除青壮年文盲和普及九年义务教育的国家目标，中等发达地区和欠发达地区逐步实现扫除文盲和普及九年义务教育的目标。所谓“反梯度发展战略”，则是以共同发展思想为指导，改变传统思维习惯、政策导向和投入方向，将最贫困地区作为教育与人力资源开发优先投入重点的战略推进模式，是由远及近、由农村到城市、由贫困地区到富裕地区，由此实现贫困地区教育优先发展和人力资源优势开发。这是一个重大的战略转变，是发展思想和发展模式的战略转变。

第一，实施反梯度发展战略，要改变以城市为中心的传统思维习惯，将农村地区、贫困地区和民族地区教育作为未来发展重点、政策重点和国家投入战略重点。正如习近平总书记在中央经济工作会议上所说：“扶贫工作事关全局，全党必须高度重视。要让贫困家庭的孩子都能接受公平的有质量的教育，不要让孩子输在起跑线上。”

第二，实施反梯度发展战略，要改变传统的教育文化增长方式，改变传统的生存方式、生活方式和生产方式，以人力资本投资带动贫困地区经济社会发展，实现经济、社会、文化和教育跨越发展。

第三，实施反梯度发展战略，就是要在国家支持下，让贫困地区、边远地区和少数民族地区率先实现国家目标，如普及 15 年教育和免费 12 年义务教育的目标。

（三）实施技能强国战略，建设教育强国

中国将提高教育质量和技能水平作为教育发展优先领域，实施技能强国战略。中国已经具有成为教育强国的所有基本特质：一是

中国拥有一个世界最大规模的现代教育体系，二是中国建立健全了世界大国教育发展的基本制度，三是中国教育改革和发展取得了公认的世界性成就。

技能人才是实现“2025 中国制造”和建设创新型国家的重要基础，技能强国是建设教育强国的战略选择。建设教育强国，关键是要实现教育发展方式和人才培养模式的战略转型。未来我国教育发展要从以扩大教育参与机会为主、实施技能强国战略，实现从人口大国向人力资源大国转变的发展阶段，进入以增强人力资源竞争力为核心，谋求建设教育强国和人力资源强国的新阶段。大是基础，强是目的。实施技能强国战略的价值取向体现在两个转变：在教育发展重点方面，从以关注规模增长和教育机会供给为重点，向更加关注教育质量和人的培养质量转变。在教育质量方面，在重视国家统一的质量标准的同时，更加关注特色、优质和多样化学校的建设，建立统一与多元结合、多样化与个性化相统一的教育发展模式。全面提升全体公民技能水平，是服务产业结构转型升级、调整优化教育结构的根本之策。

三、“十三五”期间的教育发展主要目标

“十三五”时期，教育改革发展的总体目标是：建立健全覆盖城乡的基本公共教育服务体系；全面普及有质量的 15 年教育，逐步实施 12 年免费教育；教育公平水平持续提升，教育质量全面提高；教育信息化和教育互联互通水平整体提升，教育国际影响力和竞争力明显增强。到 2020 年，基本实现教育现代化，进入人才强国和人力资源强国行列。具体量化指标为：

学前教育实现高水平普及。实施一年免费学前教育。幼儿在园人数达到4 400万人以上，学前3年毛入园率接近90%。

义务教育达到高水平均衡。义务教育巩固率达到95%。贫困地区教育发展水平大幅提升，城乡之间、区域之间的教育差距明显缩小。

高中阶段教育达到发达国家平均普及水平。高中阶段毛入学率达到90%以上，大幅提升农村地区入学水平，适度提升中等职业教育发展层次。

高等教育普及水平持续提升。科学调整高等教育布局结构；应用技术本科和高等职业教育比重达到80%；高等教育毛入学率达到45%以上，发达地区高等教育发展进入普及化阶段。

学习型社会框架基本形成。基本形成学习型社会制度框架和评价体系。从业人员继续教育参与率达到50%以上，经常性参加教育活动的老年人口比例达到20%以上。

教育国际化水平明显提升。实施教育丝绸之路计划，完善"留学中国计划"布局，培养能够参与国际竞争的高层次人才，国际教育竞争力和影响力进一步增强。

人力资源质量全面提升。主要劳动力人均受教育年限达到11.5年，大学以上文化程度者规模达到1.9亿人左右，专业人才总量达到7 500万人左右，R&D人员全时当量达到500万人/年，技能人才总量达到1.7亿人左右，高技能人才总量达到4 700万人左右，人才贡献率达到35%。

人力资本投入主要指标——人力资本投入超前系数年均增长4.5%，财政性教育经费占GDP比例达到4.5%。合理调整教育经费支出结构。

全面深化教育综合改革，实现国家教育治理体系和治理能力现代化。全面推进教育治理体系信息化建设，提升教育治理的系统性、整体性、协同性，实现教育管理现代化。

表8-3　“十三五”教育事业发展和人力资源开发主要目标

主要指标	2015 年	2020 年
学前教育		
幼儿在园人数/万人	4 133	4 411
学前三年毛入园率/%	86.05	88.0
九年义务教育		
在校生/万人	14 130	15 018
巩固率/%	92.6	95.0
高中阶段教育		
在校生/万人	4 162	4 126
其中：中等职业教育（中职+技校）/万人	1 723	1 875
毛入学率/%	89.15	92.0
高等教育		
在学总规模/万人	3 550	3 850
在校生/万人	3 484	3 667
其中：研究生（硕士+博士）/万人	190.2	213.4
毛入学率/%	40.0	50.0
继续教育		
从业人员继续教育/万人次	29 000	35 000
人力资源开发		
新增劳动力平均受教育年限/年	13.3	13.5
其中：受过高中阶段及以上教育的比例/%	87.0	90.0
20~59 岁人口中主要劳动年龄人口平均受教育年限/年	10.12	10.59
其中：受过高等教育的比例/%	16.86	22.28
20~59 岁人口中具有高等教育文化程度的人口数/万人	14 179	18 643

第二节 中国教育发展的重点任务

中国的国家战略目标是到2020年全面建成小康社会，到2049年建成富强、民主、文明、和谐的社会主义现代化国家。党的十八届三中全会报告明确提出："实现发展成果更多更公平惠及全体人民，必须加快社会事业改革，解决好人民最关心最直接最现实的利益问题，努力为社会提供多样化服务，更好满足人民需求。""政府要加强发展战略、规划、政策、标准等制定和实施，加强市场活动监管，加强各类公共服务提供。"① 李克强总理进一步强调指出："用好我国人力资源这个最丰富的'本钱'。尊重知识、尊重人才，使创业创新者贡献有回报、权益有保护、社会有地位，增强全社会持久创新的动力，在创业创新实践中造就高素质的人才大军。"② 芬兰教育部部长更为直接地指出："我认为，重要的是：我们所致力的进一步促进教育与完善我们国家的教育体系，是为了保障每一个社会成员能够享有优质教育。这个体系，能让所有人获得知识与技能，使他们作为公民主动参与并在就业市场中获得成功。"③ 中国是世界第一人口大国，中国是一个发展中的教育大国，承担着世界1/5人口的教育与人力资源开发使命。教育发展依然是21世纪中国教育的首要主题。构建世界最大规模的公共教育体系，是中国人口发展的必然要求，也是中国经济社会发展的必然要求。

---

① 中共中央关于全面深化改革若干重大问题的决定［M］. 北京：人民出版社，2013：18，42.

② 李克强在出席国家科技战略座谈会时强调：用好人力资源这个最丰富的"本钱"［EB/OL］.（2015－07－29）. http：// www. moe. edu. cn/jyb_xwfb/s6052/moe_838/201507/t20150729_196343. html.

③ 欧洲教育部长理事会：面向所有人的优质教育［R］. 教育部国际合作与交流司. 国外教育调研材料汇编. 未出版.

一、家庭教育

在中共中央、国务院召开的2015年春节团拜会上，中共中央总书记、国家主席习近平强调："中华民族自上而下以来就重视家庭、重视亲情。家庭是社会的基本细胞，是人生的第一所学校。不论时代发生多大变化，不论生活格局发生多大变化，我们都要重视家庭建设，注重家庭、注重家教、注重家风，发扬光大中华民族传统家庭美德，促进家庭和睦，促进亲人相亲相爱，促进下一代健康成长，促进老年人老有所养，使千千万万个家庭成为国家发展、民族进步、社会和谐的重要基点。"① 将家庭教育纳入现代教育体系，建立庞大、灵活和包容的现代化教育体系，是未来中国教育的重大使命。

一是庞大的教育体系。现代教育体系首先要向家庭教育和社会教育延伸，建立家庭教育、学校教育和社会教育一体化体系。

二是灵活的教育体系。建立正规教育与非正规教育相互衔接、转换的终身学习立交桥，实现学习者学习时间、学习内容和学习方式的灵活性与自主性，方便专业转换、学校转换；推进工学结合和工学转换。

三是包容的教育体系。从以教师为中心，转向以学生为中心，建立学习共同体，学生、家庭、教师和社会共同参与。

四是恢复家庭教育文化。建立家庭教育服务体系，促进家庭教育专业化、科学化。整理、研究和吸收传统优秀家庭（家族）教育文化，创立中国特色家庭教育理论与模式。

二、学前教育

教育部副部长刘利民表示，全面实现《国家中长期教育改革和

---

① 习近平春节团拜会讲话：重视家庭建设[EB/OL].(2015-02-18).http://finance.ifeng.com/a/20150218/13509988 0.shtml.

发展规划纲要（2010—2020 年）》确定的基本普及学前教育的目标，从根本上解决“入园难”“入园贵”的问题。① 一是用 3 年左右的时间，以扩大资源为主，首先缓解“入园难”；二是再用 3 年左右的时间，在继续扩大资源、解决“入园难”的同时，加快构建学前教育成本分担和运行保障机制，实现“上得起”；三是用 3～4 年的时间，完善体制机制，实现科学保教制度化，到 2020 年在全国基本普及“有质量”的学前教育。2020 年，全面普及三年学前教育，毛入园率达到 95% 左右，基本实现为每一个适龄儿童提供有质量的学前教育的目标。

一是逐步实现免费一年学前教育。2020 年前，中国将有可能实现免费一年学前教育。

二是全面提升学前教育质量。坚持玩中学、学中玩的教育理念，严禁学前教育课程化，避免小学化倾向。建立健全覆盖城乡各类幼儿园的学前教育教研网络，完善区域教研和园本教研制度。

三是建立激励性学前教育投资机制。要优化我国学前教育财政投入结构与方式，以普惠和质量为基本价值取向，打破公办、民办壁垒，实现学前教育财政经费使用的最大化，促进学前教育公民发展与普及。每年有不低于 25% 的新增学前财政经费作为倾斜性投入，重点发展各类薄弱公办与民办幼儿园。

三、基础教育

世界银行专家建议中国政府采取两个教育战略：一是确保有足

① 2013 年全国共有幼儿园 19.86 万所，比 2010 年增加 4.82 万所，增长了 32%；在园幼儿达到 3 895 万人，比 2010 年增加 918 万人，增长了 31%。全国学前三年毛入园率达到 67.5%，比 2010 年增加了 10.9 个百分点。再经过 3 年努力，在全国范围内基本建成覆盖城乡、布局合理的学前教育公共服务网络，基本解决“入园难”“入园贵”的问题。

够资源帮助贫困农村地区教育，向全民提供更多的高质量基础教育机会；二是鼓励城市和沿海地区更好地提高教育质量。

将延长义务教育年限提上议程。义务教育制度是国家依照法律的规定对适龄儿童和青少年实施的一定年限的强迫教育的制度，其特点是强制和免费。2010 年，134 个中等收入及以上国家和地区，义务教育平均年限为 9.48 年。其中义务教育年限最短的为 5 年，这样的国家有 2 个，最长为 14 年，这样的国家有 2 个；有 46 个国家和地区为 9 年，26 个国家为 10 年，两者合计 72 个，占总数的 53.73%。实施 5～9 年义务教育的国家和地区有 72 个，占总数的 53.73%；实施 10～14 年义务教育的国家和地区有 62 个，占总数的 46.27%，其中实施 12 年及以上义务教育的国家有 20 个，主要为少数发达国家及经济条件好的小型国家。①

义务教育的发展目标是：到 2020 年，全面提高义务教育普及巩固水平，全面提高治理水平，全面提高教育质量，率先在县域内实现义务教育基本均衡发展，县域内学校之间差距明显缩小。九年义务教育巩固率达到 95%，实现基本均衡的县（市、区）比例达到 95%。

2020 年实现义务教育均衡发展。2000 年，中国正式实现了基本普及九年义务教育。2014 年，我国小学净入学率为 99.80%，初中毛入学率为 103.5%，义务教育巩固率为 92.6%。人民群众希望接受更加公平、更高水平和更高质量的义务教育。延长义务教育年限成为重要的政策话题，被提上议事日程。一般而言，延长义务教育年限有两个方面：一是向上延伸，二是向下延伸。在延长的时限上，一种是“一步到位”，另一种是逐渐延长。对此，学术界和政策研究部

① 陈金芳，刘巧利. 我国义务教育年限的国际比较［J］. 教育研究，2015（1）：143.

门有两种意见：第一，将中国义务教育年限延长为 12 年，其好处是可以在修改义务教育法时以法律形式准确固定下来，便于今后逐步加以实施；第二，将中国义务教育向下或向上延长 1 年，有利于根据中国现有教育普及水平、综合国力和教育支撑能力，保障实施水平和实施质量。

义务教育制度的改革，是一场具有根本性、深远性意义的战略性改革。“十三五”期间，延长义务教育年限的问题肯定要进入规划视野，并确定延长的时限和方向。义务教育年限的延长，将对中国整体教育体系、教育制度、教育资源分配和人口文化素质产生深刻而长远的积极影响。

在组织实施的重大工程项目中，加大对革命老区、民族地区、边疆地区、贫困地区的倾斜力度，推动义务教育学校标准化建设。适应城镇化发展和生源变化趋势，科学合理规划学校布局，采取新建、扩建、改建学校和学生分流等措施，逐步化解县镇大校额、大班额现象。《中国留守儿童心灵状况白皮书（2015）》调查表明，中国约有 6 100 万名留守儿童，其中有 1 000 万名儿童一年到头见不到父母。

实施“乡村教育发展计划”。建立乡村教育优先保障机制，全面加强乡村学校、幼儿园建设。建设好 800 所乡村高中学校。支持培养乡村教材，传承和发展乡村文化。在中国农村实现最好的房子是学校的目标，让农村孩子在享受现代教育的同时，看得见乡景，听得到乡音，体会得到乡愁。

设立“中国基础教育研究项目”，科学评估中国基础教育发展水平，研究中国基础教育发展道路和发展模式，总结发展中国家特别是中国基础教育的成功经验，提供理论支撑和普世价值。启动参与制定“全球义务教育学习标准”。推广中国中小学课程，组织翻译中国中小学教材。

持续保持基础教育世界领先地位。义务教育是面向全体适龄儿童、少年的基本公共服务，提供基本均衡的义务教育是政府的法律责任，每一个适龄儿童、少年都应该享有接受质量合格的义务教育的平等机会。2021 年或是 2024 年，中国基础教育的学生有可能全部参加国际数学和科学测试（PISA），向世界全面展示中国基础教育的成就。

增强中国义务教育国际影响力。筹建“全球中小学教师培养培训中心”。建立以上海、北京、伦敦为引领，未来涵盖北美、非洲、大洋洲和拉丁美洲的全球教师培养培训中心。以优秀中小学为载体，设立 200 个教师培训基地，其中中国包含 100 个，各个国家和地区设点 100 个，面向全球招收和培训影子校长和影子教师。

四、职业教育

建成中国特色现代职业教育体系。实施“技能强国”战略。技术技能是行业企业发展的基础工程，技能强则企业强，企业强则国家强。没有技能的国家是没有竞争力和没有希望的国家。在全社会树立有技能光荣、学技能光荣的风尚，鼓励青年学习技术技能，创新技术技能。2030 年，将中国建设成为技能传承、技能培养和技能人才培养强国，成为全球技术和技能发展的依靠力量。

转变对劳动和职业教育的看法。习近平总书记在“五一节”讲话中指出：“伟大的事业需要伟大的精神，伟大的精神来自于伟大的人民。我们一定要在全社会大力弘扬劳模精神、劳动精神，大力宣传劳动模范和其他典型的先进事迹，引导广大人民群众树立辛勤劳动、诚实劳动、创造性劳动的理念，让劳动光荣、创造伟大成为铿锵的时代强音，让劳动最光荣、劳动最崇高、劳动最伟大、劳动最美丽蔚然成风。要教育孩子们从小热爱劳动、热爱创造，通过劳动和创造播种希望、收获果实，也通过劳动和创造磨炼意志、提高自己。”① 实现劳动者体面地生存、工作和生活。

建立学校与企业一体化的学习体系。企业是现代技术技能的发源地。改变传统的教育基因和学习方式，将企业纳入社会学习体系之中加以建设。鼓励企业面向社会开放，探索建立新型的学校与企业、社会与企业、家庭与企业关系，探索建立行业学院、企业学院、学校—企业创新协作平台等多种新型职业教育形态。推进并实施企业培训中心进校园计划。建立全面开放、企业主导、大学和职业学校参与的现代职业教育资源中心、课程体系和工程中心。积极探索学徒式职业教育形式。

改变和革新职业教育与培训形态。以终身教育为理念、以微信为主要载体，建立庞大的现代职业教育系统，将企业愿望需求、物质精神生产、人才培养、专业设置和教育资源联系在一起，并形成全新的互动关系。深化学徒制度改革，建立现代学徒制度文化。建立企业—学校创业网络社区，扩大技术技能产权保护与分享。与小企业建立密切的职业教育关系，重视小众职业教育需求和市场开发。探索项目教学方式，满足中小微企业员工终身学习需求。

全面将职业教育纳入终身教育立交桥。积极适应第三次工业革命发展趋势，针对我国产业高端化与劳动力低端化之间的矛盾，逐步提升职业教育重心，适时适度提升职业教育培养层次。促进中等职业教育与高等职业教育衔接，扩大中等职业学校学生升学比例，率先在发达地区建立以高等职业教育为主体的现代职业教育体系。

大力推进智慧职业教育与培训计划。加大职业教育信息一体化建设，建立学校教育资源与企业教育资源共享制度机制。将企业需

---

① 习近平发表“五一”讲话：民生在勤 勤则不匮[EB/OL].(2015-04-29).http://www.china.com.cn/cppcc/2015-04/29/content_35450730-2.htm.

要信息、学校专业设置信息、学校招生信息和教育教学、教师发展信息纳入职业教育信息网。在建设全国教育信息网的同时，扩大现代企业与现代职业学校合作试验空间，建立区域职业教育信息化平台，更深程度地与区域经济、企业和产业融合。鼓励民营企业建立创新学院，为企业和社会培养技能型人才。

恢复建立行业企业发展和支持职业教育的机制。发挥行业企业在职业教育发展中的核心作用。参与技能人才培养标准、课程标准和教材设置。实施职业教育大区计划，确立东北地区、西北地区、京津冀地区、长三角地区、珠三角地区和成渝地区等职业教育培养培训基地，建立覆盖全国城乡的职业教育基地。

进一步扩大企业在培养人才方面的社会责任。企业是技术技能进步的重要园地，最先进的技能教育和技能培训在企业。企业教育化、学校企业化是职业教育未来发展的必然趋势。所有企业具有培养技术技能人才和为社会提供教育资源的社会责任，所有学校都具有培养企业精神和企业人才的重要职责。发挥社会服务企业在职业教育和职业培训中的作用。

采取切实措施加强在职教师队伍建设。企业是“师傅”的内生地，也是现代职业教育教师的原发地。现代职业教育教师队伍培养必须与企业建立最为密切的联系。建立学校与企业一体化的教师教育和培训制度，全面提升职业教育队伍的国际化水平。

五、高等教育

中国要建设成为高等教育强国，第一步是到建党一百年时，初步建成几所具有鲜明中国特色的世界一流大学和一批一流学科；第二步是到中华人民共和国成立一百年时，若干所大学和一批学科进入世界一流行列。

一是2020年实现高等教育普及化。2015年，中国高等教育毛入学率达到40%，提前实现了《国家中长期教育改革和发展规划纲要(2010—2020年)》规划目标。2020年前后，中国将进入高等教育普及化阶段。进入21世纪第三个十年，高等教育将成为中国教育发展的关键推动力量。2010—2020年，大学学龄人口规模将持续下降，发展特点是规模下降、支持能力增强、发展水平呈上升趋势，全国各省市大众化水平将可能达到40%～50%。从总体趋势上，中国高等教育将从数量增长型向质量效益型转变，教育质量将成为中国高等教育的主要矛盾的主要方面。

预计中国高等教育将在2020年前实现毛入学率达到50%左右的目标，2025年毛入学率将达到55%左右，实现高等教育的普及化。2030年，中国高等教育毛入学率将达到60%以上。积极探索中国高等教育大众化的发展模式，实现高等教育与经济社会的良性循环，不断完善中国特色现代高等教育，为国家创新驱动发展提供人才支撑。

高等教育普及化为两个文明提供更强有力的人才和智力支持。高等教育大众化和普及化过程实际上是一个教育民主化的过程，这一过程的特点就是原来集中于部分人群身上的接受高等教育的特殊权力，渐渐转移到社会各种利益集团及个体身上，这不仅使高等教育有了更广阔的发展前景和更大的发展机会，而且使高等教育发展有了更加广泛的支撑力量。

高等教育普及化为中国经济发展提供新的增长点。我国劳动力相对过剩，尽管国家制定了“以就业为中心的经济战略”，仍不能完全解决劳动力市场供大于求的矛盾。单从就业角度分析教育的功能，教育既提供就业机会，又可以延缓就业。适当延长学习时间，可以延缓就业，增加就业机会，为经济发展提供一个宽松的劳动力市场环境。教育消费已经成为新的消费热点和消费增长点。

背景资料

中国高等教育普及化预测

与发达国家相比，中国属于后发国家。战略追赶，是中国教育包括高等教育发展的总体战略。即使在“十三五”规划中设定2020年高等教育毛入学率达到50%的目标，中国高等教育普及水平仅相当于美国在1971年、加拿大在1980年和其他主要发达国家在20世纪90年代中期的普及水平。

表8－4　中国与主要发达国家高等教育普及化历程比较

国家	高等教育普及时限			高等教育毛入学率/%	
	毛入学率达5%	毛入学率达15%	毛入学率达50%	2000年	2010年
美国	1911年	1941年	1971年	73	95
澳大利亚	1960年	1970年	1992年	63	80
韩国	1966年	1980年	1995年	72	103
英国	1954年	1970年	1996年	59.5	59
德国	1960年	1970年	1996年	50	74
日本	1947年	1963年	2003年	48	60
中国	1993年	2002年	2020年	11.5	26.5

资料来源：高书国．后普及教育：知识社会的国家战略［M］．北京：高等教育出版社，2007：42.

跨越发展是中国高等教育普及化的必然选择。按照高等教育普及水平的阶段分析，毛入学率从5%上升到15%，美国用了30年，英国和日本均用了16年，韩国用了14年，德国和澳大利亚均用了10年，主要发达国家平均用了17.29年，实现了高等教育大众化。从大众化到普及化，美国用了30年，日本用了40年，英国和德国分别用了26年，澳大利亚用了22年，韩国用了15年，平均用了26.5

年。相比之下，中国高等教育毛入学率长期徘徊在精英阶段。而从毛入学率5%提高到15%，仅用了10年的时间，中国高等教育实现了“大众梦”。2002—2020年，中国将花18年时间，实现高等教育普及化战略目标。

中国高等教育大众化—普及化进程可以分为五个阶段：①超低速发展阶段（1949—1992年），又称超精英阶段，高等教育毛入学率在3%以下。②低速发展阶段（1993—1998年），又称准精英阶段，高等教育毛入学率从5%提高到10%左右。③中速发展阶段（1999—2002年），又称前大众化阶段，高等教育毛入学率从10%提高到15%。④高速发展阶段（2003—2015年），高等教育毛入学率达到40%，进入高水平大众化阶段。⑤平衡发展阶段（2016—2020年），以年均增长低于2%的速度，从高水平大众化进入高等教育普及化阶段。

二是调整高等教育人才培养结构。加强和改善教育与人才供给，是中国教育适应经济供给侧改革的重要措施。要全面加强创新型、应用型、复合型、技术型人才培养，全面提升高等教育对现代化产业体系和公共服务体系的支撑能力。

调整人才类型结构。围绕新一代信息技术、智能制造、新材料、新工艺等战略新兴产业，鼓励科教融合、产教融合和学科融合。加快高等教育教学综合改革，着力培养高层次应用型人才。面向国际产业布局，重点培养国际贸易、国际物联网、国际航运海运等方面需要的高层次复合人才。面向社会建设需要，重点扩大生态环境保护、防灾减灾、文化创意产业、健康产业领域的招生规模，培养各类急需紧缺人才。全面提升技术技能人才的培养能力和水平，继续发展专业学位研究生，实现学术型与专业型硕士培养规模大体相当。

调整人才层次结构。高等教育专、本、研的招生层次结构要由

2014 年的 43.1∶48.9∶7.9，调整为 45∶45∶10 左右。博士研究生与硕士研究生比例（2014 年博士在学人数为 31.3 万人，硕士在学人数为 153.5 万人），要从 2014 年的 1∶4.9 调整为 1∶4。2020 年，博士在学人数达到 40 万人规模，硕士在学人数达到 160 万。进一步提高博士研究生培养质量，缩小与发达国家特别是美国在研究生培养规模方面的差距，提升基础学科拔尖创新人才培养水平。

调整人才区域结构。区域人才培养能力和人才存量，是区域性人力资源差距的最关键要素。加强中央对中西部地区高等教育发展的规划支持、政策支持和财政支持力度，大力支持民族地区高等教育发展和高层次人才培养。加快实现地方高等学校转型发展。直击国家和地方产业转型重点领域及重点方向，面向公共服务发展需要，选择一批地方普及高等学校向应用技术类型高等学校转型，培养一大批具有理论水平和实践能力的高层次应用技术人才。

三是全面提升高等教育培养质量。中国对发达国家的赶超是一个长期的历史过程，从规模增长到质量提升是中国建设高等教育强国的必然选择。建立与高等教育大众化发展阶段和经济社会发展相适应的人才培养模式，创新人才培养机制，全面推进高等教育内涵式发展。高度重视培养大学生的企业家精神和创业能力。

大学科学研究是知识创新的源泉，巩固和强化高等学校在国家创新体系中的主导地位。大学承担着基础研究的重要使命，是知识创新的主体。正确处理大学在知识创新中的主导地位和企业的主体作用。以大学科技园为载体，协同国家实验室、产业部门、研究机构、行业联合会等机构，构筑宏观与微观相结合的创新系统，加强基础科学和跨学科领域研究。从文明发展、社会利益和国家目标出发，发挥大学在基础研究、自由探索方面的优势，鼓励大学知识创新。通过建立科技交流平台、人才培养平台和合作研究网络，促进创新思维、创新目标和创新成果的产生。

大学是高技术企业成功孵化的重要因素。加强大学与行业、企业之间的联系与合作，促进协同创新、合作研究和技术转移。通过大学为企业提供咨询服务、科学成果的合作发表、建立产业研究联盟、成立大学—企业合作研究中心等多种形式，进一步完善合作体制和机制，提升协同合作发展水平。企业在新技术发明与应用、新产品和新流程开发、新组织与管理方法的实践等方面，发挥关键核心作用。

四是加快优化高等教育学科专业结构。努力适应经济社会发展需要，增设和扩大与战略新兴产业、先进制造业、现代交通运输、现代信息技能、现代服务业和现代农业相关的学科专业。

五是全面提升高等教育创新能力。习近平总书记指出：“中华民族是富有创新精神的民族。我们的先人们早就提出：‘周虽旧邦，其命维新。’‘天行健，君子以自强不息。’‘苟日新，日日新，又日新。’可以说，创新精神是中华民族最鲜明的禀赋。”① 要全面加强高等学校创新文化建设，建设与国际化接轨、有中国特色的现代大学制度，实施好“2011 计划”，重视人才培养的特色化和个性化，培养高端创新人才，好促进全民创业和大众创新。

六是持续加强世界一流大学建设。大学如树，建设一流大学如同培育大学之树，既需要投入，更需要成长的时间。第一批重点建设的 9 所“985”高等学校（简称 G9），占全国高等学校数量的不到 1%，而长江特聘教授占高校总数的一半以上，杰出青年基金获得者超过 60%，重点实验室约占近 50%，年科研经费约占 1/3，在校硕士生占 20%，博士生占 30%。进入 21 世纪以来，中国大学整体建设水平全面提升，大学研究能力和综合竞争力持续提升。从近些年的“QS 排名”和“THE 排名”来看，北京大学、清华大学、复旦

---

① 习近平. 在中国科学院第十七次院士大会、中国工程院第十二次院士大会上的讲话[EB/OL].(2014-06-09). http://cpc.people.com.cn/n/2014/0609/c64094-25125270.html.

大学、上海交通大学、中国科学技术大学、南京大学几乎一直位列前200名。① 争取到2030年，中国有5~6所大学进入世界大学排行榜前30名，其中北京大学和清华大学进入世界排名前20名，甚至有可能接近前10名。

七是实施人力资源持续开发计划。普通学校是全民终身学习的最重要参与者。实施人力资源持续开发计划，重点提高9.2亿名在职人员的知识水平、工作技能和学术层次。高等学校向在职人员提供终身学习课程，实施职业伴随式大学教育和科学研究型继续教育。面向企业，开展"骨干工程师培训计划"，促进高等学校与企业之间的教育合作。

六、研究生教育

高层次人才是一个国家和地区的最优质资源，也是人类生存、生产和发展的共同资产。习近平总书记强调指出："'致天下之治者在人才。'人才是衡量一个国家综合国力的重要指标。没有一支宏大的高素质人才队伍，全面建设小康社会的奋斗目标和中国民族伟大复兴的中国梦就难以顺利实现。"② 2014年，中国在校研究生有180万人，其中博士生有近30万人。中国研究生教育的整体学科水平显著提高，在全球500多个学科进入基本科学指标数据库（ESI）前1%的排名中名列第六，50多个学科进入世界同类学科前列，部分进入世界一流。刘延东副总理强调指出："总的看，研究生教育是国家

---

① 在高等学校排名方面，国际上影响较大的是《泰晤士报高等教育》(Times Higher Education) 发布的世界大学排名（简称"THE排名"）和英国QS (Quacquarelli Symonds) 公司发布的世界大学排名（简称"QS排名"），中国上海交通大学世界一流大学研究中心发布的世界大学学术排名 (Academic Ranking of World Universities，简称"ARWU")。

② 习近平．在欧美同学会成立一百周年庆祝大会上的讲话（2013年10月21日）[N]．人民日报，2013-10-22.

人才竞争和科技竞争的集中体现，是建设创新型国家的核心要素之一。可以说，没有强大的研究生教育，就没有强大的创新体系。我们必须充分认识研究生教育的重要性，增强危机意识和忧患意识，切实提高研究生教育质量，增强我国研究教育的竞争力、吸引力和培养能力，在激烈的国际竞争中赢得主动、形成优势。"① 建设创新型国家，必须培养和具备一大批高层次创新人才。

未来一个时期，中国研究生教育的主要任务是：到 2020 年，基本建成规模结构适应需要、培养模式各具特色、人才培养整体质量不断提升、高层次拔尖创新人才不断涌现的"有中国特色、世界一流"的研究生教育体系，博士研究生与硕士研究生比例调整为 1∶4，即 40 万名博士在读生，160 万名硕士在读生。要特别强调的是 2030 年前后，中国成为世界性研究教育强国，培养规模和教育质量进入世界一流行列，为提升国家核心竞争力，建设创新型国家和人力资本强国提供坚强支撑。

七、终身学习

终身学习思想是终身教育理论的核心内容。终身教育的提出可以与哥白尼学说带来的革命相媲美，是教育史上最惊人的事件之一。著名学者哈钦斯在其名著《学习社会》一书中认为："学习社会不仅仅为处于人生任何阶段的每一个成年男女提供闲时的成人教育，而且还成功地实现了社会的价值转换。"② 建设学习型社会成为世界各国的共同选择。

建设学习型社会是国家目标和历史使命。党的十六大报告提出：

---

① 刘延东. 全国研究生教育质量工作会议暨国务院学位委员会第三十次会议上的讲话［N］. 中国教育报，2015-01-05（3）.

② 哈钦斯. 学习社会［EB/OL］. 周晨，译.（2011-04-10）. http://wenku.baidu.com/view/ga070ff4f6167360b4c65c4.html.

“形成全民学习、终身学习的学习型社会，促进人的全面发展。”党的十七大报告也明确提出：“终身教育体系基本形成”，“建设全民学习、终身学习的学习型社会”。《国家中长期教育改革和发展规划纲要（2010— 2020 年)》提出：“构建体系完备的终身教育”“基本形成学习型社会”的战略目标。党的十八大报告进一步要求：“完善终身教育体系，建设学习型社会。”建设学习型社会是应对老龄化的必然选择。中国正在从一个“年轻社会”迅速地成长为一个“老年社会”。联合国数据显示，2014 年，中国有近 2 亿 60 岁以上的老人，其中大约一半是“空巢”老人。15年后，60 岁及以上的人口将占中国总人口的 1/4。

互联网时代终身学习从理论走向现实。人类开始进入无障碍学习新阶段。无障碍学习是指一种综合了学习者在成长中的各个因素，无处不在，没有边界的学习过程，跨边界、零距离、低障碍、超文本是其典型特征。

加强全民学习法治建设。研究制定《终身学习促进法》，为终身学习和全民学习型社会建设提供法律、制度和机制保障。

全面促进以学习型公民、学习型组织、学习型城市、学习型政府（政党)、学习型社区和学习型企业为主要载体的全民学习、终身学习的学习型社会建设。

启动“学习型社会建设评估项目”，以省为主，在完善指标体系的基础上，对于各地区学习型社会建设情况进行水平性评估。

通过终身学习，促进全体公民树立社会主义核心价值观，形成现代化的生存价值观念、生产价值观念和生活价值观念，保障人与自然、社会和谐发展、可持续发展。

八、互联网 + 教育

习近平总书记在致首届国际教育信息化大会的贺信中指出：“当

今世界，科技进步日新月异，互联网、云计算、大数据等现代信息技术深刻改变着人类的思维、生产、生活、学习方式，深刻展示了世界发展的前景。因应信息技术的发展，推动教育变革和创新，构建网络化、数字化、个性化、终身化的教育体系，建设‘人人皆学、处处能学、时时可学’的学习型社会，培养大批创新人才，是人类共同面临的重大课题。”

人类进入“互联网＋”时代。4G将是3G上网速率的10倍左右。2015年2月，中国工信部正式向中国联通和中国电信批准4G牌照，中国联通、中国电信与中国移动三大运营商共同进入4G时代，消费者将只依靠语言就能驱动手机，实现对“人类双手的解放”。未来中国将进入领跑世界互联网的时代。4G时代，意味着人类瞬时处理大数据能力持续提升，信息与知识传播将更加快捷，更加有利于进一步缩小人们学习、传播、掌握和创新知识的差距。

经济学家、国务院参事汤敏先生认为：“慕课是一场中国输不起的教育革命。”信息化时代的学习方式变革，呈现碎片化、情境感和互动式的特点。运用信息化、网络化手段，改造传统的教育体系、运行机制和管理方式，从课堂教学到家庭教育、从学习内容到学习方式、从组织方式到社会网络等方面，来一场深刻的教育革命，在更大范围和更高水平上实现教育公平，实现优质教育资源共享，营造一种“人人皆学、时时能学、处处可学”的教育发展环境。

九、教育改革

全面推进中国教育综合改革。习近平总书记指出：改革是一场深刻的革命。“创新是一个民族进步的灵魂，是一个国家兴旺发达的不竭动力，也是中华民族最深沉的民族禀赋。在激烈的国际竞争中，惟创新者进，惟创新者强，惟创新者胜。”① “中国是一个大国，决不能在根本性问题上出现颠覆性的错误，一旦出现就无法挽回、无法弥补。我们的立场是胆子要大、步子要稳，既要大胆探索、勇于开拓，也要稳妥审慎、三思而后行。我们要坚持改革开放正确方向，敢于啃硬骨头，敢于涉险滩，敢于向积存多年的顽瘴痼疾开刀，切实做到改革不停顿、开放不止步。”② 中国的教育改革已经进入深水区，破解深层次矛盾和问题的难度更大，权力调整、关系调整和利益调整的难度使得单一改革难以奏效。深化教育改革，核心在综合，重点在公平，难度在利益关系。推进和实施教育改革的战略目标是办人民满意的教育，提高教育发展水平和教育质量，提升中国教育的国际影响力和竞争力。

未来中国教育改革的总体目标是，把完善中国特色社会主义教育制度、全面推进教育治理体系和治理能力现代化作为改革的总目标，把促进公平、提高质量、激发活力作为改革的着力点，力争到2020年，教育基本公共服务均等化总体实现，创新能力和人力资本素质明显提升，管办评分离的现代治理体系基本形成，努力办好具有中国特色、世界水平的现代教育。

2013年11月15日公布的《中共中央关于全面深化改革若干重大问题的决定》，再次为综合改革确定了方向，倡导人民的主体地位，大力促进教育公平，描绘了公平、责任、信心、尊重的教育前景；逐步取消学校、科研院所等单位的行政级别，建立事业单位法人治理结构；推进考试招生制度改革，探索招生和考试相对分离，

---

① 习近平在欧美同学会成立一百周年庆祝大会上的讲话（2013年10月21日）[N]. 人民日报，2013-10-22.

② 习近平. 深化改革开放　共创美好亚太：在亚太经合组织工商领导人峰会上的演讲 [EB/OL]. (2013-10-08). http://politics.people.com.cn/n/2013/1008/c1024-23116974.html.

学生考试多次选择，学校依法自主招生，专业机构组织实施、政府宏观管理、社会参与监督的运行机制，从根本上解决一考定终身的弊端，深入推进管办评分离。以综合素质评价为基础，全面推进招生考试制度改革，让学校、教师和学生从过重的课业负担中解放出来。改革课程，改革考试招生制度，改革教育评价制度，建立现代学校制度，建立校长职级制，建立体现职业化、专业化的校长选聘机制。改革教育管理和培训制度，实现学校内涵发展、教师专业发展、学生全面个性发展。

实现教育治理改革。构建政府、学校、社会新型关系，是推进教育治理体系和治理能力现代化的核心。《中共中央关于全面深化改革若干重大问题的决定》指出："全面深化改革的总目标是完善和发展中国特色社会主义制度，推进国家治理体系和治理能力现代化。"从管理到治理，是一场深刻的思想变革、理论变革和管理变革。"必须切实转变政府职能，深化行政体制改革，创造行政管理方式，增强政府公信力和执行力，建设法治政府和服务型政府。"教育治理革命的核心是要"深入推进管办评分离，扩大省级政府教育统筹权和学校办学自主权，完善学校内部治理结构"。①

教育治理体系和治理能力现代化是教育现代化的重要内容，也是实现教育现代化的制度保障。教育部将通过推进教育管办评分离，赋予学校主体地位和主体权力，加快推进简政放权和职能转变。全面正确履行政府职能，推动学校自主办学，实施第三方评估，对于各级各类教育的发展现状进行科学、客观、公正、公平的评估和监测，促进政府对教育的宏观管理与决策的科学化、民主化，构建"政府管教育、学校办教育、社会评教育"的教育发展新格局，推动

---

① 中共中央关于全面深化改革若干重大问题的决定［M］. 北京：人民出版社，2013：3，44.

各地落实好政策，让老百姓真正受益。

第三节　中国教育发展的对策建议

人力资源是经济社会发展的第一资源，人力资本是经济增长的第一动力，人力资本投资是公共产品供给的第一要求。投资于人，就是投资于未来。中国是一个人口和教育大国，政治、经济、文化、地理和教育情况十分复杂，很难用一个“药方”解决中国教育的所有问题。对于未来十几年的中国教育如何发展和如何改革，我们需要提出一些既有宏观方向性，又有针对性的精准化对策建议。

一、构建一个与中国大国地位相适应的开放的教育体系

教育体系是指相互联系着的各种教育机构的总系统，包括学前教育机构、学校教育机构以及为终身学习和职业发展设立的各种文化技能教育机构。从功能上划分，教育体系可以划分为正规教育体系和非正规教育体系；从层次上划分，教育体系可以划分为学前教育体系、小学教育体系、中学教育体系和大学教育体系。同时，教育体系还包括学校教育体系、家庭教育体系和社会教育体系。另外一种划分方法为国民教育体系和终身教育体系。建设与中国未来强国地位相适应的教育体系，是中国教育改革和发展的重要使命，是21 世纪中国教育发展的重点任务和重要支撑，其最重要的特点是开放性、普惠性和均等化。

第一，将中国教育体制纳入世界教育体系之中加以思考、规划和建设。国家教育体系是世界教育体系的一个组成部分。在全球化背景下，教育体系的开放性主要表现为一个国家或地区的教育体系对应的开放程度、适应程度和自我发展能力。中国教育体系将更多地建立与全球教育体系的正规联系和纽带关系，从国家、地区和学

校三个层面，加强中国教育体系的国际化建设水平；通过现代信息网络，与国际教育组织、各国大中小学建立基于网络的现代化国际教育体系，使中国教育特别是中国受教育者从中受益。

第二，将中国建设成为世界重要的教育中心之一。从教育发展和国家总体战略考虑，中国需要构建以城市为主导的四级教育中心网，形成以北京为代表的全国教育中心，以上海、成都、西安为代表的全国性区域教育中心，以省会城市为代表的区域教育中心和以市、县级城市为代表的地区教育中心，成为21世纪中国教育的增长极，带动全国教育改革和发展。

与此同时，中国需要构建区域教育中心体系，支持国家教育中心体系建设。在东北亚地区，建立以沈阳为主导的现代化教育中心城市，扩大中国教育在东北亚地区的国际影响；在西北地区，建立以乌鲁木齐为主导的教育中心城市，辐射整体中亚地区。（新疆确定了未来教育发展总体目标，提出到2020年，基本实现教育现代化，教育发展水平在西部地区跃居前列、在中亚地区居于领先地位，成为丝绸之路经济带上的重要教育中心。）在东南亚地区，发挥云南和广西的地理优势，志在打造东南亚教育发展中心。

第三，构建具有中国特色的世界最大的学习型社会。学习型社会是现代社会经济发展的产物，是教育现代化的标志之一。建立学习型社会，就是要建立“学习之邦”，全面培养全民族的科学文化素质。构建人才成长立交桥。推进完全学分制建设，建设学分银行，探索建立多种形式学习成果的认定转换制度，研究普通高校、高职院校、成人高校学习成果积累与转换途径，实现学分转换，拓宽终身学习通道。

二、成为世界教育改革和发展的引领者

第一，教育思想引领世界。以中华优秀教育文化为基础，以中

国现代教育思想为主体，学习借鉴人类优秀教育文化，构建具有中国精神、中国特色的现代教育思想体系，逐步扩大中国教育思想的国际影响力，引领世界教育改革和发展。中国成功的教育实践，系统的教育思想、教育理论、教育模式将为世界各国特别是发展中国家提供经验、样板和模式。

第二，教育改革引领世界。中国是世界教育改革和发展的最大“实验场”，中国的教育改革不仅关乎中国人民的利益和福祉，而且日益关系世界教育改革的方向与趋势。伴随经济社会发展及其国际影响力不断扩大，中国的教育改革日益深刻而广泛地影响世界。未来中国在教育体制、教育制度、教育内容、教学方法等方面的一系列改革，将成为影响世界教育的重要因素。

第三，教育质量引领世界。中国基础教育以其质量扬名海外，将引领未来世界基础教育发展。按照国际标准研究教育软件，采用慕课、微课等现代模式，实现虚拟与现实的交互与融合，向世界输出优质教育资源。中国积极参与全球教育治理，积极参与制定世界教育质量标准，为国际教育标准和制度建设做出贡献。

第四，未来学校引领世界。“未来教室”是通过现代网络技术、优势教育资源、创新教师队伍、自主学习学生构成的代表未来学习方式、人才培养模式的教育组织形式。21 世纪的中国代表着未来，中国的学校更应该代表世界教育的未来。建设未来学校是中国教育必须承担的重大历史使命。在有技术的思想和有思想的技术相互融合的基础上，创设未来学校和未来教室。以现代网络技术为基础，以优质教育资源为主导，以传统教育质量为优势，采用翻转课堂、微课堂、泛在学习等学习模式，创设一种支持创新学习方式、教学模式和技能培养的教育教学环境。

未来学校需要未来教师。依靠现代信息技术，重建学校，重构课堂，促进教师个性化教学、学生个性化学习、师生个性化共同成长。在培养学习者的情感、态度、价值观的同时，重视培养学生的国际视野、创新意识和实践能力。通过分层教学、合作教学、实践教学等多种渠道，培养学生的批判性思维、信息素质、沟通能力、协作能力和创新能力。

以一流大学引领世界。“教育要面向现代化，面向世界，面向未来。”一流大学是一个国家或地区教育发展水平的重要标志。持续推进一流大学建设，是中国国家利益和教育发展的战略需求。俄罗斯国立高等经济学院教授伊萨克·弗鲁明先生认为：“世界一流大学的教学和科研水平应当站在国家和国际的前沿，为社会经济发展作出重要贡献。世界一流大学积极参与全球范围的知识和技术交流，是重要的智力资源。”持续推进“双一流”建设，以北京大学、清华大学为第一梯队，进入世界一流大学行列。在加强整体学校建设的同时，更加重视一流学科建设，2020 年，中国将有一大批大学在基础研究和应用研究方面有世界一流学科。

三、促进区域教育均衡协调发展

21 世纪，中国教育面临公平、效率、质量和学习型社会四大挑战。实现教育公平，办人民满意的教育是中国公共教育追求的最重要的战略目标。提高公共教育服务水平，一是要为全体人民提供平等接受教育的机会，二是要采取措施保障贫困人群接受教育和培训。为进一步缩小贫困地区与发达地区的教育差距，在增加教育经费投入的同时，提高教育发展效益，实现多、快、好、省地办教育，实现有质量地均衡发展，这是中国教育发展的应有之义。

伴随第三次工业革命的到来，教育与经济发展的关系将随之发生深刻变革，从一般意义上的基础性、战略性作用提升为创新性和引领性作用。从一定意义上讲，第三次工业革命是以高科技为支撑和引领的产业革命，知识创新型人才成为未来产业发展的倡导者和引领者。紧密结合国家和区域经济社会发展重大战略，推进区域教育整体改革和健康发展。均衡是相对的平衡，协调是整体的协调，发挥区域教育协同创新的积极性。

通过非均衡战略，最终实现教育均衡发展。均衡发展与非均衡发展始终是发展中国家面临的主要战略矛盾之一。由于地理、历史、文化和发展水平等诸多原因，中国经济和社会发展形成了东、中、西三大板块；三大区域教育发展的不平衡性，是影响国家整体教育发展和人力资源开发的重要因素，需要在政策、资金和人力方面加大对西部贫困地区的支持。但是，我国教育发展的不平衡性是历史形成的结果，改变这一现象也需要一个历史过程。在一定历史时期内，梯度推进战略仍然是中国教育发展应该坚持的长期战略选择。今后 10 ~ 15 年，中国教育要科学、谨慎地处理好均衡发展与非均衡发展的关系：我们既不能忽略数十年来教育发展的巨大成就，失去促进区域内均衡发展的机会；更不能人为地只做为发达地区教育发展锦上添花的事情，进一步拉大我国发达地区教育与欠发达地区之间的差距。

（一）提升教育服务区域经济社会发展的能力

促进区域教育一体化发展。以城市群、城市圈和城市带为引领，促进跨区域教育协作共同体建设和发展，形成区域教育与区域经济社会发展一体化机制，整体提升区域整体发展水平。

推进“一带一路”战略，实施“教育丝绸之路计划”。服务长江经济带发展，引导长江经济带教育资源的合理布局、资源融合、协同发展。鼓励高等学校依托学科优势、专业优势和人才优势与地区政策、行业和企业进行战略合作，研究区域经济社会发展重大战略问题，实施产学研深度协同合作，促进地区经济社会全面发展。

发挥东部地区教育发展的“龙头”作用。我国东部地区代表着中国教育发展的最高水平，充分发挥北京、上海、天津以及西安等特大城市在教育改革和发展进程中具有的不可替代的龙头地位和作用。在保障国家教育发展整体均衡协调的同时，必须给予东部地区教育发展更大的战略空间和政策空间。率先探索和总结中国教育发展模式、发展理论，扩大其在世界的积极影响。

（二）全面促进贫困地区教育与人力资源开发

2020 年，实现让所有贫困人口免费享受公共教育服务的目标。按照中国的标准，到 2013 年年底还有 8 200 多万贫困人口，2014 年，农村地区贫困人口为 7 017 万。2016 年起，计划每年减少 1 000 万贫困人口，而实际减少 1 240 万。要对农村贫困人口实施“教育精准减贫计划”，为每个孩子提供均等化的基本公共教育服务，不让一个孩子因家庭贫困而失学，对所有贫困地区人口形成知识和技能培训，不让一个家庭因无技能陷入贫困。在贫困地区实现全面扫除青壮年文盲，大量减少成人文盲的目标。

“教育是避免失业的最好的保护伞。”① 中国将继续采取措施，向贫困宣战。加快贫困地区教育发展，全面提升中国的教育发展水平。坚决遏制学校沦为社会分层工具的危险，促进社会阶层不断流动，保障社会经济生活充满活力和创造力。实现人人有技能，人人能就业。2014 年 6 月 23 日，中国政府召开了全国职业教育工作会议，国务院副总理刘延东指出：“促进工业化、信息化、城镇化、农业现代化同步发展，是十八大的战略部署，代表着我国现代化建设的发展取向。推动信息化和工业化深度融合，不仅要有先进的技术设备，更需要大批与之相适应的劳动大军。推进以人为核心的城镇化，到 2020 年前解决‘三个 1 亿人’的问题，必须依靠现代化职业教育，加强城镇新增劳动力、农村转移劳动力、城市失业转岗人员的培训。全面推进农业现代化，不仅需要现代科学技术、产业体系、

---

① 德国研究：教育为就业保驾护航［J］. 世界教育信息，2013（8）：75.

经营方式和发展理念，更需要培育大批有文化、懂技术、会经营的新型农民。”

（三）促进民族地区教育实现跨越式发展

民族地区教育整体发展水平以及主要指标接近或达到全国平均水平，逐步实现基本公共教育服务均等化。民族地区学前两年、三年毛入园率分别达到80%和70%。义务教育学校办学条件基本实现标准化，九年义务教育巩固率达到95%，努力消除辍学现象，基本实现县域内均衡发展。在巩固提高九年义务教育普及成果的基础上，中央财政支持实行高中阶段教育免费制度，全面实现民族地区12年免费教育。2020年，民族地区学前教育毛入园率达到85%。着眼于中国国际区域的长期稳定和发展，分别建立面向东南亚地区的云南—广西—贵州教育发展区、新疆教育发展区和西藏教育发展区，率先实现免费学前教育、免费义务教育和免费15年教育。结合民族地区产业提升，大力发展民族地区职业教育，基本实现人人有技能，人人能就业。

四、建设一支世界一流的现代化教师队伍

（一）实现教师角色的根本转变

教师是教育最重要的资源，教师的未来决定着国家的未来。习近平同志就强调指出：“教育是一项崇高的事业，具有全局性、战略性、基础性和先导性；教师是教育的第一资源，是发展教育事业的关键所在。广大教师和教育工作者在教书育人的岗位上，呕心沥血、默默耕耘，为推动上海率先基本实现教育现代化、推动我国社会主义现代化建设作出了重要贡献。我们要进一步加强教师队伍建设，弘扬尊师重教的社会风尚，改善教师的工作生活条件，努力让教师成为社会上受人敬重、令人向往的职业。希望广大教师不辜负党和国家的殷切希望，以人民教师特有的人格魅力、学识水平和卓有成

效的工作赢得全社会的尊重。”① 2015 年 9 月 8 日，李克强总理在会见全国优秀教师代表时指出，教育承载民族的希望和未来，教师是国家大厦的基石。全国 1 500 多万名教师支撑起世界最大规模的教育体系，是最宝贵的社会财富。我国各领域发展取得的显著成就，归根结底都得益于科学知识的普及和亿万劳动者素质的提高，这都离不开广大教师的辛勤耕耘和无私奉献。

未来的教师首先必须是一个学习者——终身学习者。在网络化时代，教师的角色将从专业化走向“市俗化”。从知识、经验分享的角度分析，现代社会的每个人都是教师。但是，知识的扁平化和教育的市俗化，并不意味着学校教育科学性与教师专业性的消退。教师要率先成为终身学习者。教师是最重要的教育资源，也是学习的引领者和指导者。“教师也更多地被寄予这样的厚望：建立学习共同体，创建知识社会，培养创新能力，发展灵活性，承担变革的责任。”② 教师要成为终身学习的践行者、引领者和建设者。教师专业发展是教师通过接受教师教育，获得从教资格，并不断满足教育发展需求，实现自身价值的过程。实现教师从知识型向能力型转变。

（二）提升中国教师队伍整体水平

教师是教育最重要的人力资源。一流的教育需要一流的教师，没有一流的教师，难以办出一流的教育。建设最大规模、世界一流的教师队伍，是实现中国教育现代化的必要保障。

第一，全面启动“卓越教师培养计划”，旨在深化教师培养机制、课程、教学、师资、质量等方面的综合改革，努力培养一支有理想信念、有道德情操、有扎实学识、有仁爱之心的好教师队伍。

---

① 习近平. 教师是教育的第一资源［EB/OL］. http://politics.people.com.cn/BIG5/6235651.html.

② 哈格里夫斯. 知识社会中的教学［M］. 熊建辉，陈德云，赵立芹，译. 上海：华东师范大学出版社，2007：9.

持续落实教育部的《关于实施卓越教师培养计划的意见》，分类推进卓越教师培养模式改革，在卓越中学教师培养方面，重点探索本科和教育硕士研究生阶段整体设计、分段考核、连续培养的一体化模式；在卓越小学教师培养方面，重点探索小学全科教师培养模式；在卓越幼儿园教师培养方面，重点探索构建厚基础、强能力、重融合的培养体系；在卓越中职教师培养方面，重点建立健全高校与行业企业、中等职业学校的协同培养机制，探索高层次“双师型”教师培养模式；在卓越特殊教育教师培养方面，重点探索师范院校与医学院校联合培养机制、特殊教育知识技能与学科教育教学融合培养机制。

为适应教育改革和发展需要，中国需要培养一大批具有远见和激情的优秀校长。校长是学校的灵魂，好校长，培育好学校；教师是课堂的灵魂，好教师，构建好课堂。

第二，推进农村教师专业发展。著名教育家陶行知先生说过：“活的乡村教育要有活的乡村教师。”2015 年，国务院印发的《乡村教师支持计划（2015—2020 年）》提出：“到 2020 年，努力造就一支素质优良、甘于奉献、扎根乡村的教师队伍，为基本实现教育现代化提供坚强有力的师资保障。”中央和地方政府大幅度提高乡村教师待遇，以乡村教师生活保障、乡村教师特殊津贴和乡村教师奖励政策为依托，着力解决好乡村教师生活、学习、工作和子女就学中的困难，采取多种方式定向培养“一专多能”的乡村教师。根据乡村教师的教龄和工作成绩实施物质奖励，特别是对长期在乡村从教的优秀教师加大奖励，激发农村教师教书育人的积极性和创造力。各级政府和教育行政部门要在政策、经费和资源上提供支持，为乡村教师在专业发展上提供更多空间。

第三，学习借鉴国际成功经验，提升中国教师国际化水平。“一个国家的优秀与否，还依赖于其吸引全世界最优秀专家的能力。”我们建议，在“985”大学，进一步开放对外招聘国际教师的限制，瞄准具有未来竞争力的“潜力股”的中青年教师，有目标、有计划地进行对外招聘。允许普通小学、初中、高中和职业学校对外招聘符合标准的国际教师，促进中小学教师的国际交流，培训教师在多元文化中的生存能力、发展能力和创新能力。

（三）成为世界最重要的教师培训中心之一

中国拥有世界最完整的教育培训体系和最大规模的教师群体，在教师培养、教师成长和教师发展方面积累了成功经验，完全可以供世界各国特别是发展中国家共享。同时，中国学校完整的教师教学体系和教育研究体系，完全有条件支撑培训中心的建立和发展。更为有利的是，中国教育教学优势，即有效教学基本理念，教学目标的有效性、教学内容的有效性、教学过程的有效性和教学结果的有效性等方面的理论和实践，可供世界各国学习和借鉴。

教师教学研究具有组织性、专业性和持续性。发展智力、增强能力是中国中小学教学研究的重点方向。作为教师专业发展途径之一的校本教学研究以学校所面临的各种问题为研究对象，着眼于在真实的学校情境中发现问题、研究问题、解决问题，有助于教师把获得的新理念、知识和技能向课堂及教学行为的转化；能促进教师知识结构的完善合理，能提高教师的教育和研究能力。

世界教师培训中心总体分为两个部分：一是中国总部，分别以北京、上海、江苏为主，建立三个分中心，其中以北京师范大学为主体建立世界小学教师培训中心，以国家教育行政学院为主体建立世界校长培训中心，以上海师范大学和华东师范大学为主体，成立世界中学教师培训中心。二是在英国建立海外“世界教师培训中心”总部，分别在世界相关国家建立分部，成熟一个，建设一个，稳步推进中国教育培训体系国际化。

五、持续增加教育投入，完善教育资源分配体系

政府财政性教育投入是最重要的教育资源。2012 年，中国财政性教育经费占 GDP 的比重首次达到 4.28%。2013 年，全国教育经费总投入为 30 364.72 亿元，其中财政性教育经费为24 488.22亿元，占 GDP 的比例上升为 4.3%。2016 年，全国教育经费总投入达到 38 866亿元，正在向 40 000 亿元迈进。建立科学的教育标准体系，完善教育资源分配体制机制，是中国教育面临的重要任务之一。

确保教育经费投入持续增加。完善以政府投入为主、多渠道筹集经费的体制，保障教育经费持续增长。2020 年，财政性教育经费占 GDP 的比重达到 4.5%，实现中国对联合国的承诺——公共教育支出占公共财政支出不低于 15% ~20% 的目标。采取政府、专业和第三方评估机构相结合的方式，加强教育经费使用效益的监督与评估。

健全完善普通学校基本投资标准。根据办学条件基本标准和教育教学基本需要，考虑物价上涨因素，研究制定各级学校生均经费基本标准，2020 年前些完成生均经费基本标准体系建设，建立从幼儿园、小学、初中、高中到大学完整的生均经费标准体系，进一步缩小区域之间教育经费投入差距。完善非义务教育培养成本分担机制，建立更加完善的资助体系，确保贫困家庭子女不因贫困而失学，保障国家重点需要和战略需求人才培养。

鼓励社会资本进入公共教育服务领域。放宽社会资本进入公共教育服务领域的门槛，鼓励社会资本以多元主体、多种方式进入社会事业领域。允许社会资本参与政府投资的社会事业项目建设、运营。吸收社会资本，参与重大科研基础设施建设，形成服务公共科学研究、学术创新、开放共享的科学研究平台。通过 PPP（Public Private Partnership，即政府和社会资本合作）模式建设和运营，让社

会资本参与项目的立项、设计、建设、运营和分配的全过程。政府与社会资本建立长期合作关系，通过项目融资、特许经营、政府购买服务等方式，实现风险共担、互利共赢。扩大政府购买服务范围。对受政府委托承担义务教育和高中阶段教育的民办学校，按同类公办学校生均教育事业费的标准予以补助。对符合条件的非营利性民办学校，按同类公办学校生均教育事业经费的20%～50%给予补助。

正确引导和促进居民教育消费。居民教育消费是中国教育投资的重要组成部分。正确引导居民教育消费，并使其保持在一个合理的幅度和空间。努力改善家长的教育素质，进一步提升其对子女教育质量的重视程度，增加家庭对子女教育的投入。为不同收入群体创造差异化的教育服务产业，科学、合理、有效地释放教育消费潜力。加强城乡居民就业的公共教育和培训服务及其金融支持，努力创造更多就业机会，提高居民整体科学论素质。鼓励居民参与全民学习和终身学习。建立学分银行，促进全民学习成果的转换。

建立与终身学习相适应的经费支持体系。建立与终身学习相适应的教育经费保障体系和保障机制。在终身学习经费筹措和使用上，实行规范化的成本分担机制、合作性的风险共担机制、透明的监督评价机制，实现政府、企业、社会、学校、家长和学生等方面共同分担、利益共享。促进地区建立与企事员工工资总额挂钩的终身学习基金制度。科学用好企业职工工资1.5%教育与培训经费。

加强教育发展薄弱环节的重点投入。确定重大项目，加强农村地区、贫困地区、民族地区教育公共服务能力建设，遏制欠发达地区与发展地区教育发展差距拉大势头，率先在以上地区实现12年免费教育。加强西部地区高等教育发展，在相关各省（自治区）建设1～2所高等学校。2030年，实现西部各省（自治区）50%地级市最少拥有1所高等学校的目标。

六、中国教育走向"双向国际化"

中国是推进世界教育发展的重要力量。中国教育国际化是全球教育国际化的重要组成部分。"中国愿同世界各国一道，开拓更加广阔的国际交流合作平台，积极推动信息技术与教育融合创新发展，共同探索教育可持续发展之路，共同开创人类更加美好的未来。"①

（一）增强中国教育的国际竞争力

中国成为世界最重要的留学生目的地国。中国政府启动"留学中国计划"，提出到2020年，接受外国留学生的规模达到50万人次，2030年达到100万人次，中国真正成为一个世界留学生大国。同时，积极推进国际学术交流与研究合作。2015年9月26日，中国国家主席习近平在联合国发展峰会上发表讲话指出，中国将在未来5年向600个重大海外项目提供支持，并将向发展中国家提供12万个来华培训和15万个奖学金名额，为发展中国家培养50万名职业技术人员。

中国将扩大政府间学历学位互认，支持中外大学间的教师互派、学生互换、学分互认和学位互授联授，促进学术与技术交流。

以"一带一路"倡议引领和推进教育对外开放。教育部副部长杜玉波指出，在推进"一带一路"建设过程中，要更好地促进沿线国家之间的教育交流，尤其是高等教育的交流合作，以发挥高等教育在沿线国家人文交流中的桥梁作用，发挥沿线各国高等教育界在"一带一路"建设中的智库作用，发挥高等教育在增强沿线国家互信中的催化作用。在"一带一路"倡议框架下，教育合作需要企业的深度参与，以产业合作相关布局、项目作为合作办学的着力点和方

---

① 习近平．致国际教育信息化大会的贺信[EB/OL]．(2015-05-23)．http://www.gov.cn/xinwen/2015-05/23/content_2867645.htm.

向，培养出适应“一带一路”倡议、沿线各国和地区经济社会发展需要的人才。

加强区域教育中心建设。配合国家经济社会发展总体战略，以云南、新疆和辽宁为重点，加强区域教育中心建设，建设区域教育研究中心，促进国际区域教育合作与交流。

进一步完善国际教育政策，促进跨境人口流动。为适应中国教育改革开放的新局面，需要不断总结成功实践经验，不断完善国际教育相关政策。让来中国跨境接受教育的外国人在住房、交通、医疗方面享有“市民待遇”。

（二）全面参与世界性教育质量评估

世界教育质量评估项目，是一个国际性的教育质量评估工具，也是展示一个国家教育水平与质量的重要平台。参与全球教育评估，可以将中国教育质量放到一个国际化的平台上进行比较、分析和研究，用以完善、调整和修正教育政策，促进中国教育国际化进程。

世界教育质量评估的三种重要模式包括：一是国际学生评估项目（PISA）。PISA 是一项由 OECD 统筹的学生能力国际评估计划。主要对接近完成基础教育的 15 岁学生进行评估，测试学生们能否掌握参与社会需要的知识与技能。二是国际数学与科学趋势研究项目（Trends in International Mathematics and Science Study，TIMSS）。TIMSS 是由国际教育成就评价协会发起和组织的国际教育评价研究和评测活动，主要测试四年级和八年级学生的数学与科学学业成绩，以及达到课程目标的情况。三是国际教育评估项目（International Assessment Education Programme，IAEP），分为精英级、合作级和初级。

自 2009 年至 2012 年，上海代表中国参加 PISA 取得骄人成绩后，2015 年，北京、上海、天津、江苏和广东五省市参与了 PISA 测试评估。中国教育部正有计划地组织中国学生参与相关国际性教育质量评估项目。预计经过 2018 年、2021 年两次 PISA 测试后，中国各省、市将有望在2024年全部进入该评估项目，这既是对最大的发展中国家教育质量的大评估，也是发展中国家教育成就和教育模式的大展示。

目前，中国内地没有参加TIMSS测试，教育部门正在研究中国内地参加TIMSS的可能性和适当的时间。2015年4月，国务院教育督导委员会办公室印发《国家义务教育质量监测方案》，决定从2015年起在全国开展义务教育质量监测工作。该方案的出台，标志着我国义务教育质量监测制度的建立。中国特色“PISA”正式出台，这是中国评价义务教育的重要标准，该项目将在3年内分别测试学生在数学、体育、语文、艺术、科学和德育六个方面的学习成长和发展状况，并成为一项公认的高水平学生能力国际评估计划。

（三）以优质学校为先导提升教育国际化

推进教育国际化既要采用政府行动，更要采用“市场行为”。学校是教育的最基本细胞，只有学校的国际化才是一种双向的、持续的和不可逆转的国际化。中国国际学校已成为了解中国的一个窗口，另外，国际学校又承担着中国教育走出国门的“排头兵”作用。中国国际学校的成功是一个标志性的事件，标志着中国教育从简单的引进，开始转化为引进—借鉴—吸收—再创造—输出的过程，中国从单方向的教育服务的引进国，开始转化为双向的教育服务引进—输出国。中国国际学校的双语—双文化教学优势，也引起了当地政府教育主管部门、教育界同行和本地媒体关注。不少当地学校以各种形式与中国国际学校进行交流，希望借鉴有关的经验。作为中国教育国际化的排头兵，中国国际学校以一种前所未有的开放心态向当地社会展现了中国传统文化的特色，同时努力呈现了当下中国的形象与气度。可以设想，随着中国国际学校的壮大、繁衍，在国际教育领域必将形成一股代表着中国教育形象的最活跃的新生力量，对于提升中国教育的国际影响力和竞争力十分有益。

实施双向国际化的“十百千”计划：在2020—2030年，中国有10所大学到外国举办分校，有100所中小学幼儿园到外国举办“国际学校”，有1 000个孔子学院和孔子课堂。中国国际学校的境外办学实践完全基于WTO的市场经济原则，以其特有的方式，为我国教育走向世界做出了贡献。

（四）中国要成为全球教育治理的重要参与者

一个国家提供世界公共教育服务的能力和水平，决定着一个国家在国际上的地位。中国已经成为世界第二大经济体，需要承担与其地位相当的国际责任，提供与其国家地位相适应的国际公共教育服务产品，包括政策产品、资源产品和服务产品等方面。扩大提供全球公共教育产品的范围与规模。全球教育公共产品包括全球教育公共政策产品、资源产品和服务产品。经济和文化的全球化，使教育改革发展进入一个新时代。全球高等教育体系是一个比任何国家教育体系更加开放、创新、联盟和市场化的教育体系。在保证国家教育主权和教育安全的前提下，中国应超越传统意义上的国别限制，更为主动地参与全球教育体系建设，分享世界优秀的教育资源、教育文化和教育成功经验，也让世界分享中国教育改革和发展的成功经验、成功模式和成功理论。

中国成为全球公共教育政策重要制定者。伴随中国教育综合实力的影响力的增强，对于中国教育思想和发展模式的学习需求日渐旺盛。中国应积极主动地参与国际教育发展与交流进程，促进全球教育思想、教育体系和教育标准建设。积极参与联合国主导下的全民教育政策研究与制定，结合中国普及义务教育、扫除文盲和消除性别差距的成功经验，为发展中国家提供培养和指导。以全球化为动力，要结合“一带一路”倡议，研究制定服务地区教育与人才开发的公共教育政策。在区域性国际教育规划、跨境资格鉴定、学历学位授予等方面率先取得突破。加强教育国际交流与合作，中国与印度、巴西、俄罗斯之间的教育国际合作日益加深。

中国成为世界最重要的教育资源中心。中国是世界最大的教育国家，有丰富的教育资源，包括学位资源、教学资源和教师资源，可以为想到中国学习的外国人提供有质量的基础教育、职业教育和高等教育学习机会。未来中国，将会把开发具有中国特色和世界水平的教育课程资源纳入教育发展议程。到2030年，中国要成为世界最重要的教育信息中心之一。

七、全面提升中国教育理论与模式的影响力

中国教育发展道路、发展模式和发展理论，是中国教育改革和发展成功经验的总结。增强国家教育对外开放能力。开放是一种需要，开放是一种自信，开放更是一种能力。

从实践自信，到理论自信，再到模式自信，是一个不断持续而又具有重大意义的过程。中国教育改革和发展的成功实践，再一次证明国家富强、民族振兴的道路，包括教育现代化的道路不只一条，发展中国家不必亦步亦趋地跟随发达国家，仍然能够走出自己国家、自己民族的发展之路。2011年9月4日，习近平表示："中国将坚定不移地走共同富裕道路，努力使全体人民学有所教、劳有所得、病有所医、老有所养、住有所居，做到发展为了人民、发展依靠人民、发展成果由人民共享。"与经济发展道路相同，中国教育发展走过了一条从率先发展到共同发展的道路。共同发展是建设更高水平小康社会的必然要求和必由之路。

中国教育改革发展成功经验的理论总结主要包括四个方面：一是中国教育改革发展实践路径的科学梳理，二是中国教育改革发展对于中国及其全人类的影响，三是中国教育改革发展成功的归因分析与基本经验，四是东方教育思想的复兴、影响与竞争力研究。这是中国教育学者的重要责任，必须提炼出真实反映中国教育改革发

展的现实，具有普遍价值和普遍意义的发展理论和发展模式，为发展中国家提供可资学习、具有可操作性的政策路径。

中国教育的发展模式日益受到世界各国政府和学者的高度肯定。在美国经济学家、诺贝尔经济学奖获得者迈克尔·斯宾塞教授看来，世界正在进入两种发展模式并驾齐驱的时代："今天我们所看到的是两个并驾齐驱和相互作用的革命：发达国家工业革命的延续与发展中国家令人瞩目的发展模式。"

中国梦是中国的，也是世界的。中国梦的实现，将推进人类的物质文化和精神文明，将对世界做出重要贡献。英国惠灵顿男子中学校长安东尼·塞尔登爵士专门撰文说："中国是21世纪生活中的重大事实。假如英国人能够克服他们传统的自满情绪，假如我国更多的学生开始学中文，假如我国商业和文化机构抓住合作机会并在中国设点，那我们也将践行中国梦。"① 中国有5 000多年的文明史，同样有5 000多年的教育史。教育思想、教育理论和教育模式创新是中国教育发展的新使命，也将是中国教育对世界教育做出的重要贡献。

---

① 惠灵顿男子中学校长文章：英国人可以分享"中国梦"［N］. 参考消息，2015-02-23（14）.

后 记

中国古语讲，大德者必受命。具有国之大德，对于一个高尚的人，上苍必授之以命；对于一个伟大的国家，上苍必委之以业。自1840年以来的170多年，中国忍屈蒙辱，中华民族浴血奋战，中国政府长期实施科教兴国战略，中国人民长期追求教育强国的奋斗目标。2015年，中国已经成为世界第二大经济体，全面建成小康社会的目标即将实现，“两个一百年”的目标再启征程。

“美国梦”追求的是个人承包财富和成功；“中国梦”是一种集体承诺，追求的是共同富裕和共同发展。中国梦承载着中华儿女的共同向往，寄托着国家富强、民族振兴、人民幸福的美好愿景。习近平总书记指出：“现在，世界发达水平人口全部加起来是10亿人左右，而我国有13亿多人，全部进入现代化，那就意味着世界发达水平人口要翻一番多。不能想象我们能够以现有发达水平人口消耗资源的方式来生产生活，那全球现有资源都给我们也不够用！老路走不通，新路在哪里？就在科技创新上，就在加快从要素驱动、投资规模驱动发展为主向以创新驱动发展为主的转变上。”① 全面推进

① 习近平在欧美同学会成立一百周年庆祝大会上的讲话（2013年10月21日）[N]. 人民日报，2013-10-22.

教育现代化，提升人力资源开发整体水平，是实现“中国梦”的必由之路。

建设教育强国是中国几代人的长期追求。1919 年 7 月 14 日，毛泽东创办了《湘江评论》，希望“以青春之我，创建青春之家庭，青春之国家，青春之民族，青春之人类，青春之地球，青春之宇宙”。而在近 100 年后，这个青春之国家正在出现——一个新兴国家重新进入世界强国行列，进入世界教育强国行列。2015 年 3 月 16 日，英国政府宣布将加入亚洲基础设施投资银行。亚投行是全球力量平衡转变的反映。美国《福布斯》双周刊杂志认为：英国的决定只是承认现实而已。虽然只是一个“而已”，但是承认与不承认现实却存在着本质的区别，这不仅反映一个国家的战略判断力，更反映一个国家的战略自知能力。只有拥有战略智慧的国家，才有希望，才有前途。

本书写作基本完结正值诺贝尔奖评选之际。2015 年 10 月 5 日，中国科学家屠呦呦荣获 2015 年生理学或医学奖，实现了中国科学获诺奖零的突破。“呦呦鹿鸣，诺奖之春。中国崛起，中华精英。”中国仿佛是一棵大树，必须先发芽、长根、长叶，才能含苞、开花、结果。中国教育与科技创新的根系发达、主干强壮，需要含苞、开花和结果的时间。假以时日，未来中国教育的强大是完全可以期待的。在艺术方面，东西方有着不同的绘画语言，西方有水彩、水粉和油画，中国本土产生的绘画语言则是国画。国画以墨为主，稍点有彩。最有气势的国画技巧称为“泼墨”，水墨在宣纸上挥洒开来。表面上看，随心所欲，实则运筹于心，谋划与技巧合一。墨之所到，瀚洒宣纸，留大气磅礴之瑰宝；水之所及，丝丝浸润，显不可阻挡之力量。

最后，再回应一下中国当教师的问题。2015 年 9 月 28 日，英国《西部日报》载文《中国现在可以给曾经的老师上课了》。文中写到：英国财政大臣奥斯本访华时表示，希望中国在高铁建设项目上施以援手，希望中国的技术能够帮助英国规划和建设新一代核电厂。并说："中国专心搞研究和创新，用了一代人的时间由穷变富。这个国家没有我们要学的东西吗?"虽然，我们不能以此为依据，就武断地说"中国可以当教师"了，但是，我们必须做好当教师的准备。

中国，一个伟大的中国，正走在建设教育强国之路上……

2017 年 9 月于北京